Introduction to Philosophy

  孙正聿，当代中国著名哲学家、教育家，1946年11月生，吉林省吉林市人，哲学博士。现任教育部人文社会科学重点研究基地吉林大学哲学基础理论研究中心主任、吉林大学哲学社会科学资深教授、博士生导师；第十、十一、十二届全国政协委员；国家哲学社会科学专家咨询委员会委员、教育部习近平新时代中国特色社会主义思想研究中心专家委员会顾问、教育部社会科学委员会委员、教育部学风建设委员会副主任、"全国黄大年式教师团队"吉林大学马克思主义哲学教师团队负责人。曾任教育部哲学学科教学指导委员会主任、吉林大学学术委员会主任。主要研究马克思主义哲学和哲学基础理论。出版《哲学通论》等著作三十余部，在《中国社会科学》等刊物发表论文二百余篇。荣获首届国家级教学名师奖、"全国教书育人楷模"称号、国家级教学成果奖一等奖、杰出教学奖、"五个一工程"优秀作品奖（两项）、高等学校科学研究优秀成果奖（六项）等国家级奖励二十余项。

哲学通论

（第三版）

孙正聿 著

Introduction
to Philosophy

复旦大学出版社

内容简介

《哲学通论》是新中国成立后第一部系统论述"哲学本身"的"通论"性学术专著,是孙正聿教授在教材建设领域的代表性成果,其核心思想来自于孙正聿教授对于"哲学是什么"的追问。《哲学通论》的立意明确,就是阐述对"哲学"的理解。围绕这个主题,《哲学通论》讲了七个问题:哲学的自我理解、哲学的思维方式、哲学的生活基础、哲学的主要问题、哲学的派别冲突、哲学的历史演进、哲学的修养与创造。《哲学通论》适教利学,启智增慧,教材以"激发理论兴趣、拓宽理论视野、撞击理论思维、提升理论境界"为出发点,在对哲学的层层深入的追问中,使人们形成强烈的"爱智之忱"并进入真切的哲学思考。作为教材,《哲学通论》确为无数学者之启明,在漫长深远的研究道路上,久久地亮起一盏明亮的灯。二十余年来,《哲学通论》在国内外印刷数十次,影响重大。此第三版由复旦大学出版社首次独家推出,有很大篇幅重新写作,增加大量最新材料、最新观点,体现了作者立足现有之收获、崭新哲思追问永不停歇的探索精神。

第三版序　关于《哲学通论》

在《哲学通论》第三版面世之际,我想提出和回答这样一个问题:为什么要以《哲学通论》而"通论哲学"? 在我看来,"通论"哲学,与"导论"哲学或"概论"哲学,是"大不相同"的。"导"是"导入"和"引导",致力于把人们引入哲学思考;"概"是"概述"或"概论",致力于让人们了解哲学的主要内容;"通"则是"疏通"或"通达",以追问哲学本身为主旨,集中地阐发对"哲学"的理解。 因此,"通论哲学"的《哲学通论》,就是并且只是对"哲学"本身的追问,它的灵魂就是一个"通"字。

一

何谓哲学? 哲学何为? 这不只是每个接触"哲学"的人都渴望回答而又难以回答的问题,也是每位"哲学家"都苦苦求索而又莫衷一是的问题。 在哲学家那里,"哲学观"问题并不是他思考的"一个问题",而是他必须首先回答的"核心问题""灵魂问题"。 任何一位具有独立建树的哲学家,都有其对"哲学"的独到的理解,都有其具有特定思想内涵的"哲学观"。 借用科学哲学家伊姆雷·拉卡托斯关于科学研究的"理论硬核"的说法,"哲学观"就是各异其是的哲学理论的"理论硬核"。 维护和坚守一种哲学观,就是维护和坚守一种哲学理论;质疑和变革一种哲学观,则是质疑和变革一种哲学理论。 哲学史上的所谓"哲学转向",其首要的标志就是变革已有的哲学观并提出新的哲学观。《哲学通论》的"立意"和"追求",就是在对"哲学"的追问中,形成对"哲学"的新的理解,并以这种新的理解去阐释"哲学"。

《哲学通论》的这个"立意"和"追求",有着强烈的现实的针对性。这个针对性,主要有两个方面:一是当代中国的哲学研究,一是当代世界的哲学思潮。

从当代中国的哲学研究说,20世纪80年代中期以来的"哲学教科书改革"和"重新阐释中外哲学史",特别是20世纪90年代以来的"中、西、马"对话,引发出一个无法回避的根本性问题:究竟怎样理解我们所研究的"哲学"? 具体言之,究竟怎样理解哲学是"理论化、系统化的世界观"? 究竟怎样理解哲学的"基本问题"是"思维和存在的关系问题"? 究竟怎样理解哲学与常识、宗教、艺术和科学的关系? 究竟怎样理解哲学的"无用之大用"? 究竟怎样理解中外哲学的"同中之异"与"异中之同"? 这些就是改革开放以来中国哲学界追问"哲学"的重要问题。正是在这种追问中,日益强烈地凸显了如何理解哲学的"哲学观"问题。

当代中国哲学界对"哲学"的追问,又是同20世纪80年代以来西方哲学各种思潮的涌入密不可分的。从当代世界的哲学思潮说,从"拒斥形而上学"到"后形而上学","消解哲学""终结哲学"似乎成了当代哲学的"自我意识"。面对当代西方哲学的"语言转向""分析运动""现象学""解释学""存在主义""科学主义""后现代主义""后形而上学",中国哲学界在引进、评介和反思当代西方种种哲学思潮的过程中,同样不可回避地提出这个根本性问题:究竟怎样理解我们所研究的"哲学"? 哲学是"科学的逻辑"还是"思的事情"? 哲学是"语言分析"还是"澄清思想"? 哲学是"现象学"还是"解释学"? 哲学是"文化批判"还是"文化对话"? 哲学是"真理的追求"还是"合法的偏见"? 在《哲学通论》中,我把当代哲学所理解的"哲学"概括为八种"哲学观":普遍规律说,认识论说,语言分析说,存在意义说,精神境界说,文化批判说,文化对话说和实践论说,力图通过对这些"大不相同"的哲学观的批判性反思，形成对"哲学"的新的理解。

二

我对"哲学"的"追问"，首先是与当代中国的"哲学教科书改革"直接相关的。通行的"哲学教科书"，是从"哲学"与"科学"的关系出发来阐释"哲学"的。这个阐释的基本逻辑是：哲学是"理论化、系统化的世界观"，而世界观就是"关于整个世界的根本观点"；科学所研究的是世界的"各个领域"，因而提供的是关于"各个领域"的"特殊规律"；哲学所研究的则是"整个世界"，因而提供的是关于"整个世界"的"普遍规律"；科学为哲学提供其形成"普遍规律"的"知识基础"，哲学则以其所概括的"普遍规律"为科学提供"世界观和方法论"。对于这个阐释逻辑及其结论，我向自己提出的追问是：如果"哲学"与"科学"的关系是一种研究对象的"整个世界"与"各个领域"的关系，是一种理论内容的"普遍规律"与"特殊规律"的关系，也就是"整体"与"部分""普遍"与"特殊"的关系，那么，"哲学"不就是"科学"的"延伸"或"变形"，不就是一种具有最高的概括性和最大的普遍性的"科学"吗？"哲学"还有什么独立的特性和独特的价值呢？"哲学"又何以是与宗教、艺术、科学相并立的人类把握世界的"一种基本方式"呢？由于"哲学教科书"论述哲学与科学的关系的出发点是"思维和存在的关系问题"，因此，对"哲学"本身的追问，直接引发我对哲学的"重大的基本问题"即"思维和存在的关系问题"的追问。

"思维和存在的关系问题"，究竟是哲学研究中的"一个重大问题"，还是哲学研究中的"重大的基本问题"？对这个问题的不同回答，决定了对"哲学"的不同理解。如果认为"思维和存在的关系问题"只是哲学研究中的"一个重大问题"，那么，它就只是某些哲学家或某个时代的哲学家特别关切的问题，而不是决定哲学的特殊的理论性质和独特的社会功能的"重大的基本问题"；如果认为"思维和存在的关系问题"是哲学的"重大的基本问题",而不只是哲学研究中的"一个重大问题",那么,它就是决定哲学的特殊的理论性质和独特的社会功能的"根本性"问题,也就是决定哲学成为人类把握世界的一种基本方式的"根本性"问题,而绝非只是某些哲学家或某个时代的哲学家特别关切的问题。在《哲学通论》中,我对前者的质疑和对后者的论证,主要是提出和阐发了下述观点:人类把握世界的全部活动——以实践活动为基础的认知活动、评价活动和审美活动——都是实现"思维和存在"的"统一",但是,哲学以外的人类活动,都是把"思维和存在的同一"作为"不自觉的和无条件的前提",致力于实现"思维和存在的统一",而不是追究和反思构成人类全部活动的这个"不自觉的和无条件的前提"。与此相反,哲学并不是致力于"思维和存在的统一",而是反思这个"统一"的"不自觉和无条件的前提",也就是把"思维和存在的关系"作为"问题"反过来而思之。正是对"思维和存在的关系问题"的"反思",决定了哲学的特殊的理论性质和独特的社会功能,也就是决定了哲学是人类把握世界的一种基本方式。仍以"哲学"与"科学"的关系为例,从"思维和存在的关系问题"看,就可以做出这样的解释:"科学"是以"整个世界"为对象,形成关于"整个世界"的"全部思想";"哲学"则是以"科学"所提供的关于"整个世界"的"全部思想"为对象,揭示在这"全部思想"中所隐含的"不自觉的和无条件的前提",把"思维和存在的关系"作为"问题"而予以"反思"。对思想的反思,就是以"思维和存在的关系问题"作为自己的"重大的基本问题"的"哲学"。"哲学"的特殊的理论性质和独特的社会功能,就在于它以"思维和存在的关系问题"作为自己的"重大的基本问题"。这是我对"哲学"的根本性理解。

"思维和存在的关系问题",既不是"思维和存在"的问题,也不是思维和存在"如何统一"的问题,而是思维和存在的"关系问题"。厘清这个问题,是理解"哲学"的深层的理论问题,也是我在《哲学通论》中着力阐发的问题。人们之所以把哲学视为"关于整个世界"的"世界观",从根本上说,就在于把哲学的"重大的基本问题"当作"思维和存在"的问题,而不是理解为思维和存在的"关系问题"。如果把哲学的"重大的基本问题"当作思维和存在的问题,就会把"思维"和"存在"作为哲学的研究对象,就会把提供关于"自然、社会和思维"的最一般的知识作为哲学的历史使命,就会导致把"哲学"视为具有最大的普遍性和最高的概括性的"科学"。只有把思维和存在的"关系"作为"问题",追究思维和存在的"关系",揭示"思维和存在的关系问题"所隐含的"不自觉的和无条件的前提",才能理解哲学何以是人类把握世界的"一种基本方式",才能把握哲学的特殊的理论性质和独特的社会功能。重新阐释作为哲学的"重大的基本问题"的"思维和存在的关系问题",并在这个重新阐释的过程中重新论述"哲学",构成了《哲学通论》的"主题"和"主线",也构成了《哲学通论》的"灵魂"和"血肉"。就此而言,《哲学通论》的"通",就是以重新阐释"思维和存在的关系问题"为"灵魂","疏通"对"哲学"的理解。

三

在我的已出版的作品中,《哲学通论》所产生的影响是最为广泛的,也是最为持久的。自1998年面世以来,该书先后收入"中国文库"和"人民·联盟文库",并获得国家图书奖提名奖和国家级教学成果一等奖。《哲学通论》之所以能够产生广泛而持久的影响,既同它对"哲学"的追问密不可分,又同它作为"专著性的教材"而流传于世密切相关。

《哲学通论》的主题很鲜明,问题很集中,就是在对"哲学"的追问中阐述我对"哲学"的理解。我把《哲学通论》称为"专著性的教材",既不是有意为之地标榜其"专著性",也不是有意为之地强调其"教材性",而是因为这本书的"立意"和"追求"本身是

"二重性"的。其一，它以"追问哲学"为主线，针对古今中外的哲学家们对"哲学"的各异其是的理解和阐释，具体地探讨哲学的研究对象、思维方式、理论性质、社会功能和演进逻辑，系统地反思哲学的基本理论和基本范畴，并赋予这些基本理论和基本范畴以作者的独特的思想内涵，因而是一部具有很强的个体性的学术著作；其二，它又以"追问哲学"为主线，针对通行的"哲学原理教科书"对"哲学"的教条化的理解和阐释，具体地分析教科书对唯物论、辩证法、认识论和历史观这"四大板块"对哲学基本理论的论述，系统地反思教科书对"哲学""真理""矛盾""规律""价值""历史"等基本范畴的阐述，体系化地展现作者对哲学基本理论和基本范畴的理解，因而又是一部具有很强的教科书性质的教材。正是基于《哲学通论》本身的"二重性"，我把它称为"专著性的教材"。

《哲学通论》的"专著性"与"教材性"的"二重性"，直接地体现在它的内容与形式的"二重性"：从形式上看，《哲学通论》呈现给读者的是"讲述"哲学的自我理解、思维方式、生活基础、主要问题、派别冲突、历史演进以及哲学的修养和创造，具有显著的教科书式的叙述方式；从内容上看，《哲学通论》所论述的全部问题，又是论证作者自己对这些问题的理解，赋予哲学的基本理论和基本范畴以新的思想内涵，变革了"教科书"所给定的哲学观念，因而又具有显著的学术专著的理论内容。《哲学通论》的内容与形式的"二重性"，决定了它是一部"专著性的教材"。作为"专著"，它变革了教科书的哲学观念；作为"教材"，它使变革了的哲学观念得以普及。以"教材"的形式而展现"专著"的内容，又以"专著"的内容而诉诸"教材"的形式，这大概就是《哲学通论》产生广泛影响的生命力之所在。

《哲学通论》的"专著性"与"教材性"的"二重性"，又比较鲜明地体现在它的"形上"与"形下"之间的"张力"。《哲学通论》诉诸的是对哲学的基本理论和基本范畴的反思与论证，但是，这种反思和论证所诉诸的叙述方式却不是抽象的、晦涩的哲学概念的罗列,不是"原理加实例"的解说,而是对人们所"熟知"的哲学观念的探究与追问。这集中地体现在以下三个方面:《哲学通论》所探讨的问题,几乎都是人们普遍关切的问题;《哲学通论》所研究的理论,几乎都是人们普遍熟悉的理论;《哲学通论》所分析的范畴,几乎都是人们经常使用的概念。《哲学通论》的出发点是黑格尔的那句名言:"人们经常挂在嘴边的名词,往往是人们最无知的东西。"具体言之:怎样理解哲学的"爱智"?怎样理解哲学的"世界观"?怎样理解真理的"客观性"?怎样理解价值的"主观性"?如何看待"唯物主义"和"唯心主义"?如何看待"辩证法"和"形而上学"?如何看待"真善美"与"假恶丑"?如何看待"历史活动"与"历史规律"?"思维和存在的关系问题"何以是"哲学的重大的基本问题"?哲学何以"使人作为人而成为人"?由"熟知"而追究"真知",由"名称"而升华为"概念",由"文本"而凝炼为"思想",从而超越"原理加实例"的教科书模式,把哲学的"学术"变为人们的"学养",这就是《哲学通论》力求达到的"形上"与"形下"之间的张力。

《哲学通论》的"专著性"与"教材性"的"二重性",还比较显著地体现在它的"文本"与"思想"之间的"张力"。《哲学通论》力图以全部哲学史和当代哲学为背景来追问哲学,几乎每个哲学问题都要回应古今中外哲学家们所提出的重要理论观点,并因而触及难以胜数的哲学著述。"文本研究"应当是"通论哲学"的坚实基础。然而,"通论哲学"的《哲学通论》并不是关于某种哲学理论或某种哲学思潮的专门研究,而是力图以哲学史为背景而疏通对"哲学"的理解,因此,就需要自觉地保持文本与思想之间的张力,力求做到史论结合、以论带史、论从史出。在我看来,哲学是历史性的思想,哲学史则是思想性的历史。在《哲学通论》中,对于作为"思想性的历史"的哲学史,我着力地概括其"思想性",对于作为"历史性的思想"的哲学，则着力地阐明其"历史性"，从而疏通对哲学的历史性的理解，并打通理解哲学的思想道路。《哲学通论》的叙述逻辑，就是把历史性的思想作为显性逻辑，而把思想性的历史作为隐性逻辑，以"纵向问题横向化"的方式，凸显理解哲学的重大理论问题，并赋予这些重大理论问题以新的思想内涵、时代内涵和文明内涵。"融通"古今中外哲学，"变通"各异其是的哲学观，"打通"哲学的理论空间，"开通"哲学的思想道路，这就是立意于"通"的《哲学通论》的主旨和追求。

目 录

第三版序　关于《哲学通论》 ·································· 1

导　言　走进哲学 ·· 1
  一、"爱智"的哲学 ·· 1
  二、对"自明性"的分析 ······································ 5
  三、品味黑格尔的比喻 ······································ 11

第一章　哲学的自我理解 ·· 20
  第一节　哲学与哲学观 ······································ 20
  第二节　哲学的特性与功能 ·································· 25
    一、哲学理论的时代性与超时代性：塑造和引导新的
　　　　时代精神 ·· 25
    二、哲学范畴的民族性与超民族性：构建人类文明的
　　　　"支撑点" ·· 27
    三、哲学故事的个体性与超个体性：创建"有我"哲学 ······ 29
  第三节　当代哲学观及其哲学形态 ···························· 31
  第四节　哲学与人类把握世界的基本方式 ······················ 50

第二章　哲学与常识 ·· 57
  第一节　三个层次的概念框架 ································ 57
  第二节　常识与经验的世界图景 ······························ 60
  第三节　常识与形而上学的思维方式 ·························· 62
  第四节　常识与经验的价值规范 ······························ 66
  第五节　哲学对常识的超越 ·································· 68

第六节　常识哲学化与哲学常识化 ·· 77

第二章　哲学与科学 ·· 82
　　第一节　作为理论的科学和哲学 ·· 82
　　第二节　理论思维的两种基本方式 ···································· 84
　　第三节　哲学对科学的反思关系 ·· 88
　　第四节　反思科学活动的基础 ·· 91
　　第五节　反思科学研究的成果 ·· 95
　　第六节　反思科学发展的逻辑 ·· 99
　　第七节　反思时代的科学精神 ·· 104

第四章　哲学的思维方式 ·· 109
　　第一节　哲学的基本问题 ·· 109
　　　　一、对哲学基本问题的通常解释 ································ 109
　　　　二、探索哲学基本问题的经典论述 ···························· 111
　　　　三、近代哲学与哲学基本问题 ···································· 116
　　　　四、现代哲学与哲学基本问题 ···································· 119
　　第二节　哲学的反思活动 ·· 122
　　　　一、反思的维度 ·· 122
　　　　二、反思的思维 ·· 125
　　　　三、反思的对象 ·· 129
　　　　四、反思的特性 ·· 132
　　第三节　哲学的前提批判 ·· 136
　　　　一、反思的层次 ·· 136
　　　　二、思想前提及其特性 ·· 139
　　　　三、前提批判的方式与基础 ·· 142
　　　　四、哲学前提的自我批判 ·· 144

第五章　哲学的生活基础 ·· 148
　　第一节　哲学与人的存在方式 ·· 148

一、哲学与人类存在的矛盾性 ……………………… 148
　　二、哲学与人类存在的实践性 ……………………… 153
第二节　哲学与社会的自我意识 …………………………… 160
　　一、人类关于自身存在的自我意识 ………………… 160
　　二、哲学与个体的自我意识 ………………………… 165
　　三、哲学与社会的自我意识 ………………………… 167
　　四、哲学与意义的"普照光" ……………………… 170
第三节　哲学与时代精神的精华 …………………………… 174
　　一、时代和时代精神的精华 ………………………… 174
　　二、时代精神的理论表征 …………………………… 175
　　三、塑造和引导时代精神 …………………………… 180

第六章　哲学的主要问题 …………………………………… 184
第一节　"在"：存在论或本体论问题 …………………… 184
　　一、"本体"和"本体论"的概念解析 …………… 184
　　二、本体论的三重内涵 ……………………………… 190
　　三、本体论的自我批判与现代重建 ………………… 194
第二节　"真"：认识论和逻辑学问题 …………………… 199
　　一、"真"的概念解析 ……………………………… 199
　　二、"真理"和"思想的客观性" ………………… 202
　　三、思想客观性问题的扩展与深化 ………………… 205
　　四、思想客观性的辩证唯物论理解 ………………… 212
　　五、真理观的哲学视野 ……………………………… 215
第三节　"善"：伦理学和价值论问题 …………………… 217
　　一、"善"的哲学追问 ……………………………… 217
　　二、价值和价值论 …………………………………… 221
　　三、价值导向与价值取向 …………………………… 224

第四节 "美"：哲学层面的美学问题 ………………………… 226
一、美与人的存在方式 ……………………………………… 226
二、美的存在与创造 ………………………………………… 228
三、美的发现与体验 ………………………………………… 231
四、真善美的统一 …………………………………………… 233

第五节 "人"：关于人的哲学 ………………………………… 237
一、哲学与"认识你自己" …………………………………… 237
二、人的存在与人的世界 …………………………………… 239
三、人类存在的意义 ………………………………………… 242
四、关于人类解放的哲学 …………………………………… 243

第七章 哲学的派别冲突 ……………………………………… 248

第一节 考察哲学派别斗争的方法论 ………………………… 248
一、哲学的派别冲突与人类存在的矛盾性 ………………… 248
二、用两个标准考察哲学理论 ……………………………… 249
三、反思现代哲学的派别冲突 ……………………………… 252

第二节 唯物主义与唯心主义 ………………………………… 254
一、"本原"问题 ……………………………………………… 254
二、"认识路线"问题 ………………………………………… 257
三、哲学唯心主义的认识论根源 …………………………… 259
四、唯物主义的历史形态 …………………………………… 265

第三节 辩证法与形而上学 …………………………………… 270
一、"思维方式"问题 ………………………………………… 270
二、辩证法的概念解析 ……………………………………… 273
三、辩证法的自在性与自为性 ……………………………… 279
四、辩证法的批判性本质 …………………………………… 285

第四节 经验论与唯理论 ……………………………………… 292

一、人的感性与理性的矛盾 …………………………… 292
　　二、经验论与唯理论的分歧 …………………………… 295
　　三、表象与思想的矛盾运动 …………………………… 298
　第五节　科学主义与人本主义 …………………………… 306
　　一、科学主义的概念解析 ……………………………… 306
　　二、人本主义的概念解析 ……………………………… 308
　　三、科学主义与人本主义的对峙与融合 ……………… 312
　　四、科学主义和人本主义的社会历史观 ……………… 316

第八章　哲学的历史演进 …………………………………… 319
　第一节　哲学历史演进的多重透视 ……………………… 319
　　一、哲学发展史的含义 ………………………………… 319
　　二、从思维和存在的关系问题透视哲学史 …………… 321
　　三、从人类存在的历史形态透视哲学史 ……………… 323
　　四、从哲学寻求崇高的进程透视哲学史 ……………… 327
　第二节　哲学历史演进的基本特征 ……………………… 330
　　一、自我追问和自我扬弃的历史 ……………………… 330
　　二、哲学问题自我相关和哲学原则解释循环的超越 … 332
　第三节　哲学的现代革命和当代趋向 …………………… 334
　　一、"实践转向"和马克思的哲学革命 ………………… 334
　　二、"语言转向"与现代西方哲学 ……………………… 339
　　三、现代哲学中的"后现代主义"思潮 ………………… 346
　　四、当代中国的哲学主流 ……………………………… 350

第九章　哲学的修养与创造 ………………………………… 355
　第一节　哲学的品格 ……………………………………… 355
　　一、向上的兼容性：深厚的历史感 …………………… 355
　　二、时代的容涵性：强烈的现实感 …………………… 358

三、理论的系统性：巨大的逻辑感 …………………… 362
　　四、思想的开放性：博大的境界感 …………………… 367
第二节　哲学思维的训练 …………………………………… 369
　　一、哲学的求真态度 …………………………………… 369
　　二、哲学的反思取向 …………………………………… 373
　　三、哲学的批判精神 …………………………………… 375
　　四、哲学的创新意识 …………………………………… 377
　　五、哲学的分析方式 …………………………………… 380
　　六、哲学的辩证智慧 …………………………………… 383
第三节　哲学态度的培养 …………………………………… 386
　　一、高举远慕的心态 …………………………………… 386
　　二、慎思明辨的理性 …………………………………… 389
　　三、永无止境的求索 …………………………………… 393

附录一　站在大学的讲台上 ………………………………… 398

附录二　《哲学通论》的立意与追求 ……………………… 400
　　一、《哲学通论》的"靶子" ………………………… 400
　　二、《哲学通论》的"灵魂" ………………………… 405
　　三、《哲学通论》的"血肉" ………………………… 410

参考文献 …………………………………………………… 414

后　　记 …………………………………………………… 417

导言 走进哲学

一、"爱智"的哲学

一篇令人沉思的论文,一部使人玩味的小说,一番发人深省的话语,常常被人赞之以富于"哲理";一位目光远大的政治家,一位思想敏锐的科学家,一位独具匠心的艺术家,又常常被人赞之以具有"哲学"头脑;甚至并无恶意地嘲笑某人故作深沉,亦往往戏言其作"哲人"沉思状。这似乎是说,"哲理"是智慧的结晶,"哲学"是智慧的总汇,"哲人"则是智慧的人格化。人们常常把哲学称作"智慧学"或"聪明学",大概就是源于此吧!

的确,哲学贵高明。凡事望得远一程,看得深一层,想得透一成,阐幽发微而示之以人所未见,率先垂范而示之以人所未行,这既是人类智慧精华之所在,也是哲学之理或哲人之智的表现。然而,哲学就是智慧吗?或者说,哲学究竟是一种怎样的智慧?

智慧与爱智 人们常说,人为万物之灵。这里所说的"灵",指的就是智慧,即人是有智慧的存在。正因为人类具有抽象概括、判断辨析、分析综合、归纳演绎、联想想象、直觉顿悟乃至灵感爆发和发明创造的智慧,才能够形成和交流思想,体验和沟通感情,磨炼和实现意志,认识和改造世界,才能够创建出人类智慧的奇迹——灿烂辉煌的人类文明。

有这样一句大家熟知的广告词:"人类失去联想,世界将会怎样?"确实,如果没有人类智慧,怎么会有人的世界?就此而言,人类所创造的神话、常识、艺术、伦理、科学和哲学,以及由此构成的人的神话的世界、常识的世界、艺术的世界、伦理的世界、科学的世界和哲学的世界,无不是人类智慧的结晶;由物质文明和精神文明及其相互融合所构成的人类文明史,也可以说是人类智慧的发展史。

由此可见,哲学是智慧,但智慧并不就是哲学。仅仅把哲学视为智慧的代名词,显而易见是不恰当的。但是,对于理解哲学来说,根本的问题在于,哲学并不仅仅是一种智慧,而且是对待全部智慧的一种态度。这种态度,就是对智慧本身的真挚、强烈、忘我之爱,即"爱智之忱"。简言之,哲学智慧就是"爱智"。

爱智的"大智慧" 热爱智慧的哲学,既不是智慧的别名,也不是智慧的总汇,而是把智慧作为探究的对象。由热爱智慧和探究智慧而构成的哲学智慧,就不是回答和解决各种具体问题的"小智慧"和"小聪明",而是关于人类生存发展和安身立命的"大智慧"和"大聪明"。

这种"大智慧"和"大聪明",按照中国传统哲学的看法,就是"究天人之际,通古今之变","判天地之美,析万物之理","为天地立心,为生民立命";按照西方传统哲学的看法,就是"寻求最高原因的基本原理","提供一切知识的基础","发现生命的意义"和"使人崇高起来";按照现代西方哲学的看法,就是解决"精神的焦虑""信仰的缺失""形上的迷失""人生的危机""意义的失落"和"人与自我的疏离"等问题;按照马克思主义哲学的看法,最根本的就是解决"现实的人及其历史发展"的问题。所有这些问题,用通常的说法,就是哲学所研究的"世界观""历史观""人生观"和"价值观"等问题。

哲学的这种"大智慧"和"大聪明",借用我国当代哲学家冯友兰(1895—1990)的话说,"是使人作为人能够成为人,而不是成为某种人"①。要成为"某种人",即具有特定身份和从事特定职业的人,就要学习某种专业知识,掌握某种专业技能,扮演某种特殊角色。要把这"某种人"当好,就需要某种作为经验、常识、技能和知识的"智慧"或"聪明"。但这并不是哲学情有独钟、所爱所思的"大智慧"和"大聪明"。哲学智慧是超越了"某种人"的关于"人"的智慧、关于"人"与"世界"的关系的智慧。这种智慧是理解和协调人与自然、人与社会、人与历史、人与文化、人与他人以及人与自我的智慧,是"使人作为人能够成为人""使人崇高起来"和实现"人的全面的自由的发展"的智慧。

哲学的这种"大智慧"和"大聪明",不是既定的知识,不是现成的结论,不是实例的解说,不是枯燥的条文,而是追究生活信念的前提,探寻经验常识的根据,反思历史进步的尺度,讯问评价真善美的标准。哲学智慧反对人们对流行的生活态度、思维方式、价值观念、审美情趣等采取现成接受

---

① 冯友兰:《中国哲学简史》,北京大学出版社,1985年,第16页。

的态度，反对人们躺在无人质疑、因循守旧的温床上睡大觉。马克思（Karl Marx，1818—1883）指出，辩证法在它的"合理形式"上，就是"在对现存事物的肯定的理解中同时包含对现存事物的否定的理解，即对现存事物的必然灭亡的理解；辩证法对每一种既成的形式都是从不断的运动中，因而也是从它的暂时性方面去理解；辩证法不崇拜任何东西，按其本质来说，它是批判的和革命的"①。

哲学智慧是反思的智慧、批判的智慧、变革的智慧。它启迪、激发和引导人们在社会生活的一切领域永远敞开自我反思和自我批判的空间，促进社会的观念更新、科学发现、技术发明、工艺改进和艺术创新，从而实现人类的自我超越和自我发展。

爱智的激情　热爱和反思智慧的哲学，来源于一种"抑制不住的渴望"。这是一种探索宇宙的奥秘和洞察人生的意义的渴望，促进历史的发展和提升人类的境界的渴望；这是一种超越现实和向前提挑战的渴望，悬设新的理想和创建新的生活世界的渴望；这是一种为人类提供"安身立命之本"或"最高支撑点"的渴望。正是这种高举远慕的"抑制不住的渴望"，燃烧起古往今来的伟大哲人的"爱智"的激情。"路漫漫其修远兮，吾将上下而求索。"这是一切真正伟大哲人的真实写照。

哲学的"爱智"的激情，首先是一种驰骋人类智慧、探索宇宙奥秘的渴望。人类面对千差万别、千变万化、无边无际、无始无终的茫茫宇宙，又面对着有生有死、有爱有恨、有聚有散、有得有失的有限人生，怎么能不引发出对宇宙、人生的无限的追问和苦苦的求索呢？"明月几时有，把酒问青天。不知天上宫阙，今夕是何年。"为探索宇宙的奥秘而"寻取最高原因的基本原理"，并进而为阐释人生的意义而寻求"最高的支撑点"，由此便形成了追本溯源、寻根究底的"爱智"的哲学。

哲学的"爱智"的激情，又是一种求索历史的谜底和推进社会的发展的渴望。人类的历史进程，充满着错综复杂的矛盾，理想的冲突与搏斗，社会的动荡与变革，历史的迂回与前进，绘制出人类自己创造自己，自己发展自己的扑朔迷离、色彩斑斓的画卷。政治理想问题、社会制度问题、伦理道德问题、价值观念问题，更为切近地激发着哲学的"爱智"的激情和求索历史奥秘的"抑制不住的渴望"。在当代，日益严峻的"全球问题"则构成哲学

---

① 《马克思恩格斯选集》第2卷，人民出版社，1995年，第112页。

反思的当务之急。"治理环境污染""保护生态平衡""与大自然交朋友"之声不绝于耳。然而,生态危机的根源,却在于人的利益与心态。倘若以局部利益牺牲整体利益,以眼前利益牺牲长远利益,以一己私利牺牲人类利益,则生态问题只能日趋严重。早在20世纪50年代,我国当代哲学家梁漱溟(1893—1988)就曾感慨万千地指出:"科学发达至于今日,既穷极原子、电子种种之幽渺,复能以腾游天际,且即攀登星月,其有所认识于物,从而利用乎物者,不可谓无术矣。顾大地之上人祸方亟,竟自无术以弭之。是盖:以言主宰乎物,似若能之;以言人之自主于行止进退之间,殆未能也。"①毋庸讳言,梁先生是把"物质文明""科学技术"的"负效应"看得过头了。然而,在21世纪的今天,环顾当下的世界,思考人类的未来,积极地协调个人之间、群体之间、阶层之间、民族之间、国家之间的"利益"与"心态",不正是人类实现和平与发展的当务之急和长远之计吗?社会历史的发展总是表现为某种片面性。这就需要对社会的总体行为和历史的总体进程进行全面的反映、深层的反省、规范性的矫正和理想性的引导。哲学就是社会不断反观自身的观念与行为的"自我意识"。哲学的"爱智"的激情,就是对人类困境的焦虑和推进社会发展的渴望。

哲学的"爱智"的激情,也是一种求索人生意义和追求理想生活的渴望。李大钊(1889—1927)说:"哲学者,笼统的说,就是论理想的东西。"②他还具体解释说:"人们每被许多琐屑细小的事压住了,不能达观,这于人生给了许多苦痛。哲学可以帮助我们得到一个注意于远大的观念,从琐屑的事件解放出来,这于人生修养上有益。"③社会人生纷繁复杂,利害、是非、祸福、毁誉、荣辱、进退,扑朔迷离、纷至沓来。人们总是感到"得不到想要的,又推不掉不想要的",总是感到一种"天上的太阳和水中的月亮谁亮""山上的大树和山下的小树谁大"的迷惘。因此,人们总是需要一种高举远慕的心态,慎思明辨的理性,体会真切的情感,执着专注的意志和洒脱通达的境界,方能"潇洒走一回"。哲学的"爱智"的激情,就是求索人生的意义和阐发人生价值的渴望,就是追求理想生活和阐发生活理想的渴望。

哲学熔铸着哲学家对人类生活的挚爱,对人类命运的关切,对人类境遇

---

① 梁漱溟:《人心与人生》,学林出版社,1984年,第1页。
② 《李大钊文集》,人民出版社,1984年,第345页。
③ 同上书,第635页。

的焦虑,对人类未来的期待。哲学不是超然于人类社会生活之外的玄思和遐想,哲学不是僵死的教条和冷冰冰的逻辑。哲学既是爱智的激情,又是"爱智之忧"的结晶。

二、对"自明性"的分析

人们常常用"抽象""高深"甚至是"玄虚""神秘"来形容"爱智"的哲学。这其实是一种误解。哲学所爱所求的智慧,是每个健全的普通人都具有的能力;哲学所问所思的问题,是每个健全的普通人都经常面对的问题。"爱智"的哲学只不过是把人们习以为常、不予追究的问题作为"问题"去追究,把人们视为不言而喻、不证自明的问题作为"问题"进行反思。就此而言,"对自明性的分析",这既是哲学研究的出发点,也是哲学智慧的座右铭。

熟知与真知　对"自明性"的分析,根源于"熟知而非真知",因而也就是从"熟知"中去寻求"真知"。

例如,人们经常以一种毋庸置疑的态度说"规律是看不见的,又是可以被认识的"。对此,爱智的哲学就要追问:"看不见"的规律何以能够"被认识"？我们认识到的"规律"是客观世界自身所具有的还是我们的思维逻辑的产物？这种规律性的认识如何被检验是否正确？这种规律性的认识是否是发展的以及是怎样发展的？这种追问所提出的就是哲学始终关注的"思维和存在的关系问题"。

再如,人们常常以一种不容争辩的口吻说"艺术是一种创造"。然而,爱智的哲学却要追问:何谓"创造"？艺术"创造"了什么？"画家创造不出油彩和画布,音乐家创造不出震颤的乐音结构,诗人创造不出词语,舞蹈家创造不出身体和身体的动态"[①],为什么把艺术称之为"创造"呢？我们用什么来评价艺术"创造"的水平呢？我们又是怎样接受艺术的创造呢？同样,当人们说"科学发现"或"技术发明"的时候,爱智的哲学又要追问:何谓"发现"和"发明"？科学所"发现"的"规律"不是"客观存在"的吗？"客观存在"的"规律"为什么不是人人都能"发现"？科学是怎样"发现"规律的？由此便提出现代哲学越来越关注和追问的"语言""符号""文化"与"意义"的问题。

---

① 苏珊·朗格:《艺术问题》,滕守尧、朱疆源译,中国社会科学出版社,1983年,第1页。

又如，人们常常以"真善美"和"假恶丑"来评论人的思想与行为。对此，爱智的哲学就要追问：何谓"真善美"？何谓"假恶丑"？区分"真善美"与"假恶丑"的标准是什么？这种区分的标准是绝对的还是相对的，是永恒的还是历史的，是客观的还是主观的？"真"与"善"是何关系？"真"与"美"又是何关系？人们普遍承诺的真善美的原则是什么？人们追求真善美的根据是什么？哲学的追问把人们据以形成其结论的"前提"暴露出来，使这些"前提"成为批判性反思的对象，从而使人们意识到"未经审视的生活是无价值的生活"。

再举一个最平常的例子。人们常说"狼是凶残的"，因为狼吃羊。然而，当我们"涮羊肉片""剁羊肉馅""吃羊肉串"的时候，为何不说"人是凶残的"？我们是以什么标准来断言狼的凶残与人的合理？在呼唤"生态平衡""保护动物""与大自然交朋友"的今天，究竟应当怎样理解"生态伦理"问题？人类能够超越"人类中心主义"吗？非人类中心主义的"主义"是什么样的"主义"？人类对自然的改造与利用和人类对自身的反省与控制到底是何关系？究竟如何看待和对待人类实践活动的"正效应"与"负效应"？这就是当代哲学所特别关注和追问的"全球问题"。

由此我们可以看到，"熟知"并非就是"真知"，正是在"熟知"中隐含着"无知"。哲学的爱智，就是追问和反思种种人们"熟知"的问题，并在这种追问和反思中去寻求"真知"。正因如此，哲学是一种反思的智慧、批判的智慧、变革的智慧——变革人们的思维方式、价值观念和审美意识，从而变革人的存在方式以及人与世界的相互关系。

名称与概念 "熟知"是对世界的"名称"式的把握，"真知"则是对世界的"概念"式的把握。把"熟知"误为"真知"，从根本上说，是把"名称"误作"概念"。哲学对"自明性"的分析，最重要的，就是对"熟知"的"概念"反思。

例如，我们面前有一张桌子，任何一个正常的普通人都会说"这是一张桌子"。而爱智的哲学却要从"思维和存在的关系"提出问题：究竟什么叫"桌子"？如果我没有"桌子"的概念，我怎么会把"这个东西"称作"桌子"？离开我对"这个东西"的"感知"，我能否知道"桌子"的存在？我怎样判断这个"桌子"的真与假、善与恶、美与丑？我为什么会爱护这张"桌子"而不是毁坏它？我们为什么会把不是"这个东西"的"桌子"也称作"桌子"？我们为什么能够"创造"出比我们已有的"桌子"更"高级"

的"桌子"？如此等等。

有人说，科学的特点是把复杂的东西变简单，而哲学则是把简单的东西变复杂。的确，我们在这里所提出的种种关于"桌子"的问题，在非哲学的思考中会被认为是荒唐、无聊和可笑的；然而，在对"桌子"的这种追问中，却的确是蕴含着无限丰富的哲学问题。让我们简略地分析这些问题：

其一，主体和客体的关系问题。"我们"在认识"桌子"，而"桌子"在被"我们"认识，因此，我们是认识的"主体"，而桌子是认识的"客体"。那么，为什么"我们"与"桌子"之间会构成认识的"主体"与"客体"的关系？究竟什么是认识的"主体"、什么是认识的"客体"？哲学是如何看待和回答"主体"与"客体"的关系问题？

其二，感性和理性的关系问题。我们用眼睛所看到的"桌子"，只能是桌子的"现象"；我们用思想把握到的"桌子"，却是桌子的"本质"。我们用"感性""看到"的永远是客体的"现象"而不是客体的"本质"，我们用"理性""把握到"的又永远是客体的"本质"而不是客体的"现象"；我们的"感性"和"理性"永远处于矛盾之中，被认识的客体的"现象"和"本质"也永远处于矛盾之中。那么，人的"感性"与"理性"究竟是何关系？事物的"现象"和"本质"到底是何关系？人的"感性"和"理性"同事物的"现象"和"本质"又是什么关系？

其三，思维和存在的关系问题。如果我们这里没有桌子，那么谁也不能说"这里有一张桌子"；反之，如果这里有一张桌子，那么谁也不能说"这里没有桌子"。然而，即使这里真的有一张桌子，而一个根本不知"桌子"为何物的人，又能否把面前的这个"东西"看作是"桌子"？即使别人告诉他"这是桌子"，他又能否懂得"桌子"为何物？由此我们就会追问："桌子"的存在与关于"桌子"的观念究竟是何关系？人为什么能够把千差万别、千变万化的"东西"既区别开来又统一起来？

其四，个别与一般的关系问题。"桌子"的形状有大有小、有高有矮、有方有圆，"桌子"的材料有木头的、有塑料的、有玻璃的、有金属的，"桌子"的颜色有红的、有黄的、有白的、有黑的，"桌子"的用途有书桌、有餐桌……那么，我们为什么能够把所有"这样的东西"都称之为"桌子"？是"个别"包含着"一般"，还是"一般"包含着"个别"？"一般"与"个别"的区分是绝对的还是相对的？

其五，真善美的关系问题。我们把面前的"这个东西"称作"桌子"，这并不是一个简单的事实判断，而是一个融事实判断、价值判断和审美判断为一体的综合判断。因此当我们说"这是一张桌子"的时候，在我们的观念中既包括断定"这个东西"是不是"桌子"的真与假的事实判断，又包括"这个东西"是否有用以及有何用途的价值判断，还包括"这个东西"是使我愉悦还是使我讨厌的审美判断。那么，真善美三者之间究竟是何关系？我们判断真善美与假恶丑的根据和标准又是什么？

其六，现实与理想的关系问题。我们把面前的"这个东西"称作"桌子"，并不意味着我们认定只有"这样"的东西才是"桌子"，恰恰相反，它会引发我们对"桌子"的样式、属性和功能的无限的联想和想象，从而去创造更"好用"、更"漂亮"、更"新颖"、更"高级"的"桌子"。这就是现实与理想的矛盾。在这种矛盾中，蕴含着更为丰富和更为深刻的哲学问题：人的目的性要求与客观规律是何关系？人的现实性存在与理想性期待是何关系？人对现实的反映与人对世界的改造是何关系？人所创造的世界与自在的世界是何关系？

其七，人与世界的关系问题。这是由"桌子"所引发的最深层的哲学问题。人来源于自在的自然世界，人又创造了属于人的生活的世界，并且永远在创造人所理想的世界。人在改造世界的过程中，又在改造和发展人本身。那么，人究竟是一种怎样的存在？人与世界之间究竟是怎样的关系？人是如何认识和改造世界？人是怎样改造和发展自身？人是以"白板"式的头脑去反映"桌子"吗？人仅仅是以自己的肉体器官去制造"桌子"吗？究竟什么是人的"认识"和"实践"？人的经验、常识和理论在"认识"和"实践"活动中起什么作用？人的思维、情感和意志在人的"认识"和"实践"活动中起什么作用？人类的历史、文化和传统在人的"认识"和"实践"活动中又起什么作用？人的认识和实践是如何"发展"的？人类的未来是怎样的？人们应当形成怎样的世界观、历史观和人生观？

如此想来，我们就不会认为"桌子"问题是荒唐、无聊和可笑的，而是亲切地体会到"熟知而非真知"的道理，体会到"名称不是概念"的道理，体会到对"熟知"的"名称"进行"概念"式追问的意义与魅力。

进一步说，如果我们把对"桌子"的追问拓展为对"科学""艺术""伦理"和"宗教"的追问，拓展为对"历史""文化""语言"和"逻辑"的追问，拓展为对"真理""价值""认识"和"实践"的追问，我们就会更加深刻地体会到反思的哲学智慧的意义与魅力。而要真正地进行这种哲学的追问和反思，则需要培养和锻炼我们的理论思维能力，特别是善于从哲学层面上提出问题和分析问题的能力。

有知与无知　从哲学层面提出问题，首先需要的是"熟知而非真知"的自觉。我国当代哲学家张岱年（1909—2004）说："哲学家因爱智，故决不以有知自炫，而常以无知自警。哲学家不必是世界上知识最丰富之人，而是深切地追求真知之人。哲学家常自疑其知，虚怀而不自满，总不以所得为必是。凡自命为智者，多为诡辩师。"①对于"爱智"的哲学，此言可谓一语中的。

古往今来的哲人，都具有比较渊博的知识，许多哲人甚至被称作"百科全书"式的人物。然而，真正哲人的首要特征，却在于他们"决不以有知自炫，而常以无知自警"。这是因为，"爱智"是批判的智慧、反思的智慧，是追本溯源、究根问底的智慧。在"爱智"的追求与追问中，一切既定的知识和现成的结论都是批判与反思的对象，因而一切的"有知"在批判性的反思中都成了"无知"。歌德说，"人们只是在知识很少的时候才有准确的知识，怀疑会随着知识一道增长"。在一定的意义上说，人们的学习和生活的过程，就是从"有知"发现"无知"，从"熟知"求索"真知"的过程。

在哲学史上，"具有世界史意义"的古希腊哲学家苏格拉底（Socrates，前469—前399）所开创的"对话"的"辩证法"，就是以其自称为"催生术"的盘诘方法，以"对话"的形式去诱导人们据以形成其结论的根据和前提，引导人们自觉地意识到并且承认自己的根据和前提中的"矛盾"，也就是承认"有知"所蕴含的"无知"。例如，在关于"美德"的"对话"中，有人提出男人的美德、女人的美德，以及老人、孩子和青年的美德，而苏格拉底则要求回答"包括一切的普遍的美德"。当回答说这就是"能够取得人所要求的那些善"，苏格拉底则进一步要求对"善"的解释。于是"有知"变成了"无知"，关于美德的"盘诘"发展成对整个生活信念的前提反思。黑格尔（Georg Wilhelm Friedrich Hegel，1770—1831）说，苏格拉底"这样做是为了唤醒人们的思想，在人们的信心动摇之后，他就引导人们去怀疑他们的前提，而他们也就被推动而自己去寻求肯定的答案"②。

"常自疑其知"，这是哲学家视"有知"为"无知"、对"有知"进行批

---

①　张岱年：《求真集》，湖南人民出版社，1983年，第102页。
②　黑格尔：《哲学史讲演录》第2卷，贺麟、王太庆译，商务印书馆，1981年，第53页。

判性反思的重要前提。"爱智"的哲学，内涵着以否定性的思维去对待人类的现实，提示现实所蕴含的多种可能性；内涵着以否定性的思维去反思各种知识和理论的前提，揭示知识和理论的前提所蕴含的更深层次的前提；特别是内涵着以否定性的思维去对待哲学家个人所占有的理论，从而实现理论的变革与创新。

哲学是批判与反思的智慧，而绝不是可以到处套用的刻板公式和现成结论。"凡自命为智者，多为诡辩师"。恩格斯（Friedrich Engels, 1820—1895）曾经嘲讽过的所谓"官方黑格尔学派"，就是这种"诡辩师"的生动写照。恩格斯说："自从黑格尔逝世之后，把一门科学在其固有的内部联系中来说明的尝试，几乎未曾有过。官方的黑格尔学派从老师的辩证法中只学会搬弄最简单的技巧，拿来到处应用，而且常常笨拙得可笑。在他们看来，黑格尔的全部遗产不过是可以用来套在任何论题上的刻板公式，不过是可以用来在缺乏思想和实证知识的时候及时搪塞一下的词汇语录……这些黑格尔主义者懂一点'无'，却能写'一切'。"[①]如此这般地应用"哲学智慧"，怎么能不是"讲套话""说空话"呢？怎么能不是"诡辩师"呢？又怎么能掌握和创建哲学的"大智慧"和"大聪明"呢？"无知"的"自警"，是进入哲学思考的标志与前提。

掌握哲学智慧，当然需要学习古今中外的哲学思想、哲学理论；但是，仅仅学习这些思想和理论，并不就能掌握哲学智慧。用形式逻辑关于假言判断的说法，学习哲学理论只是掌握哲学智慧的"必要条件"，而不是掌握哲学智慧的"充分条件"。

我国大学者王国维（1877—1927）在《人间词话》中，有一段关于读书"三境界"的脍炙人口的议论。他提出，"昨夜西风凋碧树，独上高楼，望尽天涯路"，此为第一境界；"衣带渐宽终不悔，为伊消得人憔悴"，此为第二境界；"众里寻他千百度，蓦然回首，那人却在灯火阑珊处"，此为第三境界。

这里的第一境界，是指登高望远，博览群书，获得丰富的知识，具有坚实的功底。这里的第二境界，是指刻苦钻研，阐幽发微，超越对知识的"名称"式的把握，达到对知识的"概念"式的理解。这里的第三境界，则是指茅塞顿开，豁然开朗，超越对"熟知"的因袭，达到对"真知"的洞见。

---

① 《马克思恩格斯选集》第2卷，第119页。

研究任何一种学问,都需要依次地进入读书的三种境界。具体地说,真正地进入哲学思考,就需要激发理论兴趣,拓宽理论视野,撞击理论思维,进入理论境界。

三、品味黑格尔的比喻

关于哲学,德国古典哲学的集大成者、辩证法大师黑格尔曾经作过许多生动形象而又耐人寻味的比喻。我们在这里主要来欣赏他关于"庙里的神""厮杀的战场""花蕾、花朵和果实""密涅瓦的猫头鹰""消化与生理学""同一句格言"和"动物听音乐"等的七个比喻。仔细地品味这些比喻,认真地思考这些比喻,不仅会使我们了解哲学的意蕴,而且更重要的是会使我们自己体会到什么是哲学思考,获得哲学的"爱智之忱"和哲学的辩证智慧。

其一,"庙里的神"

谁都知道,"庙"之所以为庙,是因为庙里有被人供奉的"神";如果庙里无"神",那也就不成其为"庙"。正是借用"庙"与"神"的关系,黑格尔说,"一个有文化的民族",如果没有哲学,"就像一座庙,其他方面都装饰得富丽堂皇,却没有至圣的神那样"[①]。

按照黑格尔的比喻,"庙里的神"是使"庙"成其为庙的"灵光",哲学则是使人类的"文化殿堂"和"精神家园"成其为文化殿堂和精神家园的"灵光"。这就是说,哲学,它就像普照大地的阳光一样,照亮了人类的生活;如果失去了哲学,人类的生活就会变得黯然失色。正因如此,黑格尔说,"凡生活中真实的伟大的神圣的事物,其所以真实、伟大、神圣,均由于理念";又说,"人应尊敬他自己,并应自视能配得上最高尚的东西"[②]。

由此可见,黑格尔是把"哲学"视为对"崇高"的追求,并把哲学的"理念"视为"崇高"的存在。因此,在黑格尔那里,"崇高"即是"理念","理念"即是"崇高";对"崇高"的追求,就是对"理念"的认同,对"理念"的认同,也就是与"崇高"的同在。

这就不难理解,为什么黑格尔把哲学视为"理念"(即"绝对精神")的"自我运动"和"自我认识",而把人们对哲学的学习视为"使人崇高起

---

① 黑格尔:《逻辑学》上卷,商务印书馆,1986年,第2页。
② 黑格尔:《小逻辑》,贺麟译,商务印书馆,1980年,第35、36页。

来"。这也就不难理解，为什么黑格尔把哲学比喻为"庙里的神"，认为哲学是照亮人类生活的"普照光"。

在黑格尔看来，人类应当追求高尚的东西，应当过一种高尚的生活。而这种"高尚的东西"，就是规范人类生活的"理性"。这样的"理性"，并不是个人的理性，而是一种"普遍理性"；这种"普遍理性"，需要一种特殊的文化形式，这就是"哲学"。哲学是照亮人类生活的"普照光"，也就是人类的文化殿堂和精神家园所以成其为"文化"和"精神"的"灵光"。正因如此，黑格尔把哲学比喻为"庙里的神"。

黑格尔对哲学的这种理解，最集中地表达了整个传统哲学对哲学的理解。当代美国哲学家理查德·罗蒂（Richard Rorty，1931—2007）说："自希腊时代以来，西方思想家们一直在寻求一套统一的观念"，"这套观念可被用于证明或批评个人行为和生活以及社会习俗和制度，还可为人们提供一个进行个人道德思想和社会政治思考的框架。'哲学'（'爱智'）就是希腊人赋予这样一套映现现实结构的观念的名称"[①]。由此我们可以看到，与希腊文化终生为伴的黑格尔，把哲学比喻为"庙里的神"，实质上是最为集中、最为鲜明地表达了人们对哲学的传统理解——哲学是照亮人类生活，并从而"使人类崇高起来"的"普照光"。

其二，"厮杀的战场"

阅读哲学史，人们不难发现一个奇特的现象：每个哲学家都自认为找到了"庙里的神"，即认为自己发现了哲学的真谛；而其他的哲学家则批判和反驳对哲学的这种理解，并各自宣布自己所理解的哲学才是唯一真正的哲学；所以哲学家们总是互相批判，哲学的历史就是哲学家们互相讨伐的历史，也就是哲学自我批判的历史。

对此，现代德国哲学家石里克曾作过颇为精彩的描述。他说："所有的大哲学家都相信，随着他们自己的体系的建立，一个新的思想时代已经到来，至少，他们已发现了最终真理。如果没有这种信念，哲学家几乎不能成就任何事情。例如，当笛卡儿引进了使他成为通常所称'现代哲学之父'的方法时，他就怀着这样的信念；当斯宾诺莎试图把数学方法引进哲学时，也是如此；甚至康德也不例外，在他最伟大著作的序言中，他宣称：从今以后，哲学也能以迄今只有科学所具有的那种可靠性来工作了。他们全都坚

---

① 理查德·罗蒂：《哲学和自然之镜》，李幼蒸译，生活·读书·新知三联书店，1987年，第11页。

信，他们有能力结束哲学的混乱，开辟某种全新的东西，它终将提高哲学思想的价值。"正是针对这种状况，石里克还颇有见地地指出，"哲学事业的特征是，它总是被迫在起点上重新开始。它从不认为任何事情是理所当然的。它觉得对任何哲学问题的每个解答都不是确定或足够确定的。它觉得要解决这个问题必须从头做起"①。

正是基于哲学史上的多样的哲学和纷歧的思想之间"彼此互相反对、互相矛盾、互相推翻""这个不可否认的事实"，黑格尔把哲学史比喻为一个"厮杀的战场"。但是他认为，如果只是看到"这个不可否认的事实"，"全部哲学史这样就成了一个战场，堆满着死人的骨骸。它是一个死人的王国，这王国不仅充满着肉体死亡了的个人，而且充满着已经推翻了的和精神上死亡了的系统，在这里面，每一个杀死了另一个，并且埋葬了另一个"。"这样的情形当然就发生了：一种新的哲学出现了。这哲学断言所有别的哲学都是毫无价值的。诚然，每一个哲学出现时，都自诩为：有了它，前此的一切哲学不仅是被驳倒了，而且它们的缺点也被补救了，正确的哲学最后被发现了。但根据以前的许多经验，倒足以表明新约里的另一些话同样地可以用来说这样的哲学——使徒彼德对安那尼亚说：'看吧！将要抬你出去的人的脚，已经站在门口。'且看那要驳倒你并且代替你的哲学也不会长久不来，正如它对于其他的哲学也并不会很久不去一样。"②

在这段议论中，黑格尔首先是承认了这样的事实，即哲学史充满着哲学思想的互相批判，而且这种相互批判永远也不会完结。但是，黑格尔认为，如果只是把哲学史看成"每一个杀死了另一个，并且埋葬了另一个"的历史，哲学史就失去了"发展"的意义。在黑格尔看来，哲学的自我批判，本质上是由于哲学的时代性所决定的。他说："妄想一种哲学可以超出它那个时代，这与妄想个人可以跳出他的时代，跳出罗陀斯岛，是同样愚蠢的。如果它的理论确实超越时代，而建设一个如其所应然的世界，那么这种世界诚然是存在的，但只存在于他的私见中，私见是一种不结实的要素，在其中人们可以随意想象任何东西。"③正因为哲学是"思想中所把握到的时代"，表达新时代的哲学必然要通过对表达旧时代的哲学的批判而获得哲学的统治地位，由此便构成了哲学史的"厮杀的战场"。

---

① M. 石里克：《哲学的未来》，转引自《哲学译丛》1990 年第 6 期。
② 黑格尔：《哲学史讲演录》第 1 卷，第 21—22 页。
③ 黑格尔：《法哲学原理》，范扬、张企泰译，商务印书馆，1996 年，第 12 页。

其三,"花蕾、花朵和果实"

究竟如何看待哲学思想之间的"厮杀"？这种"厮杀"的结果是不是"埋葬"了所有的哲学？我们来看黑格尔的又一个比喻。

黑格尔说:"花朵开放的时候花蕾消逝,人们会说花蕾是被花朵否定掉了;同样地,当结果的时候,花朵又被解释为植物的一种虚假的存在形式,而果实是作为植物的真实形式出现而代替花朵的。这些形式不但彼此不同,并且互相排斥互不相容。但是,它们的流动性却使它们成为有机统一体的环节,它们在有机统一体中不但不互相抵触,而且彼此都同样是必要的;而正是这种同样的必要性才构成整体的生命。"①

这是一个很美的比喻。花蕾孕育了花朵,花朵又孕育了果实;但花朵的怒放正是否定了花蕾,果实的结出也正是否定了花朵,由此看来,这个否定的过程,不正是以新的形式与内容肯定了先前的存在吗？如果这样来看哲学史,它就不再是一个"堆满着死人的骨骼"的战场,不再是一个徒然否定、一无所获的过程,而恰恰是一个"扬弃"的过程,结出果实的过程。这样理解的哲学史,才是哲学的发展史。

现代的哲学家们,特别是所谓"后现代主义"的哲学家,总是不断地宣称"拒斥""终结""消解""摧毁"以往的哲学,似乎哲学史真的只是一个"堆满着死人的骨骼"的战场。仔细地品味一下黑格尔关于"厮杀的战场"以及"花蕾、花朵和果实"这两个耐人寻味的比喻,我们就会从"间断"与"连续"的辩证统一中去理解哲学的历史。

不仅如此。黑格尔关于"花蕾、花朵和果实"的比喻,还会启发我们用"否定之否定"的观点去看待每个哲学体系自身的发展。在黑格尔自己的哲学体系中,每个概念都是作为"中介"而存在的,它否定了前面的概念,却又被后面的概念所否定。这就像花朵否定花蕾,花朵又被果实否定一样,使概念自身处于生生不已的流变之中,并不断地获得了愈来愈充实的内容。而这种概念自我否定的辩证运动,正是深刻地展现了人类思想运动的逻辑,哲学发展的逻辑。

应当看到,在哲学的"花蕾、花朵和果实"的自我否定的运动中,矛盾着的双方往往是"高尚心灵的更迭"和"思想英雄的较量"。这种"更迭"与"较量"本身,就是对人类思维的撞击,对人类精神的升华。

---

① 黑格尔:《精神现象学》上卷,贺麟、王玖兴译,商务印书馆,1983年,第2页。

其四,"密涅瓦的猫头鹰"

许多人在谈论哲学的时候,都经常引用黑格尔的这个比喻。在黑格尔看来,哲学就像密涅瓦的猫头鹰一样,它不是在旭日东升的时候在蓝天里翱翔,而是在薄暮降临的时候才悄然起飞。

这里的"密涅瓦"即希腊罗马神话中的智慧女神雅典娜,栖落在她身边的猫头鹰则是思想和理性的象征。黑格尔用密涅瓦的猫头鹰在黄昏中起飞来比喻哲学,意在说明哲学是一种"反思"活动,是一种沉思的理性。

按照黑格尔的说法,"反思"是"对认识的认识","对思想的思想",是思想以自身为对象反过来而思之。如果把"认识"和"思想"比喻为鸟儿在旭日东升或艳阳当空的蓝天中翱翔,"反思"当然就只能是在薄暮降临时悄然起飞了。

当代著名哲学家维特根斯坦认为,人们的任何一种活动都可以说是一种游戏。游戏必须依据和遵循一定的规则。没有规则的游戏是无法进行的。所以,人们从事任何一种活动或学习任何一种知识,也就是掌握和运用某种游戏的规则。但是,规则又是必须不断更换的,否则就不会产生更好的"游戏",就不会有科学发现、技术发明和艺术创新,等等。哲学的"反思",就是批判地考察各种"游戏"规则的活动。因此,它必须是以"游戏"的存在和某种程度的发展为前提,它只能是在"黄昏"中"起飞"。

黑格尔把哲学比喻为在黄昏中起飞的猫头鹰,还有一层更深的含义,这就是哲学的反思必须是深沉的,自甘寂寞的,不能搞"轰动效应"。黑格尔说:"时代的艰苦使人对于日常生活中平凡的琐屑兴趣予以太大的重视,现实上很高的利益和为了这些利益而作的斗争,曾经大大地占据了精神上一切的能力和力量以及外在的手段,因而使得人们没有自由的心情去理会那较高的内心生活和较纯洁的精神活动,以至许多较优秀的人才都为这种艰苦环境所束缚,并且部分地牺牲在里面。因为世界精神太忙碌于现实,所以它不能转向内心,回复到自身。"①因此黑格尔提出,"精神上情绪上深刻的认真态度也是哲学的真正基础。哲学所要反对的,一方面是精神沉陷在日常急迫的兴趣中,一方面是意见的空疏浅薄。精神一旦为这些空疏浅薄的意见所占据,理性便不能追寻它自身的目的,因而没有活动的余地"②。

---

① 黑格尔:《哲学史讲演录》第1卷,第1页。
② 黑格尔:《小逻辑》,第32页。

哲学的反思需要"精神上情绪上深刻的认真态度",需要从"日常急迫的兴趣"中超脱出来,需要排除"空疏浅薄的意见",这就是黑格尔把哲学比喻为"黄昏中起飞的猫头鹰"的深层含义。

其五,"消化与生理学"

列宁(Lenin,1870—1924)在阅读黑格尔的《逻辑学》一书时,写下了大量的读书笔记,其中就引证了黑格尔关于"消化与生理学"的比喻。列宁是这样写的:黑格尔"关于逻辑学说得很妙:这是一种'偏见',似乎它是'教人思维'的(犹如生理学是'教人消化'的)"[①]。

那么,黑格尔关于逻辑学的说法"妙"在哪里呢?人们常常以为逻辑学是"教人思维"的。这种想法或说法似乎并无毛病。然而,拿"消化"与"生理学"的关系来比喻"思维"与"逻辑学"的关系,人们就会发现把逻辑学看成是"教人思维"该有多么荒唐。

谁都知道,人用不着学习"生理学""消化学",就会咀嚼、吞咽、吸收、排泄;反之,如果有谁捧着"生理学"或"消化学"去"学习"吃饭,倒是滑天下之大稽。显然,"生理学"并不是"教人消化"的。同样,人的"思维"也不是"逻辑学""教"出来的。

按照黑格尔的看法,逻辑学是使人"自觉到思维的本性",也就是自觉到思维运动的逻辑。人是凭借思维的本性去思维,但人并不能自发地掌握思维运动的逻辑。这正如人是凭借消化的本性去消化,但人并不能自发地掌握消化运动的规律一样。

思维运动的逻辑,是人类认识一切事物和形成全部知识的基础。正因如此,黑格尔把他的哲学视为关于真理的逻辑,并把他的最重要的哲学著作称为《逻辑学》。这种关于真理的逻辑,不是"教人思维",而是展现人类思想发展的概念运动过程。人们通过研究思想运动的逻辑,才能自觉到概念运动的辩证本性,从而达到真理性的认识。

其六,"同一句格言"

人们在生活中常常用格言来说明生活的意义。黑格尔认为,同一句格言,从一个饱经风霜、备受煎熬的老人嘴里说出来,和从一个天真可爱、未谙世事的孩子嘴里说出来,含义是根本不同的。黑格尔还具体地提到,"老人讲的那些宗教真理,虽然小孩子也会讲,可是对于老人来说,这些宗教真

---

① 参见列宁:《哲学笔记:1895—1916 年》,人民出版社,1974 年,第 83 页。

理包含着他全部生活的意义。即使这小孩也懂宗教的内容,可是对他来说,在这个宗教真理之外,还存在着全部生活和整个世界"①。

黑格尔关于"同一句格言"的说法,会使我们想起辛弃疾的一首词。在《采桑子》这首词中,辛弃疾(1140—1207)写道:"少年不识愁滋味,爱上层楼,爱上层楼,为赋新词强说愁。而今识尽愁滋味,欲说还休,欲说还休,却道天凉好个秋!"这大概就是老人与孩子对"愁"的不同感受与表达吧。黑格尔的这个比喻告诉人们,哲学不仅仅是一种慎思明辨的理性,而且是一种体会真切的情感,不仅仅是一系列的概念的运动与发展,而且蕴含着极其深刻的生活体验。因此,真正地进入哲学思考,还必须要有中国传统哲学所提倡的体会、领悟、品味、咀嚼乃至顿悟。哲学不是现成的知识,不是僵死的概念,不是刻板的教条,学习哲学不能"短训",不能"突击",更不能"速成"。哲学是一个熏陶的过程,体验的过程,陶冶的过程,它是人把自己培养成人(而不是"某种人")的"终身大事"。

其七,"动物听音乐"

哲学不是现成的知识。如果把哲学当作现成的知识去接受和套用,虽然可以使用某些哲学概念,但却始终不知道哲学为何物,因而也不可能真正地进入哲学思考。这就"像某些动物,它们听见了音乐中一切的音调,但这些音调的一致性与谐和性,却没有透过它们的头脑"②。

这个比喻也许过于刻薄了,但却尖锐而深刻地揭示了形成哲学智慧的艰难。黑格尔说:"常有人将哲学这一门学问看得太轻易,他们虽从未致力于哲学,然而他们可以高谈哲学,好像非常内行的样子。他们对于哲学的常识还无充分准备,然而他们可以毫不迟疑地,特别当他们为宗教的情绪所激动时,走出来讨论哲学,批评哲学。他们承认要知道别的科学,必须先加以专门的研究,而且必须先对该科有专门的知识,方有资格去下判断。人人承认要想制成一双鞋子,必须有鞋匠的技术,虽说每人都有他自己的脚做模型,而且也都有学习制鞋的天赋能力,然而他未经学习,就不敢妄事制作。唯有对于哲学,大家都觉得似乎没有研究、学习和费力从事的必要。"③这样地"高谈哲学",当然也就如同动物听音乐一样,可以听见"音乐中一切的音调",但却听不到这些音调的"一致性与谐和性"。

---

① 黑格尔:《小逻辑》,第 423 页。
② 参见黑格尔:《哲学史讲演录》第 1 卷,第 5 页。
③ 黑格尔:《小逻辑》,第 42 页。

对待哲学的另一种态度，则是黑格尔所批评的"反对真理的谦逊"。黑格尔举例说，如果有人提出这样的问题："真理是什么东西？"这意思就是说，"一切还不是那么一回事，没有什么东西是有意义的"。而这种把一切都视为虚幻的态度，所剩下的却只能是他自己的"主观的虚幻"①。

黑格尔还十分生动地批评了对待哲学的又一种态度，这就是"心灵懒惰的人"的态度。"他们以为当思维超出了日常表象的范围，便会走上魔窟；那就好像任他们自身漂浮在思想的海洋上，为思想自身的波浪所抛来抛去，末了又复回到这无常世界的沙岸，与最初离开此岸时一样地毫无所谓，毫无所得。"②因此，黑格尔在他的著作中，经常呼唤人们对崇高的渴求。

毫无疑问，我们必须批判地对待黑格尔的哲学思想；但是，在进入哲学思考的时候，仔细地品味黑格尔的这些关于哲学的比喻，我们起码可以得到这样一些初步的体会：

哲学如同普照大地的阳光，它照亮了人类的生活世界，使得人类生活显现出意义的"灵光"；

哲学作为"思想中所把握到的时代"，不同时代的哲学，以及同一时代的对生活意义具有不同理解的哲学，总是处于相互批判之中，哲学史便显得像一个"厮杀的战场"一样；

哲学思想之间的相互批判，并不是一无所获的徒然的否定，而是如同"花蕾、花朵和果实"的自我否定一样，在否定中实现自身的发展，因而哲学的历史是哲学发展的历史；

哲学是一种"反思"的智慧，它是"对认识的认识"，"对思想的思想"，它需要深沉的思考和深切的体验，因此它如同"密涅瓦的猫头鹰"一样，总是在薄暮降临时才悄然起飞；

哲学智慧并不是"教人思维"，而是使人自觉到"思维的本性"，掌握思想运动的逻辑，从而获得真理性的认识；

真正掌握哲学智慧，不仅需要慎思明辨的理性，而且需要体会真切的情感，需要丰富深刻的阅历，这就像"同一句格言"，在老人和孩子那里的含义不同一样；

哲学不是现成的知识性的结论，如果只是记住某些哲学知识或使用某些哲学概念，那就会像"动物听音乐"一样，听到各种各样的"音调"，却听不

---

①② 参见黑格尔：《小逻辑》，第65页。

到真正的"音乐"。

真正的音乐会引起心灵的震荡，真正的哲学会引起思维的撞击。在哲学的海洋中扬帆远航，会激发我们的理论兴趣，拓宽我们的理论视野，撞击我们的理论思维，提升我们的理论境界。

《哲学通论·导言 走进哲学》 数字化教学支持资源

一、孙正聿老师视频精品课（五讲）（请扫码观看）

二、本章拓展资源（请扫码观看）
1. 《也许，你会喜爱哲学》【视频】
2. 《哲学何以使人"学以成人"》
3. 《关于马克思的哲学》【朗诵】

本章思考题

1. 怎样理解哲学是"爱智"？
2. 为什么说哲学是对"自明性"的分析？

第一章　哲学的自我理解

"哲学究竟是什么?"这是哲学的最引人入胜而又最令人困惑的问题,也是古往今来的哲学家最感兴趣而又最为头痛的问题。

试想一下:举凡人类活动的一切领域,哪个领域不存在哲学问题,哪种问题不寻求哲学解释? 遍查整个哲学发展史,哪个具有划时代意义的哲学家不对哲学做出自己的解释,又有哪种哲学的自我理解不是对其他哲学理解方式的批判与超越?

哲学不是宗教,为什么它也给予人以信仰? 哲学不是艺术,为什么它也赋予人以美感? 哲学不是科学,为什么它也启迪人以真理? 哲学不是道德,为什么它也劝导人以向善? 难道哲学什么都是又什么都不是吗? 对此,黑格尔曾经十分感慨地说:"哲学有一个显著的特点,与别的科学比较起来,也可以说是一个缺点,就是我们对于它的本质,对于它应该完成和能够完成的任务,有许多大不相同的看法。"①那么,我们就从哲学的自我理解入手,开始我们的艰苦而又愉快的哲学思想的遨游。

第一节　哲学与哲学观

追问和回答"哲学究竟是什么",这不仅是哲学家们关注的首要问题,也是决定他们的哲学能否成为一种独特的哲学理论的首要问题,并且还是决定他们的哲学具有何种程度的合理性的首要问题。 因此,每个真正的哲学家,都把"哲学观"作为自己的哲学思考的首要问题,并以自己的哲学观去创建自己的哲学理论,由此便形成了哲学史上多姿多彩的哲学理论。 正是这些多姿多彩的哲学理论,表现和推进了人类对自身的追问,表现和推进了人类对世界的求索,表现和推进了人类对自身与世界的相互关系的理解,历史地变革了人们的世界图景、思维方式、价值观念、审美意识和终极关怀,从

---

① 黑格尔:《哲学史讲演录》第1卷,第5页。

而塑造和引导了新的时代精神。

以追问和回答"哲学究竟是什么"为标志的"哲学观"问题,不是哲学中的"一个问题",而是全部哲学的根本问题,是决定如何理解和解释其他所有哲学问题的根本问题。或者说,人们对哲学的其他所有问题的理解与解释,都取决于对"哲学究竟是什么"这个哲学观问题的回答。黑格尔曾经提出,体系化的哲学理论,"作为一个体系,需要有一个原理被提出并且贯串在特殊的东西里面","全部被认识的东西必须作为一种统一性、作为概念的一种有机组织而出现";他还针对人们经常发生误解的哲学的"理念",做出这样的解释:"要这样来理解那个理念,使得多种多样的现实,能被引导到这个作为共相的理念上面,并且通过它而被规定,在这个统一性里面被认识。"①

在体系化的各种各样的哲学理论中,黑格尔这里所说的"原理""统一性""理念",最重要的就是构成该种哲学理论的独特的哲学观,也就是对"哲学究竟是什么"的独特理解与回答。各种哲学观以"哲学理念"的方式贯穿于体系化的哲学理论之中,并以各自的"哲学理念"去解释和回答全部的(该种哲学理论所涉及的)哲学问题。因此,掌握任何一种哲学理论,首要的是掌握它的哲学观即它的"哲学理念"。

古今中外的哲学家所创造的哲学观或"哲学理念"是多种多样的;但是,这些各种各样的哲学观或"哲学理念",并不是哲学家主观任意的创造,恰恰相反,任何一种产生重要影响的"哲学观"或"哲学理念",都是形成于哲学的人类性、民族性、时代性和个体性的某种统一之中。按照我们的理解,任何一种哲学观或"哲学理念",都是形成于哲学家以时代性的内容、民族性的形式和个体性的风格去求索人类性问题的某种"聚焦点"上。这就是说:(1)哲学观或"哲学理念"从来不是,而且永远也不会是单一的。因为人们在对哲学的不同理解中,必然会形成多种多样的哲学观或"哲学理念",并从而在哲学观的相互批判中推进哲学的发展。(2)哲学观或"哲学理念"从来不是,而且永远也不是主观任意的产物,任何一种哲学观或"哲学理念"都具有人类的、时代的和民族的内容与形式,在人类历史的发展中实现哲学观的变革,并从而变革人类的世界观、历史观和人生观等等。(3)哲学理论的重大的或根本性的变革,总是集中地体现为哲学观的变革,

---

① 参见黑格尔:《哲学史讲演录》第2卷,第384、385页。

体现为"哲学理念"的更新,因此,人们必须从哲学观或"哲学理念"的变革出发,去看待和评价各种不同的哲学理论,去理解和解释哲学的发展史。

在哲学的发展史上,哲学家们的哲学观,曾经发生过历史性的重大变革。以具有划时代意义的古希腊哲学、西方近代哲学、马克思主义哲学以及现代西方哲学为标志,我们对"哲学观"的重大变革,可以做出这样的概括:被黑格尔称作"一切哲学家的老师"的古希腊哲人亚里士多德,把哲学定义为"寻取最高原因的基本原理"的学术;被恩格斯称作"以最宏伟的形式概括了以往哲学全部发展"的黑格尔,则把亚里士多德以来的全部哲学归结为这样一句话:"真理的王国是哲学所最熟悉的领域,也是哲学所缔造的,通过哲学的研究,我们是可以分享的"①;恩格斯在总结包括黑格尔哲学在内的整个哲学史的基础上,则明确地提出:"全部哲学,特别是近代哲学的重大的基本问题,是思维和存在的关系问题"②;与此同时,马克思在被恩格斯称作"包含着新世界观的天才萌芽的第一个文件"的《关于费尔巴哈的提纲》一文中,则在哲学史上第一次提出:"人的思维是否具有客观的真理性,这并不是一个理论的问题,而是一个实践的问题","哲学家们只是用不同的方式解释世界,而问题在于改变世界"③;20 世纪的西方现代哲学,在对哲学的多元理解中,出现了"分析"运动和"解释"理论,形成了人们通常所说的"科学主义"与"人本主义"的对峙与融合,并在对现代化的反思中蔓延起一种被人们称为"后现代主义"的哲学思潮。

我国在古代就形成了极为丰富和深邃的哲学思想。我国最早的哲学可以上溯到殷周之际,距今已有三千年以上的历史。春秋战国时期,诸子百家争鸣,形成了内涵丰厚的中国传统哲学。但是,由于中国古代文、史、哲不分,没有表示"哲学"的专有名词,在先秦称为子学,以后相沿流传,称为经学、玄学、理学、心学,等等。汉语"哲学"一词,是由日本学者西周对希腊文 Philosophia 的译名而来,并大约在 19 世纪 80 年代传入我国。

自 19 世纪末叶以来,特别是在五四运动以后,哲学观或"哲学理念"的论争,愈益显著地成为现代中国哲学的突出的重要问题。五四以来的中国,马克思主义哲学以其不可遏止的生机而传播于中国,形形色色的西方哲学思潮如放闸之水而流行于学界,中国传统哲学则在时代的巨变中而被重新阐

---

① 黑格尔:《小逻辑》,第 35 页。
② 《马克思恩格斯选集》第 4 卷,第 219 页。
③ 同上书,第 1 卷,第 16、19 页。

扬。社会生活的空前震荡，国家民族的救亡图存，中西文化的猛烈撞击，新旧学术的砥砺契合，汇之于寻求改造中国、创造中国新哲学之路的聚焦点上，由此便构成了思路各异、学派纷呈、各具规模、论战迭起的现代中国哲学。综观现代中国哲学，似可概括为以融汇中西哲学、沟通新旧文化为底色，以传播和应用马克思主义哲学为主流，以引进和品评西方哲学、重释和阐扬中国传统哲学、介绍和发展马克思主义哲学为基本内容，以哲学为武器而改造社会与人生为目的的总体性特征。

现代的中国哲学，不仅对哲学的本体论、认识论、方法论、逻辑学及历史观和人生观诸多方面进行了较为系统的研究，而尤其在哲学的自我理解上进行了深入的探讨与争论，并形成了各异其是、见仁见智的哲学观。但是，在这些各异其是、纷繁复杂的哲学观或"哲学理念"之中，却蕴含着深层的时代与民族的特征。当代著名哲学家贺麟在出版于1945年的《当代中国哲学》中提出："近五十年来，中国的哲学界即或没有别的可说，但至少有一点可以称道的好现象，就是人人都表现出一种热烈的'求知欲'。这种求知欲也就是哲理所要求的'爱智之忱'。我们打开了文化的大门，让西洋的文化思想的各方面汹涌进来，对于我们自己旧的文化，如果不是根本加以怀疑破坏的话，至少也得用新方法新观点去加以批评的反省和解释，也觉得有无限丰富的宝藏，有待于我们的发掘。尤其足以迫逼着我们，使我们不得不努力探求新知的地方，就是我们处在一崭新的过渡时代，社会、政治、文化、思想信仰均起了空前急剧的变化。其剧变的程度，使许多激烈趋新的人，转瞬便变成迂腐守旧的人，使许多今日之我，不断与昨日之我作战的人，但独嫌赶不上时代的潮流。我们既不能墨守传统的成法，也不能一味抄袭西洋的方式，迫得我们不得不自求新知，自用思想，日新不已，调整身心，以解答我们的问题，应付我们的危机。因此，这五十年来特别使得国人求知欲强烈的主因，是由于大家认为哲学的知识或思想，不是空疏虚幻的玄想，不是太平盛世的点缀，不是博取科第的工具，不是个人智巧的卖弄，而是应付并调整个人以及民族生活上、文化上、精神上的危机和矛盾的利器。哲学的知识和思想因此便被认为是一种实际力量——一种改革生活，思想和文化上的实际力量。"[①]

关于现代中国哲学的特征，贺麟还特别提示人们："必须得特别注意：

---

① 贺麟：《当代中国哲学》，《中国现代哲学原著选》，复旦大学出版社，1989年，第619页。

(一) 推翻传统权威和重兴解释哲学思想之处；(二) 接受并融会西洋哲学思想之处；(三) 应用哲学思想以改革社会政治之处。"①这里的第一条，突出地强调了对哲学的重新理解，而第二条和第三条则分别地说明了重新理解哲学的重要思想来源以及重新理解哲学的目的。对现代中国的多姿多彩的哲学观或"哲学理性"做一简要梳理，会使我们更为亲切地感受到哲学观在哲学理论中的重大作用。

在现代中国哲学的发展史上，最为重要的是马克思主义哲学在中国的传播、应用与发展。由李大钊、陈独秀、瞿秋白、恽代英、邓中夏、张太雷等中国早期共产主义者介绍到中国的马克思主义哲学，经过李达（其代表作为《社会学大纲》）、艾思奇（其代表作为《大众哲学》）等人的系统整理与通俗解释，在毛泽东（1893—1976）的《实践论》《矛盾论》等哲学名著中得到全面的论述和广泛的发挥，并在毛泽东的《中国革命战争的战略问题》《论持久战》《新民主主义论》等著作中得以具体应用和较为全面的发展。毛泽东哲学思想是现代中国哲学的最可珍贵的精华。

与马克思主义哲学在中国的传播相并行的是对形形色色的西方哲学思想的介绍、评论与融合。上起古希腊的苏格拉底、柏拉图、亚里士多德，中经近代的培根、笛卡儿、康德、黑格尔，下至尼采、柏格森、斯宾塞、罗素、杜威，凡西方哲学之先哲今贤，皆有人引进之、评述之、发挥之。其中，尤以 19 世纪以来的尼采哲学、新康德主义、新黑格尔主义以及实用主义为要。金岳霖、冯友兰、贺麟、胡适、张君劢、张东荪等人介绍、品评、发挥西方各流派思想之作成果累累，蔚为大观。由于上述学者功底深厚，学贯中西，或博采众长以成一家之言，或独倡一派而能阐幽发微，或以西为用阐扬中学之体，高举远慕，体会真切，其所倡言的哲学观颇多启发后学之睿见。

在中西文化及其哲学的激烈撞击中，中华传统文化的新一代饱学之士直面"西化狂飙"，既颇为理智地承认西方文化之优长，更恪守中华文化之本位，以坚实的学问根基和丰硕的研究成果，致力于阐扬中国传统文化特别是儒家哲学，力图返传统儒学之本而开科学民主之新。以梁启超、梁漱溟、张君劢、熊十力、冯友兰及贺麟等哲学巨匠为主要代表人物的"返本开新"派，构成时人所谓"现代新儒学"。作为现代新儒学的先驱，梁启超（1873—1929）在 20 世纪 20 年代初曾提出这样的纲领性看法："第一步要人

---

① 贺麟:《当代中国哲学》,《中国现代哲学原著选》,第 619 页。

人存一个尊重爱护本国文化的诚意。第二步要用那西洋人研究学问的方法去研究他,得他的真相。第三步把自己的文化综合起来,还拿别人的来补助他,叫他起一种化合作用,成了一个新文化系统。第四步把这新系统往外国扩充,叫人类全体都得着他好处。"①循此以进,张君劢的人生论,熊十力的新唯识论,梁漱溟的东西文化论,冯友兰的新理学,贺麟的新心学,比较中西,融合中印,重释程朱,阐扬陆王,殚精竭虑,各有建树,构成现代中国哲学不可或缺之重要部分,并在当代世界哲学中产生不容忽视的影响。

当然,无论是对西方哲学的引进、评论与融合,还是对中国传统哲学的维护、阐扬与发挥,现代中国哲学在其演进的历程中,都表现出难以克服的局限性。然而,在中华民族救亡图存、东西文化激烈撞击的近现代中国,哲学家们汲取西方哲学而弘扬民族文化,其学术精华可启后人之智,其求索精神可激后人之勇,其经验教训可为后人之鉴。他们所阐发的各异其是的哲学观,则可以拓宽我们的理论视野并撞击我们的理论思维,启发我们深入地思考哲学观与哲学理论的关系,更为真切地进行哲学的自我理解。

第二节 哲学的特性与功能

哲学的自我理解,首先需要思考哲学的理论性质和社会功能,这里主要是从哲学理论的时代性与超时代性、哲学范畴的民族性与超民族性、哲学故事的个体性与超个体性等方面去探讨哲学的特性与功能。

一、哲学理论的时代性与超时代性:塑造和引导新的时代精神

哲学是人类把握世界的一种基本方式。它之所以区别于人类把握世界的宗教的、艺术的、科学的等基本方式,就在于它是理论形态的人类自我意识,即以理论方式所构成的人对自己的理解。

作为理论形态的人类自我意识,哲学的首要特性是以时代性内容求索人类性问题。因此,任何真正的哲学,总是具有时代性与超时代性的双重内涵。就其问题而言,哲学是人类性的,因而具有超时代性;就其对问题的理解而言,哲学又是历史性的,因而具有时代性。然而,在对哲学的理解和阐释中,却往往是或者以哲学的历史性而否认其超时代性,或者以哲学的人类

---

① 梁启超:《欧游心影录》,《中国现代哲学原著选》,第81页。

性而排斥其时代性。正是由于把哲学的时代性与超时代性割裂开来甚至对立起来，因而在对哲学形态的探索中，或者弱化了人类性问题的哲学自觉，或者弱化了时代性内涵的哲学自觉。

关于"真正的哲学"，马克思的著名论断是"时代精神的精华"和"文明的活的灵魂"。在这一论断中，前者凸显的是哲学的时代性，后者凸显的则是哲学的超时代性。但是，在引证和阐述马克思的哲学观时，却往往是以功利主义的或实用主义的态度，孤立地解说哲学何以是"时代精神的精华"，而有意或无意地"忽略"了哲学何以是"文明的活的灵魂"。由此所造成的直接后果，就是弱化了人类性问题的哲学自觉，并因而弱化了哲学的凝重和厚重的当代性。

在《〈黑格尔法哲学批判〉导言》中，马克思曾对哲学的历史形态及其历史使命做出这样的概括：确立"人的自我异化的神圣形象"，揭露"人在神圣形象中的自我异化"，揭露"人在非神圣形象中的自我异化"。这是三种不同的哲学形态，它们承担着不同的历史使命。这意味着，人类性的哲学问题，从来不是以抽象的"人的问题"而存在，恰恰相反，人类性的哲学问题总是表现为具有特殊内涵的时代性课题，哲学理论总是成为"思想中所把握到的时代"。这就是哲学的不可逃避的时代性。然而，无论是确立"神圣形象"还是揭露"神圣形象"和"非神圣形象"，却蕴含着共同的关于"人"的哲学思考，即为人自身的存在寻求根据的哲学思考，因而都是理论形态的人类自我意识。对于当代哲学来说，传统哲学之所以具有需要继承的"传统"，传统哲学之所以蕴含着可资借鉴的"当代意义"，就在于传统哲学作为理论形态的人类自我意识，对"人"自身进行了睿智的求索。这表明，正是哲学问题的人类性，"真正的哲学"才既是"时代精神的精华"，又是"文明的活的灵魂"，才具有"超时代"的"当代性"。

人是社会的、文化的、历史的存在，而不是非历史的或超历史的存在。哲学的"人类性"就蕴含于哲学的"时代性"之中，哲学的"时代性"就是对"人类性"问题的历史性回答。作为时代精神之"精华"和文明的活的"灵魂"的真正的哲学，它绝不仅仅是"反映"和"表达"时代精神，更为重要的是"塑造"和"引导"新的时代精神。这就是哲学理论的"时代性"与"超时代性"的双重内涵。构建哲学的当代形态，就需要从哲学的人类性与历史性、超时代性与时代性的双重内涵去反省哲学：愈是具有深刻的时代性的哲学，就愈是具有超时代的人类性价值；愈是具有深刻的人类性的哲学，就愈是具有超时代的当代性。哲学的当代形态，从根本上说，就是对人类性的哲学问题做出时代性的理论回答，从而为创建人类文明的新形态提供塑造和引导新的时代精神的哲学理论。

二、哲学范畴的民族性与超民族性：构建人类文明的"支撑点"

作为理论形态的人类自我意识，古今中外的真正的哲学都是"人性的最高表现"，都是"提高人类精神生活的努力"，都是"整个哲学的一支"，都"应该把它们视为人类的公共精神产业"（参见贺麟：《哲学与哲学史论文集》，商务印书馆，1990年，第127页）。这就是哲学的人类性问题所具有的超民族性。与此同时，人类性的哲学问题又总是以具有民族特征的思维方式予以求索，总是展现在具有民族特征的哲学范畴之中。因此，构建哲学的当代形态，不仅需要深化对哲学的时代性与超时代性的理解，而且需要深化对哲学的民族性与超民族性的理解。由于哲学理论总是表现为以哲学范畴为核心的哲学概念体系，哲学理论的民族性总是集中地体现为哲学范畴的民族特色和民族特征，因此，构建中国哲学的当代形态，还应当着重地探讨哲学范畴的民族性与超民族性。

首先，哲学范畴的民族性是与哲学旨趣的民族性密切相关的。以"究天人之际，通古今之变""为天地立心，为生民立命"为己任的中国传统哲学，它致力于达到"天人合一"的"天地境界"，因此，它的哲学范畴总是表现为在对应性和辩证性中实现融合与和谐。自先秦以降，中国传统哲学多以天、地、道、德、性、命、礼、义、体、用、理、气、知、行为思考对象，而又以天地、道德、性命、礼义、体用、理气、知行之平衡、互补、融合为出发点与归宿。与中国传统哲学不同，以寻求"最高原因的基本原理"为己任的西方传统哲学，则总是把解释一切的最终的根据与被解释的各种各样的对象区别开来，对立起来，把二者推向对立的两极，由此构成本体与变体、共相与个别、实体与属性、思维与存在、主体与客体、感性与理性等的二元对立的范畴体系。然而，范畴体系各不相同的中西哲学，又都是以理解和协调人与世界的关系为其核心理念，以真、善、美的统一为其根本的价值诉求，因而又共同地构成了人类理解和协调人与世界关系的理论的"支撑点"。

其次，哲学范畴的民族性是同哲学思维的民族性息息相关的。实际上，在哲学旨趣的民族性中，已经蕴含着哲学思维的民族特性。以"天人合一""知行合一"为旨趣的中国传统哲学，在其致思取向上，表现出了显著的辩证性。把宇宙、历史和人生均视为生生不已的过程,并以这样的辩证智慧构成内外、物我、人己、义利、仁智、道器、理欲等"对立统一"的哲学范畴,就把人与自然、人与社会、人与自我的一切矛盾提升为和谐化的辩证法思想,既使"心灵和宇宙净化",又使"心灵和宇宙深化",从而"使人在超脱的胸襟里体味到宇宙的深境"(参见宗白化:《美学散步》)。在这个意义上,中国传统哲学的思维方式,正是以化解矛盾的哲学范畴而形成的提升人的境界的辩证智慧。与中国传统哲学不同,注重思维与存在、主体与客体、现象与本质、自由与必然二分的西方传统哲学,其哲学范畴总是以主与从、真与假、是与非的对立方式,去寻求作为"最高原因的基本原理"的深层根据。如果可以把中国传统哲学称作"和谐化"的辩证法,那么就可以在对比的意义上把西方传统哲学称作"冲突化"的辩证法。这种"冲突化"的辩证法,是通过消解内在的逻辑矛盾而达到对"最高原因的基本原理"的探究。就此而言,中西哲学的致思取向及其范畴体系是具有互补性的。

再次,哲学范畴的民族性是同哲学的历史任务不可分割的。西方近代哲学的根本任务是把哲学从神学中解放出来,把异化给"上帝"的人的本质归还给人本身,在实现消解"神圣形象"这一历史任务的过程中,西方近代哲学凸显了实体与属性、思维与存在、主体与客体等的关系问题,并形成了具有西方哲学特色的哲学范畴体系。在现代西方哲学揭露"非神圣形象"的过程中,又凸显了"消解""治疗""拒斥"这样一些颇具刺激性的哲学范畴。而在所谓的"后现代主义哲学"中,则更为明确地把消解认识的主体与客体的二元对立、逻辑的现象与本质的二元对立、历史的本源与派生的二元对立、文化的深层与表层的二元对立作为自己的历史任务,从而使"摧毁""解构""断裂"这些更具刺激性的哲学范畴占据哲学思考的核心位置。就此而言,当代中国哲学自觉地吸纳和广泛地使用近现代以来的西方哲学范畴,是同"揭露人在非神圣形象中的自我异化"的历史任务直接相关的,而绝不仅仅是对西方哲学的盲目崇拜和简单"移植"。因此,在对中国哲学的当代形态的思考中,不应当仅仅纠缠于是否"吸纳"和"使用"近现代西方哲学的概念和范畴,而应当从新的时代精神与新的历史任务出发,重构哲学的范畴体系。

作为理论形态的人类自我意识,哲学的范畴体系不仅包含着哲学家个人的思辨和体验,而且深层地蕴含着整个民族的理性思辨和生存体验。"中华民族的生命历程、生存命运和生存境遇具有我们的特殊性,我们的苦难和希望、伤痛和追求、挫折和梦想只有我们自己体会得最深，它是西方人难以领会的"，因此我们"应该把哲学研究的主要精力转移到创建属于中国自己的当代中国哲学理论方面上来"（高清海：《中华民族的未来发展需要有自己的哲学理论》，《吉林大学社会科学学报》，2004年第二期）。然而，值得认真思考的是，这种"转移"，并不是简单地以中国传统哲学的范畴体系"置换"西方哲学的范畴体系，而是以中华民族的体验与思辨去寻求创建人类文明新形态的哲学理念，为人类文明形态的变革提供坚实的理论"支撑点"。从哲学范畴的民族性与超民族性的矛盾关系中去创建当代哲学的范畴体系，这是构建中国哲学当代形态的艰巨的历史任务。

三、哲学故事的个体性与超个体性：创建"有我"哲学

哲学作为理论形态的人类自我意识，它的范畴体系是人类文明史的总结、积淀和升华。在这个意义上，哲学就是以理论的方式讲述"人类的故事"。然而，对"人类故事"的理解和讲解，又离不开哲学家个人的体悟和思辨。人类的思想和文明与哲学家的体悟和思辨，熔铸于哲学家所创建的哲学范畴体系之中。因此，作为理论形态的人类自我意识的哲学，既是哲学家以个人的名义讲述人类的故事，又是哲学家以人类的名义讲述个人的故事。这就是"哲学故事"的个体性与超个体性的辩证统一。自觉到这个辩证统一，对于构建哲学的当代形态是至关重要的。

每个时代的人类都有该时代的特定的人类历程和理论资源，由此构成该时代的哲学家的共有的人生历程和理论资源，并因而构成该时代哲学的"广泛而深刻的一致性"。然而，时代性的人类历程又总是表现为哲学家的特殊的人生历程以及哲学家对人类历程和人生历程的独特的生命体验；时代性的理论资源又总是表现为哲学家对特定的理论资源的占有以及哲学家由其所占有的理论资源所形成的特殊的理想想象。特殊的人生历程和独特的生命体验，特殊的理论资源和独特的理论想象，二者的水乳交融构成了个性化的哲学理论。因此，我在《哲学通论》中提出：哲学是以时代性的内容、民族性的形式和个体性的风格去求索人类性问题。在这个意义上，哲学总是以"我"的名义讲述"我们"的故事，并由此形成哲学的个体性与超个体性的辩证统一。

以"我"的名义讲述"我们"的故事，这个"故事"就形成于"我"的"思辨"和"体验"的"理论想象"之中。所谓"思辨"，就是辨析思想或

思想辨析，也就是思想以自身为对象反过来而思之的"反思"；所谓"体验"，就是体悟经验或经验体悟，也就是经验以自身为对象反过来而悟之的"领悟"。在哲学的"理论想象"中，思辨与体验，或者说反思与领悟，不仅是不可或缺的，而且必须是融为一体的。没有体验的思辨，或没有思辨的体验，都不会产生"真实的想象"和"想象的真实"。长期以来，哲学界有一种流行的说法：西方哲学重思辨，中国哲学重体验。如果这种说法的含义仅为"重在"，或许是言之有据的；如果这种说法的含义是指"特征"，则不仅夸大了中西哲学的"差异"，而且是误解了哲学的"本性"，并会因此窒息哲学的"想象"。

诉诸哲学史，我们会看到，哲学发展的基本形式是派别之间的相互批判。然而，值得深思的是，哲学的派别冲突不仅植根于现实生活，而且与哲学家对人类文明和时代精神的生命体验和理性思辨密切相关。贯穿于哲学史的唯物主义与唯心主义、辩证法与形而上学、经验主义与逻辑主义、绝对主义与相对主义等的派别冲突，无不熔铸着哲学家的生命体验和理性思辨。哲学的唯物主义与唯心主义，深层地蕴含着哲学家对人类的自然性与超自然性的生命体验和理性思辨；哲学的辩证法和形而上学，深层地蕴含着哲学家对人类存在的过程性与确定性的生命体验和理性思辨；哲学的经验主义与逻辑主义，深层地蕴含着哲学家对人类认识的感性与理性的矛盾的生命体验和理性思辨；哲学的相对主义与绝对主义，深层地蕴含着哲学家对人类文明的时代性与超时代性的生命体验和理性思辨。在现代哲学中，本质主义与存在主义、理性主义与非理性主义、科学主义与人本主义乃至"同一"与"差异"，"分析"与"解释"，"结构"与"解构"，更是以错综复杂的派别冲突的方式，深层地蕴含着哲学家对"现代性的酸"所构成的"意义危机"的生命体验和理性思辨。正是这种深沉的生命体验和顽强的理性思辨，激发了哲学家的独特的"理论想象"，形成了各具特色的哲学理论，从而既以人类的名义讲述了个人的故事，又以个人的名义讲述了人类的故事。

在人类哲学史上，任何一种"真正的"哲学都不是"无我的"哲学，而是经过哲学家思维着的头脑所创建的"有我的"哲学。它凝聚着哲学家所捕捉到的自己时代的人类自我意识，它熔铸着哲学家用以观照人与世界关系的解释原则，它贯穿着哲学家对人类命运和人类理想的价值诉求，它体现着哲学家对人类文明的时代性问题的理论自觉。因此，构建哲学的当代形态，既要体现当代哲学家个人的独特的生命体验和理论想象，又要体现这种体验和想象中所蕴含的人类性的和时代性的"广泛而深刻的一致性"。

第三节 当代哲学观及其哲学形态

哲学的自我理解，不是自我封闭的苦思冥想，不是固执己见的自我认同，而是以广阔的哲学视野为背景，以开放的哲学意识为基点，在各种各样的哲学观特别是当代的各异其是的哲学观的比较鉴别中，深化哲学的自我理解。因此，在进入哲学思考的时候，首先概括地了解当代的各种哲学观，既能够激发人们的理论兴趣，也有助于促进人们的理论思考。

从总体上看，20世纪以来，特别是20世纪50年代以来，以当代世界哲学为背景，我们大致可以概括出八种主要的哲学观，即：普遍规律说；认识论说；语言分析说；存在意义说；精神境界说；文化样式说；文化批判说；实践论说。下面，我们简要地介绍与分析这些主要的哲学观，以便在当代哲学的背景中去理解哲学。

其一，"普遍规律说"

作为一种通行的哲学观，"普遍规律说"认为：各门科学只是研究世界的各种"特殊领域"，并提供关于这些领域的"特殊规律"；而哲学则以"整个世界"为对象，并提供关于整个世界的运动与发展的"普遍规律"。

这种"普遍规律说"的哲学观，具有深远的哲学史背景。在哲学的发展史上，从古希腊哲学"寻取最高原因的基本原理"，到德国古典哲学寻求"全部知识的基础"和提供"一切科学的逻辑"，就其深层实质而言，都是把哲学定位为对"普遍规律"的寻求。

这种"普遍规律说"的哲学观，具有深刻的人类思维的根基。人类思维面对千姿百态、千变万化的世界，总是力图在最深刻的层次上把握其内在的统一性，并以这种"统一性"去解释世界上的一切现象，以及关于这些现象的全部知识。这就是人类思维所追求的把握和解释世界的"全体的自由性"（黑格尔语）。思维的这种追求以理论的形态表现出来，就构成了古往今来的追寻"普遍规律"的"哲学"。

当代美国科学哲学家瓦托夫斯基（Marx W. Wartofsky, 1928—1997）提出，追寻"普遍规律"的思想的推动力，"都是企图把各种事物综合成一个整体，提供出一种统一的图景或框架，在其中我们经验中的各种各样的事物能够在某些普遍原理的基础上得到解释，或可以被解释为某种普遍本质或过程的各种表现"①。 他认为,这种追寻"普遍规律"的哲学追求,已经"进入我们思维活动的根基,并完全可能进入更深处——它们导源于我们所属的这个物种和我们赖以生存的这个世界"②。 这就是说,对"普遍规律"的寻求,既根源于"我们所属的这个物种",即人类的存在方式和人类的思维本身——对普遍性的寻求,又根源于"我们赖以生存的这个世界",即世界本身具有自己的规律性——人类思维可以寻求到世界的普遍规律。 这种见解是很深刻的。

但是,在对哲学的通常解释中,却常常离开思维和存在的关系问题去看待哲学对"普遍规律"的寻求,其结果是把哲学理论混同为一般的实证知识。 因此,在对哲学的现代理解中,我们需要从哲学的基本问题即"思维和存在的关系问题"出发,重新理解通行的哲学观即"普遍规律说"。

其二,"认识论说"

作为一种哲学观的"认识论说",是在反思"普遍规律说"的过程中形成的。 这种哲学观认为:哲学的研究对象不是"整个世界",而是作为哲学基本问题的"思维和存在的关系问题";哲学关于"普遍规律"的认识,不是通过研究"整个世界"而获得,而是以辩证法、认识论和逻辑学三者统一的方式来实现。

这种"认识论说"的哲学观,也具有深厚的哲学史背景。 人们通常把西方哲学的发展史概括为古代的本体论哲学、近代的认识论哲学和现代的语言哲学,并把近代哲学的变革称作"认识论转向"。 对此,有的西方学者做出这样的解释:"首先,哲学家们思考这个世界,接着,他们反思认识这个世界的方式,最后,他们转向注意表达这种认识的媒介。 这似乎就是哲学从形而上学,经过认识论,再到语言哲学的自然进程。"③这种解释告诉人们:在哲学还没有从"思维和存在的关系"提出问题的时候,只能是直接地"思考这个世界",并试图直接地揭示世界的"普遍规律";当着哲学开始"反思认识这个世界的方式"的时候,就出现了所谓的"认识论转向",从"思维和存在的关系"提出问题,去寻求思维和存在所服从的同一规律,并把这个"同一规律"作为真正的"普遍规律"。

关于这种"认识论转向",人们还以一句话来做出解释,即:"没有认识

---

① M. W. 瓦托夫斯基:《科学思想的概念基础——科学哲学导论》,范岱年译,求实出版社,1982年,第14页。
② 同上书,第13页。
③ 斯鲁格:《弗雷姆》,江怡译,中国社会科学出版社,1989年,第10页。

论的本体论为无效"。这就是说，哲学关于"普遍规律"的认识，必须以对人类认识的反省为前提；哲学不能解决"思维和存在的关系问题"，也就不能回答世界的"普遍规律"问题。这是近代以来的哲学所达到的基本认识。

关于近代哲学已经达到的这种基本认识，恩格斯在他的哲学名著《路德维希·费尔巴哈和德国古典哲学的终结》中，做出了深刻的阐述，并提出"全部哲学，特别是近代哲学的重大的基本问题，是思维和存在的关系问题"①。后来，列宁在他的哲学名著《哲学笔记》中，又明确地提出，"辩证法也就是（黑格尔和）马克思主义的认识论：正是问题的这一'方面'（这不是问题的一个'方面'，而是问题的本质）普列汉诺夫没有注意到，至于其他的马克思主义者就更不用说了"②。

在列宁的论述中，不仅是明确地提出了关于"辩证法也就是（黑格尔和）马克思主义的认识论"的重要论断，强调地指出了这个论断所具有的重大的哲学意义（"这不是问题的一个'方面'，而是问题的本质"），并且尖锐地揭示了理解这个论断的艰巨性（连著名的马克思主义的理论家和宣传家普列汉诺夫都"没有注意到，至于其他的马克思主义者就更不用说了"）。这表明，理解"认识论说"的哲学观，并在此基础上去重新理解"普遍规律说"的哲学观，是需要艰苦的哲学思考的。

20世纪五六十年代以来，苏联的凯德洛夫、柯普宁和伊里因科夫等哲学家，以恩格斯关于哲学基本问题的论述和列宁关于辩证法、认识论和逻辑学三者一致的观点为出发点，以西方近代哲学的认识论转向为背景，比较系统地提出了"认识论说"的哲学观。其中，柯普宁的《马克思主义认识论导论》（1966年）、《作为认识论和逻辑的辩证法》（1973年）和《辩证法·逻辑·科学》（1973年）等著作，更是比较集中和深入地阐述了这种"认识论说"的哲学观。

20世纪80年代以来，"认识论说"的哲学观在我国哲学界产生了重要影响。许多学者试图以列宁《哲学笔记》中关于辩证法就是认识论，辩证法、认识论和逻辑学三者一致，哲学唯心主义的认识论根源，哲学与哲学史的统一，辩证法和认识论的基本知识领域等重要论述，去反思"普遍规律说"的哲学观。从总体上说，人们已经认识到，需要从辩证法、认识论和逻辑学的

---

① 《马克思恩格斯选集》第4卷，第219页。
② 《列宁全集》第38卷，第410页。

统一中去理解哲学关于"普遍规律"的认识。"由于马克思主义哲学所揭示的思维自觉反映存在运动的规律凝聚着、积淀着人类在其前进的发展中所创建的全部科学反映世界的认识成果,是'对世界的认识的历史的总计、总和、结论',因此,在其客观内容和普遍意义上说,马克思主义哲学就是关于自然、社会和思维发展的普遍规律的理论,即哲学世界观;由于马克思主义哲学从认识和实践的主体与客体交互作用的丰富关系及其历史发展来研究思维自觉反映存在运动的规律,为人类的全部历史活动提供认识基础,因此,就其研究对象和理论性质上看,它就是关于思维与存在统一规律的理论,即哲学认识论;由于马克思主义哲学所揭示的思维自觉反映存在运动的规律,既是对思维的历史和成就的总结,又是思维自觉地向存在接近和逼近的方法,因此,就其理论价值和社会功能上看,它又是人类认识世界和改造世界的伟大工具,即哲学方法论。"[①]这就是我们从世界观、认识论和方法论的统一中对马克思主义哲学的理解和解释。

其三,"语言分析说"

作为近代哲学"认识论转向"的合乎逻辑的后果,哲学从"反思认识这个世界的方式",而转向"注意表达这种认识的媒介",这就是现代西方哲学的"语言转向"。在这种"语言转向"中,出现了"语言分析说"的哲学观。这主要是现代西方"分析哲学"的观点。这种哲学观既是"拒斥形而上学"的产物,也是反思"普遍规律说"的结果。

近代哲学的"认识论转向",是要求哲学家在建立关于"世界"的理论之前,必须先有关于反省人类"认识"的理论,"没有认识论的本体论为无效";现代哲学的"语言转向",则要求哲学家在建立关于人类"认识"及其所表达的"世界"的理论之前,必须先有关于"语言"的理论,"没有语言学的认识论和本体论为无效"。

这种"语言转向"的根据是在于,人类必须用语言去理解和表达自己的"认识"及其所表达的"世界",并用语言去表达自己对"世界"和自己的"认识"的理解。就此而言,"语言转向"是以倒退的形式而推进了哲学的自我认识。具体地说,古代哲学离开对人类"认识"的反省,直接地断言"世界"的存在,因而是一种非反省的朴素的哲学意识;近代哲学从古代哲学对"世界"的直接断言而"倒退"回对人类"认识"的反省,但它却自觉

---

① 参见孙正聿:《辩证法理论的当代反思》,《教学与研究》1997年第二期。

地提出了哲学的基本问题——思维和存在的关系问题，因而近代哲学是一种自觉反思的哲学意识；现代哲学从近代哲学对"认识"的反省又"倒退"到考察思维与存在的中介——"语言"，但它却以"语言"为中介而展现了思维与存在之间的更为深层的矛盾关系，因而现代哲学是一种现实化的自觉反思的哲学意识。在这种以"倒退"的形式而推进哲学自我意识的意义上，现代哲学的"语言转向"既是合乎逻辑的，又是具有重大进步意义的。

20 世纪初，现代西方哲学的一些重要的哲学家就明确地提出，哲学问题从根本上说是语言问题。他们认为：（1）在本原的意义上，哲学并不提供知识或理论，而只是分析和澄清人们表达的含义，古希腊哲学家苏格拉底的"诘问法"已经为后世一切真正的哲学树立了榜样；（2）古往今来的思辨哲学家制造了种种无法解决的哲学问题，原因就在于错误地使用语言；（3）由于现代逻辑的发展，人们能够正确地把握语言的本质和结构，从而厘清由于误用语言而产生的"形而上学"的困惑①。这就是说，在现代的分析哲学家看来，对语言的分析，既是哲学的真正的使命，又是清洗传统哲学的可靠途径，也是现代哲学真实正确的出路。所以，他们明确地提出："我们现在认识到哲学不是一种知识的体系，而是一种活动的体系，这一点积极表现了当代的伟大转变的特征；哲学就是那种确定或发现命题意义的活动。哲学使命题得到澄清，科学使命题得到证实。科学研究的是命题的真理性，哲学研究的是命题的真正意义"②。这就是"语言分析说"的哲学观。

在语言分析哲学家看来，传统哲学家们的根本弊病，在于他们企图"穿过语言"而达到对"世界"的认识。所以，语言分析哲学家们给自己提出的任务是，"分析人的思想，分析人们理解和接受这个世界或互相交流的概念的最好办法，就是研究它们的实际应用"③。这样，语言分析哲学就既改变了以往哲学的研究主题（寻求解释世界的"普遍规律"），也改变了以往哲学的研究方式（思辨的反思方式），而把"哲学的技术问题"即对语言的分析提升为哲学的中心问题。

"语言分析说"的这种哲学观，存在着重大的缺陷。它过分地注重"技巧"，而低估了"理论"的重要性，尤其是低估了哲学理论自身和哲学反思

---

① 参见徐友渔：《评"哲学中的语言转向"》，载《哲学研究》，1991 年第七期。
② M. 石里克：《哲学的转变》，载于洪谦主编的《逻辑经验主义》上卷，商务印书馆，1982 年，第 8 页。
③ 布莱恩·麦基编：《思想家——当代哲学的创造者们》，周穗明、翁寒松译，生活·读书·新知三联书店，1987 年，第 182 页。

方式的重要性。它在实质上是把语言当作进行逻辑分析的工具,过分地强调了语言的"逻辑性"。结果,它就不是把语言升华到哲学的高度,而是把哲学降低到逻辑性语言的层面。因此,有人曾对哲学的语言分析做出这样的评价:"一个能手的手法再精致复杂也不会使他成为一个大师。不过,精致复杂的要求对于进步尽管是不充分的,却是必要的。"①这种看法是中肯的。

其四,"存在意义说"

"语言分析说"的哲学观突出地强调对语言的"逻辑分析",但却丢掉了语言的更深层的特性——人文性。因此,在现代哲学的"语言转向"中,既存在一种强调对语言进行逻辑分析的哲学思潮(人们通常称之为"英美分析哲学"),又存在一种强调反思语言的人文特性的哲学思潮(人们通常称之为"欧陆人文哲学")。在这后一种哲学思潮看来,哲学的使命不是对语言的逻辑分析或澄清科学命题的意义,而是寻求人类存在的意义。这就是所谓"存在意义说"的哲学观。

寻求存在的意义,这种哲学观的理论渊源一直可以追溯到最古老的哲学。"认识你自己",这就是古希腊哲学的名言。德国哲学家恩斯特·卡西尔(Ernst Cassirer,1874—1945)曾对哲学的起源与发展做出这样的解释:"从人类意识最初萌发之时起,我们就发现一种对生活的内向观察伴随着并补充着那种外向观察。人类的文化越往后发展,这种内向观察就变得越加显著。人的天生的好奇心慢慢地开始改变了它的方向。我们几乎可以在人的文化生活的一切形式中看到这种过程。在对宇宙的最早的神话学解释中,我们总是可以发现一个原始的人类学与一个原始的宇宙学比肩而立:世界的起源问题与人的起源问题难分难解地交织在一起。宗教并没有消除掉这种最早的神话学解释,相反,它保存了神话学的宇宙学和人类学而给它们以新的形态和新的深度。"②他还具体地解释说:"同样的原则也适用于哲学思想的一般进程。希腊哲学在其最初各阶段上看上去只关心物理宇宙。宇宙学明显地支配着哲学研究的所有其他分支。然而,希腊精神特有的深度和广度正是在于,几乎每一个思想家都是同时代表着一种新的普遍的思想类型。在米利都学派的物理哲学之后,毕达哥拉斯派发现了数学哲学,埃利亚派思想家最早表达了一个逻辑哲学的理想。赫拉克利特则站在宇宙学思想与人类学思想

---

① 引自艾耶尔主编:《哲学中的变革》,陈少明、王石金译,上海译文出版社,1985 年,第 9 页。
② 卡西尔:《人论》,甘阳译,上海译文出版社,1985 年,第 5—6 页。

的分界线上。虽然他仍然象一个自然哲学家那样说话，并且属于'古代自然哲学家'，然而他确信，不先研究人的秘密而想洞察自然的秘密那是根本不可能的。如果我们想把握实在并理解它的意义，我们就必须把自我反省的要求付诸实现。因此对赫拉克利特来说，可以用一句话概括他的全部哲学：'我们已经寻找过我自己'。但是，这种新的思想倾向虽然在某种意义上说是内在于早期希腊哲学之中的，但直到苏格拉底时代才臻于成熟。我们发现，划分苏格拉底和前苏格拉底思想的标志恰恰是在人的问题上。苏格拉底从不攻击或批判他的前人们的各种理论，他也不打算引入一个新的哲学学说。然而在他那里，以往的一切问题都用一种新的眼光来看待了，因为这些问题都指向一个新的理智中心。希腊自然哲学和希腊形而上学的各种问题突然被一个新问题所遮蔽，从此以后这个新问题似乎吸引了人的全部理论兴趣。在苏格拉底那里，不再有一个独立的自然理论或一个独立的逻辑理论，甚至没有象后来的伦理学体系那样的前后一贯和系统的伦理学说。唯一的问题只是：人是什么？"[①]

在现代哲学的"语言转向"中，对"存在意义"的追问集中地表现在对语言的人文主义的理解与解释。许多现代哲学家认为：语言并不是人的一种工具，而是人自己的存在方式；人是一种历史文化的存在，语言则是储存历史文化的"水库"；人作为历史文化的存在，不是人去占有语言，而是人被作为历史文化"水库"的语言所占有；人从属于历史也就是从属于语言，人只有从属于语言才能实现人的自我理解和相互理解；因此，对人的存在意义的追问，应当诉诸对语言的理解与解释。

现代西方的存在主义哲学认为，古希腊以来的哲人们一直在追问"人的本质是什么"，因而都属于"本质主义哲学"。与此相反，"存在主义哲学"认为，人的"存在"具有区别于其他一切存在的独特性，即：人以外的任何一种存在都是"本质先于存在"，而人的存在则是"存在先于本质"。这就是说，人以外的任何一种存在，它的本质都预先地决定了它会成为一种怎样的存在（如"种瓜得瓜""种豆得豆"）；人则与此相反，人总是不断地超越自己先前之所是，总是在自己的"行动"中塑造自己的"本质"。

这种存在主义的哲学观凸现了人类存在的独特性，并从而突出了"自为的存在"（人）与"自在的存在"（物）之间的矛盾、"自为的存在"（自我）

[①] 卡西尔：《人论》，第6—7页。

与"自为的存在"(他人)之间的矛盾、自我的所是与自我的超越的矛盾,促进了哲学对人类的"存在主义"的探索。但是,由于"存在主义者把整个理念世界作为无用的精神建筑物而加以抛弃,结果他们却碰到这样一个令人痛苦的矛盾:他们必须在一无选择的原则,二无任何他们可以用以衡量他们是否选择得好的标准的情况下进行选择",因此就不可避免地陷进了"存在主义的焦虑"①。

其五,"精神境界说"

自近代以来,由于科学的日新月异的迅猛发展及其在整个人类社会生活中的无可匹敌的显著作用的日益增强,在现代哲学观中,往往自觉或不自觉地以哲学与科学的二元关系问题遮蔽了对哲学的全面的沉思与阐释。与此不同,以中国传统哲学精神为旨趣的许多现代中国哲学家,特别是被称为现代新儒家的重要代表人物,则致力于弘扬哲学对人生境界的意义。我们把这种哲学观称为"精神境界说"。

现代哲学家贺麟先生曾以优美的文字,精辟地概括了这种"精神境界说"的哲学观。他说:"哲学是一种学养。哲学的探究是一种以学术培养品格,以真理指导行为的努力。哲学之真与艺术之美、道德之善同是一种文化,一种价值,一种精神活动,一种使人生高清而有意义所不可缺的要素。"②他还特别指出:"真正伟大的哲学并不是智巧的卖弄,而乃是精神上的清茶淡饭。真正伟大的哲学家,其伟大处即在于能道出人心之所同然,能启发人的灵性,提醒人的潜伏意识。所以哲学若果要有生命的话,是应该与大众见面的;大众若果要过有意义的生活的话,也应该设法与哲学亲近的。"③

对哲学及其功能的这种理解,深刻地体现了中国传统哲学精神。梁启超先生说:"中国先哲虽不看轻知识,但不以求知识为出发点,亦不以求知识为归宿点……中国哲学以研究人类为出发点,最主要的是人之所以为人之道:怎样才算一个人?人与人相互有什么关系?"他还具体地指出:"儒家哲学范围广博,概括起来说,其用功所在,可以《论语》'修己安人'一语括之。其学问最高目的,可以《庄子》'内圣外王'一语括之。做修己的功夫,做到极处,就是内圣;做安人的功夫,做到极处,就是外王……《大学》所谓'格物致知诚意正心修身',就是修己及内圣的功夫;所谓'齐家治国平天

---

① 参见保罗·富尔基埃:《存在主义》,潘培庆、郝珉译,上海译文出版社,1988年,第50页。
②③ 贺麟:《〈华北日报〉哲学副刊发刊辞》,载《哲学与哲学史论文集》,商务印书馆,1990年,第120页。

下'就是安人及外王的功夫。"①

追求理想的精神境界,首先是为了追求理想的生活。冯友兰先生说:"中国的儒家,并不注重为知识而求知识,主要的在求理想的生活。求理想的生活,是中国哲学的主流,也是儒家哲学精神所在。"那么,中国哲学所追求的理想生活是怎样的?冯友兰先生说,《中庸》所说的"极高明而道中庸"是最好的说明。这种理想生活既"超越一般人的日常生活,而又即在一般人的日常生活之中。超越一般人的日常生活,是极高明之意;而即在一般人的日常生活之中,乃是中庸之道。所以这种理想生活,对于一般人的日常生活,可以说是'不即不离',用现代的话说,最理想的生活,亦是最现实的生活"。对此,冯友兰先生具体地解释说:"理想和现实本来是相对立的。超越日常生活,和即在一般人日常生活之中,也是对立的。在中国旧时哲学中,有动静的对立,内外的对立,本末的对立,出世入世的对立,体用的对立。这些对立,简言之,就是高明与中庸的对立。儒家所要求的理想生活,即在统一这种对立。极高明而道中庸,中间的'而'字,正是统一的表示。"②正是基于这种理解,冯友兰先生提出:"照中国的传统,研究哲学不是一种职业。每个人都要学哲学,正象西方人都要进教堂。学哲学的目的,是使人作为人能够成为人,而不是成为某种人。其他的学习(不是学哲学)是使人能够成为某种人,即有一定职业的人。所以过去没有职业哲学家;非职业哲学家也就不必有正式的哲学著作。在中国,没有正式的哲学著作的哲学家,比有正式的哲学著作的哲学家多得多。"③

在这里,冯友兰先生颇有深意地点明了"学哲学"与"其他的学习"的区别。这种区别在于:哲学是"使人作为人能够成为人",也就是具有人的精神境界和践履人的理想生活;而其他的学习则是掌握具体的知识与技能,从而能够承担某种具体的职业。

关于人的精神境界,人们自然会想到冯友兰先生的"四境界说"。冯先生说:"人与其他动物的不同,在于人做某事时,他了解他在做什么,并且自觉他在做。正是这种觉解,使他正在做的对于他有了意义。他做各种事,有各种意义,各种意义合成一个整体,就构成他的人生境界。"④

---

① 梁启超:《儒家哲学是什么》,载《梁启超哲学思想论文选》,北京大学出版社,1984年,第488页。
② 冯友兰:《儒家哲学之精神》,载《三松堂学术文集》,北京大学出版社,1984年,第497页。
③ 冯友兰:《中国哲学简史》,北京大学出版社,1985年,第16页。
④ 冯友兰:《中国哲学简史》,第389页。

按照冯先生的说法，如果从低到高地排列人生的境界，可以分为自然境界、功利境界、道德境界和天地境界这样四种境界。

所谓"自然境界"，就是按照"本能"或"社会的风俗习惯"去做事，而对于所做的事，则并无觉解，或不甚觉解。这样，他所做的事，对于他就没有意义，或很少有意义。可见，人生的自然境界，就是不能"觉解""做事"的"意义"的"境界"。砍柴只是砍柴，担水只是担水，做工只是做工，务农只是务农，浑然不觉做事的意义。

超越"自然境界"，意识到为自己做各种事，这就是"功利境界"。冯先生说，这种人生境界，并不意味着必然不道德，做事的后果可以是利他的，但动机则是利己的。

超越这种一己的私欲或私利，意识到人是社会的存在、每个人都是社会的一员，并由这种"觉解"而为社会的利益做各种事，使自己所做的各种事都有利他的道德意义，这就是人生的"道德境界"。

超越道德境界，意识到自己是宇宙的一员，并为宇宙的利益而做各种事，这就是冯先生所说的天地境界。在当代，这种天地境界，也许有其更为真实的意义。所谓"全球问题"，不能仅仅从科学技术的负面效应去看，更要从人类的"觉解"尚未达到的"天地境界"去看。

在总结人生四境界的时候，冯先生说："自然境界、功利境界的人，是人现在就是的人；道德境界、天地境界的人，是人应该成为的人。前两者是自然的产物，后两者是精神的创造。自然境界最低，其次是功利境界，然后是道德境界，最后是天地境界。它们之所以如此，是由于自然境界，几乎不需要觉解；功利境界、道德境界，需要较多的觉解；天地境界则需要最多的觉解。道德境界有道德价值，天地境界有超道德价值。"[①]

自然境界、功利境界的人，是"人现在就是的人"，这是说，无须觉解或无须更多的觉解，无须教化或无须更多的教化，人就具有自然境界、功利境界。因此，如果不是针对各种不同形式的禁欲主义，似乎不必对人进行功利境界的价值导向。

道德境界、天地境界的人，是"人应该成为的人"，这是说，没有较高的甚至是最高的觉解，没有系统的甚至是完善的教化，人难以达到道德境界、天地境界。趋一己之利而避一己之害，这是"自然的产物"。趋社会之利

---

① 冯友兰：《中国哲学简史》，第390—391页。

而避社会之害，甚至为趋社会之利而舍一己之利、为避社会之害而趋一己之害，这样的道德境界，已非自然的产物，而是较高的觉解和系统的教化的产物，因此只能是"应该成为的人"。趋宇宙之利而避宇宙之害，甚至为宇宙之利与害（实质是人类的根本性的利与害）而舍个人、集团或局部、暂时之利，而趋个人、集团或局部、暂时之害，这样的天地境界，当然需要最高的觉解和完善的教化，因此更只能是"应当成为的人"。

人生的境界不同，人生的态度也不同。遍览众生，我们可以看到千姿百态的人生：有顺世主义的同流合污，有游世主义的玩世不恭，有愤世主义的恣意妄为，有超世主义的孤傲独行，有出世主义的自我解脱，有入世主义的奋力抗争……顺世主义者"随其流扬其波"，不问是非，不分善恶，不辨美丑，浑浑噩噩，迷迷糊糊，得过且过；游世主义者玩世不恭，声色犬马，纸醉金迷，挥霍无度，及时行乐；愤世主义者恣意妄为，拒绝传统，不要规则，铤而走险；超世主义者我行我素，以"众人皆醉唯我独醒"的心态孤傲独行；出世主义者视尘世为苦难，认彼岸为故乡，或断发为僧为尼，或自戕以为解脱；入世主义者直面人生，或为名利而苦心经营，或为社会而奋力拼搏，觉解有别，境界各异……①

"精神境界说"凸现哲学对完善人生境界的意义与价值，这对于哲学的自我理解是十分重要的。但是，仅仅把哲学理解为对精神境界的追求与完善，却是片面的。我们需要以更为开阔和更为开放的理论视野去审视哲学，以达到对哲学的更为全面的理解。

其六，"文化批判说"

"批判"是人类特有的活动方式，也是哲学的最根本的特性。人类在观念形态的精神批判活动中，否定观念中已有的世界图景，并在观念中构建人所要求的理想性的世界图景；人类在客观的实践批判活动中，则现实地否定世界的现存状态，而把世界变成人所要求的理想性的现实。哲学，正是以理论的方式集中地表现了人类的批判本性，使人们"在对现存事物的肯定的理解中同时包含对现存事物的否定的理解"，"对每一种既成的形式都是从不断的运动中，因而也是从它的暂时性方面去理解"②。正因如此，辩证哲学在本质上是"批判的和革命的"③。

---

① 参见孙正聿、李璐玮：《现代教养》，吉林教育出版社，1996年，第221—225页。
②③ 参见《马克思恩格斯选集》第2卷，218页。

从哲学发展史上看，哲学的批判在近代的"认识论转向"和现代的"语言转向"中发生了重大变化。近代的哲学批判，集中地表现为"理性的批判"，即对人类理性的批判反思；现代的哲学批判，在西方哲学中主要地表现为"文化的批判"。把现代哲学视为对"文化"的批判反思，就是所谓的"文化批判说"的哲学观。

在现代西方哲学的文化批判中，以法兰克福学派为代表的西方马克思主义的哲学活动是引人注目的。"法兰克福学派"产生和形成于20世纪的20年代，因以在德国美因河畔的法兰克福大学成立的社会研究所为活动中心而得名。该所为马克思主义研究机构。在麦克斯·霍克海默（Max Horkheimer, 1895—1973）担任该所所长之后，倡导建立社会哲学，强调对现代资本主义社会进行多学科的综合研究。他网罗了一大批经济学家、哲学家、心理学家和历史学家，以对社会现实问题作哲学研究为目标，以对人的具体实践问题的批判为任务，形成了系统的"社会批判理论"，开启了"法兰克福学派"及西方马克思主义研究的重要思路。该学派的主要成员 T. W. 阿尔多诺、E. 弗罗姆、J. 哈贝马斯、H. 马尔库塞、A. 施密特等，都在现代西方的马克思主义研究中占有重要地位，并对我国的马克思主义研究产生影响。

对于自己的理论活动，霍克海默说："驱使我的大部分冲动，都与今日年青人的冲动有关：渴望一种更好的生活和正当的社会，不愿顺从现存事物的秩序。"① 关于哲学，霍克海默提出："哲学认为，人的行动和目的绝非是盲目的必然性的产物。无论科学概念还是生活方式，无论流行的思维方式还是流行的原则规范，我们都不应盲目接受，更不能不加批判地仿效。哲学反对盲目地抱守传统和在生存的关键性问题上的退缩。哲学已经担负起这样的不愉快任务：把意识的光芒普照到人际关系和行为模式之上，而这些东西已根深蒂固，似乎已成为自然的、不变的、永恒的东西。"② 因此，他认为："哲学的真正社会功能在于它对流行的东西进行批判"；"这种批判的主要目的在于，防止人类在现存社会组织慢慢灌输给它的成员的观点和行为中迷失方向。必须让人类看到他的行为与其结果间的联系，看到他的特殊的存在和一般社会生活间的联系，看到他的日常谋划和他所承认的伟大思想间的联系"，"防止人类对社会的有价值的、和平和幸福的倾向丧失信心"③。

---

① 霍克海默：《批判理论》，李小兵等译，重庆出版社，1989年，序言。
② 同上书，第243页。
③ 同上书，第250、257页。

霍克海默的《批判理论》一书，贯穿着社会—文化批判的哲学观，对包括宗教、科学、政治、经济、哲学、文化、社会、家庭在内的诸多现象进行理论的分析与反思，构成了法兰克福学派的批判理论的纲领性文献，并影响到该派成员对社会—文化的批判考察。

法兰克福学派的最为知名的激进哲人赫伯特·马尔库塞（Herbert Marcuse，1898—1979），以其大量的理论著述而系统地构建了霍克海默开创的社会批判理论。他的著作主要有《理性与革命》《爱欲与文明》《文化和社会》《反革命和造反》《审美的向度》和《单向度的人》等，其中尤以《单向度的人》而著称于世。这部著作的中心论题是：当代工业社会是一个新型的极权主义社会；它压抑了人们心中的否定性、批判性和超越性的向度，使它成了单向度的社会，而生活于这个社会之中的人则成了"单向度的人"。

"单向度的人"，就是丧失了否定、批判和超越的能力的人，这样的人不仅不再有能力去追求，甚至也不再有能力去想象与现实生活不同的另一种生活。马尔库塞认为，把人变成这种"单向度的人"，是发达工业社会极权主义特征的集中表现。据此，他从政治领域、生活领域、文化领域和思想领域，对发达工业社会进行了全面的社会—文化批判，并更为深切地阐述了当代的西方马克思主义的批判理论的哲学观。

在现代西方哲学"语言转向"的背景下，马尔库塞的哲学批判的锋芒，直指"语言分析哲学"对语言的"清洗"。他认为："语言分析能够取得的不是其他经验的精确性，而是既定事态向人们要求的精确性；不是别的明晰性，而是在既定事态中人们被许可得到的明晰性——即是说，它仍旧停留在神秘化的、欺骗性的话语界限之内。"①因此他提出："对意义进行真正的哲学分析必须考虑意义的全部向度，因为语言表达渗有这些向度。因此，哲学中的语言分析具有一种语言之外的义务。如果它取决于合法与非合法用法之间、真正的意义和虚幻的意义之间、有意义和无意义之间的区分，它就会产生一种政治的、美学的或道德的判断。"②马尔库塞对哲学的基本认识是："理智地消除甚至推翻既定事实，是哲学的历史任务和哲学的向度。"③

应当看到，这种批判的哲学观并不限于"法兰克福学派"及其所代表的西方马克思主义，而且愈来愈成为人们对哲学的重要理解方式，即使是被马

---

① 马尔库塞：《单向度的人》，刘继译，上海译文出版社，1989年，第174—175页。
② 同上书，第177页。
③ 同上书，第166—167页。

尔库塞斥为"清洗语言"的"分析哲学",也表现出对哲学批判的关注与理解。在英国哲学家布莱恩·麦基主编的《思想家——当代哲学的创造者们》一书中,其"引言"部分就提出这样的基本思想:"受柏拉图影响的苏格拉底说:未经审视的生活是无价值的生活。然而,如果全体社会成员都是一些狐疑满腹的知识分子,人人都不断地检验信仰的假定条件,那就没有行动的人了。另一方面,如果不对假定的前提进行检验,将它们束之高阁,社会就会陷入僵化,信仰就会变成教条,想象就会变得呆滞,智慧就会陷入贫乏。社会如果躺在无人质疑的教条的温床上睡大觉,就有可能会渐渐烂掉。要激励想象,运用智慧,防止精神生活陷入贫瘠,要使对真理的追求(或者对正义的追求,对自我实现的追求)持之以恒,就必须对假设质疑,向前提挑战,至少应做到足以推动社会前进的水平。人类和人类思想的进步部分是反叛的结果,子革父命,至少是革去了父辈的信条,而达成新的信仰。这正是发展、进步赖以存在的基础。在这一过程中,那些提出上述恼人的问题并对问题的答案抱有强烈好奇心的人,发挥着绝对的核心作用。这种人在任何一个社会中通常都不多见。当他们系统从事这种活动并使用同样可以受到别人批判检验的合理方法时,他们便被称之为哲学家了。"因此,"每一个好的哲学家都是传统观念的挑战者"①。

其七,"文化样式说"

所谓"文化样式说",用一个比较通俗的比喻,就是认为哲学不是"思想王国的王后",而是"思想共和国的公民",即:哲学只是"一种"文化样式,而不是其他文化样式的"基础"。

这种"文化样式说"的哲学观,是以否定哲学的"表象主义""基础主义"和"本质主义"为出发点的。持有这种哲学观的当代哲学家理查德·罗蒂认为,长期以来,"作为一门学科的哲学,把自己看成是对由科学、道德、艺术或宗教所提出的知识主张加以认可或揭穿的企图";人们认为,"哲学相对于文化的其他领域而言能够是基本性的,因为文化就是各种知识主张的总和,而哲学则为这些主张进行辩护。它能够这样做,因为它理解知识的各种基础,而且它在对作为认知者的人、'精神过程'或使知识成为可能的'再现活动'的研究中发现了这些基础"②。这就是说,以往的哲学总是把自己当

---

① 布莱恩·麦基编:《思想家——当代哲学的创造者们》,第3—4页。
② 理查德·罗蒂:《哲学和自然之镜》,第1页。

作裁判其他文化样式的特殊文化样式,即作为一切文化样式的"基础"的学科。罗蒂认为,这种哲学"基础主义"是一种必须予以批判的"学科帝国主义"。

在罗蒂看来,这种"基础主义"或"学科帝国主义",是以学理上的"表象主义"为根基的。罗蒂把自己的哲学著作命名为《哲学和自然之镜》,并在该书的导论中对选择这个标题做出如下的解释:"决定着我们大部分哲学信念的是图画而非命题,是隐喻而非陈述。俘获住传统哲学的图画是作为一面巨镜的心的图画,它包含着各种各样的表象(其中有些准确,有些不准确),并可借助纯粹的、非经验的方法加以研究。如果没有类似于镜子的心的观念,作为准确再现的知识观念就不会出现。没有后一种观念,笛卡儿和康德共同采用的研究策略——即通过审视、修理和磨光这面镜子以获得更准确的表象——就不会讲得通了。如果心灵中不怀有这种研究策略,认为哲学可由'概念分析'、'现象学分析'、'意义阐释'检验'我们语言的逻辑'或检验'意识构成活动的结构'等晚近的主张就不可理解了。"①这就是说,罗蒂反对把"哲学"视为"表象"世界的"巨镜";或者说,罗蒂认为对哲学的最大误解,在于以"表象主义"的观点去看待"哲学"及其与"世界"的关系。

近代以来,人们在思维与存在、主观与客观、主体与客体的二元对立的思维模式中,主要是试图在哲学的层面上解决下述问题:在主体与客体的二元对立中寻求"思想的客观性";在现象与本质的二元对立中寻求某种"超验的本体";在中心与边缘的二元对立中去寻求"全体的自由性";在根源与派生的二元对立中去寻求"事物的规律性";在深层与表层的二元对立中去寻求"全部知识的基础"。而现代哲学中的"文化样式说",从反对主—客二元对立模式和"学科帝国主义"出发,极力反对哲学的表象主义、本质主义、中心主义、根源主义和基础主义。现代哲学发展进程中的这种理论思潮,人们称之为"后现代主义哲学思潮"。

作为"后现代主义哲学思潮"的"文化样式说",其突出特征就是"消解"人们对哲学的通常理解:所谓反表象主义,就是消解主体与客体的认识二元对立,也就是消解哲学所追求的"思想的客观性";所谓反本质主义,就是消解现象与本质的逻辑二元对立,也就是消解哲学所追求的"超验的本

---

① 理查德·罗蒂:《哲学和自然之镜》,"导论"第9页。

体";所谓反中心主义,就是消解中心与边缘的结构二元对立,也就是消解哲学所追求的"全体的自由性";所谓反根源主义,就是消解本源与派生的历史二元对立,也就是消解哲学所追求的"事物的规律性";所谓反基础主义,就是消解深层与表层的文化二元对立,也就是消解哲学所追求的"全部知识的基础",即消解罗蒂所说的"知识分类表"或"自然等级秩序"对哲学的"诱惑"。

罗蒂认为,从文化形态上看,哲学从"全部知识的基础"到成为"文化的一种样式",当今的时代可以概括为"后哲学文化"的时代。在以《后哲学文化》命名的哲学著作中,罗蒂解释说,"'后哲学'指的是克服人们以为人生最重要的东西就是建立与某种非人类的东西(某种像上帝,或柏拉图的善的形式,或黑格尔的绝对精神,或实证主义的物理实在本身,或康德的道德律这样的东西)联系的信念"①。这就是说,在所谓的"哲学文化"中,人们总是把人生最重要的东西(如人应当怎样生活等等)建立在"非人类"的"上帝""善""绝对精神""物理实在""道德律"等哲学观念的基础上;而所谓的"后哲学文化",则是"克服"上述的"信念",也就是"消解"掉作为"全部知识的基础"和"最高的支撑点"的"哲学"。

那么,按照"后现代主义"的"文化样式说"的设想,当代的以及未来的"哲学"应该是什么样子?罗蒂说:"在这个文化中,无论是牧师,还是物理学家,或是诗人,还是政党都不会被认为比别人更'理性'、更'科学'、更'深刻'。没有哪个文化的特定部分可以挑出来,作为样板来说明(或特别不能作为样板来说明)文化的其他部分所期望的条件……在这样一个文化中,仍然有英雄崇拜,但这不是对因与不朽者接近而与其他人相区别的、作为神祇之子的英雄的崇拜。这只是对那些非常善于做各种不同的事情的、特别出众的男女的羡慕。"②在这种"后哲学文化"中,被称作"哲学家"的人"没有任何特别的'问题'需要解决,没有任何特别的'方法'可以运用,也没有任何特别的学科标准可以遵循,没有任何集体的自我形象可以作为'专业'"③。这样,"哲学"就变成了与其他文化样式"平起平坐"的一种文化样式,它的使命就是沟通各种文化样式之间的"对话"。

---

① 理查德·罗蒂:《后哲学文化》,"作者序",上海译文出版社,1992年,第11页。
②③ 同上书,第15页。

其八，"实践论说"

在把现代西方哲学称作"语言转向"的同时，人们常常把马克思的哲学称作"实践转向"，并以"实践"的观点去理解和解释全部的哲学问题。我们把这种哲学观称作"实践论说"。

在通行的哲学原理教科书中，都承认"思维和存在的关系问题"是"哲学的基本问题"。但是，长期以来，人们总是简单化地把"思维和存在的关系问题"归结为"精神和物质的关系问题"，并同样简单化地以"精神与物质谁为第一性"以及"思维能否认识世界"这样两个问题来概括"哲学基本问题"的全部内涵。其结果，就是忽视甚至无视马克思主义哲学在哲学发展史上的革命性变革，特别直接地忽视甚至无视马克思主义哲学在"哲学基本问题"上的革命性变革。

这里的根本问题是在于：马克思主义哲学所理解的"思维和存在的关系问题"，既不是唯心主义者黑格尔所理解的"无人性的理性"与其"逻辑规定"的关系，也不是旧唯物主义者费尔巴哈所理解的"抽象的个人"与其"感性的直观"的关系，而是"现实的人"以"感性的活动"为基础的与"现实的世界"的关系。"现实的人"就是从事实践活动的人，"感性的活动"就是人的社会实践，"现实的世界"则是人类实践活动的对象。思维与存在的关系问题，在其现实性上，就是以实践为基础的人与世界之间的、历史地发展着的关系。在被恩格斯称作"包含着新世界观的天才萌芽的第一个文件"的《关于费尔巴哈的提纲》一文中，马克思正是以实践论的哲学立场批判了旧唯物主义和唯心主义对"思维和存在的关系问题"的理解，从而也以实践论的哲学立场批判了旧哲学的哲学观。

为了理解马克思的实践论的哲学观，我们有必要在这里体会一下马克思在《关于费尔巴哈的提纲》中的有关论述。马克思说："从前的一切唯物主义——包括费尔巴哈的唯物主义——的主要缺点是：对事物、现实、感性，只是从客体的或者直观的形式去理解，而不是把它们当作人的感性活动，当作实践去理解，不是从主观方面去理解。所以，结果竟是这样，和唯物主义相反，唯心主义却发展了能动的方面，但只是抽象地发展了，因为唯心主义当然是不知道真正现实的、感性的活动本身的。"① 在这段简洁精辟的文字中，马克思既尖锐地指出了旧唯物主义"只是从客体的或者直观的形式去理

---

① 《马克思恩格斯选集》第1卷，第16页。

解"事物的"主要缺点",又深刻地揭露了唯心主义"抽象地发展了""能动的方面"的本质。而这二者的共同之处,则在于它们都不懂得"真正现实的、感性的活动本身",都不是从"实践"出发去理解"思维和存在的关系问题"。

正是从实践论出发,马克思提出:"人的思维是否具有客观的真理性,这并不是一个理论的问题,而是一个实践的问题。人应该在实践中证明自己思维的真理性,即自己思维的现实性和力量,亦即自己思维的此岸性。关于离开实践的思维是否具有现实性的争论,是一个纯粹经院哲学的问题。"①近代以来的西方哲学所争论的根本问题是"思想是否具有客观性"的问题,或者说"思维与存在是否具有同一性"的问题。由于旧唯物主义和唯心主义哲学总是离开实践来争论这些问题,所以只能是"经院哲学"式的抽象的、繁琐的、无结果的争论。因此,马克思提出:"社会生活在本质上是实践的。凡是把理论导致神秘主义方面去的神秘东西,都能在人的实践中以及对这个实践的理解中得到合理的解决。"②

作为上述思想的最精辟的总结,马克思以这样一句名言宣告了自己的实践论的哲学观:"哲学家们只是用不同的方式解释世界,而问题在于改变世界。"③应当说,马克思的这份"包含着新世界观的天才萌芽的第一个文件"及其所具有的哲学内涵,已经明确地表述了马克思的新的哲学观,即:从"现实的人及其历史发展"出发去理解全部哲学问题的哲学观,以实践的观点去理解人与世界之间的全部关系的哲学观。

这种实践论的哲学观,既是哲学发展史上的空前的革命性变革,又为我们合理地理解和解释现代哲学中的各种各样的哲学观,提供了最主要的理论基础。对于上述的"普遍规律说""认识论说""语言分析说""存在意义说""精神境界说""文化样式说"和"文化批判说",我们可以用"实践论说"的哲学观做出如下解释:寻求"普遍规律",这是基于对人类实践本性的思维的渴求,这种渴求本身需要做出实践论的解释,这种渴求的发展也需要实践本身来实现;从断言世界本身到反省人类关于世界的认识,并从而以"认识论"的观点去看待哲学,这是哲学的历史性进步,但是,只有用实践的观点才能回答认识论所要回答的"思维和存在的关系问题";从反省人类

---

① 《马克思恩格斯选集》第 1 卷,第 16 页。
② 同上书,第 18 页。
③ 同上书,第 19 页。

关于世界的认识到探索历史文化的"水库"——语言，无论是对语言的"分析"，还是对语言的"解释"，同样是哲学的历史性进步，但是，只有从实践出发才能真正理解语言的逻辑性与人文性，使"语言转向"获得坚实的实践论基础；人的存在的意义问题，人的精神的境界问题，始终是哲学关注的重要问题，在现代的人类生活中更具有突出的重大的意义，但是，由于实践是人的存在方式，只有从人的实践活动及其历史发展出发，才有可能深化对人的存在意义及其精神境界的理解；哲学在本质上是批判的，这种批判性同样是源于人的实践的存在方式，因而也只有从实践的批判性去解释哲学的批判性，才能全面地理解和发挥哲学的批判性；哲学不是凌驾于科学之上的"科学的科学"，也不是"裁判"人的各种文化样式的"学科的帝国主义"，而是人类把握世界的一种基本方式，因此我们只有从人类的实践存在方式出发去理解人类把握世界的各种方式及其相互关系，才有可能真正理解哲学这种"文化样式"。

哲学作为一个"专业"和一个"学科"，它的基本特性在于它的"学术性"。古今中外的"真正的哲学"，首先是作为人类文明的伟大的"学术"成果而存在的。哲学的"学术"成果，是古今中外的哲学家们以其独特的生命体验和理论想象，在理论与现实的多种可能的某种交错点上，为人类揭示可供选择的新的理想和理念，因而又是作为各异其是的"学说"而存在的。以"学说"的方式构成的"学术"，是哲学的"专业性"的存在方式。然而，无论是从哲学的"源头活水"上看，还是从哲学的"社会功能"上看，"学术性"的哲学又总是具有其不可或缺的"超学术性"。哲学的"超学术性"，就在于它不仅仅是一种"学术"和"学说"，而且是一种植根于人民而又回归于人民的"学养"。哲学的"学术"与"学养"的统一，就是哲学的学术性与超学术性的统一。

真正的哲学之所以是"时代精神的精华"和"文明的活的灵魂"，首先是因为"人民最精致、最珍贵和看不见的精髓都集中在哲学思想里"（《马克思恩格斯全集》第1卷，1956年，第120页）。人们之所以经常把哲学当作恩格斯所批评的"不过是可以用来在缺乏思想和实证知识的时候及时搪塞一下的词汇语录"（《马克思恩格斯选集》第2卷，1995年，第40页），则首先是因为人们"忽略"了哲学思想所蕴含的"人民最精致、最珍贵和看不见的精髓"。人类文明是人民创造的积极成果，哲学的实质内容是对人民创造的文明的总结、积淀和升华，哲学的价值诉求是对人民的"苦难和希望、伤痛和追求、挫折和梦想"的理论总结、积淀和升华，哲学的理论力量是以"理论的彻底性"去"掌握群众"。哲学的"学术性"源于人民所创造的文明的超学术性。

源于人民的哲学，它最重要的功能是把自己变为人民的"学养"。我国哲学家贺麟先生曾说，"哲学是一种学养。哲学的探究是一种以学术培养品格，以真理指导行为的努力"（贺麟：《哲学与哲学史论文集》，商务印书馆，1990年，第120页）。任何一种哲学理论，只有当它成为人的精神生活的真实内容的时候，也就是只有它成为规范人们的思想和行为的"学养"的时候，它才能真正成为人民的世界观、人生观和价值观。对此，需要认真思考的是，马克思主义哲学的"大众化"，是把作为"学说"和"学术"的哲学转化为人民的"学养"，而不是把哲学的"学说"和"学术"变成"原理"加"实例"的"说教"。因此，只有把哲学的理论形态从"枯燥的条文、现成的结论和空洞的说教"转化为"反思的智慧、批判的智慧和创新的智慧"，才能构成"有理讲理"和"掌握群众"的哲学。马克思说："理论只要说服人，就能掌握群众；而理论只要彻底，就能说服人。"[①]把人民所创造的文明升华为具有理论"彻底性"的哲学思想，并把这种哲学思想变为人民的世界观、人生观和价值观，这才是富有生命力的哲学。

第四节　哲学与人类把握世界的基本方式

现代哲学中的各种各样的哲学观，从根本上说，都是以自己的独特理解去阐释哲学对人类的生存与发展的特殊价值，并从而说明哲学存在的根据和哲学发展的动力。因此，一种哲学观具有怎样的深层的合理性与广泛的解释力，就在于它在何种程度上把握到人的存在方式，以及在何种程度上把握到人与世界之间的关系。我们之所以认为马克思的实践论的哲学观具有深层的合理性与广泛的解释力，就在于它深刻地揭示了人的特殊的存在方式，并从而深刻地揭示了人与世界之间的特殊关系。

关于"人"的存在的特殊性，我们首先可以做出两个方面的比较：在与非生命物质相区别的意义上，人类的存在同其他所有有生命的存在一样，都是一种生物性的存在即"生存"；然而，在与其他生物相区别的意义上，人

[①]《马克思恩格斯选集》第一卷，人民出版社，1995年，第9页。

类的存在却与其他所有有生命的存在不同，是一种特殊的人类性存在即"生活"。

"生存"与"生活"都是"生命"的存在方式，然而，生命的这两种存在方式却具有本质的区别。"生存"与"生活"的本质区别在于："生存"是一种本能地适应环境的生命活动，"生活"则是一种创造生存"意义"的生命活动。这正如马克思所说："动物是和它的生命活动直接同一的。它没有自己和自己的生命活动之间的区别。它就是这种生命活动。人则把自己的生活活动本身变成自己的意志和意识的对象。"①

"动物是和它的生命活动直接同一的"。动物的存在方式就是它的生命活动，动物的存在同它的生命活动是没有区别的。因此，动物在它的"生命活动"中，只能形成动物的"生存世界"。这个"生存世界"是无所谓"意义"可言的。

与此相反，"人则把自己的生活活动本身变成自己的意志和意识的对象"。人的"生活活动"与动物的"生命活动"的根本区别，在于人的"生活活动"是按照自己的"意志和意识"而进行的"生命活动"，从而使人的"生命活动"具有了"意义"，也就使人的"生命活动"变成了人的"生活活动"，并使人的"生存世界"变成了人的"生活世界"。人的世界是人自己所创造的"有意义"的"生活世界"。

人的"生活世界"是人自己创造的"有意义"的世界，是实现人自身的历史性发展的世界。因此，人既要按照客观世界的规律去创造世界，同时又要按照自己的"意志和意识"去创造世界。对此，马克思在区分动物的"生命活动"与人的"生活活动"的基础上，又进一步提出："动物只是按照它所属的那个物种的尺度和需要来进行塑造，而人则懂得按照任何物种的尺度来进行生产，并且随时随地都能用内在固有的尺度来衡量对象；所以，人也按照美的规律来塑造"②。

在这里，马克思对动物的"生命活动"与人的"生活活动"的区别提出了实质性的内容，这就是：动物的"生命活动"只有一个"尺度"，即它所属的"那个物种"的尺度；人的"生活活动"则有两种"尺度"，即"任何物种"的尺度和人的"内在固有"的尺度。动物只是按照它自己所属的"那个

---

① 马克思：《1844 年经济学—哲学手稿》，人民出版社，1979 年，第 50 页。
② 同上书，第 50—51 页。

物种"的"尺度"进行"生命活动",因此,动物永远只能是一代又一代地复制自己,而没有自己的"历史"和"发展"。与此相反,人则不像动物那样只是在"生命活动"中一代又一代地复制自己,而是在人类特有的"生活活动"中一代又一代地发展自己。人类的自我发展,人类的"生活世界"的不断丰富,是人的"生活活动"及其所创造的"生活世界"的全部意义。

人类的自我发展,人类的"有意义"的"生活世界",是人类自己的历史性的"生活活动"创造出来的。人类的创造性的"生活活动",包含着人类把握世界的各种基本方式。马克思说:"对象如何对他说来成为他的对象,这取决于对象的性质以及与其相适应的本质力量的性质;因为正是这种关系的规定性造成了一种特殊的、现实的肯定方式。"[①]这就是说,作为人类认识和改造的对象的世界,它如何成为人类认识和改造的对象,取决于两个方面的统一:其一是对象本身的性质,其二是人自己的本质力量的性质,只有在这二者的统一中才能构成人与世界的现实关系。

人与世界的现实关系是极其丰富的,这既是因为世界具有无限的丰富性,也是因为人类具有把握世界的各种基本方式。以人类的实践活动为基础的人类把握世界的基本方式主要包括:神话,常识,宗教,艺术,伦理,科学,哲学,等等。正是由于人类以这些"基本方式"去把握世界,才构成了人的"神话世界""常识世界""宗教世界""艺术世界""伦理世界""科学世界"和"哲学世界"。因此,在哲学的自我理解中,或者说在对各种哲学观的当代阐释中,我们应当这样提出问题,即:在人类创造自己的"生活世界"并实现人的自我发展的诸种基本方式中,"哲学"的不可或缺和不可替代的特殊作用和独特价值是什么?这就需要我们具体地探讨哲学与人类把握世界的其他基本方式的相互关系。

首先我们来分析"神话"。神话方式是一种"幻化"的方式,是对人和世界的双重的幻化。它既以宇宙事件来看待人的行为,又以人的行为去解释宇宙事件,从而构成了神话意义的世界。比如,风调雨顺或涝旱成灾,风和日丽或电闪雷鸣,在神话的意义世界中,或是神灵的恩赐,或是神灵的惩罚,宇宙事件被拟人化为情感或意愿的表达。神话,表现了人对意义的寻求。对人来说,人的行为也好,宇宙事件也好,都不能是"无意义"的。用人的行为来解释宇宙事件的"意义",或者反过来,用宇宙事件来解释人

---

① 马克思:《1844年经济学—哲学手稿》,第79页。

的行为的"意义",都表明人无法忍受无意义的生活。

神话,它能够成为人类把握世界的一种方式,也许最重要的是表现了人对生命意义的寻求。 人无法忍受自己只是浩渺宇宙中的匆匆过客式的存在,更无法忍受自己只能是无声无息、一了百了地死去。 生命的无所归依的毁灭,是人无法接受的,也是无法忍受的。 于是,在神话的意义世界中,生命活动具有了宇宙事件的意义,生命消逝具有了灵魂转移的再生的意义。

其次我们来分析"宗教"。 宗教,是人创造的另一个意义世界。 它以神圣的形象使人的存在获得"神圣"的意义。 宗教中的神圣形象,把各种各样的力量统一为至高无上的力量,把各种各样的智能统一为洞察一切的智能,把各种各样的情感统一为至大无外的情感,把各种各样的价值统一为至善至美的价值。 这样,宗教中的神圣形象,就成为一切力量的源泉、一切智能的根据、一切情感的标准、一切价值的尺度,人从这种异在的神圣形象中获得存在的根本意义。

人创造了宗教,是为了从宗教中获得存在的神圣的意义。 然而,对人来说,宗教的神圣意义,却恰恰表明了人的悖论性存在:生活的意义来源于宗教的神圣意义,这意味着人把自己的本质力量异化给了宗教的神圣形象,是人还没有获得自我或再度丧失了自我的自我感觉和自我意识;消解掉宗教的神圣意义,这意味着生活本身不再具有神圣的意义,生活失落了规范和裁判自己的最高的根据、标准和尺度。 如果存在宗教的神圣意义,人的生活就具有宗教赋予的神圣意义;如果不存在宗教的神圣意义,人就是宇宙中的匆匆过客,死亡就是不可再生的永逝。 意识到神圣形象的存在,会感受到人的全部思想和行为都被一种洞察一切的力量监视,因此生活变得"不堪忍受之重";意识到神圣形象的消逝,会感受到人的一切思想与行为都只不过是自己在思想和行为,因此生活变得"不能承受之轻"。

人能够超越宗教意义世界的悖论,在于人有多重的文化意义世界。

现在我们来分析艺术。 艺术是人类把握世界的又一种基本方式,它构成人的艺术的意义世界。 艺术的意义世界,不是关于世界究竟是怎样的那种"知识"的世界,也不是关于人究竟应当怎样的那种"价值"的世界,而是使我们的感受更加强烈、生命更富色彩的"审美"的世界。

关于艺术,有种种不同的观点,"摹仿说"认为艺术是对自然的摹仿,"想象说"认为艺术是人的想象力的产物,"显现说"认为艺术是对理念的感性显现,"表现说"认为艺术是情感的对象化存在,"象征说"认为艺术是苦闷的宣泄,"存在说"认为艺术是人诗意地生活的方式……但是,不管对艺术有多少种不同的理解,艺术总是为人类展现了一个审美的世界,一个表现人的感觉深度的世界,一个深化了人的感觉与体验的世界。在艺术世界中,情感体验本身获得了自足的意义。

艺术使个人的感受条理化,使个人的体验和谐化,它调整和升华了人的感受与体验。艺术又使人的情感对象化、明朗化,在想象的真实中获得真实的想象。艺术没有"创造"画布和颜料,没有"创造"肉体和声音,也没有"创造"语言和文字,然而,它创造了美的线条和色彩,创造了和谐的舞姿和韵律,创造了形象和意境。一句话,艺术创造了艺术的意义世界。它把宗教的神圣形象的情感意义,展现为艺术世界的审美意义。

如果说艺术创造了属人的艺术世界,那么,科学则创造了属人的认知的世界、知识的世界、智能的世界。

"科学",它首先是为人类提供了科学的世界图景。在科学的世界图景中,人们不只是"看"到了离开科学所看不到的存在,比如分子、原子、基本粒子、遗传基因、历史规律等等,更重要的是"看"到了世界对人的"意义",比如能量转换的意义,生物进化的意义,历史发展的意义,信息交换的意义,等等。正是在科学所展现的"意义"中,人们愈来愈深刻地认识到科学的"意义",并以科学的"意义"去取代神学的"意义",用科学的世界图景去取代神学的世界图景。"科学"已经成为人的思想与行为的根据。

用卡西尔的话说,"科学是人的智力发展中的最后一步,并且可以被看成是人类文化最高最独特的成就"[①]。科学是人以智力解释世界的新形式,它为人的智力活动提供了新的强有力的符号体系,它把人的智力活动凝聚为秩序井然的符号系统。"对于科学,我们可以用阿基米德的话来说:给我一个支点,我就能推动宇宙,在变动不居的宇宙中,科学思想确立了支撑点,确立了不可动摇的支柱"[②]。科学智力的力量及其所创造的人间奇迹,代替了被异化的人类智力的奇迹——神圣形象的智力奇迹。

在科学的意义世界中,人们不仅获得了科学的世界图景,也不仅展现了智力的奇迹,而且获得了价值评价的尺度和价值规范的依据。"科学"与否,成为判断人的思想与行为的标准。人们用"科学"去衡量人的思想是否"合理",科学成为"合乎理性"的标准;人们用"科学"去裁判人的行为是否

[①②] 卡西尔:《人论》,第263页。

"适当",科学成为"适宜恰当"的标准。于是,作为宗教的神圣形象所具有的裁判人的思想与行为的意义,被科学的价值标准所取代了。

科学为人类提供的世界图景、思维方式和价值规范,构成了一个系统的、完整的、强大的意义世界。然而,在科学的意义世界中,也隐含着科学自身所无法解决的主观与客观、主体与客体、个别与一般、观察与理论、逻辑与直觉、意识与潜意识、理性与非理性等的矛盾与冲突。对这些矛盾与冲突的意义的寻求,构成了人的哲学意义世界。

人的意义世界,在"同时态"上表现为人类把握世界方式的多样性、人类文化形式的多样性,以及这种多样性的统一性。神话的世界、宗教的世界、常识的世界、艺术的世界、伦理的世界、科学的世界、哲学的世界,构成了五彩缤纷的人的意义世界。各种文化形式作为"同一主旋律的多重变奏",就如同赤橙黄绿青蓝紫合成的阳光,又构成统一的意义世界。意义世界的多样统一性,在"同时态"上,便结晶为"时代精神"——人类在自己时代的意义世界。

人的意义世界,在"历时态"上又表现为生活意义的扩展与深化。文化的各种形式,都具有历史的继承性和时代的创新性。它们积淀着生活的传统意义,又创生着生活的当代意义,并孕育着生活的未来意义。人的意义世界处于生生不已的转换之中。在意义世界的历史转换中,个人既被历史文化所占有,又改变着历史文化,从而获得新的生活意义、构成新的意义世界。

具体地探索哲学与人类把握世界的各种基本方式之间的关系,既会深化我们对人的生活世界的理解,也会深化我们关于哲学的自我理解。而在关于哲学的自我理解当中,我们特别需要较为详细地探索人类把握世界的三个层次的概念框架——常识、科学和哲学——之间的关系。这会直接地深化我们对哲学的理解。

《哲学通论·第一章　哲学的自我理解》 数字化教学支持资源

一、孙正聿老师视频精品课（五讲）（请扫码观看）

二、本章拓展资源（请扫码观看）

1. 《"哲学心语"：我对"哲学"的理解》
2. 《怎样理解马克思的哲学革命》
3. 《20世纪上半叶哲学观论争与当代中国哲学发展道路》

本章思考题

1. 谈谈你对"哲学观"的理解。
2. 简要评述当代哲学的几种主要的哲学观。
3. 谈谈你对哲学与宗教、艺术、科学相互关系的理解，并概括你对哲学的初步认识。

第二章 哲学与常识

在人类把握世界的各种方式当中，常识是一种最基本和最普遍的方式，它是其他的各种方式得以形成和发展的基础。因此，人们总是习惯性地以常识方式去理解和解释其他方式。这种情况非常突出地表现在用常识方式去理解和解释哲学，以至于把"哲学"变成某种冠以哲学名词的常识。因此，在哲学的自我理解中，首先需要探讨哲学与常识的关系。

第一节 三个层次的概念框架

人是认识世界和改造世界的主体。在人与世界之间的主体与客体的关系中，"概念"占有特殊重要的地位。

概念既是人类思维的形式，又是人类认识的成果。概念以内涵与外延相统一的方式构成主体对客体的规定性的把握。因此，在人与世界的现实关系中，作为主体的人既要以概念的方式去把握、描述、解释和反思人与世界及其相互关系，又要以概念的方式去理解、解释、规范和反思人自己的思想与行为，还要以概念的方式去建构关于世界的规律性图景以及对世界的理想性、目的性要求。这表明，人类在自己的社会实践活动中，必须和只能以概念的方式去实现对世界的本质性、普遍性、必然性和规律性的把握与解释，也就是以概念的方式实现思想中对世界的占有。

概念是人在思想中构筑经验世界的方式，也是将思想中的世界世世代代传递下去的社会遗传方式。概念是人类历史文化的"水库"，也是人类认识发展的"阶梯"和"支撑点"。人们从历史上承继下来的各种概念体系，直接地和深层地制约着和规范着人们的历史性创造活动，制约着和规范着人们对世界的理解、人们之间的相互理解和每个人的自我理解。在这个意义上，人类的文明史也就是概念的形成、演化、变革、更新和发展的历史。

但是，在对概念的理解中，人们往往忽视了两个极为重要的问题：其一，概念必须（和只能）在概念的特定框架中获得意义；其二，在不同层次概念框架中，概念具有不同的性质。正是由于人们往往忽视这两个极为重要的问题，因而往往造成以常识的方式去理解和解释人类把握世界的其他方式，特别重要的是以常识的方式去理解和解释人类把握世界的哲学方式。因此，厘清哲学与常识的关系，首要的是澄清人类把握世界的不同层次的概念框架的不同性质。

人类把握世界的概念体系既是纷繁复杂的，又是历史发展的。但是，从人类用以把握世界的概念框架的层次性上看，却可以从总体上区分为三个最基本的层次。这就是常识性质的概念框架、科学性质的概念框架和哲学性质的概念框架。

所谓"概念框架"，是指人们用以构筑思想中的经验世界并用以整理思想中的概念的方式。人类用以把握和解释世界的任何一个概念，都不可能是孤立自在的零星碎片，都不可能独立地构成思想中关于世界的规定，都不可能独立地使思想获得对世界的理解。恰恰相反，任何一个概念，它的"内涵"与"外延"，它的"演化"与"发展"，都必须（和只能）是在特定的"概念框架"中获得与实现。这就是说，概念必须是"彼此联系的，并且联系于一个概念网络，依靠这个概念网络，它们依次得以理解，形成我们可以称之为概念框架或概念结构的东西"①。因此，人们如何描述和解释世界，人们怎样理解和规范自己，从深层上看，总是取决于人们所占有和使用的概念框架的不同性质及其所达到的不同水平。

概念框架的"性质"与"水平"具有不同的含义。所谓概念框架的"性质"，这里是指不同层次的概念框架所具有的特殊的（或者说特定的）性质。在概念框架的不同性质（或者说不同层次）的意义上，我们把所有的概念框架区分为三个基本层次，即常识性质的概念框架、科学性质的概念框架和哲学性质的概念框架。而所谓概念框架的"水平"，这里是指各个层次的概念框架在自身的演化与发展中所达到的不同水平，即各种性质的概念框架都表现为特定水平的概念框架。

任何一个"概念"都只能在特定的概念框架中获得相互规定和自我规定，实现相互理解和自我理解。这表明，概念的规定性依赖于概念框架。这一点是比较容易理解的。更为重要的问题是在于，在不同层次的概念框架

---

① 参见 M. W. 瓦托夫斯基：《科学思想的概念基础——科学哲学导论》，第6页。

中，概念具有不同的性质。这就是说：尽管人们可以完全使用相同的"名词"或"语句"，但是，在不同层次的概念框架中，这些完全相同的"名词"或"语句"却具有根本不同的性质。例如，人们经常使用"物质"这个"名词"，但它在常识的、科学的和哲学的三个不同层次的概念框架中，却具有不同的性质。在"常识"的概念框架中，"物质"是指各种各样的"东西"；在"科学"的概念框架中，"物质"是指构成世界的"要素"；而在"哲学"的概念框架中，"物质"则是指不依赖于人的意识而又为人的思想所把握的"客观实在"。

同样，人们经常挂在嘴边的"真善美"与"假恶丑"等，无不在不同层次的概念框架中具有不同的性质：常识之"真"即是"真的"（不是假的），科学之"真"是经过"验证"的"普遍必然性"，而哲学之"真"则是指"思想的客观性"；常识之"善"即是"好的"（不是坏的），科学之"善"是指行为对人和社会的正面效应，哲学之"善"则是指人的思想与行为的"应然性"；常识之"美"就是"美的"（不是丑的），科学之"美"是思想的合乎逻辑，哲学之"美"则是"是"与"应当"的统一。

让我们具体地分析一下"真"与"假"的问题。在常识中，"真"与"假"直接指向的是经验对象，即某个经验对象是否存在，如果它存在着，那么它就是"真"的，否则就是"假"的。在科学中，"真"与"假"则不仅仅是指向经验的对象，更重要的是指向关于经验对象的思想，即关于经验对象的某种解释是否成立，如果该种解释是成立的，则该种思想是"真"的，否则该种思想就是"假"的。在哲学中，"真"与"假"不仅仅是指某个经验对象的是否存在，也不仅仅是指关于经验对象的某种思想是否成立，更为重要的是指"思维和存在"是否具有"同一性"，即思想是否具有"客观性"。不仅如此，哲学中的"真善美"是联系在一起的，哲学关于"真"的理解，总是某种真理观、价值观和历史观的统一。因此，虽然人们都在使用"真"这个概念，但在不同的概念框架中，概念本身却具有不同的性质。

应当特别注意的是，概念框架的性质或层次不同，不仅决定着该层次中的所有概念的特定性质，而且决定着人们对人和世界及其相互关系的不同理解。具体地说，常识的、科学的和哲学的三个层次的概念框架，为人们提供了三种不同性质的世界图景、思维方式和价值规范。正是在这三种不同性质的世界图景、思维方式和价值规范中，世界得到了不同层次的描述和解释，人的思想与行为也得到了不同层次的理解和规范。

第二节　常识与经验的世界图景

常识就是普通、平常但又持久、经常起作用的知识。

常识是人类世世代代的经验的产物，是人类在最实际的水平上和最广泛的基础上对人类生存的自然环境、社会环境和一般文化环境的适应。人类的常识犹如动物的保护色，是人类生存的一种重要手段，对人类的生存具有重要价值。

常识是每个健全的正常人普遍认同的，人人都在生活经验中分享常识、体验常识、重复常识和贡献新的常识。在常识概念框架中，人们的经验世界得到最广泛的相互理解，人们的思想感情得到最普遍的相互沟通，人们的行为方式得到最直接的相互协调，人们的内心世界得到最便捷的自我认同。常识是人类把握世界与自我的最具普遍性的基本方式。

常识的最本质的特性，就是它的经验性。

常识来源于经验，常识符合于经验，常识适用于经验。对经验的依附性，是常识的概念框架的实质。因此，在常识概念框架中，概念总是依附于经验表象，并围绕着经验表象旋转。由此而形成的世界图景，就是经验的世界图景。

常识的世界图景，是以人们的经验的普遍性为中介的世界图景。就是说，常识的世界图景是由人们的共同经验构成的。在"共同经验"中，人们形成了共同的"世界图景"。这种"共同经验"的"世界图景"，具有直观性或给予性、凝固性或非批判性等特征。

首先，由"共同经验"构成的常识的世界图景，具有显著的直观性或给予性。人们以常识的概念框架去观察、描述和解释世界，其实质是以经验的普遍性去把握世界，去形成具有经验的共同性的世界图景。正是由于这种常识的世界图景以经验的共同性为实质内容，所以它符合于经验主体的直接经验，并适合于对这种直接经验的解释。由经验直观而形成的世界图景，又直观地呈现给经验的主体。对于经验主体来说，这种直观的世界图景，又是直接地给予经验主体的。"世界"以经验的普遍性和共同性为内容而给予经验主体，经验主体又以经验的普遍性和共同性为中介而直观"世界"的存在。在"世界""主体"和"经验"的三者关系中，"经验"既是构成主体的世界图景的中介,又是"世界"在主体的表象和思想中的"图景",因此,经验的普遍性与共同性,是常识的世界图景构成中介与实质内容的统一。经验主体就是在常识的概念框架与经验直观的统一中而达到对经验世界的自我理解,以及经验主体之间的相互理解。由此便构成了人们的常识的世界图景。

其次,由"共同经验"构成的常识的世界图景,又具有显著的凝固性或非批判性。在常识自身的延续与积累的意义上,由常识概念框架所构成的世界图景,总是不可逃避地依附于经验的共同性,因而无法超越经验而构成具有科学意义的世界图景。这种常识的世界图景以其经验的给予性和直接性为前提,而表现为经验的延续性和非批判性。

常识的世界图景以共同经验的历史性遗传为中介,而实现其世世代代的延续,因此它在本质上是一个僵化的、凝固的世界图景,即永远是共同经验的世界图景。作为经验个体来说,以分享常识为基础而构成的经验世界图景,由于对经验表象的依附性,概念总是围绕不断流变的表象旋转,概念自身只不过是表述经验的名称,因此常识的世界图景总是一个混沌的整体。更为重要的是,由于常识概念依附于经验表象,超越经验即是对常识的挑战,所以常识自身是非批判的和非反思的,由常识概念框架所构成的经验的世界图景也是非批判的和非反思的。

科学是关于普遍必然性的知识。它源于经验又超越于经验,它既以经验的积累为前提,更以科学自身的发展为前提。它表现为具有严谨的逻辑性和系统性、普遍的解释性和规范性的各种概念发展体系。在科学的概念框架中,概念之间以其相互规定为前提而获得自我规定,以其相互理解为前提而获得自我理解,以其相互批判为前提而获得自我更新。因此,科学区别于常识的本质特征,并不在于科学创造和使用某些常识所不具有的概念,而在于科学概念框架具有区别于常识概念框架的特殊性质。

科学概念不是依附于经验表象并围绕经验表象旋转,而是超越于经验表象并解释经验表象的本质以及创造非经验的表象。科学的世界图景不是以经验的普遍性为中介的世界图景,而是以概念的规定性为中介的世界图景。在科学概念框架中,世界图景既不是经验表象所给予的,也不是通过经验直观形成的,而是由概念的相互规定构成的。科学的世界图景是概念化的、逻辑化的、精确化的和系统化的世界图景。它具有内容的规律性、解释的普遍性、描述的可证实性和经验的可预见性等特征。与此同时,科学还具有自我批判、自我发展的创造的特征,因而能够实现科学概念框架的自我更新,从而形成历史性发展的科学世界图景。在科学的发展过程中，世界图景具有显著的历史性和时代性。科学的常识化，首先就是以历史性转换的世界图景去变革和取代人们的常识世界图景，使人们形成自己时代的科学的世界观。在现代化的进程中，人的存在方式的变革和人的素质的提高，世界图景的科学化和世界观的变革是其坚实的基础。这就需要以科学的世界图景变革和取代人们的常识世界图景，以科学的世界观变革和取代人们的常识世界观。

第三节 常识与形而上学的思维方式

常识的思维方式，就是形成于人们的日常生活、又适用于人们的日常生活的思维方式。常识的世界图景就是由常识的思维方式所构成的世界图景。所以，变常识的世界图景为科学的世界图景（或者说，变常识的世界观为科学的世界观），就不仅仅是以科学的知识内容去变革常识的经验内容，更重要的是以科学的思维方式和哲学的思维方式去变革常识的思维方式。

在日常生活中，人们经常的提问方式是："有"还是"没有"？"是"还是"不是"？"真的"还是"假的"？"对的"还是"错的"？"美的"还是"丑的"？"善的"还是"恶的"？"好的"还是"坏的"？如此等等。与这种提问方式相对应，人们经常的回答方式是："有"或者"没有"；"是"或者"不是"；"真的"或者"假的"；"对的"或者"错的"；"美的"或者"丑的"；"善的"或者"恶的"；"好的"或者"坏的"；如此等等。

如果我们分析一下日常生活中的提问方式和回答方式，就会发现，在我们的这种提问方式和回答方式中隐含着一个思维公式：$P \vee Q$（要么 P，要么 Q）。这个思维公式表达了一种非此即彼、两极对立、互不相容的思维公式。这就是以日常生活为基础的常识的思维方式。

人们的日常生活，是一种依据于"共同经验"的生活，也是一种遵循于"共同经验"的生活。在这种依据和遵循"共同经验"的日常生活中，"共同经验"是把人与世界联系起来、统一起来的"中介"。就是说，在"共同经验"中，人成为认识世界的主体，世界成为人的认识的客体，"共同经验"则作为人的"意识内容"而构成人的"世界图景"。

在这种以"共同经验"为中介的主—客体关系中，人作为既定的经验主体，以"直观"的方式把握世界；世界作为既定的经验客体，以"给予"的方式而呈现给认识的主体（人）。在这种"直观"—"给予"的主—客体关系中，主体的经验与经验的客体之间具有确定的、稳定的、一一对应的、非此即彼的经验关系。在这种经验关系中，人的"共同经验"是确定的，因此，它要求经验主体的思维必须保持非此即彼的确定性，首先是保持对"有"与"无"、"存在"与"非存在"、"真"与"假"、"是"与"非"、"善"与"恶"、"美"与"丑"等具有最大普遍性的对应范畴的非此即彼的断定。所以，在常识的思维方式中，白的就是白的，黑的就是黑的，男人就是男人，女人就是女人，太阳就是太阳，月亮就是月亮，有利就是有利，有害就是有害，美的就是美的，丑的就是丑的，一切都是泾渭分明、非此即彼的存在。"两极对立""非此即彼"，这是以日常生活为基础的常识思维方式的根本特性，也是人们经常谈到的"形而上学"的思维方式的本质特征。

为了阐述常识的思维方式及其与"形而上学"的思维方式的关系，这里有必要首先简要地说明"形而上学"的含义。

人们通常是在两种不同的意义上使用"形而上学"这个概念。其一，是在近似于"哲学"的意义使用这个概念。在这个意义上，"形而上学"是一种追求和论证超验的"存在"即超越经验的关于世界的统一性原理的理论。由于传统的思辨哲学家都把"哲学"视为关于超验的世界统一性的理论，所以他们也在这个意义上把"形而上学"视为哲学的同义词或代名词。其二，是在与"辩证法"相对立的意义上使用"形而上学"这个概念。在这个意义上，"形而上学"是指一种以否认矛盾的观点看待世界的哲学理论，是指一种在"绝对不相容的对立中思维"的思维方式。

在第一种意义上，"形而上学"这个概念源于下述情况。古希腊哲学家亚里士多德是一位百科全书式的人物。后人在编辑他的著作时，把讲述自然现象的著作归为一类，称作"物理学"，又把讲述世界本质以及神、灵魂、意志、自由等篇章放在"物理学"的后面，称为《物理学之后》或《后物理学》。我国学者在确认这部著作的中文译名时，根据《易·系辞》中"形而上者谓之道，形而下者谓之器"一语，把亚里士多德的《物理学之后》一书定名为《形而上学》。

应当说，把亚里士多德的《物理学之后》译为《形而上学》，是十分贴切的，甚至是画龙点睛的。朱熹曾说，"形而上者无形无影，是此理；形而下者有情有状，是此器"，"有是理便有是器，但理是本"。亚里士多德的"物理学之后",就是寻求"实是之所以为实是"的"最高原因的基本原理",也就是寻求超验的"形上"之"道",因而也就是关于"形上"之"学"。从总体上看,自古希腊以来的西方传统的思辨哲学,就是寻求"形上"之"道"的"形而上学",因此,人们经常在"哲学"的同义词或代名词的意义上使用"形而上学"这个概念。

"形而上学"的第二种意义,首先是源于德国古典哲学的集大成者、辩证法大师黑格尔的著述。黑格尔认为,在以往的"形而上学"理论中,总是把哲学所寻求的"本体"当作某种永恒不变的东西,即以凝固、僵死的观点去看待超验"本体"的存在。他从"形而上学"理论的这一特征出发而予以引申,把"形而上学"解说为与"辩证法"相对立的思维方式。正是在与这种"形而上学"相对立的意义上,黑格尔提出:"辩证法是现实世界中一切运动、一切生命、一切事业的推动原则。同样,辩证法又是知识范围内一切真正科学认识的灵魂。"①

马克思和恩格斯批判地继承了黑格尔的辩证法思想,在两种思维方式相对立的意义上,具体地阐述了形而上学思维方式的本质、特征和根源。其中,恩格斯还深刻地阐述了这种"形而上学"的思维方式与"常识"的关系。

恩格斯指出,所谓"形而上学"的思维方式,就是"在绝对不相容的对立中思维"。恩格斯还具体地提出,"是就是,不是就不是;除此以外,都是鬼话",这就是形而上学的"思维公式"②。那么,为什么这种形而上学的思维方式和"思维公式"会在人们的思维活动中占有牢固的地位?为什么人们常常是在"绝对不相容的对立中思维"?对于这个人们常常感到困惑的问题,恩格斯做出了非常明确的回答:"初看起来,这种思维方式对我们来说似乎是极为可取的,因为它是合乎所谓常识的。"③

人的生活,最基本的和最普遍的是"日常生活"。日常起居,日常劳作,日常交往,日常娱乐,构成了人们的最普通、最平常但又最基本、最普遍的"日常生活"。在"日常生活"中,在日常活动的范围内,"常识"是"极可尊敬的"。简单推论的常识可以满足人们日常活动中的形式逻辑推理;一般的生活常识可以作为技术格言和道德箴言,既满足日常活动中的处

---

① 黑格尔:《小逻辑》,第177页。
②③ 参见《马克思恩格斯选集》第3卷,第61页。

理各种事物的需要，又满足日常交往中的调节人际关系的需要；模糊的自然常识，在并非要求对自然现象做出精确解释的日常活动中，可以基本满足人的活动适应自然规律的需要；警世格言式的政治常识，使人们在日常活动中持有一种可以得到某种相互认同的对政治的评论、解释和期待，从而满足人们在日常活动中关注天下大事、体现人心向背的需要①。而所有这些满足日常生活需要的"常识"，都是从世世代代的个体经验中积淀出来的"共同经验"。它适用于人们的"日常生活"，但却只能是适用于人们的日常生活。一旦超出人们的日常生活，"常识"以及常识的思维方式，就会遭到"最惊人的变故"。所以，要变革人们的常识的、形而上学的思维方式，即改变人们在"绝对不相容的对立中思维"，首要的是拓宽、深化和转换人们的"活动范围"。一旦人们进入"广阔的研究领域"，就必然超越这种常识的、形而上学的思维方式。

在现代社会生活中，首先是迅猛发展的科学技术使人们进入了广阔的非日常生活领域，并不断地使这种非日常生活日常化，因此，非常识思维的常识化，首先和集中地表现在科学思维的常识化。

科学的直接意义在于，它为人类提供描述和解释世界的不断深化的概念系统和知识体系，从而为人类展现具有历史性和时代性的科学世界图景。然而，正如常识的世界图景是由常识的思维方式所构成的一样，科学的世界图景也是由科学的思维方式构成的。科学的发展史是人类理论思维的进步史。科学概念的形成和确定、扩展和深化、变革和更新，不仅为人类提供"认识和掌握自然现象之网的网上纽结"②，而且为人类提供不断增加和不断深化的认识成分和思维方法。特别是科学的每一次划时代发现，更以其璀璨夺目的理论成果深刻地改变了人们的思维方式。从地心说到日心说，从既成论到进化论，从绝对论到相对论，不仅使非此即彼的常识思维方式遭到巨大的冲击，而且使科学思维方式以其不可抗拒的力量转化为人们的常识思维。在现代科学中，由于各种科学的相互交叉和相互渗透，特别是由于系统论、控制论和信息论等"横向学科"的兴起，在更加广泛和深刻的意义上变革了人们的思维方式及其所构成的世界图景。这就是现代科学常识化所引起的人类思维方式的变革。

---

① 参见孙正聿著：《理论思维的前提批判》，辽宁人民出版社，1992年，第35—36页。
② 《列宁全集》第55卷，第78页。

第四节　常识与经验的价值规范

常识，它作为人类把握世界的基础层次的概念框架，既具有描述和解释世界的功能，又具有约束和规范人的思想和行为的功能。它规范着人们的所思所想和所作所为。在这个意义上，常识既是人们的思想和行为的根据，也是人们的思想和行为的限度。常识对人的思想和行为具有规定和否定的双重规范作用。

常识作为最普通、最平常但又最普遍、最持久的知识，它的规范作用也是最为普遍和持久的。正是在常识的价值规范中，人们的价值观念得到最广泛的相互理解，人们的价值标准得到最普遍的相互认同，人们的价值取向得到最深层的相互调整，人们的价值理想得到最持久的相互激励。因此，常识的价值规范是人们的日常生活的最坚实的根基，也就是人的存在方式的最深厚的根基。

常识作为人的思想和行为的价值规范，是人类世世代代积累起来的适应人类生存的自然环境、社会环境以及一般文化环境的产物。它在最实际的水平上和最广泛的日常生活中，发挥其对人类维持自身存在的生活价值。它还以其独特的隐喻形式（如谚语、格言、箴言等）而拓展和延伸其适用范围和使用价值。这样，常识的价值规范就以"文化传统""民族心理"等形式得以世代延续，并由此而构成人类的、民族的普遍性的价值规范。

常识的价值规范，正如常识的世界图景和常识的思维方式，同样是经验的普遍性的产物。在常识的价值观念中，人们的思想与行为的根据和标准、范围与限度，都是经验的普遍性。人们的所思所想、所作所为，直接受到常识的世界图景和常识的思维方式的制约，任何超越普遍经验的思想与行为，都是对常识价值规范的亵渎与挑战，都会被视为"荒诞不经"和"胡作非为"。经验性的价值观念，决定了常识价值规范的三大特性：一是它的狭隘性，即无法超越"共同经验"；二是它的保守性，即倾向于墨守既定的价值规范；三是它的极端性，即习惯于在两极对立的思维方式中进行价值判断。

常识的价值观念，从根本上说，是以常识的思维方式去进行价值判断。因此，在常识的价值判断中，总是习惯于"定性"地做出判断，而不是"定量"地进行分析；总是"孤立"地评价经验的具体对象，而不是"系统"地考察对象的诸种关系；总是着眼于"当下"的利弊得失，而不是着重于"长远"的根本利益；总是在"两极"的对立中进行判断，而不是以"中介"的观点去寻求"必要的张力"。在常识的两极对立、非此即彼的思维方式的制约下，常识的价值判断也具有两极性的特征。是非，好坏，善恶，美丑，福祸，荣辱，君子小人，崇高渺小，被常识的价值观念泾渭分明地断定成非此即彼的存在。在这种常识的价值规范中，人们的生活态度和行为方式，常常采取"要么……要么……"的价值取向：要么搞"理想主义"，要么搞"功利主义"；要么搞"集体主义"，要么搞"个人主义"；要么搞"利他主义"，要么搞"利己主义"；要么讲"无私奉献"，要么讲"赚钱发财"；要么是"整齐划一"，要么是"怎么都行"；要么说"莺歌燕舞"，要么说"糟糕透顶"；要么"众人皆醉唯我独醒"，要么"随其流而扬其波"；如此等等，不一而足。这表明，常识的价值规范和生活态度缺少辩证智慧的"张力"。简单化和绝对化，是常识价值规范的极端性的具体体现。

人类的文明史，也是人类的价值规范的变革史。价值规范的变革，就是以科学的和哲学的价值规范去变革常识的价值规范，并在高级的层次上使非常识的价值规范变成人们普遍认同的常识的价值规范。

与常识不同，科学的价值观念不是经验性的，而是理性的。科学以其系统化的知识体系和逻辑化的思维方式去规范人们的所思所想和所作所为。实证精神和分析态度是科学价值观念的基础。它不仅着眼于经验的普遍性，更着重于对经验普遍性的理性思考，它不仅着眼于"定性"式的论断，更着重于形成论断的"定量"化的分析。系统性与分析性是科学价值观念的显著特性。这就是科学价值观念对常识价值观念的简单性和绝对化的超越。

在科学的发展过程中，科学的世界图景和科学的思维方式处于生生不已的历史性转换之中，从而不断地变革和更新了人对自己和世界及其关系的理解，即不断地变革和更新了人们的世界观。思想内容和行为内容的拓展，思想方式和行为方式的更新，必然引起价值标准的变革。由于价值标准是价值观念、价值判断和价值规范的根据，因此，价值标准的变革又必然引起整个价值系统的历史性转换。这又是科学价值观念对常识价值观念的狭隘性和保守性的超越。

科学的价值观念不断地冲击常识价值观念的简单性与绝对性，又不断地冲破常识价值观念的狭隘性和保守性，并使科学的价值观念不断地取得普遍性的社会认同，这就是科学价值观念的常识化。

第五节 哲学对常识的超越

常识是人类把握世界的最基本的方式。它以人们的世世代代的"共同经验"为内容，构成人们的常识的世界图景、思维方式和价值规范。在常识的世界图景、思维方式和价值规范中，人们的经验世界得到最广泛的相互理解，人们的思想观念得到最普遍的相互沟通，人们的行为方式得到最直接的相互协调，人们的内心世界得到最便捷的自我认同。常识对人类的存在和发展具有最重要的生存价值。

应当看到，人们的生活世界，首先是以常识为基础的日常生活世界。在日常的生活世界中，在日常的活动范围中，常识是"极可受尊重"的。人们正是以常识的世界图景、思维方式和价值观念来规范自己日常生活中的所思所想和所作所为。同时，人类把握世界的其他任何一种基本方式——宗教的、艺术的、伦理的、科学的和哲学的——都是以人类的"共同经验"即"常识"为基础的。离开"常识"，既不会形成人类把握世界的其他方式，也不会实现这些方式的发展。但是，来源于并依赖于"常识"的人类把握世界的其他方式，却既不是常识的"延伸"，也不是常识的"变形"，而是对常识的"超越"。

这里所说的"超越"，主要是指性质与功能的改变。就哲学与常识的关系而言，主要是指哲学改变了常识的世界图景、思维方式和价值规范，为人类提供了一种"哲学的"世界图景、思维方式和价值规范。与此相反，这里所说的"延伸"或"变形"，则是否认性质与功能的改变。就哲学与常识的关系而言，主要是指以常识的观点去看待哲学，从而把"哲学的"与"常识的"世界图景、思维方式和价值规范混为一谈，把"哲学"变成冠以哲学名词的"常识"。

在本书的"导言"中，曾提出关于"桌子"的思考。这个例子有助于我们理解哲学与常识的关系。任何一个正常的普通人（即具有健全"常识"的人），都会知道"桌子在我们的意识之外"，"桌子不依赖于我们的意识而存在"，因为这是符合人们的"经验"和"常识"的。正因如此，人们总是对哲学中的"唯心主义"感到大惑不解：明明是先有事物，后有关于事物的观念，怎么能说是先有观念、后有事物呢？明明是事物的存在不以我们的观念为转移，怎么能说有某种观念才有某种事物、没有某种观念就没有某种事物呢？因此，人们除了把"唯心主义"视为胡说八道、把"唯心主义哲学家"视为一群疯子之外，实难做出其他辩护。其结果，人们既不能真正地驳斥哲学唯心主义，也无法形成哲学的世界图景、思维方式和价值规范。

然而，如果我们不是从"常识"出发，而是从恩格斯所概括的哲学基本问题——思维和存在的关系问题——出发去思考"桌子"同"观念"的关系，我们就会提出下面的问题：究竟什么叫"桌子"？离开我对"桌子"的感知，我如何知道"桌子"的存在？如果我没有"桌子"的概念，我怎么会把"那个东西"视为"桌子"？我能"看见"桌子的本质和规律吗？我怎样判断这张"桌子"的真与假、好与坏、美与丑？如果没有我的真假、好坏、美丑观念，又如何判断桌子的真假、好坏、美丑？我们为什么会爱护这张"桌子"而不是毁坏它？我们为什么能够"创造"出现在还没有的更为高级的"桌子"？

在日常生活中，这些思考也许会被认为是胡思乱想，但对改变人们的常识的世界图景、思维方式和价值规范却是至关重要的。这种从"思维和存在的关系问题"出发的思考，是一种"超越"常识的思考，即对常识的"存在论""认识论"和"价值论"的前提思考。这种思考，使"思想"与"现实"处于"否定性"的关系之中，即把"思维"和"存在"的"关系"作为"问题"来思考，也就是对"思维和存在关系问题"的"反思"。

常识的突出特点，就在于它以单纯的"肯定性"的思维方式去看待"思维和存在的关系"，不去"反思"思维和存在之间的"关系问题"。如果人们用这种非反思的常识去看待超越常识的反思，当然会发现这种反思的超常识性；但是，这种以常识驳斥反思的结果，却会使人的思维滞留于常识，把"哲学"视为"常识"的"延伸"或"变形"。

为了深入地阐述哲学是对常识的超越，我们需要对哲学与常识进行具体的比较。这主要包括：常识的经验性与哲学的超验性；常识的表象性与哲学的概念性；常识的有限性与哲学的无限性；常识的非批判性与哲学的批判性。

其一，常识的经验性与哲学的超验性

常识来源于经验，适用于经验，但不能超越经验。对经验的依附性是常识的本质特性。与此相反，虽然哲学的最终来源也是人类实践活动中所积累起来的经验，并且在最终的意义上也要经由人类实践的检验而适用于经验，但哲学的本质特性之一，却正在于它的"超验"（超越经验）的特性。常识的经验性与哲学的超验性，从最深层上决定哲学不是常识的"延伸"或"变形"，而是对常识的"超越"。

哲学和科学是人类的理论思维的两种基本方式。在原始人那里，是以某种幻化的方式去把握世界，自然现象总是按照人的经验来设想，而人的经验又按照宇宙的事件来设想，因而总是以种种臆想的原因来"解释"人类的经验及其经验的对象。

人类理论思维方式的形成，是以系统化的概念体系去描述和解释经验世界为标志的。这种用以描述和解释世界的系统化的概念体系，它所表述的已不是既定的、直观的经验事实，而是用以解释经验事实的关于"本质""共性""规律""必然"的认识，即是一种关于"普遍必然性"的知识。这种"普遍必然性"的知识，是关于超越经验对象的、并用以解释经验对象的知识，因而是一种源于经验、但又超越经验的知识。哲学和科学作为人类理论思维的基本方式，都具有这种"超验"的特性。

对哲学来说，它的"超验"性还特别充分地表现在它的研究对象和研究方式上。人类思维概括和解释的对象，不仅包括具体的事物，而且包括整体的世界。哲学思维就是从寻求对世界的统一性解释而萌发和形成的。用亚里士多德在《形而上学》中的说法，哲学就是一种研究"实是之所以为实是""寻取最高原因的基本原理"的学术①。而在这种"寻取最高原因的基本原理"的过程中，古代哲学就已经从寻求现实的因果关系而逐步地转向探寻世界的现象与本质的逻辑关系，从而把世界的统一性视为超越经验而为思维所把握的"本体"。这就是整个传统哲学的"形而上学"的本质，也是全部哲学的"超验"的特性。

哲学的"超验"的特性，更为深刻地表现在哲学的基本问题是"思维和存在的关系问题"。在常识思维中，"思维"作为经验内容，"存在"作为经验对象，二者的关系是确定的、对应的，是没有"问题"的。而在哲学思维中，却不仅是把"思维和存在的关系"当作"问题"来研究，而且是作为自己的"重大的基本的"问题来研究。这样，作为经验内容的"思维"和作为经验对象的"存在"，它们之间的在常识中的确定的关系就成了"问题"。这个"问题"的实质，是哲学对经验的常识的"超越"。就是说，哲学不再是像常识那样，在经验的层面上去看待"思维和存在的关系"，而是在超越

---

① 参见亚里士多德：《形而上学》，吴寿彭译，商务印书馆，1983年，第56页。

经验的层面上去反思"思维和存在的关系"。在这种哲学的超验的反思中，"思维和存在的关系"成为研究的"问题"：经验的对象与经验的内容是何关系？经验的对象如何成为经验的内容？经验对象的现象与本质是何关系？人的认识如何把握经验对象的现象与本质？人的感性和理性与经验对象的现象与本质是何关系？人的感性所把握到的现象是真实的，还是人的理性所把握到的本质是真实的？如此等等的问题，就是哲学在超验的反思中所提出和追究的问题。如果把哲学视为常识的"延伸"和"变形"，把哲学变成冠以某些哲学名词的常识，那么，作为哲学基本问题的"思维和存在的关系问题"就失去了它的哲学内涵，也就是把超验的哲学变成了经验的常识。

其二，常识的表象性与哲学的概念性

常识对经验的依附性，集中地体现在常识思维的表象性；哲学的超验性，则显著地表现在哲学思维的概念性。

常识和哲学都需要以概念的方式来描述和解释世界；但是，概念在常识与哲学中的性质与功能却是迥然不同的。在常识思维中，概念是围绕表象旋转的，概念是以表象为转移的，概念是为表象服务的。而在哲学思维中，概念与表象的关系则颠倒过来，即表象围绕概念旋转，表象以概念为转移，表象为概念服务。

常识中的概念，它的内涵与外延的统一，是"共同经验"与"经验对象"的统一，是"共同经验"依附于"经验对象"的统一。在这个意义上，常识中的概念只不过是区分表象的"名称"。例如，人们在常识中以"太阳""月亮""星星"等概念去描述经验的对象，在这种描述中，"太阳"等概念是围绕着作为人的经验表象的"太阳"旋转的；如果失去关于"太阳"的经验表象，"太阳"这个概念就变成了纯粹的"名称"。所以，列宁曾引证黑格尔下边的论述，来说明表象和思想的关系："凡是没有思维和概念的对象，就是一个表象或者甚至只是一个名称；只有在思维和概念的规定中，对象才是它本来的那样。"①

在概念围绕表象旋转的常识思维中，人们既可以形成"朴素的"唯物论——肯定经验对象独立于人的意识之外，并不以人的意识为转移，也可以形成"朴素的"辩证法——肯定经验对象的流变（运动），并肯定经验对象之间的联系。但是，这种常识思维的"朴素的"唯物论和辩证法，既无法驳倒

---

① 《列宁全集》第38卷，第242页。

哲学唯心主义，也不可能真正地达到辩证思维。

近代英国哲学家大卫·休谟（David Hume，1711—1776）认为，人类的认识活动存在一个无法解决的悖论：如果人的认识全部来源于经验，那么，要问在经验之外还有没有某种不依赖于经验而独立存在的东西，便只能是请教于经验；然而，经验却在这里沉默了，而且它也不得不沉默，因为经验无法回答超越经验的问题。如果把休谟的问题讲得更明白些，就是：既然我们是通过自己的认识而知道外部世界的存在，那么如果我们断言外部世界先于我们的认识而独立存在，那就等于承认有一种先于认识的认识，也就是陷入了先验主义的独断论；然而，如果我们满足于"通过认识才知道外部世界的存在"，那又等于我们陷入了贝克莱主教的"存在就是被感知"的主观唯心主义①。这表明，以常识思维为基础的"朴素的"唯物主义，在概念围绕表象旋转的表象思维中，不可能真正地驳倒唯心主义，因而也无法彻底地坚持哲学唯物主义。在哲学层面上坚持唯物主义，必须在思维的层面上超越表象思维。

同样，以常识的表象思维为基础的"朴素的"辩证法，也不可能真正地达到辩证思维。在常识的表象思维中，人们可以在感、知觉的水平上承认事物的运动与联系，当然也能够在感、知觉的水平上去驳斥否认事物的运动与联系的"形而上学"。然而，在常识的表象思维中，却无法理解运动与联系的"本质"；恰恰相反，人们在常识的表象思维中，总会在"本质"的层面上曲解或否认事物的运动与联系。

例如，人们常常把古希腊哲学家芝诺所说的"飞矢不动"作为典型的"形而上学"命题而予以驳斥。这种驳斥，就是在表象思维的感、知觉的水平上进行的：明明箭在飞，却硬说箭不动，这不是最典型的否认事物运动的"形而上学"吗？然而，作为辩证法大师的黑格尔早就指出，芝诺从没有想到要否认作为"感觉的确实性"的运动，问题仅仅是在于"运动的真实性"。这就是说：在"感觉的确实性"上，或者说"眼见为实"上，芝诺同其他人一样，都承认"飞矢"在运动；然而，芝诺的哲学思考是表现在，他不满足于在感、知觉的水平上承认运动，而是要追究"运动的真实性"，也就是如何以概念的方式去表达运动的本质。这才是超越常识的哲学思考。

对此，列宁曾作过如下的评论："问题不在于有没有运动，而在于如何在

---

① 参见朱德生：《关于思维与存在同一性问题的思考》，《哲学研究》，1997年第3期。

概念的逻辑中表达它。"①这是因为:"有没有运动",这是在经验中可以解决的问题,因而它属于常识问题,而不是哲学问题;"如何在概念的逻辑中"去表达运动,则是超越经验的反思的问题,因而它是哲学问题,而不是常识问题。哲学问题是属于超越经验常识的概念的问题,也就是"如何在概念的逻辑中"去解决的问题。

为了深入理解这个问题,我们还可以分析古希腊哲学家芝诺的另一个命题:"阿基里斯永远追不上乌龟"。芝诺提出:假如让乌龟先爬一段路,然后再让阿基里斯去追它,那么阿基里斯永远也追不上乌龟。

阿基里斯是古希腊神话中的善跑的英雄。一位疾走如飞的英雄却追不上缓缓爬行的乌龟,这岂不是一个荒唐可笑的命题吗?然而,让我们在概念的层面上思考一下这个命题:阿基里斯在追上乌龟之前,必须首先到达乌龟的出发点;可是,这时乌龟已经又向前爬了一段,阿基里斯又必须赶完这段路;由于阿基里斯与乌龟之间的距离可以依次分成无数小段,因此阿基里斯虽然越追越近,但却永远追不上乌龟。

毫无疑问,"阿基里斯永远追不上乌龟"这个命题在"经验"中是不可能存在的(在经验的事实中,阿基里斯肯定会追上乌龟),因而的确是荒唐可笑的;然而,这个命题在"逻辑"上却是无懈可击的(在概念的逻辑分析中阿基里斯不可能追上乌龟),因而它揭示了人的表象思维与理性思维之间、经验常识与哲学反思之间的矛盾。哲学是在超越经验的概念层面上去"反思"经验常识,而不是在表象思维的层面上去重复和论证经验常识。

其三,常识的有限性与哲学的无限性

依附于经验的常识,总是面向有限性的经验,并以有限性的表象思维去看待经验所无法达到的无限,因而无法达到超验的无限性;与此相反,超越经验的哲学理性,总是面向无限的超验的存在,并以超验的无限性去看待有限的经验,因而在有限与无限的对立统一中形成辩证的哲学智慧。

在人的有限的经验中,既无法确认时间的无始无终,也无法确认空间的无边无际;与此同时,在人的世世代代的经验的扩展中,人又总是感受到时间的无始无终和空间的无边无际。于是,在经验的常识中,人们总是以有限去叠加无限,用有限去追逐无限,或者是以无限去嘲弄有限,用无限去亵渎有限。

---

① 《列宁全集》第 38 卷,第 281 页。

作为前者，在常识的观念中，人们总是把无限视为有限的无限叠加，也就是把经验的无限扩展作为无限性的证明。对此，辩证法大师黑格尔曾深刻而尖锐地指出，把无限视为有限的叠加，把无限看成对有限的包容，就是把无限当成一种在有限事物彼岸的东西。黑格尔把这样理解的无限性称作"恶的无限性"。

作为后者，在常识的观念中，又总是把对无限的不可企及折射为对社会、历史、人生的某种悲观主义的或虚无主义的理解。在经验常识的意义上，时间的无始无终确实把有限的生命反衬得几乎是无法形容其短暂，空间的无边无际确实把有限的生命反衬得无法形容其渺小。即使是使用"匆匆过客""沧海一粟"这样的说法，也不足以表明有限生命的短暂与渺小。以这种经验常识的有限性去看待人生，人生的确是"前不见古人，后不见来者""寄蜉蝣于天地，渺沧海之一粟"。

无论是以有限去追逐无限，还是以无限去嘲弄有限，在人的经验常识中，都无法达到超越经验的对有限与无限的辩证理解。因此，从经验常识中衍生出的神话和宗教，总是把无限性的存在设想为某种与"此岸世界"相对的"彼岸世界"的存在，把人的有限性的存在设想为"前世"与"来世"的无限性的存在。这表明，如果人的认识仅仅局限于经验常识，而又不能以超验的哲学作为必要的补充和升华，那么就会以神话的或宗教的方式来填补"无限性"的空缺。在人类的发展史上，通俗文化与神秘文化总是相互补充和相互支撑的。这种补充和支撑，在其最深层上，是"有限性"与"无限性"在经验常识中所实现的互补。

超越经验常识对"有限性"与"无限性"的理解，就进入到理论思维对"有限性"与"无限性"的理解，即对"有限性"与"无限性"的矛盾的辩证理解。

列宁在其所著的《黑格尔〈逻辑学〉一书摘要》中，曾对"普通的表象""机智和智慧"以及"思维的理性"做过这样的对比："（1）普通的表象所抓到的是差别和矛盾，而不是一方向另一方的转化，可是这却是最重要的东西。(2) 机智和智慧。机智抓到矛盾，表达矛盾，使事物彼此关联，使'概念通过矛盾透露出来'，但不能表现事物及其关系的概念。(3) 思维的理性（智慧）使有差别的东西的已经钝化的差别尖锐化，使表象的简单的多样性尖锐化，达到本质的差别，达到对立。只有那上升到矛盾顶峰的多样性在相互关系中才是活动的和活生生的——才能得到获得那作为自己运动和生命力的内部搏动的否定性。"①列宁的这个对比,对于我们理解常识思维的有限性和哲学思维的无限性,以及如何达到对有限性与无限性的辩证理解,都是至关重要的。

列宁认为,"普通的表象"只是"抓住"差别和矛盾,却不能"抓到"一方向另一方的转化,也就是说,"普通的表象"只能看到"矛盾",但却不能把握到"矛盾"的实质。因此,在表象思维中,有限与无限只能是差别的、对立的、矛盾的存在,但却不能把这种矛盾的存在把握为对立的统一。与此相反,哲学思维却能够实现对矛盾的辩证理解。列宁引证黑格尔的话说:"思辨的思维就在于它能把握住矛盾,又能在矛盾中把握住自身,而不是像表象那样受矛盾支配,并且让矛盾把自己的规定不是化为他物就是化为无。"②表象思维在有限与无限的矛盾的支配下,使二者成为"此岸"(有限性)与"彼岸"(无限性)相互割裂的存在;哲学思维则把握到有限与无限的对立的统一,并且在这种对立统一的辩证思维中实现自己对矛盾的理解。

正是以这种哲学的辩证智慧去把握有限与无限的矛盾,黑格尔指出,与那种把无限视为有限的叠加的"恶的无限性"相反,辩证哲学认为,有限才是真正的无限,有限的自我展开过程就是无限。恩格斯说,黑格尔的"一个伟大的基本思想",就是"认为世界不是一成不变的事物的集合体,而是过程的集合体,其中各个似乎稳定的事物以及它们在我们头脑中的思想映象即概念,都处在生成和灭亡的不断变化中,在这种变化中,前进的发展,不管一切表面的偶然性,也不管一切暂时的倒退,终究会给自己开辟出道路"③。

哲学思维(特别是黑格尔和马克思的辩证哲学),是以过程的无限性去看待有限与无限的对立统一,因而超越了常识的表象思维,变革了常识的世界图景、思维方式和价值规范。应当看到,哲学的辩证思维对有限与无限的对立统一的理解,不仅具有"自然观""世界观"或"宇宙观"的意义,而且更为直接地具有"社会观""历史观""人生观"以及如何观照和体验人生的"生活观""价值观"和"美学观"的意义。黑格尔说:"每个人都是一个整体,本身就是一个世界,每个人都是一个完满的、有生气的人,而不是某种孤立的性格特征的寓言式的抽象品"④。人是世界上最奇异的存在。人创

---

① 《列宁全集》第38卷,第149页。
② 同上书,第147页。
③ 《马克思恩格斯选集》第4卷,第239—240页。
④ 黑格尔:《美学》第1卷,朱光潜译,商务印书馆,1982年,第20页。

造了人自己,人创造了人的世界;人永远创造着自己,人永远创造着人的世界;人永远是未完成的存在,人的世界永远是未完成的存在。这是人的无限性,也是人的世界的无限性。创造既是永恒,又是无限。人在自己的创造活动中实现生命的永恒与无限。这是哲学的辩证智慧的无限观。

其四,常识的非批判性与哲学的批判性

常识的经验性、表象性和有限性,决定常识具有非批判的特性,即常识不具有自我批判、自我反思和自我超越的能力;与此相反,哲学的超验性、概念性和无限性,则决定哲学具有批判的特性,即哲学具有自我批判、自我反思和自我超越的能力。

依附于经验的常识,它是对经验事实的描述,而不是对经验事实的反省;它只是运用概念去描述经验事实,而不去反省描述经验事实的概念;它总是零散地、外在地、含混地表述"共同经验",而不是系统地、内在地、明确地陈述某种知识,因此,常识不具有自我批判的可批判性。

对此,当代科学哲学家瓦托夫斯基提出,"这种'常识性'知识是共同的,因为它是每个人都应该懂得的知识。因此,这是一批日常的、到处皆是的真理,几乎没有经过批判反思的推敲,因为它们是如此尽人皆知,并在我们的实际言行中处于牢固的地位"[①]。瓦托夫斯基还说,"这种常识性知识的特征就在于:它既不是明确地系统的,也不是明确地批判的,就是说,既没有把它的所有各个部分同所有其他部分联系起来,也没有自觉地企图把它当作一个首尾一贯的真理体系。但是,它有一种勉勉强强的整体性,是一种文化的共同财产,是有关每个人在日常生活的一般基本活动方面应当懂得的事情的一套可靠的指望"[②]。

常识的非批判性,在于它尚不具备可批判的条件。瓦托夫斯基提出,"可批判性的条件至少是,批判的对象必须是被明确表达出来的,是自觉反思的对象,而不再是不能言传的东西"[③]。因此,作为可以批判的知识,必须是以某种稳定的形式,使思想内容得到明确阐述的系统化的概念体系。显然,这样的系统化的概念体系,已不是依附于经验的常识,而是超越经验的理论。以概念体系形式构成的思想理论,才具备自我批判、自我反思和自我超越的条件。在人类把握世界的诸种基本方式中,科学和哲学是人类理论思

---

① M. W. 瓦托夫斯基:《科学思想的概念基础——科学哲学导论》,第 84 页。

② 同上书,第 85 页。

③ 同上书,第 89 页。

维的两种基本形式，也是以概念体系形式构成的思想理论的两种基本形式。

科学和哲学都具备可批判性。它们都产生于对常识的批判，并在对常识的批判和自我的批判中实现自身的发展。而哲学的发展，则特别地实现在对科学的前提批判和哲学的自我前提批判之中。

常识作为知识，它是从个体经验中积淀出来的"共同经验"。这种"共同经验"所具有的普遍性，只是经验的普遍性或普遍性的经验，而不是关于经验对象的普遍性原理。因此，常识的"共同经验"所具有的普遍性，只是经验共同体的世界图景、思维方式和日常活动模式，而不是关于这种世界图景、思维方式和活动模式的理论解释。最初的科学和哲学，就萌芽于寻求对"共同经验"的理论解释，寻求"共同经验"作为日常活动模式的根据。科学和哲学从其产生，就是作为批判和超越常识的"解释性原理"而出现的。科学和哲学在本质上是批判的。

在哲学的历史发展中，常识始终是哲学思想得以形成和发展的重要的批判对象。哲学总是不断地批判性地"澄清"常识，即各种各样的常识究竟表述的是什么？常识是以何种方式而构成自己的思想内容？常识所解释的和所相信的到底是什么？常识的世界图景是如何形成、又是怎样改变的？常识的思维方式到底是一种怎样的思维方式？常识的价值规范又是一种怎样的价值规范？人类思想如何超越常识而形成科学思想？科学与常识是何关系？常识与人类把握世界的其他方式——神话、宗教、艺术、伦理等——又是何关系？人类如何实现非常识的常识化？非常识的常识化在人类自身的发展中起着何种作用？如此等等。

在哲学与常识的关系中，常识始终是哲学批判、反思的对象。因此，哲学不是常识的"延伸"或"变形"，而是对常识的"超越"；哲学不是常识的另一种形式，而是关于常识的思想；哲学不是对常识的世界图景、思维方式和价值规范的"哲学"表述，而是对构成常识的世界图景、思维方式和价值规范的批判性反思。

第六节 常识哲学化与哲学常识化

从区分常识与哲学入手来理解哲学，并不是否定哲学的常识化，而是为了克服用常识去看待哲学的简单化倾向。常识的哲学化与哲学的常识化不是一回事情。

哲学的常识化，正如科学的常识化，是以哲学或科学去变革和更新常识。具体地说，主要是以哲学的或科学的世界图景、思维方式和价值规范去变革和更新常识的世界图景、思维方式和价值规范，也就是使哲学和科学成为人们普遍认同的和普遍遵循的常识。

这种非常识的常识化，是人类文明的实质性内容和时代性标志。在现代化的进程中，人的存在方式的变革和人的素质的提高，从其最具基础性和普遍性的内容和方式上看，就是非日常生活的日常化。这包括日常经验的科学化，日常消遣的文化化，日常交往的社会化，日常行为的法治化以及农村生活的城市化等方面。而从深层上看，非日常生活的日常化过程，则是人的世界图景、思维方式和价值规范的变革与重建的过程。这个过程就是现代化进程中的非常识的常识化。它主要包括艺术的常识化、科学的常识化和哲学的常识化。这种非常识的常识化，变革了人们的世界图景、思维方式和价值规范，也变革了人们的生活方式、审美情趣和终极关怀。因此，在现代社会中，非常识的常识化对于人和社会的现代化的同步发展，对于进而实现人自身的全面发展，具有最基础性的和最普遍性的规范、协调和支撑的重大历史作用。

然而，由于科学和哲学是常识的超越而不是常识的延伸和变形，特别是由于哲学思维的超验性、概念性、无限性和批判性，人们很难真正地从哲学层面去理解哲学以及哲学与常识的关系。恰恰相反，正因为人们总是在经验常识中生活，多数人总是局限于"日常活动的范围"而不去涉及"广阔的研究领域"，缺乏对哲学反思的必要的体验和思考，因而常常是从相反的方向去看待和对待哲学的常识化，即不是用哲学去"化"常识，而是用常识去"化"哲学，把"哲学常识化"变成了"常识哲学化"。

所谓"常识哲学化"，就是用经验常识去看待哲学，用经验常识去理解哲学，用经验常识去解释哲学，用经验常识去运用哲学，把哲学变成冠以某些"哲学"名词的常识。

把"哲学常识化"变成"常识哲学化"，即用常识去"化"哲学，而不是用哲学去"化"常识，这突出地表现在两个方面。其一，人们往往是站在"健全的常识"即"素朴实在论"的立场去看待哲学，而不是站在人类思想的特殊维度——反思的维度——去看待哲学，因而总是把哲学视为某种既定的"知识"（如具有最大普遍性的知识）。结果，这种常识化的哲学就失去了自己的超验特性、反思态度、批判精神和创新意识，因而也就失去了哲学的不可或缺和不可替代的独特的社会功能。其二，人们往往把哲学视为某些现成的"原理"或"结论"，以教条主义的态度去对待哲学，以贴标签的方式去"应用"哲学。结果，就不是以哲学的思维方式去变革常识的世界图景、思维方式和价值规范，而只不过是把某些哲学名词套用到常识的世界图景、思维方式和价值观念上。

"常识哲学化"与"哲学常识化"，其根本区别在于：哲学是常识的延伸和变形，还是对常识的批判和超越？如果以"延伸"和"变形"的观点去看待哲学与常识的关系，就必然导致"常识哲学化"，也就是用常识去"化"哲学；如果以"批判"和"超越"的观点去看待哲学与常识的关系，就必然实现"哲学常识化"，也就是用哲学去"化"常识。

哲学以超越常识的思维方式去建构哲学的世界图景和价值规范，为人们提供哲学层面的世界观和价值观，历史性地以哲学的思维方式及其世界观和价值观去批判地反思常识的思维方式及其所建构的世界图景和价值规范，并历史性地使哲学的思维方式及其世界观和价值观成为人们普遍认同的思想观念和行为准则。这就是哲学的常识化。

这种哲学的常识化，具体地表现在三个方面，即哲学的世界图景、思维方式和价值规范的常识化。

哲学世界图景的常识化，并不是为人们提供某种区别于常识的凝固的"世界图景"，而是把常识以及科学所提供的世界图景作为批判反思的对象，揭示构成这些世界图景的诸种前提，启发人们以历史的和辩证的态度去看待和理解这些世界图景，为人们寻求和形成新的可能的世界图景敞开自我批判和自我超越的空间。因此，在变革常识世界图景的过程中，哲学的常识化，就是反思态度、批判精神和创新意识的自觉化和普遍化，即人们普遍地、自觉地以历史的和辩证的态度去看待常识和科学所提供的世界图景，从而使科学世界图景的常识化处于生生不已的历史转换之中。

哲学思维方式的常识化，一方面是使哲学的反思态度、批判精神和创新意识自觉化和普遍化，另一方面则是把科学发现、科学发展所引起的人类思维方式的变革升华为时代的自我意识，促成人们以时代水平的思维方式去认识世界。以现代科学为基础的现代哲学，深刻地变革了以素朴实在论为代表的直观反映论的思维方式，变革了以机械决定论为代表的线性因果论的思维方式，变革了以抽象实体论为代表的本质还原论的思维方式。这不仅在哲学层面上有力地推进了现代科学思维方式的常识化，而且有力地推进了现代哲学思维方式的常识化。

哲学价值规范的常识化，也不是直接地提出和给予人们某种特殊的价值判断，而是把常识的和科学的价值判断作为反思的对象，批判地揭示隐含在这些价值判断中的诸种"前提"，即批判地揭示常识和科学做出这些价值判断的根据、标准和尺度，从而启发人们以批判的精神和开放的态度去对待自己的价值观念。哲学的价值态度的突出特征，是以理想的应然性和历史的大尺度，去观照和反思常识和科学所给予的现实的价值观念，从而使人们在理想与现实、历史的大尺度和小尺度之间保持"必要的张力"。也就是使人们以辩证智慧去对待价值问题。因此，哲学层面的价值观是历史的和辩证的价值观。在现代化的进程中，哲学价值观致力于寻求科学精神与人文精神、科学理性与价值理性、功利主义与理想主义的辩证统一。它引导人们自觉地超越绝对主义或相对主义的价值态度，不断地提升人们的人生境界。哲学价值规范的常识化，就是辩证的价值态度和人生境界的普遍自觉化。

应当指出，我们强调用哲学去"化"常识，从而实现"哲学的常识化"，这主要是从如何理解"哲学"的角度论述的，而不是否定常识的生活价值及其对哲学的意义。常识既是哲学反思的重要对象，又是防止哲学反思陷入脱离生活的幻觉之中的重要基础。学习和研究哲学，需要在批判地思考常识的过程中深化对哲学的理解。

《哲学通论·第二章 哲学与常识》 数字化教学支持资源

一、孙正聿老师视频精品课（五讲）（请扫码观看）

二、本章拓展资源（请扫码观看）
1.《恩格斯的"理论思维"的辩证法》
2.《恢复"爱智"本性的新世纪哲学》

本章思考题

1. 人类把握世界的基本方式与人类的世界图景、思维方式和价值规范是何关系？
2. 常识的本质特性是什么？如何评价常识的世界图景、思维方式和价值规范？
3. 哲学与常识的主要区别表现在哪些方面？
4. 怎样理解哲学不是常识的"延伸"和"变形"，而是对常识的"超越"？

第三章 哲学与科学

在人类把握世界的各种基本方式当中，哲学与科学的关系既是最密切的，又是最复杂的。从一定的意义上说，如何理解哲学，就是如何理解哲学与科学的关系。因此，在哲学的自我理解中，即在追问"哲学究竟是什么"的过程中，需要突出地、集中地探索哲学与科学的关系问题。

第一节 作为理论的科学和哲学

常识、科学和哲学，构成了人类把握世界的三个基本层次的概念框架。在这三个不同层次的概念框架中，概念获得了常识、科学与哲学的不同性质，并实现了常识概念、科学概念和哲学概念各自概念框架中的相互理解和自我理解。

在对常识、科学和哲学三者关系的理解中，首先必须明确的是，科学概念和哲学概念都不是常识概念的延伸或变形，而是对常识概念的超越。这种超越性主要表现在：常识具有经验性、表象性、有限性和非批判性等特征，科学和哲学则具有超验性、概念性、无限性和可批判性等特征；依附于经验的常识概念总是围绕着表象旋转，并以表象为转移，因而常识是以表象思维的方式去把握世界，与此相反，超越经验的科学概念和哲学概念则是表象围绕概念旋转，并以概念的方式创造表象（人所需要的世界图景），因而是以理论思维（概念思维）的方式去把握世界，而不是以表象思维的方式去把握世界。科学和哲学与常识的根本区别，就在于科学和哲学是理论思维（概念思维）的两种基本方式，而常识则是一种依附于经验的表象思维方式。正因如此，我们只有首先懂得科学和哲学的"理论"特征，才能深刻地理解科学和哲学不是常识的延伸或变形，而是对常识的超越。

作为"理论"的科学和哲学，它们都具有三重基本内涵。其一，它们都是由一系列的概念、范畴和原理构成的知识体系。这些知识体系既为人们提供了关于世界的相应的图景,又为人们解释这种世界图景提供了某种"原理"或"公理"。 其二,它们的知识体系中都蕴含着构成该种知识体系及其相应的世界图景的思维方式。 其三,作为知识体系和思维方式的科学和哲学,规范着人们的所思所想和所作所为,即规范着人们的价值评价和价值选择。 因此,简洁地说,科学和哲学的三重基本内涵,就是知识体系、思维方式和价值规范的统一。

正因为作为理论的科学和哲学具有知识体系、思维方式和价值规范的三重内涵,所以它们才能够在理论的层面上规范人们的思想和行为。 具体地说,作为理论的科学和哲学,以概念的逻辑体系规范着我们想什么和不想什么、怎么想和不怎么想、做什么和不做什么、怎么做和不怎么做,也就是以概念的逻辑体系规范着我们的思想内容和思维方式、行为内容和行为方式。在这个意义上,作为理论的科学和哲学,就是规范人们的思想和行为的概念逻辑体系。

作为理论的科学和哲学,具有巨大的社会功能。 具体地说,主要是解释性功能、规范性功能、批判性功能和理想性功能。

首先,理论作为一种知识体系,它具有解释世界的功能。 科学哲学家赖欣巴哈曾经说过,知识的本质是概括,概括的目的是解释。 所以我们通常理解的科学观认为,科学就是通过观察和实验形成单称命题,然后再通过归纳的作用,形成全称命题或者说理论名词,最后通过演绎的作用来做出预见和解释。 因此任何一种理论,作为一种知识体系,直接的都表现为一种解释的功能。

其次,任何一种理论都具有规范的功能,规范我们想什么和不想什么,怎么想和不怎么想,做什么和不做什么,怎么做和不怎么做,也就是规范着我们的思想和行为。 正因如此,我们从功能的角度把理论解释为"规范人们的思想和行为的各种概念体系"。

再次,理论的一个巨大的功能,还在于它能够启发我们批判地、反思地去看待问题。 学习理论不仅仅在于记住某些现成的结论,更重要的是通过理论的训练,使人们能够批判性地思考问题,发现人所未见的真知。 文学巨匠歌德曾经说过:"人们只是在知识很少的时候才有准确的知识,怀疑会随着知识一道增长。"学习理论,不仅仅要看到它的解释的功能,规范的功能,还必须看到它的批判的、反思的功能,能够通过学习理论重新去思考理论。

最后，任何一种理论都具有一种理想性的功能，引导性的功能。理论是对现实的概括和总结，理论同时又是对现实的超越和引导。在经验的水平上，世界总是一种表象的杂多性和经验的流变性，只有上升到理论的层面，才能达到一种本质性的、规律性的、普遍性的、必然性的认识，这就是对现实的一种超越。理论就是使不可能的东西变成可能的东西，所以理论总是具有一种理想性的功能。当代的解释学大师伽达默尔（Hons-georg Gardamer, 1900—2002）提出，理论就是实践的反义词，理论就是对实践的反驳，理论就是对实践的超越①。我们经常强调实践的现实性，但却很少谈到实践具有无限的指向性。我们通常给实践下定义说，实践是人们有目的的、能动地改造世界和探索世界的具有社会历史性的客观物质活动。这首先就在于实践活动具有意识性、目的性。而这种意识和目的毕竟不是单个人的想法，而是人类认识史的积淀。理论给我们提供了一种实践的自我超越的理想性和引导性的功能。我们经常说哲学是时代精神的精华，重要的是它塑造和引导了时代精神。我们强调理论建设，就是因为理论能够引导我们不断地实现人类实践活动的自我超越，并实现理论自身的自我超越。这才是理论的比较完整的功能。

理论不仅仅是解释世界，也不仅仅是规范着我们的行为，而且它又能够使我们达到一种思想和行为的自我反思和自我批判，它又能够达到我们思想和行为的自我超越，从而使我们达到一种更加理想化的境界。这是在具体地探讨哲学与科学的关系之前，应该形成的对于哲学和科学作为"理论"的基本认识。

第二节　理论思维的两种基本方式

科学和哲学是人类理论思维的两种基本方式。这句话具有两层含义：其一，它们作为理论思维，具有高度的相关性和复杂的相似性；其二，它们作为两种不同的理论思维方式，又表现为两个既相互对立又相互补充的思想维度。

从"历时态"的角度看，人类的理论思维起源于对幻化的神话思维方式的超越，并形成于对经验的常识思维方式的超越。科学思维和哲学思维是在

---

① 参见伽达默尔：《赞美理论——伽达默尔选集》，夏镇平译，上海三联书店，1988年，第21页。

超越神话思维方式和常识思维方式的过程中同步形成的。在相当长的时期内，科学还以未分化的形态而蕴含在哲学母体之中，"科学"和"哲学"这两个概念往往是内涵和外延均在模糊的意义上被使用，以至于人们常常在"哲学"的意义上使用"科学"这个概念，也在"科学"的意义上使用"哲学"这个概念。

人类理论思维形成的过程，首先是逻辑思维的形成过程，即形式逻辑的形成过程。这是因为，人的认识由幻化的思维方式和常识的思维方式进展为概念的思维方式，就是由对认识对象的经验式的直观把握，进展到对认识对象的超验的逻辑把握。思维的逻辑化，或者说思维的合乎逻辑，是理论思维即概念思维的首要前提。

思维的逻辑化，源于思维"解释"世界的需求。人类在认识和改造世界的活动中，不仅需要"表象"世界（在头脑中形成和再现世界的映象），而且需要"解释"世界（在头脑中形成关于世界的"共性""本质""必然""规律"的认识，并以此去说明世界上的各种各样的"个别""现象""偶然""变体"的存在）。这种"解释"的需求，必须具备下述基本条件，才能得以实现。其一，"类概念"的形成，即形成把握世界的不同程度、不同等级的"普遍概念"。古代哲学史表明，哲学思想（哲学思维）形成的标志，就是对"类概念"的探索。古希腊哲学中的柏拉图的"理念论"，正是表明了古代哲人在"类概念"上的困惑与求索。其二，思维规则的形成，即以形式化的方式确认思维运演（思维操作）的规则，保证思维过程的确定性和无矛盾性。古希腊哲学家亚里士多德关于演绎逻辑（主要是直言三段论）的探索，正表明了古代哲人对思维规则的认识。其三，概念内涵的反思，即对概念定义的追问和反省。这集中地体现了理论思维对常识思维的超越。在常识思维中，依附于经验表象的概念，只不过是指示某种经验对象的"名称"，因而无须追问概念的内涵；而在理论思维中，思维的逻辑却恰恰是概念内涵之间的关系。因此，作为理论思维的科学思维和哲学思维，都必须为概念下定义，反思概念的内涵。古希腊哲学家苏格拉底的"对话"的辩证法，正是以其自称为"催生术"的盘诘的方法，引导人们去追究概念的定义，并进而反思做出该种定义的根据。

古希腊时代的三位伟大哲人——苏格拉底、柏拉图和亚里士多德——都殚精竭虑地思考和追究思想的逻辑问题，这绝不是偶然的巧合。恰恰相反，这正是人类理论思维走向成熟的必经环节。科学思维和哲学思维作为理论思维的两种基本方式，都是运用概念的逻辑去把握世界、描述世界和解释世界，都试图为解释世界而提供某些"原理"或"公理"。正因如此，科学思维和哲学思维都具有"类概念"的困惑（感性与理性、经验与超验的矛盾），都具有"思维规则"的困惑（直觉与逻辑、内涵逻辑与外延逻辑的矛盾），都具有"概念定义"的困惑（意义的绝对性与相对性、人类性与时代性的矛盾），如此等等。正是这些"困惑"，推动着科学思维和哲学思维不断地超越经验的常识思维，使人类的理论思维获得历史性的进步。

从"历时态"的角度去看哲学与科学的关系，我们不仅应当看到哲学与科学的高度相关性和密切的相似性，还要看到哲学与科学的差别、分化和矛盾。

人们常常把哲学的发展史描述为如下的总体过程：古代哲学是一种包罗万象的"知识总汇"；近代哲学是一种企图凌驾于科学之上的"科学的科学"；现代哲学则表现为马克思主义哲学、科学主义思潮和人本主义思潮，并因而对科学有三种不同的关系。在对哲学发展史的总体过程的这种概括中，既表述了哲学在不同的历史时代与科学的不同的关系，也表述了同一时代的不同的哲学与科学的不同的关系。

应当看到，虽然后人把古代哲学称作包罗万象的"知识总汇"，即各种各样的知识都包容在"哲学"之中，但古代哲人却一直力图使"哲学"与非哲学的其他知识区别开来。把哲学视为"爱智"，而把其他学科的知识称为"智慧"，已经显示了哲学的特性。亚里士多德在关于知识的分类中，把"哲学"定义为"寻取最高原因的基本原理"的学术，更是明确地确认了哲学是全部知识的基础的基本理念。

哲学和科学的成熟过程，就是哲学和科学分化的过程，也就是科学从哲学母体中分化出来的过程。当科学尚在哲学母体的怀抱中，作为"知识总汇"的哲学必然是以"整个世界"为对象，因而哲学还不可能明确地提出和探讨自己的基本问题——思维和存在的关系问题。当科学成长起来，纷纷从哲学母体中独立出去，哲学被"驱逐"出自己的"世袭领地"的时候，它才能够把包括科学的认识成果在内的人类认识作为自己再思想、再认识的对象，从而明确地提出和探讨自己的基本问题——思维和存在的关系问题，试图为包括科学认识在内的全部人类认识提供理论根据，并因而具有"科学的科学"的性质。由于现代科学的迅猛发展及技术的广泛应用，日益深刻地变革了人与世界的相互关系，因而形成了对哲学与科学相互关系的现代多元理解。这种现代的多元理解，深刻地显示了哲学与科学之间的密切的相关性，也深刻地揭示了哲学与科学之间的复杂的矛盾性。

从"同时态"的角度看，作为理论的科学和哲学，都具有知识体系、思维方式和价值规范的三重内涵，都具有向上的兼容性、时代的容涵性和逻辑的展开性的三方面特征，都具有解释性、规范性、批判性和理想性的四种基本功能。科学和哲学的这些共同特点，表现了科学与哲学之间的高度的相关性和相似性。

那么，如何从"同时态"上来区分科学与哲学？概括地说，通常是以下述三种方式来解释科学与哲学的区别：一是区分二者的"对象"，二是剥离二者的"职能"，三是划清二者的"领地"。

所谓区分科学和哲学的"对象"，就是认为科学是以世界的各种不同的领域、不同的方面、不同的层次或不同的问题为对象，而哲学则以"整个世界"为对象。这是一种以"对象"的特殊性与普遍性的区分为出发点的思考方式。

所谓剥离二者的"职能"，就是认为科学提供关于世界的不同领域或不同方面的"特殊规律"，而哲学则提供关于整个世界的"普遍规律"。这仍然是一种以"职能"的特殊性与普遍性的区分为出发点的思考方式。

所谓划清二者的"领地"，就是在哲学不断地被"驱逐"出其"世袭领地"的背景下，试图为哲学寻找科学无力问津的"领域"或科学无力解决的"问题"。这是一种以申辩哲学的现代生存权利为出发点的思考方式。

从特殊性与普遍性的关系中区分科学与哲学的"对象"，以及在特殊性和普遍性的关系中剥离科学与哲学的"职能"，这是对科学与哲学相互关系的最普遍的思考方式。这种思考方式，表现出了长期以来存在的哲学知识论立场。由于这种知识论立场从根本上制约着人们对哲学与科学的相互关系的理解，并从而制约着人们对哲学的理解，因此，这里非常有必要对"哲学的知识论立场"做出理论层面的概括与分析。

哲学的知识论立场，就是把哲学视为具有最高的概括性（最大的普遍性）和最高的解释性（最大的普适性）的知识，并以知识分类表的层次来区分哲学与科学，从而把科学视为关于各种"特殊领域"的"特殊规律"的知识，而把哲学视为关于"整个世界"的"普遍规律"的知识。这样，哲学就成了具有最大的普遍性的科学，就成了全部科学的基础。

因此，在对哲学与科学相互关系的理解中，最重要的问题是：(1) 哲学是否是具有最大的普遍性和最大的普适性的知识？(2) 哲学与科学的关系是否是普遍性与特殊性的关系？(3) 哲学的发展方向是否是哲学的科学化？(4) 能否跳出哲学与科学的二元关系，在更为广阔的视野中去理解二者的关系，并从而重新理解哲学？

第三节 哲学对科学的反思关系

哲学和科学是人类理论思维的两种不同方式。它们之间的根本区别，在于它们分别地集中地表现着人类理论思维的两个基本维度，即科学集中地表现着思维和存在高度统一的维度，哲学则集中地表现着反思思维和存在关系的维度。因此，哲学对科学的关系，从根本上说，既不是普遍性对特殊性的关系，也不是一种特殊性对另一种特殊性的关系，而是以"思维和存在的关系问题"为中介所构成的哲学对科学的反思关系。

科学是人类的一种活动，是人类运用理论思维能力和理论思维方法去探索自然、社会和精神的奥秘，获得关于世界的规律性认识，并用以改造世界、造福人类的活动。科学活动的本质，是实现人类对世界的规律性把握，也就是实现"思维和存在"在规律层次上的统一。

科学集中地代表着人类理性的进步，在思维与存在的规律层面的统一中为人类提供科学的世界图景。科学不仅以各种首尾一贯、秩序井然的符号系统和概念框架去理解和解释经验世界，而且它自身表现为科学思维方式和科学概念系统的形成和确定、扩展和深化、更新和革命的过程。科学发展过程中所编织的科学概念和科学范畴之网，构成了愈来愈深刻的世界图景，也构成了人类认识世界的愈来愈坚实的"阶梯"和"支撑点"。这种愈来愈深刻的世界图景，愈来愈坚实的"阶梯"和"支撑点"，表明科学概念和科学范畴实现了思维和存在在规律层面上的高度统一。

现代科学的迅猛发展不仅深刻地变革了人们的世界图景和思维方式，而且深刻地变革了人们的价值规范和生活方式。科学在现代人类的社会生活中占有极其重要的地位，并发挥着其他任何文化形式难以匹敌的巨大作用。然而，无论科学如何发达，无论科学在社会生活和历史发展中占有怎样重要的地位和发挥怎样重要的作用，它作为人类把握世界的科学方式，总是致力于实现思维和存在的统一，而不是反思"思维和存在的关系问题"。这是科学与哲学作为人类理论思维的两种基本方式的根本区别。

科学作为人类的一种活动，是以理论思维去抽象、概括、描述和解释思维对象（存在）的运动规律，也就是在理论思维的层面上实现思维与存在的统一。在科学活动和科学理论中，蕴含着的最根本的问题，是如何实现思维与存在在规律层面上统一的问题，而不是追究诸如"思维能否表述存在""思维表述的存在是否是自在的存在""思想的客观性如何检验""概念的运动怎样反映事物运动的本质""思维主体的知情意如何在反映存在的过程中实现统一""科学的发展如何变革人的思维方式"等等"思维和存在的关系问题"。科学活动及其科学理论，是把"思维和存在"的"统一性"当作"理论思维的不自觉的和无条件的前提"①，而去探索和表达自然的规律、社会的规律和思维的规律。

与科学活动不同，人类的哲学活动是反思"思维和存在的关系问题"，也就是把"思维和存在的关系"作为"问题"进行"反思"。在哲学的"反思"中，人类的科学活动及其理论成果成为被反思的对象。这就是哲学对科学的"反思"关系。

需要指出的是，如果科学活动的主体——科学家——也去"反思"作为"理论思维的不自觉的和无条件的前提"的"思维和存在的关系问题"，那么，他就是超越了科学的研究活动而进入了哲学的反思活动。科学活动中的这种"超越"性的活动，不仅是时常出现的，而且是极其重要的。科学家在科学研究活动中，总要"超越"关于经验对象的思考，而深究"思维和存在的关系问题"，从而"超越"既定的科学理论，做出新的科学发现或提供新的科学理论。这就是说，科学家的科学活动及其科学成果，是实现"思维和存在"的统一，而不是反思"思维和存在的关系问题"；科学家在科学活动中把"思维和存在的关系问题"作为对象来思考，这意味着他超越了科学活动而进入了哲学反思。科学与哲学、科学的认知活动与哲学的反思活动，是人类理论思维的两种不同的基本方式，是人类思想的两个不同的基本维度，它们在人类的思想活动中是对立的统一。

究竟如何理解哲学与科学的"对立的统一"，这一向是、并且现在仍然是哲学界探讨的重大问题。这个问题的症结在于：作为人类理论思维两种基本方式的科学和哲学，它们的研究对象既要具有内在的一致性，又要具有确

---

① 参见《马克思恩格斯选集》第3卷，第564页。

定的区别性;那么,这个既是同中之异、又是异中之同的对象到底是什么?

古代哲学认为这个共同对象就是"世界本身":作为最高智慧的哲学探究世界的本原、原理和最高原因,作为一般智慧的其他学术则是探讨和解释世界的各种具体现象;近代哲学认为这个共同对象就是"人类意识":哲学提供作为绝对真理的全部知识基础的意识原理,其他各门科学则是运用这个意识原理去探讨人们意识到了的存在;依据马克思主义哲学关于哲学基本问题的论述,我们认为,哲学和科学的共同对象就是"思维和存在的关系":科学致力于在规律的层面上实现"思维和存在"的统一,为人类提供科学的世界图景、思维方式和价值规范,哲学则把"思维和存在的关系"作为"问题"而进行"反思",从而使作为人类活动及其成果的"科学"成为哲学反思的对象。

按照这种理解,哲学与科学的关系就不是普遍性与特殊性的关系,就不能以"区分对象""剥离职能"和"划清领地"的方式去区分哲学与科学,就不能简单地以"提升""引进"和"更新"等方式去进行对科学成果的"概括和总结",就不能把哲学视为具有最大普遍性和最大普适性的"科学"。哲学不是科学的延伸或变形,而是对科学的反思,也就是对科学的超越。

哲学与科学的内在联系在于,实现"思维和存在"的统一与反思"思维和存在的关系",具有既相互区别、又相互联系的性质,而不是因为存在着研究对象的普遍性与特殊性的关系。人们都知道,自然、社会和思维的矛盾运动都可以用数学模型来表述,哲学界普遍关注的系统论、控制论、信息论、协同学、突变论、耗散结构论、自组织理论等等,在某种意义上都是以"整个世界"为对象;与此相反,自然辩证法、认识辩证法、思维辩证法、历史辩证法和美学等等,更不用说数学哲学、天文哲学、经济哲学、管理哲学、法哲学等等,在某种意义上都是以"特殊领域"为对象。那么,为什么前者属于"科学",而后者却属于"哲学"?这就是因为,前者所提出和探索的问题,是关于研究对象的运动规律的问题,也就是实现研究成果中的"思维和存在"在规律层面上的统一,而不是追究研究活动及其研究成果中的"理论思维的不自觉的和无条件的前提"——"思维和存在的关系问题";与此相反,后者则专门反思各种思想活动及其思想成果中的"理论思维的不自觉的和无条件的前提"——"思维和存在的关系问题",而不是具体地研究各种"存在"的运动规律。这表明,在哲学与科学之间,存在着一条"逻辑的鸿沟":科学的逻辑是实现"思维和存在"的统一的逻辑,哲学的逻辑是反思"思维和存在的关系"的逻辑。哲学的逻辑使科学的逻辑成为哲学反思的对象。在哲学的反思中，实现了哲学与科学的逻辑沟通。

第四节　反思科学活动的基础

人类的科学活动，从根本上说，是以思维的规律去描述和解释存在的规律，也就是实现思维和存在规律层面上的统一。人类科学活动的进步与发展，则在于思维以愈来愈丰富的认识成分、认识方式、认识环节、认识中介去拓展和深化对存在规律的把握。因此，隐含在全部科学活动中的根本性的、基础性的问题就是"思维和存在的关系问题"。具体地说，科学活动中的思维和存在的关系问题，又体现为主体与客体的关系问题、观察与理论的问题、逻辑与直觉的问题、真理与价值的问题、理解与解释的问题等等。哲学对科学的反思，首先就是对以思维和存在关系问题为实质内容的科学活动的基础性问题的反思。

科学活动是以思维的规律去把握和描述存在的规律，从而形成关于经验对象的"普遍必然性"的知识。那么，思维的规律与存在的规律是何关系？它们是服从各自不同的规律，还是服从一个共同的规律？思维的规律如何把握存在的规律？思维所描述的存在规律是否就是存在本身的规律？如此等等关于思维规律与存在规律的关系问题，德国古典哲学的奠基人康德和集大成者黑格尔曾进行过深入的探讨，马克思主义哲学的创始人马克思和恩格斯则作出了深刻的概括和总结。这些深沉而睿智的哲学反思，需要我们在哲学史的学习中进行具体的研讨。

科学活动所要形成的不是关于对象的经验表象的知识，而是关于对象的"普遍必然性"的知识。那么，这种能够解释和预见对象的"普遍必然性"的知识是如何形成的。人们在常识的科学观中认为，科学活动的程序是：首先用仔细的观察和实验收集事实，以形成观察名词或单称命题；然后以归纳推理的方式，把观察名词和单称命题上升为理论名词和全称命题；这种理论名词和全称命题作为关于经验对象和实验对象的普遍原理，经过演绎推理，对相应的经验对象做出理论解释，或对某种未知的经验对象做出理论预见。

在这种常识的科学观中，隐含着下述的基本认识：其一，科学始于观察；其二，观察与理论无涉；其三，归纳合理地形成普遍原理。在这些基本认识中，蕴含着作为科学活动基础的观察与理论、逻辑与直觉等哲学问题。

长期以来，人们总是非历史地看待人以及人的认识活动，因而总是把人的认识活动中的"观察"与"理论"割裂开来，认为先有观察、后有理论。毫无疑问，从人类的认识的形成过程上看，理论只能是经验的总结和升华。但是，作为现实的人，特别是作为科学活动的主体即科学家，却总是历史文化的存在。马克思认为，"人的存在是有机生命所经历的前一个过程的结果。只是在这个过程的一定阶段上，人才成为人。但是一旦人已经存在，人，作为人类历史的经常前提，也是人类历史的经常的产物和结果，而人只有作为自己本身的产物和结果才成为前提"①。在这里，马克思极为深刻地阐发了人作为历史的"前提"与"结果"的辩证关系，也启发我们以历史的观点去看待"观察"与"理论"的辩证关系。

在人的认识活动中，特别是在人的科学认识活动中，作为认识主体的人，并不是以空白的头脑去认识，恰恰相反，认识的主体只能是以自己已经占有的知识和理论去认识。从认识论上说，人的认识不是成立于"对象"与"映象"的二项关系中，而是成立于以"认识活动"为中介的"对象"和"映象"的三项关系中。作为"对象"与"映象"的中介，"认识活动"不仅包括认识主体的感觉、知觉和表象，而且包括认识主体的概念、判断和推理。而认识主体的概念、判断和推理，并非仅仅是认识的"理性形式"，而且是认识的"理论内容"。认识主体以自己的认识活动为中介去形成关于"对象"的"映象"（包括表象映象和思想映象），因此，在"观察"中不可避免地渗透了"理论"。

观察渗透理论，观察才具有科学意义。人们的科学观察，是有目的的观察，是为了解决某个（或某种）问题而进行的观察。在这个意义上，也可以说是"科学始于问题"。这里的"问题"，就是认识主体以理论为背景对经验客体的新的求索。因此，"科学始于问题"，也可以说是"科学始于理论"。与此相反，如果观察不渗透某种相应的理论，不仅观察的过程无法进行，观察的结果无法得出，甚至连观察对象都不存在。客观事物本身是"客观存在的"，但是，它能够成为"观察的对象"，却是同认识主体密不可分的。例如，一张X光胸透片或一张心电图，它们本身是"客观的存在"，但是，对于一个没有相应的医学知识的人来说，它们却无法构成"观察的对象"。同样，对于没有相应的物理的或化学的或生物的或天文的知识的人来

---

① 《马克思恩格斯全集》第26卷，第545页。

说，虽然某种（某些）物理的或化学的或生物的或天文的事物存在着，却同样无法构成这些没有相应知识的人的"观察的对象"。黑格尔曾尖锐地提出，如果一个人没有相应的概念，经验的对象就是"有之非有""存在着的无"——它存在着，但对没有相应知识的人来说却是"无"。我们在生活中随时都会感到：对于音盲来说，贝多芬并不存在；对于画盲来说，毕加索并不存在；对于科盲来说，爱因斯坦并不存在；对于只读明星轶闻、桃色事件、暴力凶杀的"文盲"来说，孔子与鲁迅，苏格拉底和黑格尔，莎士比亚和托尔斯泰都不存在。这正如马克思所说，"只有音乐才能激起人的音乐感；对于不辨音律的耳朵说来，最美的音乐也毫无意义，音乐对它说来不是对象"①。

观察渗透理论，这意味着没有"中性"的观察。人们通常总是认为，观察是中性的，甚至提出"在进入实验室之前，先把头脑中的偏见像脱掉大衣一样留在走廊里"。然而，这是根本不可能的。人们总是以既有的知识和理论去观察认识的对象，并在理论与观察的矛盾中去修正、更新和发展理论。理论是观察主体的观察活动得以进行的必要的前提条件。

在相当长的时期内，人们总是把认识的主体与"理论"和"现实"割裂开来，以下述的方式去看待和解释"主体"与"理论"和"现实"的关系："理论"是与认识"主体"无关的"客观真理"，"现实"也是与认识"主体"无关的"客观存在"，而认识的"主体"则成了"一无所有"的"感性存在"；只有当"主体"进行认识活动的时候，才一方面以空白的头脑去观察与主体无关的"客观存在"的"现实"，而另一方面又去寻找同样与主体无关的作为"客观真理"的"理论"；如果主体既能不受任何"偏见"的污染而以"白板"一样的头脑去反映"客观存在"的"现实"，又能找到某种绝对正确的作为"客观真理"的"理论"去解释"现实"，那么，主体就实现了理论与现实的统一，就获得了科学的认识成果。

这样的理解，首先是把"主体"当作了超历史的、抽象的存在，而没有理解任何时代的认识"主体"都是历史文化的存在；其次是把"理论"同"主体"割裂开来，似乎认识的主体能够没有任何"理论"而进行认识活动，似乎"理论"能够不通过主体的解释而去解释现实；再次是把"现实"同"主体"割裂开来，似乎"现实"对于任何认识者来说都是现成的、既定的认识对象，似乎认识者在无须任何"理论"的前提下都可以把任何"现

---

① 马克思：《1844年经济学哲学手稿》，人民出版社1979年，第79页。

实"作为认识的对象。

这表明,在对"观察"和"理论"的理解中,隐含着一对更深刻也是更重要的矛盾关系——主体与客体的关系。

在最一般的意义上,人们可以说,人是认识活动和实践活动的主体,而被人认识和被人改造的对象就是客体。然而,对上面的说法稍加分析,我们就会发现:虽然"主体"和"客体"是"感性存在"的"人"和"感性存在"的"事物",但是,"感性存在"的"人"和"感性存在"的"事物",却并不就是"主体"和"客体"。这是因为,"人"与"事物"只有在人的认识活动和实践活动中,才能构成"主体"与"客体"的"关系"。这就是说:"主体"与"客体",是一对密不可分的"关系"性的存在。

马克思和恩格斯曾经极为深刻地指出:"凡是有某种关系存在的地方,这种关系都是为我而存在的;动物不对什么东西发生'关系',而且根本没有'关系';对于动物说来,它对他物的关系不是作为关系而存在的。"①"关系"的存在是客观的、普遍的,因为整个的世界就处于普遍的联系和永恒的发展之中。但是,要使"关系"作为"关系"而存在,就必须以"我"的存在为前提,就必须构成主体与客体的关系。纯粹无"我"的事物之间的"关系",包括动物之间、动物与他物之间的"关系",既不存在作为"我"的"主体",也不存在作为"对象"的"客体",因而"不是作为关系而存在的"。

在以"我"的存在为前提的主体与客体的关系中,"主体"并不是生物学意义上的"人"的存在(这种生物学意义上的"人"与动物并无差别,因而它对他物的关系也不是作为关系而存在的),而是社会的、历史的、文化的存在,即马克思所说的作为历史的"结果"的存在;同样,在以"我"的存在为前提的主体与客体的关系中,"客体"也不是与"主体"无关的自在的事物的存在(这种与主体无关的自在的事物并没有成为主体的对象),而是被主体认识和改造的对象性事物的存在。

在这种现实的主体与客体的关系中,主体作为历史文化的存在,不仅具有"理论",而且占有"现实"(现实作为客体是主体的对象);在这种现实的主体与客体的关系中,客体是主体认识和改造的对象,它被怎样理解和解释、它被怎样改造和利用,与主体所占有的理论以及主体对理论的理解密切

---

① 《马克思恩格斯选集》第1卷,第35页。

相关。

现代哲学以现代科学为基础，深刻地提出"观察渗透理论""观察负载理论""观察被理论'污染'""没有中性的观察"等等关于科学活动基础内在矛盾的认识。这些认识不仅有助于深化对科学的理解，而且有助于在更一般的意义上对人类的认识活动乃至整个人类活动的认识。

在理解主体与客体的对立统一关系的基础上，我们就会比较容易地理解蕴含在科学活动基础中的逻辑与直觉、真理与价值、理解与解释等矛盾关系。

反思科学活动基础中的诸种矛盾，会使我们感受到"思维和存在"之间的极其复杂的矛盾关系，会使我们懂得哲学反思科学的极其丰富的理论内容和极为重要的理论意义，当然也会使我们更为深入地理解科学，创造性地进行科学研究活动。

第五节　反思科学研究的成果

哲学对科学的反思，最为直接的是对科学研究成果的反思。在这种反思中，哲学不断深入地揭示了蕴含在科学成果之中的思维和存在的丰富的矛盾关系，不断深刻地展现了蕴含在科学成果之中的思维与存在所服从的同一规律，不断深刻地阐发了蕴含在科学成果之中的各种新的认识成分的哲学意义。

然而，在对哲学与科学相互关系的通常解释中，却总是从普遍性与特殊性的关系出发，把哲学对科学研究成果的关系，视为"概括"和"总结"的关系，即从科学成果（新概念、新范畴、新原理等等）中"提炼""升华"出某些具有"三界"（自然、社会和思维）普适性的概念、范畴或原理，使之成为哲学的新的理论内容，而不是把哲学对科学成果的关系理解为哲学对科学成果的反思。这是需要认真研究和重新思考的重要问题。

哲学对科学成果的反思，并不是一般地把科学成果作为再认识、再思想的对象。在科学研究的过程中，科学研究的主体也总是把已有的科学成果作为再思想、再认识的对象，揭露已有的科学成果与新的经验事实之间的矛盾，以及科学成果自身内在的矛盾，从而推进科学的发展。哲学对科学成果的反思，是从哲学层面向科学研究成果提出问题。这种哲学层面的问题包括：在科学成果中蕴含着怎样的研究方法、概念框架、解释原则和价值观念？ 它从何种角度推进了哲学对思维与存在、人与世界相互关系的理解？ 它怎样变革了人类的世界图景、思维方式和价值观念？ 它表达着怎样的时代精神？ 它要求哲学塑造和引导什么样的时代精神？ 哲学如何以这种时代的科学精神去重构自己的范畴体系以实现自身的发展？

这种对科学成果的哲学反思，不仅意味着哲学对科学的超越，即把科学成果转化为哲学理论，而且意味着哲学的自我超越，即随着科学的发展而变革哲学自身。 恩格斯说，"随着自然科学领域中每一个划时代的发现，唯物主义也必然要改变自己的形式；而自从历史也被唯物主义地解释时候起，一条新的发展道路也在这里开辟出来了"①。 我们应该从超越科学和哲学自我超越的双重意义上，去理解哲学对科学研究成果的反思。

哲学对科学研究成果的反思，具有特别重大意义的是对划时代的科学发现的反思。 科学史表明，科学的发展总是表现为科学发展的不平衡性，某种科学理论的划时代发现，总是突出了人类用以理解和把握世界的某种认识成分。 它的璀璨夺目的光芒，使得其他的认识成分（部分、方面、环节）在特定的时期内相形见绌、黯然失色。 由此而引发的连锁反应是：首先，吸引各门科学都试图运用这种认识成分（或认识方式和认识方法）来研究自己的对象；其次，哲学家们也试图以这种被科学家普遍运用的认识成分去重构关于理论思维前提的哲学理论；最后，由于哲学的世界观层次的理论总结而变革人们的思维方式和价值观念，使整个人类对人与世界相互关系的理解发生重大改变。

哲学对科学成果的反思，特别是对划时代的科学发现的反思，重要的是反思科学成果及其所提供的崭新的认识成分对哲学可能引起的正负两种效应：一方面，由于哲学从思维与存在的关系问题去反思科学成果，揭示和阐发它所蕴含的变革人类的思维方式和价值观念的哲学意义，从而实现哲学对科学的超越和哲学的自我超越；另一方面，如果哲学未加反思地、片面地夸大科学成果所提供的认识成分，并从这个被夸大了的认识成分出发去构筑某种具有极端倾向的哲学理论体系，而一旦"把认识的某一特征、方面、部分片面地、夸大地……发展（膨胀、扩大）为脱离了物质，脱离了自然的、神化了的绝对"，这种哲学就成为唯心主义哲学②。 后一种情况在哲学史上和

---

① 《马克思恩格斯选集》第 4 卷，第 224 页。
② 参见《列宁全集》第 38 卷，第 411 页。

在当代哲学中都是屡见不鲜的。因此，在对科学成果的哲学概括中，必须坚持以唯物主义为基础的反思原则，既要敏锐、切实、深刻地从科学成果中概括出其蕴含的变革人的思维方式和价值观念的哲学理论内容，又要辩证地对待科学成果及其所提供的认识成分，防止简单地予以"提升""引进"和"更新"。

要从哲学层面深刻地反思和辩证地对待科学成果及其所提供的认识成分，一个重要的前提是，建设马克思主义哲学的概念发展体系，为把现代科学成果转化为哲学理论提供坚实的哲学范畴之网。每个时代的科学理论，包括现代科学理论，就其直接的哲学意义而言，都是提供了思维与存在统一的新的认识成分。对科学成果的哲学概括，实质上是把科学成果所提供的认识成分转化为哲学所揭示的较科学认识更深层次的思维与存在统一的具体环节。因此，已有的哲学概念框架直接地制约着对科学成果的反思和概括。作为合理形式的马克思主义哲学概念发展体系，它是以唯物论为基础，辩证法、认识论和逻辑学相统一，从抽象到具体地展现思维向客体接近的哲学范畴之网。它用这个内容极其丰富的、历史地扩展和深化的范畴之网，展现人类已经形成的认识系统、思维方式和价值观念的辩证联系和辩证发展，从而为概括新的科学成果、吸收新的认识成分、提炼新的认识方法、形成新的哲学范畴提供一个坚实的哲学概念框架。这样，通过反思新的科学成果所形成的表征时代思维水平的方法论内容及其哲学概括，在这个辩证联系和辩证发展的范畴之网上就不是以一个被片面夸大了的认识成分存在，而是表现为思维与存在相统一的具体环节。这样概括的结果，又会引起原有哲学概念框架的变革，从而形成哲学理论的自我超越。

科学作为人类在其前进的发展中所获得的认识成果，它不是某种与人类的其他活动以及人类的整个文明程度无关的独立自在的实体。因此，任何科学理论成果都内涵着两个对哲学概括来说至关重要的因素：其一，科学是人类整个文明程度的结晶，它与人类把握世界的其他各种方式（诸如常识的、经验的、神话的、宗教的、艺术的、伦理的、哲学的等方式）是相互制约和相互渗透的；其二，在科学理论的深层结构中，蕴含着种种经验的、幻想的、逻辑的、直觉的、价值的、审美的、信仰的前提，其中最重要的是哲学的本体论承诺。

在哲学与科学、艺术、宗教、常识等等的多向关系中，哲学对科学成果的超越和反思，最根本的，就是哲学必须超越自身对科学的单向依赖关系，而以哲学对人类把握世界诸种方式及其成果的批判性综合去反思科学成果，揭示科学成果所蕴含的认识论前提和价值论前提，阐发这些前提所要求的新的思维方式和价值观念。

对哲学来说，包括科学和哲学在内的人类把握世界各种方式及其历史成果，从来都不是现成接受的对象。它反对人们在思想观念中和现实行为中采取非批判的传统性态度。哲学对科学的理解，是把科学关于世界的理解作为批判反思的对象，通过考察人类把握世界诸种方式相互制约和相互渗透的总体效应，探索这些方式彼此融合和彼此过渡的总体机制，反省这些方式把握世界的总体结果和时代内容来实现的。在这种批判性的考察、探索和反省的过程中，哲学就可以概括出科学成果中所蕴含的对人与世界相互关系的新的研究方法、解释原则和价值观念，展现自己时代所达到的对真善美的理解，从而为人类提供时代水平的世界观理论。

哲学对科学的超越和反思，需要有坚实的基础。在论述马克思主义哲学的发展道路时，恩格斯指出，这条道路就是"沿着实证科学"和"利用辩证思维"概括科学成果的途径去追求可以达到的相对真理①。这里，恩格斯对科学成果的哲学概括做出了缺一不可的两方面的重要提示：一是只能"沿着实证科学"即从科学实际出发去概括科学成果；二是必须"利用辩证法思维"即运用"通晓思维的历史和成就"的理论思维去概括科学成果。

哲学家用以概括科学成果的辩证思维不是抽象空洞和玄虚莫测的，而是"建立在通晓思维的历史和成就的基础上的理论思维"。要掌握和运用这种辩证思维，就必须"学习以往的哲学"，钻研思维和科学的历史。列宁提出，"要继承黑格尔和马克思的事业，就应当辩证地研究人类思想、科学和技术的历史"，并具体地列举了构成认识论和辩证法的七个知识领域②。

人类的科学发展史是科学思维方法和科学概念系统的形成和确定、扩展和深化、更新和革命的历史，科学理论所编织的概念、范畴之网，构成人类"认识世界的过程中的小阶段，是帮助我们认识和掌握自然现象之网的网上纽结"，为人类提供"活生生的、多方面的（方面的数目永远增加着的）认识，其中包含着无数的各式各样观察现实、接近现实的成分（包含着从每个成分发展成的整个哲学体系）……"③。对此一些科学家和哲学家也提出，

---

① 参见《马克思恩格斯选集》第4卷，第215—216页。
② 参见《列宁全集》第38卷，第154页，第399页。
③ 同上书，第90页，第411页。

科学的发展"代表着一条抽象思维能力迅速进步的指示线。它已导致具有最高完善性的纯粹理论结构,……它已把人类的思想训练到能够理解以前几世纪中有教养的人所不能理解的逻辑关系"①;"物理学的历史不仅是一串实验发现和观测,再继之以它们的数学描述序列,它也是一个概念的历史"②。每门科学都表现为内容愈来愈丰富、逻辑愈来愈严谨的概念发展体系。这些概念发展体系凝聚着人类关于世界的规律性认识,积淀着思维向客体接近的规律和方法,蕴含着人类思维方式的变革和价值观念的更新。因此,以总结科学史为重要内容的辩证思维方式绝不是空洞抽象的,而是切实具体的。

总结科学史并不是辩证思维方式的唯一来源,人类把握世界的各种方式及其历史成果都为辩证思维方式的形成和发展提供丰富的理论内容,而哲学自身的发展史则是辩证思维方式的最重要最直接的生长点。

利用辩证思维概括科学成果,还需要自觉地培养捕捉和表达时代的科学精神的想象力、洞察力和创造力。对科学成果的哲学概括,并不是寻求科学理论提供了哪些新的、具有"普适性"的范畴和原理,而是寻找时代的"科学精神",以哲学的批判性反思去阐发这种"科学精神"所要求的思维方式的变革和价值观念的更新。这就要求哲学的超越和反思具有深沉的历史感和敏锐的洞察力,站在比科学更广阔的背景下和更基本的原则上去理解自己时代的科学精神,比科学已经获得的成果走得更远些(概括它所蕴含的新的时代精神),促进科学的发展,并塑造和引导新的时代精神。

第六节 反思科学发展的逻辑

科学活动是以思维的规律去描述和解释存在的规律,也就是在规律的层面上实现思维和存在的统一;科学的发展史是人类以思维的规律不断地扩展和深化认识存在规律的历史,也就是在规律的层面上扩展与深化思维和存在统一的历史。科学的发展史最集中、最深刻地体现了人类认识的发展史,因此,反思科学发展的逻辑,就是对人类认识史的深刻反思。当代著名科学哲学家卡尔·波普(Karl Popper,1902—1994)说,"认识论的中心问题一直是也仍然是知识的增长问题。而研究知识的增长最好莫过于研究科学知识的增

---

① 赖欣巴哈:《科学哲学的兴起》,伯尼译,商务印书馆,1983年,第96页。
② 参见《现代物理学参考资料》第3卷中海森堡著作,第9页。

长"①。因此,哲学对科学的反思的一个重要内容,是反思科学发展的逻辑。

关于对科学发展的逻辑的哲学反思,恩格斯曾从许多方面做出深刻的论述。这其中主要包括:(1)反思科学发展的逻辑的哲学意义;(2)辩证思维与现代科学的关系;(3)科学史与哲学史、科学家与哲学家的关系;(4)科学发展的逻辑与哲学的理论形态的关系;(5)科学和哲学的基础;等等。

恩格斯认为,"每一时代的理论思维,从而我们时代的理论思维,都是一种历史的产物,在不同的时代具有非常不同的形式,并因而具有非常不同的内容"②。科学和哲学作为理论思维的两种基本方式,每个时代的理论思维的内容与形式,首先是由该时代的科学和哲学状况所决定的。在科学与哲学的相互关系中,不仅是科学状况制约着哲学状况,而且哲学状况也制约着科学状况。恩格斯说,当"经验自然科学积累了如此庞大数量的实证的知识材料,以致在每一个研究领域中有系统地和依据材料的内在联系把这些材料加以整理的必要,就简直成为无可避免的。建立各个知识领域互相间的正确联系,也同样成为无可避免的。因此,自然科学便走进了理论的领域,而在这里经验的方法就不中用了,在这里只有理论思维才能有所帮助"③。针对当时自然科学的状况和理论思维的状况,恩格斯强调地指出,"恰好辩证法对今天的自然科学来说是最重要的思维形式,因为只有它才能为自然界中所发生的发展过程,为自然界中的普遍联系,为从一个研究领域到另一个研究领域的过渡提供类比,并从而提供说明方法"④。

科学在自身的发展过程中,特别是在具有划时代意义的历史转折中,总会提出重大的哲学问题,总是需要对科学本身做出哲学解释。然而,在许多情况下,"自然科学家相信,他们只有忽视哲学或侮辱哲学,才能从哲学的束缚中解放出来。但是,因为他们离开了思维便不能前进一步,而且要思维就必须有逻辑范畴,而这些范畴是他们盲目地从那些被早已过时的哲学的残余所统治着的所谓有教养者的一般意识中取来的……所以他们实质作了哲学的奴隶,遗憾的是大多数作了最坏的哲学的奴隶,而那些侮辱哲学最厉害的恰好是最坏哲学的最坏、最庸俗的残余的奴隶"⑤。所以,恩格斯做出这样

---

① 波普:《科学知识进化论》,纪树立编译,生活·读书·新知三联书店,1987年,第5页。
②③ 《马克思恩格斯选集》第3卷,第465页。
④ 同上书,第466页。
⑤ 同上书,第533页。

的结论:"不管自然科学家采取什么样的态度,他们还是得受哲学的支配。问题只在于:他们是愿意受某种坏的时髦哲学的支配,还是愿意受一种建立在通晓思维的历史和成就的基础上的理论思维的支配。"①

自然科学家之所以必须选择某种哲学,是因为"如果理论家在自然科学领域中是半通,那么今天的自然科学家在理论领域中,在直到现在被称为哲学的领域中,事实上也同样是半通"②。对于包括科学家在内的每个人来说,"理论思维仅仅是一种天赋的能力。这种能力必须加以发展和锻炼,而为了进行这种锻炼,除了学习以往的哲学,直到现在还没有别的手段"③。然而,正是由于对哲学史的不熟悉,所以"在哲学中几百年前就已经提出了的、早已在哲学上被废弃了的命题,常常在研究理论的自然科学家那里作为全新的智慧出现,而且在一个时候甚至成为时髦的东西"④。总结科学的发展史,我们会深切地懂得哲学在科学发展和人类进步中的巨大作用。

恩格斯以总结科学史和哲学史为背景,不仅深刻地阐述了哲学与科学的相互关系,哲学在科学发展中的作用,而且特别深刻地揭示了科学和哲学发展的共同基础。恩格斯提出,"自然科学和哲学一样,直到今天还完全忽视了人的活动对他的思维的影响;它们一个只知道自然界,另一个又只知道思想。但是,人的思维的最本质和最切近的基础,正是人所引起的自然界的变化,而不单独是自然界本身;人的智力是按照人如何学会改变自然界而发展的"⑤。从人的社会实践及其历史发展出发去反思科学和哲学以及它们的发展史,这应当是我们坚持的正确的研究方向。

在现代哲学中,科学发展的逻辑得到了特殊的关注。当代著名科学哲学家卡尔·波普不仅提出当代认识论的主要任务是研究"科学知识的增长",而且对"科学知识的增长"做出了独到的哲学解释。他提出,"人们尽可以把科学的历史看作发现理论、摒弃错了的理论并以更好的理论取而代之的历史",并认为"任何科学理论都是试探性的,暂时的,猜测的:都是试探性假说,而且永远都是这样的试探性假说"⑥。

正是依据对科学理论及其发展逻辑的这种理解,波普提出了产生广泛影

---

① 《马克思恩格斯选集》第 3 卷,第 533 页。
②③ 同上书,第 465 页。
④ 同上书,第 466 页。
⑤ 同上书,第 551 页。
⑥ 波普:《科学知识进化论》,中文版序。

响的"$P_1 \to TT \to EE \to P_2 \cdots\cdots$"的科学增长模式。这里的 P_1 表示所提出的问题,TT 表示关于问题的试探性理论即"猜测"或"假说",EE 表示对试探性理论的检验,P_2 则表示提出新的问题。按照波普的科学增长模式,首先是"科学始于问题",其次是"提出大胆的理论作为尝试性解决",再次是"竭尽全力去批判这个理论",最后则是"提出更加深刻的问题"。应当说,在波普的这个科学知识增长模式中,不仅可以体会到"问题意识"的极端重要性,"激活知识"和提出"尝试性理论"的重要性,而且可以体会到科学研究中的创新意识和批判精神的重要性。波普的科学知识增长模式本身是值得商榷的,但这个模式所蕴含的哲学批判精神是值得肯定的。

如果说卡尔·波普的科学增长模式的哲学批判精神是值得肯定的,那么,当代美国著名科学哲学家托马斯·库恩(Thomas Samual Kuhn, 1922—1996)的"科学范式"理论则是更具启发性的。他提出,科学发展的逻辑,就是"科学范式"的形成、确定、危机、变革和更新的过程。与此相对应,他把对科学的发展过程做出如下的描述:前科学(科学范式尚未形成)→常规科学(形成了某种成熟的科学范式)→科学危机(既有的科学范式发生动摇)→科学革命(抛弃旧范式与接受新范式)→常规科学(新范式确立后的相对稳定的发展时期)→……

库恩的"范式"概念是与"科学共同体"这个概念互为解释的:"范式"是"科学共同体"所信奉或遵从的信念与规则;"科学共同体"则是由于信奉或遵守某些最基本的信念与规则而形成的科学家集团。如果我们把这里的"科学共同体"变换成"文学共同体""艺术共同体""哲学共同体",那么,我们也可以相应地提出"文学范式""艺术范式"和"哲学范式",并在"范式"与"共同体"的关系中去思考文学、艺术和哲学的发展逻辑。

在对科学发展的哲学反思中,库恩特别关注的是"科学革命"。科学革命是旧范式向新范式的过渡,是抛弃旧范式与接受新范式的双重性过程,因而是批判与重构的统一性过程。库恩认为,新范式的创立者和拥护者,往往是"共同体"中的较为年轻的一代。他们受旧范式的熏染不深,对旧范式的信念不坚定,容易对旧范式产生怀疑,是科学中的进步力量;固守旧范式和拒斥新范式的则往往是"共同体"中较为年长的一代,他们习惯于旧的范式并对其坚信不疑,是科学中的保守力量。因此库恩说,"范式的转变是一代人的转变"。

然而,库恩并不以"两极对立"的思维方式去看待科学中的"保守"与

"进步"、"常规"与"革命"。在他看来,科学的常规状态与危机状态都是科学发展中的既必不可少又不可避免的两种状态,真正的科学精神既不是单纯批判的、也不是单纯保守的,而应该是批判精神与保守精神的适当的结合与平衡。他提出,科学思维有两种基本形式:一是发散式思维,思想开放活跃,敢于标新立异,反对偶像崇拜,这是"破旧立新"的、批判的、革命的思维方式;二是收敛式思维,思想集中专注,研究踏实稳健,竭力维护传统,这是"循序渐进"的保守的思维方式。库恩认为,正因为这两种思维各有所长,一个成功的科学家就需要同时兼备这两种思维与性格,并使之达到合适的平衡。这就是"必要的张力"。

从人类科学发展的总体趋向上看,必将突破传统科学观的狭隘视界。德国物理学家普郎克曾经说过:"科学是内在的统一体,它被分解为单独的部门不是由于事物的本质,而是由于人类认识能力的局限性,实际上存在着从物理到化学,通过生物学、人类学到社会科学的连续链条。"[1]现代科学正以各门科学的相互交叉、相互渗透、纵横交错而又内在统一的整体网络而构成科学的"连续链条"。

反思科学发展的逻辑,不仅有助于理解科学乃至整个人类认识活动的发展规律,而且直接地有助于理解哲学发展的逻辑。美国当代哲学家莫尔顿·怀特说:"当我们一旦弄清楚学科之间没有明确的分界线,而且没有一门学科可以称得起在认识分类表中占有一个唯我独尊的位置时,当我们弄清楚了人类各种经验的形式也和认识同样重要时;只有到那个时候才算打通最广义的、关于人的哲学研究的道路。"[2]他还针对近代以来哲学与科学相割裂的状况,以及20世纪以来西方哲学家"把哲学看成是各部分截然隔开的学科"的状况,富于幽默感地提出,当哲学与科学以及哲学的各部分实现"和解"之后,"科学就不再是吓唬哲学的妖魔或哲学的部属,而只是一个不太靠得住的同伴。哲学家会通过其他学科的知识丰富自己,更不用说通过吸收其他经验来丰富自己了"[3];同样,"豪放的哲学家们就会放弃无需认识或者感知许多小事物就能认识一个大事物的思想;而小哲学家们也就会努力去认识大事物了"[4],哲学"刺猬"(指欧陆人文哲学)与哲学"狐狸"(指英美分析哲学)就会实现某种"融合"了。应当说,从反思科学发展逻辑所引发的对哲学的

---

[1] 转引自夏禹龙、刘吉等编著:《科学学基础》,科学出版社,1983年,第5页。
[2][3][4] M.怀特:《分析的时代——二十世纪的哲学家》,杜任之主译,商务印书馆,1981年,第243页。

这种展望，是令人鼓舞的。

第七节 反思时代的科学精神

每个时代的时代精神，都在不同的程度上表现为该时代的科学精神；特别是随着近代以来的实证科学的发展以及科学在社会生活中的愈来愈重大的作用，近代以来的时代精神更为突出地表现为该时代的科学精神。哲学作为时代精神的精华，总是以哲学的方式集中地体现着该时代的科学精神。因此，哲学对科学的反思，特别集中地表现为对时代的科学精神的反思。

科学是一种人类活动，是一种体现人类智力最高成就的人类活动，在这个意义上，科学精神就是在科学活动中凝聚和升华了的人类精神。它集中地表现为探索真理的求真精神、尊重事实的求实精神、自我扬弃的批判精神和超越现状的创造精神。

在人类文明的不同历史时代，科学精神也具有不同的内容和不同的形式。在总结和概括科学和哲学的发展史的基础上，恩格斯提出，"在希腊人那里是天才的直觉的东西，在我们这里是严格科学的以实验为依据的研究的结果，因而也就具有确定得多和明白得多的形式"[①]。同时，恩格斯又指出："虽然十八世纪上半叶的自然科学在知识上，甚至在材料的整理上高过了希腊古代，但是它在理论地掌握这些材料上，在一般的自然观上却低于希腊时代。在希腊哲学家看来，世界在本质上是某种从混沌中产生出来的东西，是某种发展起来的东西、某种逐渐生成的东西。在我们所考察的这个时期的自然科学家看来，它却是某种僵化的东西、某种不变的东西，而在他们中的大多数人看来，则是某种一下子造成的东西。"[②]而对于被称作"文艺复兴"的时代，恩格斯则称之为"这是一次人类从来没有经历过的最伟大的、进步的变革，是一个需要巨人而且产生了巨人——在思维能力、热情和性格方面，在多才多艺和学识渊博方面的巨人的时代"[③]。

美国出版的《导师哲学家丛刊》对欧洲中世纪以来的各个世纪的特征的概括，比较鲜明地显示了这些世纪的不同的时代精神，以及这些时代精神中所蕴含的科学精神。这套丛刊把欧洲中世纪称作"信仰的时代"，这正是哲

---

① 《马克思恩格斯选集》第3卷，第454页。
② 同上书，第449页。
③ 同上书，第445页。

学和科学成为宗教的"婢女"的时代;它把文艺复兴时期称作"冒险的时代",这正是恩格斯所说的"需要巨人而且产生了巨人"的时代,是科学的求真求实精神在近代重新开启的时代;它把17世纪称作"理性的时代",这正是近代实验科学兴起、科学理性逐渐扩展和深化的时代;它把18世纪称作"启蒙的时代",这正是逐渐盛行的崇尚理性力量的时代;它把19世纪称作"思想体系的时代",这正是恩格斯所说的由"搜集材料"的科学转向"整理材料"的科学,也就是建立各门科学的概念发展体系的时代;它把20世纪称作"分析的时代",这正是在现代科学既高度分化又高度整体化的背景下,科学迅猛发展和自我反思的时代。

德国哲学家恩斯特·卡西尔曾对西方近代以来的科学精神与时代精神及其相互关系进行过深刻的哲学反思。他提出,"理性"是标志近代以来的时代精神的核心概念,但它在近代以来的几个世纪中发生了深刻的变化。他认为,在17世纪,理性是"永恒真理"的王国,它试图从某种直觉地把握到了的最高的确定性出发,然后以演绎的方式将可能的知识的整个链条加以延长;18世纪则摒弃了这种演绎和证明的方法,"按照当时的自然科学的榜样和模式树立了自己的理想",不是把理性看作知识、原理和真理的容器,而是把理性看成是一种"引导我们去发现真理、建立真理和确定真理的独创性的理智力量"①。

卡西尔从时代的科学精神及其历史转化的角度,深入地阐述了哲学的理性观念与科学精神的关系。他提出,长期以来,特别是在17世纪,数学被视为"人类理性的骄傲"、试金石和真正保证。然而,虽然数学堪称理性的范例,但它却不可能完全支配理性、穷尽理性的内容。因此,"哲学思维既想脱离数学,又想附着于数学;既想摆脱数学的权威,又不想否认或破坏这种权威,而想从新的角度为它进行辩护"。卡西尔认为,哲学思维的"这两种努力都获得了成功。因为近代思想承认,纯分析的基本意义在于,它是数学思维的基本形式,然而同时,恰恰是由于它的普遍功用,这种分析被扩展得超出了纯数学分析的界限,超出了量和数的界限"②。

英国学者亚·沃尔夫在其所著《十六、十七世纪科学、技术和哲学史》一书中,在详尽地描述近代(其中主要是16、17世纪)的科学发现和科学理

---

① 参见卡西尔:《启蒙哲学》,顾伟铭等译,山东人民出版社,1988年,第5页,第11页。
② 同上书,第13—14页。

论的基础上，对时代的科学精神做出了重要的哲学概括，并进而论述了与时代的科学精神相适应的哲学思想的演化与发展，富于启发性地分析了近代几位重要哲学家培根、笛卡儿、斯宾诺莎、洛克、莱布尼兹等等的哲学思想。这对于我们具体地和深入地理解各个时代的科学精神与哲学精神的密切关系，对于我们如何在哲学层面上反思时代的科学精神，都是富有启发性的。

弗兰西斯·培根作为近代实验科学和近代唯物论的奠基人，他的哲学思想集中地表达和引导了近代科学的"实验"精神。与弗兰西斯·培根同时代的勒内·笛卡儿，认为数学应当成为其他学科的楷模。他特别注重数学的方法，认为数学的独特优点在于从最简单的观念开始，然后从它们出发进行谨慎的推理。在笛卡儿看来，既然一切自然知识的首要问题是发现最简单的和最可靠的观念或原理，那么，哲学思考就应当从寻求知识的可靠的出发点入手，通过对一切可能加以怀疑的事物提出疑问，最终找到那种可以作为知识的出发点的不受任何怀疑的东西。笛卡儿的这种"怀疑"精神，正是表达和引导了他所处的时代的科学精神——先自我而后上帝、先理解而后信仰的理性精神。荷兰哲学家斯宾诺莎"最充分地表达了那种自我独立、不受任何'权威'帮助和牵制的近代思潮"①。斯宾诺莎的"实体自因"等哲学思想，为把整个世界理解为过程的辩证法思想奠定了基础。与斯宾诺莎同年生的英国哲学家约翰·洛克，在各门实验科学兴起的背景下，力图清查人类的观念，探寻它们的起源和发展。沃尔夫认为，洛克的哲学思想"鼓励按严格经验的精神进行科学探索"，"劝阻任何盲信和由此产生的褊狭"②。

由此我们可以看到，近代以来的西方哲学——无论是文艺复兴时期的"冒险"精神，还是17世纪的"理性"精神和18世纪的"启蒙"精神——正是集中地表达和塑造了以"理性"为核心的时代的科学精神。这种时代的科学精神，就是弘扬人的理性权威，确立人的主体地位，发挥人的主观能动作用。正因为近代哲学以理性思辨的形式而恢复了古希腊哲学的探索精神，所以这是一场否定之否定意义上的古希腊精神的"复兴"。

恩格斯曾经深刻地指出，近代科学的发展经历了从"搜集材料"科学到"整理材料"科学的历程，到19世纪，"经验自然科学积累了如此庞大数量的实证的知识材料，以致在每一个研究领域中有系统地和依据材料的内在联

---

① 亚·沃尔夫：《十六、十七世纪科学、技术和哲学史》，周昌忠等译，商务印书馆，1985年，第730页。

② 亚·沃尔夫：《十六、十七世纪科学、技术和哲学史》，第740页。

系把这些材料加以整理的必要,就简直成为无可避免的。建立各个知识领域互相间的正确联系,也同样成为无可避免的"①。正因如此,人们把19世纪称作"思想体系的时代"。德国古典哲学的集大成者黑格尔正是以其创建的概念发展的辩证法,深刻地阐释了人类思想运动的逻辑,集中地表现了这个"思想体系的时代"的时代精神。列宁说,黑格尔的《逻辑学》是关于思想的内容与形式相统一的逻辑,是关于思想"自己构成自己"的逻辑②。

与人们从总体上把近代以来的科学精神称为"理性"精神相呼应,人们常常在多元的理解中来概括现代的科学精神。有的把20世纪称作"分析的时代"(如美国哲学家莫尔顿·怀特),有的把20世纪称作"综合的时代"(如美国未来学家阿尔温·托夫勒),有的把20世纪称作"相对主义的时代"(如美国哲学家J·宾克莱),如此等等。反思当代的科学精神,是当代哲学反映和表达、塑造和引导时代精神的重要前提。

《哲学通论·第三章 哲学与科学》 数字化教学支持资源

一、孙正聿老师视频精品课(五讲)(请扫码观看)

二、本章拓展资源(请扫码观看)
1. 《论哲学对科学的反思关系》
2. 《对科学的人文主义理解——瓦托夫斯基的科学哲学观述评》

---

① 《马克思恩格斯选集》第3卷,第465页。
② 参见《列宁全集》第38卷,第89页,第84页。

本章思考题

1. 怎样理解哲学与科学的相互关系? 为什么说哲学是对科学的反思?
2. 哲学对科学的反思主要表现在哪些方面?
3. 什么是哲学的知识论立场? 它与科学主义思潮是何关系?
4. 通过探讨哲学对科学的反思关系,你对哲学的思维方式有何新的理解?

第四章　哲学的思维方式

哲学作为人类把握世界的一种基本方式，它的首要特征，在于它是一种区别于常识思维方式、科学思维方式和艺术思维方式的哲学思维方式。

关于哲学思维方式，黑格尔曾经提出，它是"以思想的本身为内容，力求思想自觉其为思想"，也就是"对思想的思想""对认识的认识"①。这就是"反思"。

那么，究竟如何理解哲学的"反思"？"反思"的哲学思维具有哪些特性？"反思"的哲学思维的社会功能又是什么？这就需要从作为哲学基本问题的"思维和存在的关系问题"入手进行探讨。

第一节　哲学的基本问题

一、对哲学基本问题的通常解释

恩格斯在总结哲学史的基础上提出："全部哲学，特别是近代哲学的重大的基本问题，是思维和存在的关系问题。"②对此，通常的解释主要包括如下的基本内容：

其一，认为"思维和存在"的关系问题也就是"精神和物质"的关系问题，因而实际上是以"精神和物质"的关系去概括和解释哲学的"基本问题"。

其二，由于把"思维和存在"的关系问题归结为"精神和物质"的关系问题，因而把哲学的基本问题分解为两个方面：一是思维和存在、精神和物质"谁为第一性"的问题，也就是精神和物质谁为"本原"、谁为"派生"的问题；二是思维和存在、精神和物质"有无同一性"的问题，也就是精神能否认识物质的问题。通常把前一方面称作"本体论"问题，而把后一方面称作"认识论"问题。

---

① 参见黑格尔：《小逻辑》，第38、39页。
② 《马克思恩格斯选集》第4卷，第219页。

其三，由于对精神和物质"谁为第一性"问题的截然相反的回答，构成了贯穿哲学始终的唯物主义与唯心主义的对立与斗争。凡是认为物质是第一性的而精神是第二性的，即认为物质是"本原"的存在而精神是"派生"的存在的哲学属于唯物主义；与此相反，凡是认为精神是第一性的而物质是第二性的，即认为精神是"本原"的存在而物质是"派生"的存在的哲学属于唯心主义。由于唯物主义和唯心主义都认为世界只有一个"本原"（物质或精神），因而是哲学的"一元论"。在哲学史上，还有主张精神和物质同为"本原"的哲学学说，这就是哲学的"二元论"。但是，由于这种所谓的"二元论"往往需要设想一个凌驾于精神和物质之上的"上帝"的存在，所以总是最终导致哲学唯心主义。

其四，由于对精神和物质"有无同一性"问题的迥然相反的回答，又可以把各种不同的哲学学说区分为"可知论"与"不可知论"。凡是认为思维和存在具有"同一性"、精神能够认识物质的哲学学说均属于"可知论"，反之则属于"不可知论"。

其五，承认物质第一性、精神第二性的唯物主义哲学，在哲学发展史上经历了三个基本发展阶段并构成了三种基本理论形态。这就是：古代的朴素唯物主义，近代的形而上学唯物主义，马克思主义的辩证唯物主义和历史唯物主义。在哲学史上，唯心主义有过许多派别，但归结起来有两种基本形式，这就是主观唯心主义和客观唯心主义。

其六，在哲学思想的发展过程中，除了存在唯物主义与唯心主义的矛盾和斗争之外，还同时交织着辩证法与形而上学的矛盾和斗争。辩证法和形而上学都有唯物主义与唯心主义之分；唯物主义与唯心主义也有辩证法与形而上学之别。

为了便于把握上述的基本观点及其相互关系，也为了便于在此基础上深入地探讨作为哲学基本问题的"思维和存在的关系问题"，我们可以把对哲学基本问题的通常解释，简要地图示如下：

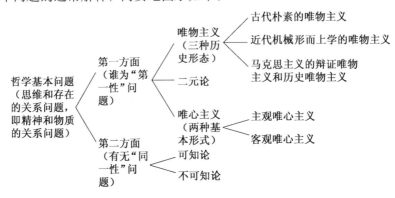

首先我们应当承认，关于哲学基本问题的通常解释，对人们理解哲学基本问题的基本内涵和把握哲学基本问题的基本内容，是必要的和重要的。同时，人们也只有在熟习这种通常解释的基础上，才有可能进一步地思考各种哲学问题。但是，我们必须看到，在这种关于哲学基本问题的通常解释中，隐含着一系列需要认真思考和深刻反省的理论问题：(1) 究竟如何理解作为哲学基本问题的"思维和存在的关系问题"？能否把"思维和存在的关系问题"等同于"精神和物质的关系问题"？(2) 作为哲学基本问题的"思维和存在的关系问题"究竟包括哪些方面？能否仅仅把哲学基本问题归结为精神和物质"谁为第一性"以及精神和物质"有无同一性"这样两个方面？(3) 究竟如何理解哲学的唯物主义与唯心主义？唯物主义和唯心主义这两个术语的含义究竟是什么？(4) 辩证法与"本体论"和"认识论"到底是什么关系？能否把辩证法排斥于"思维和存在的关系问题"之外？(5) 究竟如何从哲学基本问题去理解哲学的"反思"的思维方式？哲学"反思"的对象、性质、方式和功能与哲学的基本问题是何种关系？

为了认真思考和深刻反省上述理论问题，我们需要具体地探析恩格斯关于哲学基本问题的论述，并在此基础上去分析哲学基本问题与近代哲学和现代哲学的关系，从而在历史与逻辑的统一中深化对哲学基本问题的理解，并从而深化对哲学的反思的思维方式的理解。

二、探索哲学基本问题的经典论述

如何理解和解释哲学的基本问题，这关系到对哲学的研究对象、理论性质和社会功能等全部哲学问题的理解与解释，当然也直接地关系到对哲学的思维方式的理解与解释。因此，我们需要从探索恩格斯关于哲学基本问题的经典论述入手，以哲学发展的历史与逻辑为背景，重新理解和解释作为哲学基本问题的"思维和存在的关系问题"。

在《路德维希·费尔巴哈和德国古典哲学的终结》这部哲学名著中，恩格斯不仅明确地提出了关于哲学基本问题的论断，而且对这个论断做出了精辟的分析与论述。恩格斯的这些分析与论述，既是我们深刻理解哲学基本问题的基本依据，也是我们具体地探索哲学的思维方式的理论前提。

首先，关于哲学的基本问题，恩格斯的论断非常明确："全部哲学，特别是近代哲学的重大的基本问题,是思维和存在的关系问题。"①这个论断非常明确地告诉我们:哲学的重大的基本问题是"思维和存在"的"关系问题",而不是"思维"和"存在"的问题。这就是说:哲学不是以"思维"和"存在"为研究对象,去形成关于"思维"和"存在"的某种知识,而是把"思维和存在的关系"作为"问题"来研究,考察和追究"思维和存在的关系"。这种区别的意义是十分重大的。它直接地决定着人们能否以哲学的思维方式去思考哲学,或者说,它直接地决定着人们能否形成哲学的思维方式。

在通常的关于哲学及其基本问题的解释中,或者把哲学界定为"关于整个世界的学说",或者把哲学归结为"关于思维规律的科学",这正是把"存在"或"思维"视为哲学的对象,并把研究"思维和存在"当成哲学的基本问题。这种理解的结果,就把哲学归结为关于"整个世界"的知识了。

与此相反,恩格斯强调指出的是,哲学的基本问题是"思维和存在的关系问题"。为了使人们深刻地理解这个问题,恩格斯还做出重要的提示:作为哲学基本问题的"思维和存在的关系问题","只是"在近代哲学中才被"十分清楚"地提了出来并获得了"完全的意义"。这就告诉人们,考察近代哲学如何提出和探讨"思维和存在的关系问题",是理解"哲学的重大的基本问题"的必要前提。而人们只要了解近代哲学,就会懂得,被称为"认识论转向"的近代哲学,它的突出特征就是从人的认识出发去反省"思维和存在的关系问题"。这种"认识论转向"的近代哲学,既不是提供某种关于"存在"的知识,也不是提供某种关于"思维"的知识,而是为人类确立了关于思维与存在之间的矛盾关系的自我意识,也就是为人类提供了一种不断深化的辩证的思维方式。

其次,哲学的基本问题是"思维和存在"的关系问题,不能把它简单地、直接地归结为或等同于"精神和物质"的关系问题。理解这一点,对于哲学的自我理解,对于掌握哲学的思维方式,对于解释哲学发展的历史与逻辑,都是非常重要的。

从哲学的发展史上看,"思维和存在的关系问题",是在对"精神和物质"的关系的再抽象的基础上发展起来的,因此两者既有着密不可分的历史联系,又有着重要的原则性区别。恩格斯说,作为哲学基本问题的思维和存在的关系问题,在远古时代就以"灵魂对外部世界的关系"而萌发了;在

---

① 《马克思恩格斯选集》第 4 卷,第 219 页。

"中世纪的经院哲学"中,思维和存在的关系问题则表现为"什么是本原的,是精神,还是自然界?""世界是神创造的呢,还是从来就有的?"①而在近代哲学中,则不仅"十分清楚"地提出了"思维和存在的关系问题",而且使之获得了"完全的意义"。

"精神和物质"的关系,从根本上说,是一种何者为"本原"、何者为"派生"、何者为"第一性"、何者为"第二性"的"时间先在性"问题。在"时间先在性"的意义上,精神和物质的对立是僵硬的,其先后顺序是不能颠倒的:先有物质,后有精神;物质是第一性的,精神是第二性的;物质是精神的"本原",精神则是物质的"派生物"。

应当看到,强调"精神和物质"的关系问题在"思维和存在"的关系问题中的重大意义,是十分重要的。这有助于人们鲜明地区分哲学的唯物主义和唯心主义。但是,简单地把"思维和存在"的关系问题归结为"精神和物质"的关系问题,却会导致对哲学的简单化、经验化的理解,以至于丢弃哲学的"反思"的思维方式。

"思维和存在"的关系,其重要特征在于,不仅具有"精神和物质"关系的"时间先在性"问题,而且具有超越"精神和物质"关系的"逻辑先在性"问题。这是二者的重大区别。在"精神和物质"的"时间先在性"问题中,二者的关系是不可变易的,即"物质"是"本原性"的存在。而在"思维和存在"的"逻辑"关系中,则表现出极为丰富和极为复杂的矛盾关系。

显而易见,"存在"这个范畴不等同于"物质"这个范畴,它不仅包括"物质"的存在,也包括"精神"的存在。用近代哲学的方式说,"存在"不仅是"意识外的存在",而且是"意识界的存在"。与这种"存在"范畴相对应,"思维和存在"的关系,至少就应当包括"精神和物质(意识外的存在)"的关系,也包括"精神和精神(意识界的存在)"的关系。

同样,"思维"这个范畴也不等同于"精神"或"意识"。从狭义上看,"思维"似乎只是"精神"或"意识"的一部分,但在哲学(特别是近代哲学)的意义上,"思维"就不仅是指"意识的内容",而且是指"意识的形式";不仅是指关于思维对象的"对象意识",而且是指构成、把握、统摄和反省"对象意识"的"自我意识";不仅是指"思想的内容",而且是指"思

---

① 参见《马克思恩格斯选集》第4卷,第219—220页。

想的活动"。

这表明,在哲学(特别是近代哲学)所自觉到的"思维和存在"的"关系问题"中,不仅"存在"范畴具有相对性和多义性,与之相对应的"思维"范畴也具有相对性和多义性。正是这种"思维和存在"之间的相对性和多义性,构成了"思维和存在"之间的极为错综复杂的矛盾关系,并从而形成了哲学的极其丰富多彩的理论内容。如果把作为哲学基本问题的"思维和存在的关系问题"简单地、直接地归结为和等同于"精神和物质的关系问题",就会忽视甚至无视"思维和存在"之间的极其错综复杂的矛盾关系,因而也就会忽视甚至是丢弃哲学自身的极其丰富多彩的理论内容。

最后,在对哲学基本问题的理解中,不能把"辩证法"问题排斥在外,而把哲学基本问题仅仅归结为"本体论"问题和"认识论"问题。

正如人们所熟知的,在对哲学基本问题的通常解释中,是把辩证法排斥于"思维和存在的关系问题"之外的。按照通常解释,哲学基本问题被分解为关于思维和存在"谁为第一性"(何者为本原)的"本体论"问题,以及思维和存在"有无同一性"(思维能否认识存在)的"认识论"问题。辩证法则变成与哲学基本问题无关的另一类问题。

作为这种理解的逻辑延伸,辩证法被分别地解释为与"本体论"和"认识论"相联系的理论形态和理论内容:其一,与"本体论"相联系的辩证法,即关于客观世界矛盾运动的"客观辩证法"(包括"自然辩证法"和"历史辩证法");其二,与"认识论"相联系的辩证法,即关于人类认识和人类思维矛盾运动的"主观辩证法"(包括"认识辩证法"和"思维辩证法");其三,作为"客观辩证法"和"主观辩证法"的总和,辩证法则被解释为关于自然、社会和思维的发展的"普遍规律"的学说。

对此,我们应当提出的问题是:(1)能否把"客观辩证法"视为离开"思维和存在的关系问题"的关于"存在"的辩证法?(2)能否把"主观辩证法"视为离开"思维和存在的关系问题"的关于"思维"的辩证法?(3)能否把"关于普遍规律的学说"视为离开"思维和存在的关系问题"的关于"整个世界"的辩证法?让我们具体地探析马克思、恩格斯和列宁是怎样提出和回答这些问题的。

在《关于费尔巴哈的提纲》中,马克思既批评旧唯物主义"只是"从"客体的或者直观的形式"去理解事物,而没有从人的感性活动、人的实践和"主观方面"去理解,又批评唯心主义"只是"抽象地发展"能动的方面",而不知道真正现实的、感性活动的本身①。其结果是,近代的唯物主义变成了形而上学的唯物主义,辩证法却成了"无人身的理性"的自我运动和自我认识的辩证法,即唯心主义的辩证法。

在《自然辩证法》中,恩格斯提出,"我们的主观的思维和客观的世界服从于同样的规律,因而两者在自己的结果中不能互相矛盾,而必须彼此一致,这个事实绝对地统治着我们的整个理论思维。它是我们的理论思维的不自觉的和无条件的前提"。据此,恩格斯一方面指出 18 世纪的唯物主义只就这个前提的"内容"去研究这个前提,而没有从"形式"方面去研究这个前提,另一方面则指出近代的辩证唯心主义哲学(特别是黑格尔),"还从形式方面去研究了这个前提"。对此,恩格斯做出的评论是,尽管"思维和存在的统一"在黑格尔哲学中"采取了唯心主义的头足倒置的形式",但却把思维过程同自然过程和历史过程联系起来了②。

在《哲学笔记》中,列宁更为尖锐地提出,"如果一切都发展着,那么这是否也同思维的最一般的概念和范畴有关?如果无关,那就是说,思维同存在没有联系。如果有关,那就是说,存在着具有客观意义的概念辩证法和认识辩证法"。列宁认为,这里所提出的问题,就是"关于辩证法及其客观意义的问题"③。在批评普列汉诺夫把辩证法"当作实例的总和……而不是当作认识的规律(以及客观世界的规律)"时,列宁又进一步明确地提出,"辩证法也就是(黑格尔和)马克思主义的认识论"。对于这个论断,列宁又特别强调地指出,"正是问题的这一'方面'(这不是问题的一个'方面',而是问题的实质)普列汉诺夫没有注意到,至于其他的马克思主义者就更不用说了"④。

把马克思、恩格斯和列宁的上述论断集中到一点,那就是:必须把辩证法同哲学基本问题统一起来,从思维和存在的关系问题去定义和解释辩证法理论,真正揭示辩证法理论的世界观、认识论和方法论的统一。

上面,我们初步地探讨了恩格斯关于哲学基本问题的经典论述,分析了"思维和存在的关系问题"的哲学内涵,并分析了辩证法同哲学基本问题的关系。下面,我们具体地分析近代哲学和现代哲学与哲学基本问题的关系,

---

① 参见《马克思恩格斯选集》第 1 卷,第 16 页。
② 参见《马克思恩格斯选集》第 3 卷,第 564 页。
③ 参见《列宁全集》第 55 卷,第 215 页。
④ 同上书,第 305、308 页。

这将使我们更为深刻地理解哲学的基本问题和哲学的思维方式。

三、近代哲学与哲学基本问题

在关于哲学基本问题的论述中,恩格斯不仅强调地指出,"思维和存在的关系问题""特别是近代哲学的重大的基本问题";而且具体地指出,"思维和存在的关系问题""只是"在近代哲学中"才被十分清楚地提了出来","才获得了它的完全的意义"①。因此,要掌握哲学基本问题的历史前提、理论内涵及"完全的意义",就必须具体地了解和探讨近代哲学的基本特征。

人们常常把西方的近代哲学称作哲学发展史中的"认识论转向"。哲学基本问题之所以能够在近代哲学中"被十分清楚地提了出来"并"获得了它的完全的意义",从哲学发展的历史与逻辑上看,就在于近代哲学实现了这种"认识论转向"。

所谓"认识论转向",是相对于古代的"本体论哲学"而言的。近代以前的哲学还没有自觉到"思维和存在的关系问题",而是离开思维对存在的关系,直接地寻求和断言某种经验的或超验的"存在",并把这种经验的或超验的"存在"归结为"万物的本原",用这种经验的或超验的"存在"去解释全部的经验世界以及关于经验世界的全部知识。这就是所谓的"本体论哲学"。

"认识论转向",从根本上说,就是自觉到了"思维与存在"之间的矛盾,把"思维与存在的关系"当作最重要、最基本的哲学"问题"来进行研究,从而使研究思维与存在、主观与客观、主体与客体矛盾关系的"认识论"问题成为哲学的根本问题。这正如黑格尔所说的:"近代哲学的出发点,是古代哲学最后所达到的那个原则,即现实自我意识的立场;总之,它是以呈现在自己面前的精神为原则的。中世纪的观点认为思想中的东西与实存的宇宙有差异,近代哲学则把这个差异发展成为对立,并且以消除这一对立作为自己的任务。因此主要的兴趣并不在于如实地思维各个对象,而在于思维那个对于这些对象的思维和理解,即思维这个统一本身;这个统一,就是某一假定客体的进入意识。"②

在这种"认识论转向"中,近代哲学以探寻思想的客观性为聚焦点,不

---

① 参见《马克思恩格斯选集》第 4 卷,第 220 页。
② 黑格尔:《哲学史讲录》第 4 卷,第 5—6 页。

仅研究了外在的世界与人的观念之间的关系,而且特别深入地考察了人的观念内部的诸种关系问题。对此,恩格斯曾作过这样的评论:"我们的主观的思维和客观的世界服从于同样的规律,因而两者在自己的结果中不能互相矛盾,而必须彼此一致。这个事实绝对地统治着我们的整个理论思维。它是我们的理论思维的不自觉的和无条件的前提。十八世纪的唯物主义,由于它在本质上是形而上学的性质,只就这个前提的内容去研究这个前提。它只限于证明一切思维和知识的内容都应当起源于感性的经验,而且又提出了下面的这个命题:凡是感觉中未曾有过的东西,即不存在于理智中。只有现代唯心主义的而同时也是辩证的哲学,特别是黑格尔,还从形式方面去研究了这个前提。"①在这里,恩格斯在提出理论思维的"前提"问题的基础上,指出18世纪的旧唯物主义和辩证的唯心主义分别地研究了这个"前提"的"内容"与"形式"。恩格斯的这个论断对于我们理解哲学的基本问题及其"完全的意义"是十分重要的。

具体地看,围绕着"思维和存在"的关系问题的"内容"与"形式"这两大方面,近代哲学主要是提出和研究了"客观世界与意识内容""意识内容与意识形式""对象意识与自我意识""外延逻辑与内涵逻辑""知性思维与辩证思维""分析判断与综合判断""思维规律与存在规律""理论理性与实践理性"等一系列关于"思维和存在"的"关系问题",从而"十分清楚"地提出了"哲学的基本问题",并使之"获得了完全的意义"。

首先,近代哲学明确地区分了"意识外的存在"与"意识界的存在",也就是明确地区分了"客观世界"与"意识内容",从而清楚地提出了"对象与表象"或"对象与映象"的关系问题,也就是清楚地提出了"思维和存在"的关系问题。这就是恩格斯所说的从"内容"上去考察思维和存在的关系问题。

与此同时,近代哲学还特别地从"形式"上去研究思维和存在的关系问题。这突出地表现在,近代哲学比较自觉地考察了"意识内容"与"意识形式"的关系问题、"对象意识"与"自我意识"的关系问题、"理论理性"与"实践理性"的关系问题等一系列"思维和存在"的"关系问题"。通过探索这些"关系问题",近代哲学揭示出对象与经验、经验与知觉、知觉与表象、表象与观念、观念与思维、思维与想象、想象与情感、情感与意志、意

---

① 《马克思恩格斯选集》第3卷,第564页。

志与自我、小我与大我、理论与实践等极为错综复杂的矛盾关系，从而使"思维和存在的关系问题"获得了"完全的意义"。

这里必须说明的是，思维和存在的关系问题在近代哲学中所获得的"完全的意义"，是与近代哲学的"认识论转向"相对应的。也就是说，近代哲学所实现的哲学基本问题的"完全的意义"，主要是在"认识论"的意义上实现的。现代哲学所实现的"实践转向""语言转向"和"生存论转向"，则在现代的水平上深化了哲学基本问题，使"思维和存在的关系问题"获得了更为丰富和深刻的理论内涵。

具体地说，整个近代哲学的根本问题，是"思想的客观性问题"，也就是人的思想是否具有客观内容的问题。这个问题的形成，是以自觉到"思维"与"存在"的矛盾为前提的，又是以哲学的"认识论转向"来实现对这种矛盾的探索的。

近代的唯物论哲学认为，思想的客观性在于，思想映象是关于对象的映象，思维通过分析、抽象感性映象而形成的思想观念，它表达的就是思维对象的规定性。近代的唯心主义哲学则认为，思想的客观性在于，思想的对象即是思想的内容（意识界的存在），思想通过自我认识而形成的思维规定，也就是思维对象的规定。

然而，对于这两种关于"思想客观性"的哲学回答，我们可以分别提出如下的问题：（1）对于近代唯物论哲学来说，它必须回答这样一个问题：思想映象不仅仅是关于对象的映象，而且只能是经过思维主体的思维活动所形成的映象，因此，思想的客观性，也要求主体的思维活动的客观性。那么，主体的思维活动具有客观性吗？（2）对于近代唯心论哲学来说，它必须回答这样一个问题：把思想的对象限定为"意识界的存在"，那么，"意识界的存在"是从哪里来的？"意识界的存在"与"意识外的存在"是何关系？如果不解决"意识界的存在"与"意识外的存在"的统一性问题，又如何确认"思想的客观性"？

正是针对上述两方面的问题，恩格斯在论述近代哲学与哲学基本问题的关系时指出，18世纪的唯物主义"只限于"证明一切思维和知识的内容都应当起源于感性的经验，而没有从"形式"方面去考察"思维和存在的关系问题"；与此相反，近代的唯心主义则从"形式"方面去研究"思维和存在的关系问题"，但却把"意识外的存在"作为在认识论上无意义的问题而排斥在"思想的客观性"问题之外，因此只能是抽象地发展思维的能动性，而不可能真正地解决思想的客观性问题。

作为整个近代哲学的理论总结,18 世纪末到 19 世纪初的德国古典哲学,进一步丰富和升华了"思维和存在的关系问题"。德国古典哲学的奠基人康德,从认识主体与认识对象的矛盾,以及认识内容与认识形式的矛盾去探索"思维和存在的关系问题",集中地考察了主体的认识能力问题。德国古典哲学的集大成者黑格尔,则从思维的矛盾运动中去论证思维与存在的统一性,又从思维的建构与反思的对立统一中去展现思维的矛盾运动,力图在辩证法的"本体论""认识论"和"逻辑学"的统一中去解决"思维和存在的关系问题"。费尔巴哈在批判黑格尔的唯心主义的过程中,则把"思维和存在"的关系归结为思维与"感性存在"的关系。这就是马克思主义哲学以前的西方近代哲学所达到的关于哲学基本问题的认识水平,也就是西方近代哲学在"认识论"的意义上使哲学基本问题获得的"完全的意义"。

四、现代哲学与哲学基本问题

整个近代哲学始终在思维与存在、主观与客观、主体与客体的二元对立中去寻求思想的客观性,因而始终是在"认识论"的意义上去回答作为哲学基本问题的思维和存在的关系问题。这表明,近代哲学对哲学基本问题的理解存在着一个根本性的缺陷,这就是离开人的实践活动及其历史发展去回答"思维和存在的关系问题"。正是针对这种状况,马克思尖锐地指出:"哲学家们只是用不同的方式解释世界,而问题在于改变世界。"[①]

在揭露近代哲学的主—客二元对立模式的内在矛盾的过程中,始于 19 世纪中叶的现代哲学,出现新的革命性的"哲学转向"。这就是马克思主义哲学的"实践转向"以及现代西方哲学的"语言转向"。现代的"哲学转向"深化了哲学基本问题的理论内涵,也丰富了哲学基本问题的理论内容。

马克思主义哲学认为,人的思维的最本质、最切近的基础是人类自己的实践活动,"思维和存在的关系问题"所蕴含的全部矛盾关系都植根于人类的实践活动之中,"思维和存在的关系问题"的历史演化和历史发展都展开在人类实践的历史过程之中。因此,只有从现实的人及其历史发展出发,达到对哲学基本问题的实践论理解,才能正确地理解和解释"思维和存在的关系问题"。这就是马克思主义哲学所实现的"实践转向"。

---

① 《马克思恩格斯选集》第 1 卷,第 19 页。

在这种"实践转向"中，马克思主义哲学所理解的"思维和存在的关系问题"，既不是黑格尔的"无人身的理性"与其"逻辑规定"的关系，也不是费尔巴哈的"抽象的个人"与其"感性的直观"的关系，而是"现实的人"以"感性的活动"为基础的与"现实的世界"的关系。

马克思主义实践论所理解的"现实的人"就是从事实践活动的人，"感性的活动"就是人的社会实践，"现实的世界"就是人类实践活动的对象。这样，作为哲学基本问题的"思维和存在的关系问题"，在马克思主义哲学中，就是以实践为基础的人与世界之间的、现实的和历史地发展着的关系。以"实践转向"的观点去看待"思维和存在的关系问题"，我们就会形成动态的而不是静止的、发展的而不是凝固的关于哲学基本问题的认识。

人们常常把马克思主义哲学的革命性变革称作"实践转向"，与此同时，人们还常常把现代西方哲学的特征概括为"语言转向"。这种"语言转向"在文化层面上展现了"思维和存在"的丰富的矛盾关系。了解"语言转向"的基本内容，对于在当代的水平上认识哲学基本问题，是十分必要的。

近代哲学的"认识论转向"，它所批判的是，离开"思维和存在的关系问题"而直接断言"世界"；它所要求的是，在建立关于"世界"的理论之前，必须先有关于"认识"的理论。这种要求的实质是，哲学家必须把反省"思维和存在的关系"作为最重大的"基本问题"。因此，所谓的"认识论转向"可以概括为一个基本命题："没有认识论的本体论为无效。"

现代西方哲学的"语言转向"，它所批判的是，离开对人类"语言"的考察而直接断言"思维和存在的关系"；它所要求的是，哲学家在建立关于人类意识和世界及其相互关系的理论之前，必须先有关于"语言"的理论。这种要求的实质是，哲学家必须把作为"文化的水库"的"语言"作为研究"思维和存在的关系问题"的出发点。因此，所谓的"语言转向"也可以概括为一个基本命题："没有语言学的认识论和本体论为无效。"

在现代西方哲学的"语言转向"中，显示出对"思维和存在""人和世界"的"中介环节"的寻求，显示出现代西方哲学对"思维""语言"和"存在"三者关系的总体理解。这种总体理解就是：人类必须而且只能用"语言"去理解"世界"和自己的"意识"，并用"语言"去表述对"世界"和自己的"意识"的理解；虽然"世界"在人的"意识"之外（世界不依赖于人的意识而存在），但"世界"却在人的"语言"之中（人只能在语言中表述世界和表达对世界的理解）；"语言"既是人类"存在"的消极界限（语言之外的世界对人来说是存在着的无），又是人类"存在"的积极界限（世界在人的语言中变成属人的世界）；"语言"中凝聚着"思维和存在""主观和客观""主体与客体"的对立统一，因而也是消解主—客二元对立的文化结晶。

由此我们可以看到，在寻求思维与存在、人与世界的"中介环节"的意义上，在实现思维与存在、人与世界的文化层面上的统一的意义上，"语言转向"具有不容忽视的积极意义。我们应当以马克思主义哲学的实践论的观点，批判地汲取现代西方哲学"语言转向"的积极成果，在当代的水平上深化对思维与存在关系问题的理解，并丰富哲学基本问题的理论内容。

随着社会实践和现代科学的发展，思维和存在的关系问题在当代得到了多侧面、多层次的展开。这主要表现在：其一，从主体与客体的交互作用中去展开哲学基本问题。这种研究首先是深化了对主体和客体及其中介系统的具体认识，同时又显露出了主体与客体之间各种关系的相互制约和相互转化。实践关系、认知关系、价值关系和审美关系交织在一起，从而促使人们从知、情、意和真、善、美的统一中去考察思维和存在的关系问题。其二，从认识的结构、机制和功能上去展开哲学基本问题。随着生理学、心理学、语言学、逻辑学、脑科学、信息论等科学的发展，认识的生理基础和心理过程，认识的语言中介和逻辑规则，思维的结构、机制和功能等等，都在实证科学的层次得到了不同程度的科学解释。这就促使哲学在概括实证科学成果的基础上去展开思维和存在的关系问题。其三，从社会—文化的角度考察哲学基本问题。随着人类学、文化学、科学学、传播学、民族学等人文科学的发展，认识的人类性、民族性、时代性等社会—文化方面的测度性已日趋明显和精确。这就为研究思维和存在的关系问题提供了新的视角。主体的能动性与受动性问题，认识的反映性与选择性和随机性问题，科学发展及其社会后果问题，微观客体与认识中介问题，客观实在与理论解释问题，人类智能与人工智能问题，语言与意义问题，价值观与真理观问题，文化传统与人的现代化问题，人的自由与历史规律问题，人与自然的统一问题，人类未来与人的自我认识问题，等等，都为深化哲学基本问题提出了新的理论问题和新的理论内容。

思维和存在的关系问题是哲学的基本问题。通过对哲学基本问题的经典论述和理论内涵的探析，通过对思维和存在的关系问题在近代哲学和现代哲学中的历史演进的分析，我们就会从哲学基本问题去理解哲学的思维方式，为探索哲学的反思活动做好必要的理论准备。

第二节 哲学的反思活动

哲学是一种"反思"的思维活动，或者说，是一种"反思"的思维方式。因此，只有在"反思"的意义上，才能够理解作为哲学基本问题的"思维和存在的关系问题"；反过来说，也只有在理解哲学基本问题的过程中，才能深化对哲学"反思"的认识和领悟。为此，我们需要具体地探讨关于"反思"的一系列重要问题，这里主要是探讨"反思的维度""反思的思维""反思的对象"和"反思的特性"等。

一、反思的维度

"反思"，是思维对存在的一种特殊关系。思维对存在的"反思"关系，从根本上说，就是思维把"思维和存在的关系"作为"问题"（对象）来思考。思维对存在的这种"反思"关系，构成了人类思想的哲学维度。

思维对存在的反思关系，是同哲学的基本问题——思维和存在的关系问题——密切相关的。思维与存在之间具有无限丰富的矛盾关系，这些矛盾关系，是作为人类把握世界的全部方式的共同对象而存在的。人类以常识、神话、宗教、艺术、伦理和科学等各种方式把握世界，从而构成思维与存在之间的经验的、幻想的、直觉的、体悟的、审美的、逻辑的等无限丰富的矛盾关系，并以这些矛盾关系作为自己的对象。同时，我们也可以反过来说，正因为人类是以各种不同的方式（如常识、神话、宗教、艺术、伦理和科学）去构成思维与存在之间的矛盾关系，人类才得以形成关于思维与存在之间的无限丰富的矛盾关系的自我意识。这表明：思维和存在的矛盾关系本身，并不就是哲学的重大的"基本问题"（人类把握世界的各种方式的"基本问题"，都可以说是"思维和存在"的矛盾关系）；只有在思维把"思维和存在的关系"当作"问题"进行"反思"时，"思维和存在的关系问题"才成为哲学的重大的"基本问题"。正是思维对"存在"（这里的"存在"是指"思维和存在的关系"）的这种特殊关系，构成了人类思想的哲学维度——哲学的"反思"维度。

这里，我们必须首先强调地指出的是，思维与存在之间虽然具有无限丰富的矛盾关系，但是，从人类思想的"维度"上看，"思维与存在的关系"却可以归结为两个最基本的"维度":一是构成思想的维度,也就是思维以人的认识活动和实践活动为中介而实现的思维与存在相统一的维度;二是反思思想的维度,也就是思想以自身为中介而实现的把"思维和存在的关系"作为"问题"而予以"反思"的维度。这就需要我们从"构成思想"与"反思思想"这两个思想维度的比较中,去理解哲学的"反思"。

"构成思想"与"反思思想",是人类思想的两个最基本的维度。"反思思想"是人类思想的哲学维度,"构成思想"则是人类全部认识活动的思想维度。

"构成思想",是以某种具体的方式(如常识的、神话的、宗教的、艺术的、伦理的和科学的方式),去形成某种认知的、价值的、审美的关于存在的思想,并把这种思想作为某种目的性要求,以实践活动的方式获得某种形式的现实性。这就是"构成思想"的维度所形成的"思维和存在"在认识活动和实践活动中的统一。

"反思思想",则是以人类把握世界的诸种方式(如常识、神话、宗教、艺术、伦理和科学)及其全部成果(知识形态的常识、神话、宗教、艺术、伦理和科学)作为"反思"的对象,去追问"思维和存在"统一的根据,去考察断定"思维与存在"相统一的标准,去揭示"思维与存在"之间的更深层次的矛盾,从而实现人类思想在逻辑层次上的跃迁。

对比"构成思想"与"反思思想"这两个维度,我们会看到:"构成思想"是以"世界"(常识的世界、神话的世界、宗教的世界、艺术的世界、伦理的世界和科学的世界)为对象,历史地(发展地)构筑"属人的世界";"反思思想"则是以"思想"(人类把握世界的各种方式所形成的认识成果)为对象,揭露这些"思想"的内在矛盾,以及这些"思想"之间的矛盾,从而为人类思想敞开自我批判的空间,推动人类思想的变革,并从而推动人类社会的进步与发展。

在人类把握世界的全部基本方式当中,哲学具有其特殊的价值与功能。哲学的这种特殊的价值与功能,就在于它是一种特殊的思想维度——反思的思想维度。"构成思想"和"反思思想",是人类思维的两个最基本的维度。"构成思想",是人类全部认识活动的思想维度,"反思思想"则是人类思想的哲学维度。

需要说明的是,哲学作为人类思想的反思维度,或者说,哲学作为"反思思想"的思想,它本身也是"构成思想"的一种方式。但是,在人类把握世界的全部方式中，哲学不只是"构成思想"的一种方式，而且是"反思思想"的方式。正是后者，标志着哲学理论的特殊性质，标志着哲学思维方式的特殊功能。

对此，我们可以通过对哲学与科学以及哲学与人类把握世界的其他各种基本方式的比较来阐发这种思想。所有的具体科学，有一个共同的根本特点：都把思维与存在的统一性作为"理论思维的不自觉的和无条件的前提"，运用理论思维去研究各种具体的存在，而不去研究理论思维的"前提"。或者说，在具体科学那里，不管是数学和自然科学，还是社会科学和人文科学，他们都"不自觉地和无条件地"把思维和存在的统一性当作自己认识世界的"前提"。不仅如此，在人类把握世界的诸种方式中，除哲学之外的各种方式也都把理论思维的"前提"当作不言而喻和不证自明的东西，而去进行生产劳动、经验累积、科学探索、技术发明、工艺改进、艺术创新、政治变革、道德践履，等等。就是说，它们的使命都不是研究理论思维的前提、探索思维与存在的关系，把"思维和存在的关系"作为"问题"来研究，而是使"思维和存在"在观念和实践两个基本层次上获得现实的、具体的统一。它们现实地实现思维和存在的统一，但不去"反思"实现这种统一的前提——思维和存在的关系问题。与此相反，哲学则是把"思维和存在的关系"作为"问题"而予以"反思"，从而不断地揭示隐含在理论思维的"不自觉的和无条件的前提"之中的矛盾，实现人类在思维方式上的变革。

哲学，它作为人类思想的"反思"的维度，深深地植根于人类的存在方式——实践本性——之中。人类作为改造世界的实践—认识主体，其全部活动的指向和价值，在于使世界满足人类自身的需要，把世界变成对人来说是真、善、美相统一的世界。因此，具有理论思维能力的人类，不仅仅是把思维和存在的统一当作"理论思维的不自觉的和无条件的前提"，去探索自然的、社会的和人生的奥秘，而且总是对"前提"本身提出质疑，力图在最深刻的层次上把握人及其思维与世界的内在统一性，并以人类所把握到的统一性去解释人类经验中的一切事物和规范人类的全部行为。哲学的特殊性质就在于，它是人类的这种最深层的渴望与追求的理论表达。哲学的独特价值就在于，它在反思理论思维前提的进程中，使人类不断地深化对思维和存在关系问题的认识，从而不断地更新人类的思维方式、价值观念和审美意识，并引导人类现实地变革自己的生存状态和生活方式。

需要指出的是，当着我们这样来理解哲学的时候，并不是说科学家、文学家、艺术家、政治家、军事家等都不去思考作为世界观矛盾的理论思维前提问题。恰恰相反，正因为"思维和存在的关系问题"是一切理论思维活动的"前提"，所以人们在理论思维活动的一切领域都会不可逃避地提出理论思维的"前提"问题。也正因如此，哲学反思的领域是极为广阔的，甚至可以说在人类活动的一切领域是无所不在的。问题在于：当人们在各种不同的活动领域中自觉地提出上述的"前提"问题，并试图对这些"前提"问题进行理论的反思和给予理论的解释时，就超越了自己的特定的研究对象和研究领域，而进入到哲学的问题领域，进行了哲学的"反思思想"的活动。

毫无疑问，作为"思想"的哲学，只能是以"知识"的形态出现。但是，问题的实质在于，哲学是人类思想的一种特殊维度，而不是人类关于经验世界的某种特殊知识，因此，只有深切地理解和真正地把握哲学的"反思"的特性，才能形成哲学的思维方式，并运用哲学的思维方式去"反思"人类创建的全部科学和人类把握世界的各种方式及其成果。

人类关于经验世界的任何认识成果，都凝聚、结晶在关于经验世界的概念规定之中。对此，列宁曾经提出，"思维的范畴不是人的用具，而是自然的和人的规律性的表述"①。又说："在人面前是自然现象之网。本能的人，即野蛮人没有把自己同自然界区分开来。自觉的人则区分开来了，范畴是区分过程中的一些小阶段，即认识世界的过程中的一些小阶段，是帮助我们认识和掌握自然现象之网的网上纽结。"②概念、范畴，作为人类"认识和掌握自然现象之网的网上纽结"，构成了人类认识和实践发展的"阶梯"和"支撑点"。

人类认识的"网上纽结"是需要不断地扩展和深化的，人类认识的"阶梯"和"支撑点"是需要不断地"提高"和"强化"的。这就需要实现概念、范畴的逻辑层次的跃迁。而这种概念、范畴的"逻辑层次的跃迁"，首先是以对概念、范畴的批判性反思为前提的。正是在这里，人类思想的哲学维度——反思——显示了它的不可取代的特殊价值。

二、反思的思维

人类思想的反思维度，在人类的理论思维的发展过程中，构成了反思的

---

① 《列宁全集》第38卷，第87页。
② 同上书，第90页。

思维方式,这就是哲学的思维方式。 对此,黑格尔曾作过这样的论述:"哲学可以定义为对于事物的思维着的考察,如果说'人之所以异于禽兽在于他能思维'这话是对的(这话当然是对的),则人之所以为人,全凭他的思维在起作用。 不过哲学乃是一种特殊的思维方式——在这种方式中,思维成为认识,成为把握对象的概念式的认识。 所以哲学思维无论与一般思维如何相同,无论本质上与一般思维同是一个思维,但总是与活动于人类一切行为里的思维,与使人类的一切活动具有人性的思维有了区别。"①黑格尔还具体地指出,这种哲学思维的特殊性,就在于它"以思想的本身为内容,力求思想自觉其为思想"②。 黑格尔把这种哲学的反思的思维称作"思辨的思维"。

对于这种"思辨的思维",黑格尔通过"感觉""直观""想象""意志"同"思维"的对比来予以解释。 他说:"精神,作为感觉和直观,以感性事物为对象;作为想象,以形象为对象;作为意志,以目的为对象。 但就精神相反于或仅是相异于它的这些特定存在形式和它的各个对象而言,复要求它自己的最高的内在性——思维——的满足,而以思维为它的对象。"③这就是人类思维的反思活动,即人类思维以自身为对象反过来而思之。

在人类思维的这种"反思"活动中,作为"感觉"和"直观"、"想象"和"意志"的全部"精神"活动,以及这些"精神"活动的全部"对象"(如黑格尔所说的"感性事物""形象"和"目的",等等),都在"思维"的统摄下而成为"反思"的对象。

黑格尔对哲学"反思"的这种理解,是同他对"哲学"的理解密不可分的。 黑格尔认为,"哲学",在古希腊哲学家那里就已经确立了自己的目标,这就是亚里士多德所说的"寻取最高原因的基本原理"。 这种"基本原理"可以使人类经验中的各种各样的事物得到统一性的解释,或者可以被解释为某种普遍本质(哲学家所说的"本体")的各种具体表现,从而也就使"思维"实现了把握和解释世界的"全体自由性"。

黑格尔完全赞同亚里士多德所规定的"寻取最高原因的基本原理"的哲学目标,但他认为,亚里士多德把各式各样现象提高到"概念"里面之后,却又使"概念"本身分解为一系列彼此外在的特定的概念,因而并没有以"概念"的方式实现哲学的目标。 黑格尔还认为,亚里士多德以后的哲学虽

---

① 黑格尔:《小逻辑》,第38页。
② 同上书,第39页。
③ 同上书,第51页。

然力图以"实体"概念去统摄各种特殊概念,但由于这些哲学或者沉浸于"表象思维"之中,或者沉湎于"形式思维"之中,都没有自觉到哲学思维只能是思维的自我"反思",因而也无法实现哲学所确认的目标。因此,黑格尔从对"思维"的"主观性"和"客观性"的分析入手,通过对"表象思维"和"形式思维"的批判,来阐释"反思"的"哲学思维"。

如果仅仅从思维的"主观性"上看,"思维"作为一种普遍性的精神活动,其内部当然直接地包含着"全体的自由性";但是,正由于这样的"自由"只不过是抽象的思想的自我联系,所以这样的"自由"又只能是一种没有任何规定性的虚幻的自由。反之,如果仅仅从思维的"客观性"上看,它必须在内容上包含事物的全部规定性,才能实现"全体的自由性";但是,正由于思维(认识)的过程性与掌握事物的全部规定性的矛盾性,思维也无法在这种内容的"客观性"上实现"自由"。特别重要的是,如果"思维"只是按照自己的本性(而非事物的本性)去把握事物,则"思维"所实现的永远只能是主观臆想的"自由"。因此黑格尔认为,哲学的"最高任务"在于确认"思想与经验的一致性",达到"自觉的理性与存在于事物中的理性的和解",达到"理性与现实的和解",也就是实现"思维与存在"的统一①。

按照黑格尔的思想,哲学要履行和实现这个"最高任务",也就是使人们自觉到思维和存在相统一的本性,哲学就必须自觉到自己的特殊的思维方式——以思维自身为对象的反思的思维方式。因此,从分析思维的"主观性"与"客观性"入手,黑格尔集中地考察和批判了非哲学的思维方式——"表象思维"和"形式思维"。

黑格尔说:"表象思维的习惯可以称为一种物质的思维,一种偶然的意识,它完全沉浸在材料里,因而很难从物质里将它自身摆脱出来而同时还能独立存在。与此相反,另一种思维,即形式推理,乃以脱离内容为自由,并以超出内容而骄傲;而在这里,真正值得骄傲的是努力放弃这种自由,不要成为任意调动内容的原则,而把这种自由沉入于内容,让内容按照它自己的本性,即按照它自己的自身而自行运动,并从而考察这种运动。"②这就是说:作为"反思"的"哲学思维",它既不是以经验材料为对象而形成关于经

---

① 参见黑格尔:《小逻辑》,第43页。
② 黑格尔:《精神现象学》上卷,第40页。

验世界的各种知识的"表象思维",也不是以思维的形式推理为对象而形成关于思维的结构与规则的知识的"形式推理"。正是在这个意义上,哲学是"对认识的认识""对思想的思想",也就是思想以自身为对象的"反思"。

哲学,它作为思想以自身为对象的"反思",必然是一种"概念性的认识",也就是把"概念"作为再思想、再认识的对象。但也正因如此,哲学的思维方式不仅是难以掌握的,甚至也是难以理解的。黑格尔曾经指出,"一般人所说的哲学的难懂性",一部分是由于他们"不惯于作抽象的思维",另一部分是由于他们"亟欲将意识中的思想和概念用表象的方式表达出来"①。这就是说,人们总是习惯于寻求某种"熟习的""流行的""观念"或"表象"来思想,而"意识一经提升到概念的纯思的领域时,它就不知道究竟走进世界的什么地方了"②。

在《黑格尔〈逻辑学〉一书摘要》中,列宁曾摘录黑格尔这样的一段论述:"凡是没有思维和概念的对象,就是一个表象或者甚至只是一个名称;只有在思维和概念的规定中,对象才是它本来的那样。"对此,列宁评论道:"这是对的! 表象和思想,二者的发展,而不是什么别的。"③而在"辩证法是什么?"的标题下,列宁又提出,辩证法就是"概念的相互依赖""一切概念的毫无例外的相互依赖""一个概念向另一个概念的转化""一切概念的毫无例外的转化""概念之间对立的相对性""概念之间对立面的同一"④。这表明,只有升华为"概念性的认识",才能达到哲学思维。

在《黑格尔〈哲学史讲演录〉一书摘要》中,列宁曾经更为尖锐地提出问题:"对于'发展原则',在20世纪(以及19世纪末叶),'大家都已经同意'。——是的,不过这种表面的、未经过深思熟虑的、偶然的、庸俗的'同意',是一种窒息真理、使真理庸俗化的同意。——如果一切都发展着,那么一切就都相互转化,因为发展显然不是简单的、普遍的和永恒的生长、增多(或减少)等等。——既然如此,那就首先必须更确切地理解进化,把它看作一切事物的产生和消灭、互相转化。其次,如果一切都发展着,那么这点是否也同思维的最一般的概念和范畴有关? 如果无关,那就是说,思维和存在不相联系。如果有关,那就是说,存在着具有客观意义的概

---

① 参见黑格尔:《小逻辑》,第40—41页。
② 同上书,第41页。
③ 《列宁全集》第38卷,第242页。
④ 同上书,第210页。

念的辩证法和认识的辩证法。"①

对此,列宁还以黑格尔对古希腊哲学家芝诺的分析为例,深刻地阐发了哲学思维的特征。人们通常认为,芝诺提出的"飞矢不动"是典型的"形而上学"命题,即"否认事物运动"的命题。而黑格尔则认为,芝诺从来没有想到要否认作为"感觉确实性"的运动,问题仅仅在于"运动的真实性",也就是如何以"概念"的方式来说明"运动"的问题。正因如此,列宁提出:"问题不在于有没有运动,而在于如何在概念的逻辑中表达它。"②这正是"哲学思维"与"表象思维"和"形式思维"的原则区别。

毫无疑问,黑格尔作为西方传统哲学的集大成者,他对"哲学"及其思维方式的理解,不能不具有显著的二重性。一方面,他以最宏伟的形式总结了以往全部哲学的发展,从而深刻地提炼了哲学的思维方式;另一方面,他所代表的传统哲学具有自身的历史局限性,这种局限性也必然制约黑格尔对"哲学"及其思维方式的概括和总结。特别是由于黑格尔哲学的唯心主义性质,他对"哲学"的理解是需要批判地予以分析的。但是,我们不能因此而忽视甚至是拒绝黑格尔对"哲学"特别是对"哲学思维"的论述。我们应当像马克思、恩格斯和列宁那样,认真地思考黑格尔所提出的问题和他关于这些问题的阐释,特别是他在"表象思维""形式思维"与"思辨思维"的对比中对哲学思维的论述。这对于我们理解哲学的思维方式是十分重要的。

三、反思的对象

"反思",是思想以自身为对象反过来而思之。显然,"反思"的对象就是"思想"。

"思想",是关于思想对象的思想;没有思想的对象,就不会有"思想"。这正如马克思所说,"意识在任何时候都只能是被意识到了的存在"③,"观念的东西不外是移入人的头脑并在人的头脑中改造过的物质的东西而已"④。因此,在关于"反思"的对象的思考中,我们就不能局限于对"反思"与"思想"二者关系的思考,而必须是扩展为对"反思""思想"和"思想对象"三者关系的思考。从这三者关系中,我们既会看到"反思"对

---

① 《列宁全集》第 38 卷,第 280 页。
② 同上书,第 281 页。
③ 《马克思恩格斯选集》第 1 卷,第 30 页。
④ 《马克思恩格斯选集》第 2 卷,第 217 页。

象的普遍性,又会懂得"反思"对象的特殊性,从而在"反思"对象的普遍性与特殊性的统一中,深化对"反思"的哲学思维的理解。

首先,我们分析"思想"与"思想对象"的关系。在人类的"构成思想"的思想维度中,"思维与存在的关系"中的"存在"就是"思想"的对象。在这种"构成思想"的维度中的"存在",不仅是指"物质性"的存在,而且是指"精神性"的存在。如果借用英国科学哲学家卡尔·波普尔的"三个世界"来表述作为思想对象的"存在",那么,这里的"存在"主要包括三个方面:(1)所谓"物理自然世界",即客观物质世界;(2)所谓"人的意识世界",即主观精神世界;(3)所谓"客观知识世界",即语言文化世界。实际上,作为"思想"对象的"存在",就是构成思想对象的全部的存在。

与"构成思想"的思想维度不同,哲学反思的直接对象是"思想",而不是思想的对象。如果反思的对象仍然是作为思想对象的"存在",那么,这仍然是"构成思想"的思想维度,它所形成的也仍然是关于世界的思想。正因为"反思"的对象是"思想",而不是思想的对象,因此,"反思"才把"思维和存在的关系"作为"问题"来思考。就是说,在人类思想的反思维度中,不是具体地实现思维与存在之间的统一,从而构成关于"存在"的某种"思想";恰恰相反,人类思想的反思维度,是揭露思维与存在之间的矛盾,对各种关于"存在"的"思想"进行反省和批判。正因为"思想"的"对象"是构成思想的全部"存在","思想"本身是无限丰富、复杂的,所以,反思的对象是无限开阔的,古往今来的各种哲学从未停息对"思想"的"反思",当代哲学则愈来愈强烈地感受到"反思"的任重道远。

把"反思"同"思想"和"思想对象"联系起来,我们就会发现:当哲学企图坚守自己的固有领地的时候,即哲学直接地把"自然界""社会"或"思维"作为自己的对象的时候,它越来越感到自己"无家可归";当哲学被"驱逐"出它的全部世袭领地之后,它却真正实现了"四海为家"。这就是因为:"思想",是关于"世界"的思想,人们正是在"思想"中才能达到对"世界"的把握、理解和解释;"反思",是对"思想"的反思,关于"世界"的全部"思想"都是哲学"反思"的对象。

哲学确认自己的"反思"的思维方式,并确认"思想"为反思的对象,经历了漫长的过程:在古代,"哲学"曾经充当包罗万象的"知识总汇",也就是关于"世界"的全部"思想";在近代,"哲学"曾经充当凌驾于科学之上的"科学的科学"即"全部知识的基础",也就是关于"世界"的最具普遍性的"思想";只有当"科学"能够提供关于"世界"的各种"思想"的时候,"思想"才真正成为"反思"的对象,哲学才能够确认自己的思维方式及其反思的对象。

关于哲学的这种总体发展趋势,恩格斯在他的几部哲学名著中都做过具体的论证,并得出了共同的结论。在《反杜林论》一书中,恩格斯说:"一旦对每一门科学都提出了要求,要它弄清它在事物以及关于事物的知识的总联系中的地位,关于总联系的任何特殊科学就是多余的了。于是在以往的全部哲学中还仍旧独立存在的,就只有关于思维及其规律的学说——形式逻辑和辩证法。其他一切都归到关于自然和历史的实证科学中去了。"①在《路德维希·费尔巴哈和德国古典哲学的终结》一书中,恩格斯又提出,"现在无论在哪一方面,都不再是要从头脑中想出联系,而是要从事实中发现这种联系了。这样,对于已经从自然界和历史中被驱逐出去的哲学来说,要是还留下什么的话,那就只留下一个纯粹思想的领域:关于思维过程本身的规律的学说,即逻辑和辩证法"②。

现代科学的一个突出特点,是以语言学、心理学、逻辑学、脑科学等为主要内容的"思维科学"的飞速发展。"思维"作为"思想"的对象,已经日益成为"科学"的领域。这样,"世界"的三大领域——自然、社会和思维——都已经成为"科学"的对象,"哲学"被"驱逐"出了它的全部"世袭领地"。因此,正是在现代哲学中,关于"世界"的"思想"真正成为"反思"的对象,哲学也以"无家可归"的形式而真正地实现了"四海为家"。

我们应当看到:思维与存在的矛盾关系既是"无处不在"的(人类把握世界的任何方式都包含着这种矛盾关系),又是"无时不有"的(人类把握世界的各种方式在其历史的全部过程中都包含这种矛盾关系);思维与存在的矛盾关系既是"无限扩展"的(人类的实践活动和认识活动的发展揭示出思维与存在之间的更为丰富的矛盾关系),又是"无限深化"的(人类的实践活动和认识活动的发展揭示出思维与存在之间的更深层次的矛盾关系)。因此,哲学"反思"的对象既是"无处不在"和"无时不有"的,又是"无限扩展"和"无限深化"的。

---

① 《马克思恩格斯选集》第3卷,第65页。
② 《马克思恩格斯选集》第4卷,第253页。

我们还应当看到：以"思想"为对象的"反思"，不仅是反思"被构成的思想"，而且要反思"构成思想的活动"，还要反思"构成思想的方式"。这后两个方面，是哲学反思的不容忽视的重要对象。

思想，不仅需要思想的对象，而且需要构成思想的活动与方式。构成思想的活动，首要的是思想构成自己的根据和原则，也就是思想构成自己的"逻辑支撑点"。它规范着思想的主体想什么和不想什么、怎么想和不怎么想，也就是规范着思想主体的思想内容和思想方式。因此，反思思想构成自己的根据和原则，揭示思想构成自己的"逻辑支撑点"，是哲学反思的深层使命。

构成思想的方式，从根本上说，就是人类把握世界的各种基本方式。人们以常识的、神话的、宗教的、艺术的、科学的等不同的方式去把握世界，也就形成关于世界的各种思想。因此，在哲学反思中，人类把握世界的各种基本方式是极为重要的反思的对象。通过对人类把握世界的各种基本方式的反思，人类就能够在哲学的层面上不断地更新自己的世界图景，并从而变革自己的思维方式、价值观念和审美意识，实现人类自身的发展。

四、反思的特性

人类思想的反思活动，是"对思想的思想""对认识的认识"，也就是以"思想"为对象的再思想、再认识的特殊维度的思想活动。由此便决定了反思活动的"超验性""批判性""综合性"和"前提性"的基本特性。

超验性

所谓"超验性"，就是反思活动的超越经验的性质。这是反思活动的首要的和基本的特性。

反思是以"思想"为对象的思维活动。"思想"本身已经是源于经验而又超越经验的理性认识，对思想的思想，就既不是黑格尔所批判的沉浸于经验内容之中的"表象思维"，也不是黑格尔所批评的超然于经验内容之外的"形式思维"，而是超越于经验之上的关于经验内容的思考。这是反思的超验的特性。

反思的超验性具有两重含义。其一是说反思的超越经验的性质，就是说，反思不是直接的关于经验对象的思考，反思的直接对象是关于经验对象的"思想"。正因如此，反思需要自己的超越经验科学的特殊方式和特殊方法，也需要反思的主体经过较为系统的反思的训练和培养。这正如黑格尔所说:"常有人将哲学这一门学问看得太轻易,他们虽从未致力于哲学,然而他们可以高谈哲学,好像非常内行的样子。他们对于哲学的常识还无充分准备,然而他们可以毫不迟疑地,特别当他们为宗教的情绪所鼓动时,走出来讨论哲学,批评哲学。他们承认要知道别的科学,必须先加以专门的研究,而且必须先对该科有专门的知识,方有资格去下判断。人人承认要想制成一双鞋子,必须有鞋匠的技术,虽说每人都有他自己的脚做模型,而且也都有学习制鞋的天赋能力,然而他未经学习,就不敢妄事制作。唯有对于哲学,大家都觉得似乎没有研究、学习和费力从事的必要。"①

反思的超验性的另一重含义,是指哲学的反思是"超越经验",而不是"脱离经验",即哲学的反思并不是脱离经验内容的玄思和遐想。

近代以来的哲学,逐步地形成了一种关于思想内容的逻辑即"内涵逻辑",它构成了哲学反思的对象。因此,黑格尔在论述哲学的反思时,总是强烈地批判那种"以脱离内容为骄傲"的"形式思维",并且提出,"哲学的特点,就在于研究一般人平时所自以为很熟悉的东西。一般人在日常生活中,不知不觉间曾经运用并应用来帮助他生活的东西,恰好就是他所不真知的,如果他没有哲学的修养的话"②。

既超越于经验内容之上,又反观于经验内容之中,这就是哲学反思对"经验"的二重性内涵。反思的这种"超验性",决定了它既要以"批判性"的方式对"思想"进行再思想,又要以"综合性"的方式去实现对"思想"的批判。由此便构成了哲学反思的批判性和综合性。

批判性

所谓哲学反思的批判性,是指哲学反思对"思想"的否定性的思考方式,或者说,把"思想"作为"问题"予以追究和审讯的思考方式。从一定的意义上说,批判性是反思的最本质的特性。

"批判"是人类特有的活动方式,它包括观念形态的精神批判活动和物质形态的实践批判活动这两大批判形态或批判方式。在人类的现实的历史发展过程中,否定世界的现存状态而把世界变成人所要求的现实的实践批判活动,它既是精神批判活动的现实基础,又以精神批判活动为前提。这是因为,在观念上否定世界的现存状态,并在观念中构建人所要求的现实的精神

---

① 黑格尔:《小逻辑》,第42页。
② 黑格尔:《哲学史讲演录》第1卷,第25页。

批判活动，既为实践活动提供改变世界的理想性图景，又为实践活动提供满足人的需要的目的性要求。

毫无疑问，哲学的反思活动是一种观念形态的精神批判活动，它直接地表现为对"思想"的批判过程。这主要表现为揭示思想（使含混的思想得以澄明）、辨析思想（使混杂的思想得以分类）、鉴别思想（使混淆的思想得以阐释）和选择思想（使有用的思想得以凸现）的过程。

哲学反思对思想的揭示、辨析、鉴别和选择，并不是通常所理解的以某种确认的思想去代替其他的思想；恰恰相反，在哲学的反思中，所有的思想都是反思的批判对象。哲学批判所要实现的，是整个思想的逻辑层次的跃迁，也就是实现人类的思维方式、价值观念、审美意识和终极关怀的变革。

对于哲学反思的这种批判性，哲学家们曾作过许多精彩的论述。法兰克福学派的主要代表人物霍克海默提出："哲学认为，人的行动和目的绝非是盲目的必然性的产物。无论科学概念还是生活方式，无论流行的思维方式还是流行的原则规范，我们都不应盲目接受，更不能不加批判地仿效。哲学反对盲目地抱守传统和在生存的关键性问题上的退缩。哲学已经担负起这样的不愉快任务：把意识的光芒普照到人际关系和行为模式之上，而这些东西已根深蒂固，似乎已成为自然的、不变的、永恒的东西。"① 英国哲学家 I. 伯林从哲学批判与社会进步的视角更为明确地阐发了哲学的批判性的社会功能。他认为，"如果不对假定的前提进行检验，将它们束之高阁，社会就会陷入僵化，信仰就会变成教条，想象就会变得呆滞，智慧就会陷入贫乏。社会如果躺在无人质疑的教条的温床上睡大觉，就有可能会渐渐烂掉。要激励想象，运用智慧，防止精神生活陷入贫瘠，要使对真理的追求（或者对正义的追求，对自我实现的追求）持之以恒，就必须对假设质疑，向前提挑战，至少应做到足以推动社会前进的水平"②。新实用主义者罗蒂提出，他所说的"后哲学"就是指"克服人们以为人生最主要的东西就是建立与某种非人类的东西（某种像上帝，或柏拉图的善的形式，或黑格尔的绝对精神，或实证主义的物理实在本身，或康德的道德律这样的东西）联系的信念"③。

关于哲学反思的批判性的论述，最为精辟的就是马克思的论述。马克思说："批判的武器当然不能代替武器的批判，物质力量只能用物质力量来摧

---

① 霍克海默：《批判理论》，第243页。
② 参见布莱恩·麦基编：《思想家——当代哲学的创造者们》，第4页。
③ 理查德·罗蒂：《后哲学文化》序。

毁；但是理论一经掌握群众，也会变成物质力量。理论只要说服人，就能掌握群众；而理论只要彻底，就能说服人。"①哲学反思作为"批判的武器"，它以自身的巨大的逻辑征服力去撞击人们的理论思维，从而使人们敞开思想自我批判和思想自我超越的空间，形成更为合理的理想性图景和目的性要求，从而以实践批判的方式使世界变成更加理想的世界。

综合性

所谓哲学反思的"综合性"，是指哲学的批判性反思是通过各种思想的相互撞击和"对话"而实现的。没有广博深厚的"思想"，就没有哲学的"反思"；没有各种各样的"思想"的相互撞击，也无法实现哲学的批判。

当代美国哲学家莫尔顿·怀特在其所著《分析的时代》一书中作过这样的论述："人们有一种传统的成见，总要想寻求确定性的标准，并把那个标准等同于某种既定的学科，不管它是数理科学还是经验科学。与这个成见联袂并进的还有这样一种想法，就是那样一个牢靠的标准能够提供一块确实可靠的哲人石（点金术）。在信仰得势的中古时代，和十七世纪的理性时代，我们看到有把某一分科或科学拣出来作为通向宇宙或智慧大全世界的钥匙的古典范例。人们将一种认识作为典范，要求其余认识都追随它的方法，也不管它是神学还是数学。在十八世纪牛顿物理学胜利的时代，机械学成为学问之王；十九世纪黑格尔的历史和达尔文的生物学占有同样的重要地位；到那一个世纪的末期，心理学大有主宰哲学研究的希望，继这种学科帝国主义之后，二十世纪则倾向于更加民主和多元化。它不仅避免把一种知识作为中心，它甚至否认认识作为人类活动的一种形式所占的中心地位。这一点不仅在柏格森的极端活力论中可以明显地看出，就是在维特根斯坦极力想阐明哲学家看来都极感兴趣的语言的各种用法方面也可以明显地看出。这一点反映在詹姆士多元形而上学中，也反映在杜威之否认他所谓认识经验普遍存在方面。逻辑实证主义者的后期的倾向也证明这点；这种倾向就是要逃避所谓的还元（以一统万）的谬误。当我们一旦弄清楚学科之间没有明确的分界线，而且没有一门学科可以称得起在认识分类表中占有一个唯我独尊的位置时，当我们弄清楚了人类各种经验的形式也和认识同样重要时：只有到那个时候才算打通最广义的、关于人的哲学研究的道路。"②由此，怀特特别地提示人

---

① 《马克思恩格斯选集》第1卷，第9页。
② M.怀特：《分析的时代——二十世纪的哲学家》，商务印书馆，1981年，第242—243页。

们:"一个哲学家不必在各个方面都成为专家,也不必像斯宾塞和黑格尔那样,自己对各种知识都做出淡而无味、名不副实的总结,可是,他却应当锻炼自己能在人类的各种主要活动之间发现重要的类似之处和差别之点。"① 这就需要我们在包括常识、艺术、宗教、伦理和科学等诸种人类把握世界基本方式的相互理解中,也包括自然科学、思维科学、社会科学和人文科学等各个科学门类的相互理解中,去实现批判性的哲学反思。

前提性

所谓哲学反思的前提性,是指哲学的反思是对思想的各种"前提"的批判,而不是一般所理解的对思想的"内容"的批判。哲学反思的前提性,既构成了哲学反思的真实对象,又决定了哲学批判的真实意义。理解哲学反思的前提性,是掌握哲学的反思的思维方式的根本性要求。

哲学的批判性反思,总是对反思对象的批判;没有作为反思对象的"思想",也就没有作为反思活动的批判。然而,值得我们深长思之的是:反思的对象不只是作为思想内容的思想,而且包括构成思想的根据。这种构成思想的根据,是思想得以形成的前提。它是哲学反思的真实对象,因而哲学的反思具有"前提批判的性质"。

在形式逻辑的论域中,"前提"被解释为推理中的已知的判断。而在哲学的意义上,思想的前提是构成思想的根据,推演思想的支点,评价思想的尺度和检验思想的标准。对思想的前提批判,也就是对思想的根据、支点、尺度和标准的批判。这种"前提批判"的出发点和归宿,是实现思想的逻辑层次的跃迁。这表明,哲学的反思是反思的特定层次——前提批判的反思活动。

第三节 哲学的前提批判

一、反思的层次

思想的自我反思有两个基本层次:一是思想对自己的思想内容的反思,二是思想对构成自己的根据和原则的反思。前者是普遍地存在于各种思想活动之中的思想自我反思,后者则是属于哲学层面的哲学反思。

人们在各种各样的思想活动中,不仅仅要"构成思想"即实现思维与存

---

① M.怀特:《分析的时代——二十世纪的哲学家》,第245页。

在的具体的统一，而且总要反省、追究已经构成的思想是否实现了思维与存在的统一。所谓"反复思考""三思而后行"等等，都是指这种思想对自己的思想内容的反思。由此可见，这种思想内容的自我反思，是普遍地存在于人类的全部思想活动之中的。这种层次的反思，还不是专属于哲学的反思。这里，我们以人们对科学的反思为例，来说明两个不同层次的反思，并从而理解哲学层次的反思。

在科学的发展史上，人们总是通过对科学思想的反思与批判，来推进科学思想的进一步发展。在一定的意义上，科学的发展史，就是科学思想的自我批判史。但是，这种科学思想的自我批判，并不直接就构成哲学层面的反思。

大家知道，科学的发展表现为以新的科学理论去"扬弃"旧的科学理论，新的科学理论必须同时具有以下两方面的性质：一是它必须具有"向上的兼容性"，即能够对原有的科学理论做出更为合理的理论解释；二是它必须具有"论域的超越性"，即能够提出和回答原有的科学理论所没有提出或没有解决的问题。前者属于原有逻辑层次上的理论的延伸、拓宽和深化，后者则要求突破原有的思维方式，实现逻辑层次的跃迁。因此，科学思想的自我反思和自我批判，并不只是一个反思层次，而是包含两个反思层次。

当代科学哲学家伊姆雷·拉卡托斯（Imre Lakatos，1922—1974）在他的科学研究纲领方法论的哲学理论中提出，任何一个科学研究纲领都是由其方法论的规则构成的。这些方法论规则从总体上可以分为两大部分：一部分规则是把研究所应避免的途径告诉人们，这就是所谓的"反面启发法"；其他的规则又把研究所应遵循的途径告诉人们，这就是所谓的"正面启发法"。纲领的反面启发法，最主要的就是关于不得摈弃或修正该纲领所依据的基本假定——"理论硬核"——的规定。所谓"理论硬核"，就是这个研究纲领的一系列相互联系的基本理论。它由许多的辅助性假说和初始条件作为"保护带"而被予以保护。

如果我们借用伊姆雷·拉卡托斯关于科学理论的"理论硬核"和"保护带"的区分，那么，对于科学思想的自我反思和自我批判的两个层次，就可以做出进一步的解释：如果科学思想的自我反思和自我批判只是指向作为"保护带"的"辅助性假说"，那么，它就仍然是以既有的"理论硬核"去思考问题和进行科学研究，尚未实现科学研究中的逻辑层次的跃迁，因而它还属于原有科学思想的延伸、拓宽和深化的层次；如果科学思想的自我反思和自我批判指向并修正了原有科学理论的"理论硬核",那么,它就构成了科学的"研究纲领"的转换,实现了科学研究中的逻辑层次的跃迁,因而它属于科学思想自我反思和自我批判的第二个层次——对科学思想的逻辑前提的批判与变革。

这种对科学思想的逻辑前提的批判与变革,从根本上说,就是对人们普遍认同的、占有统治地位的"公理"的挑战。在科学的发展史上,"日心说"之于"地心说","进化论"之于"创生论","非欧几何"之于"欧氏几何","相对论"和"量子力学"之于"经典物理学","剩余价值学说"之于"古典政治经济学","科学社会主义"之于"空想社会主义",都可以说是对"公理"的挑战,并且以新的"公理"去取代了旧的"公理",其中包括把旧的"公理"作为新"公理"的特例而容涵于新"公理"之中。

显而易见,科学思想的自我反思和自我批判所实现的对科学理论的逻辑前提的变革,以及由此而实现的世所公认的权威性的"公理"的转换,是科学的划时代的重大发现。它深刻地改变了人们的世界图景、思维方式和价值观念,以及变革了人们整个的生活方式。这种指向思想的逻辑前提并从而改变了思想的逻辑前提的科学思想的自我反思,已经不再仅仅是思想内容的自我反思,而是一种关于思想的逻辑前提、思想的逻辑基础的反思,因而它属于对构成思想的根据和原则的反思,即哲学层面的思想自我反思。

伟大的科学家爱因斯坦一再强调,在科学研究中,"提出一个问题比解决一个问题更重要","想象比知识更重要"。这就是因为,一般所说的"解决问题",就是在原有的逻辑层次上去解决问题,并没有实现论域的拓宽和逻辑的跃迁;而这里所说的"提出问题",则是在新的领域或新的逻辑层次上发现新的问题,提出新的问题,为思想前提的逻辑跃迁开拓道路。因此,这种"提出问题",就不仅仅是科学自身的思考方式,而且是科学家对科学思想的哲学反思。或许正因如此,人们经常说,大科学家必然是大哲学家,不是大哲学家难以成为大科学家。

以思想构成自己的根据和原则的哲学反思,当然不止于科学研究中的哲学层面的反思,它必然包括一切思想活动中对构成思想的根据和原则的反思。任何思想,不管是常识思想还是宗教思想,不管是艺术思想还是科学思想,都隐含着构成其具体内容从而也是超越其具体内容的根据和原则。这些根据和原则,是思想构成其自身的一只"看不见的手"。它以文化传统、思维模式、价值尺度、审美标准、行为准则、终极关怀等形式而构成思想的立足点和出发点。

这种思想的立足点和出发点,作为思想构成自己的逻辑前提而隐含在思想构成自己的过程和结果中,并对思想构成其自身的进程与结果发挥逻辑的强制性力量——由既定的思想逻辑支点出发而形成特定的思想。因此,要变革思想,就必须变革构成思想的逻辑支点。这就要求人们必须从思想自我反思的第一个层次——思想内容的反思,跃迁到思想自我反思的第二个层次——对思想构成自己的根据和原则的反思,也就是对思想前提的反思。这就是哲学的前提批判。

对于上面所叙述的思想的两个维度、反思的两个层次及其相互关系,我们可以简要地图示如下:

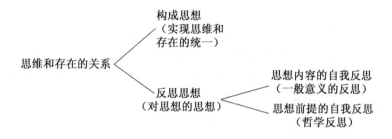

二、思想前提及其特性

思想的前提,就是思想构成自己的根据和原则,也就是思想构成自己的逻辑支点。人的任何思想,都蕴含着构成自己的前提;对思想的前提批判,就是思想的逻辑层次的跃迁。

应当看到,对思想的前提批判,既是哲学反思的实质性内容,又是哲学的艰巨的使命。哲学反思的艰巨性,就在于思想前提所具有的"隐匿性""强制性";而哲学反思的现实性,则在于思想前提所具有的"可选择性"和"可批判性"。作为思想前提批判的必要性与可能性的统一,则在于思想前提的"普遍性"。

思想前提的"隐匿性"和"强制性"

思想前提,作为构成思想的根据和原则,是思想中的"一只看不见的手",也是思想构成自己的"幕后的操纵者"。比如,在一般的思维过程中,我们总是按照形式逻辑的三段论的方式去思考问题,并不自觉地遵守着形式推理的各种规则。然而,这些形式推理的规则,在我们构成思想的进程和结果中,却只是"默默地奉献",深深地隐匿在思想活动之中。还应看到的是，在我们的思想活动中，并不仅仅是不自觉地遵循着思维运动的规律与规则，而且"隐匿"着更多的"幕后操纵者"。比如文化传统，这就像《我的中国心》里唱的，"洋装虽然穿在身，我心依然是中国心"。文化传统无条件地烙印在人们的思想之中，并以不自觉的方式规范着人们的所思所想和所作所为。同样，人们的思维模式、价值观念、审美意识、终极关怀等等，都以不自觉的和无条件的方式而规范着人们的思想内容和行为内容。

思想构成自己的根据和原则虽然深深地"隐匿"在思想的过程与结果之中，但它作为思想中的"看不见的手"和"幕后的操纵者"，却直接地规范着人们想什么和不想什么、怎么想和不怎么想、做什么和不做什么、怎么做和不怎么做。这就是思想前提对构成思想的"强制性"。比如，在"常识"范围内，我们必须遵循"经验"的方式去构成思想，任何"超验"的思考，都是对"常识"的"挑战"。同样，在各种特定的理论框架中，我们必须以这些理论框架提供的基本原则为思想的前提，并依据这些思想前提去形成思想。在平面几何的论域内，我们必须（而且只能）是从三角形三内角之和等于180°出发去思考三角形问题，而不能（不允许）从其他思想前提去构成思想。这就是思想前提对构成思想的逻辑强制性。

思想前提的"隐匿性"和"强制性"，构成了哲学反思的必要性。这就是，只有通过哲学反思，才能超越对思想内容的反思，而达到对构成思想的前提的反思；也只有通过对构成思想的前提的哲学反思，才能揭示出"隐匿"在思想的过程和结果中的"前提"，并以哲学批判的方式去解除这些思想前提的"逻辑强制性"，从而使人们解放思想，创立新的思想。

思想前提的"可选择性"和"可批判性"

哲学对思想的前提批判，首先是因为任何思想的前提或思想的任何前提都具有"可选择性"。这就是说，思想的前提具有二重性：一方面，它在构成思想的特定过程和特定结果中，是确定的，不可变易的，因而它的逻辑强制性是合理的；另一方面，它在思想的历史发展过程中，在纷繁复杂和多种多样的思想领域中，又是不确定的，可以变易的，因而它的逻辑强制性又是应当和可以解除的。

哲学对思想的前提批判，还因为任何思想的前提或思想的任何前提都具有"可批判性"。这就是说，我们在对任何思想的反思中，都不仅可以反思思想的内容，而且能够反思思想的前提。思想的前提在思想的过程和结果中是"隐匿"的，但人们却可以通过哲学的反思去揭示这些隐匿的前提，对这些前提进行"分析"或"解释",使它们以文化传统、思维模式、价值尺度、审美标准和终极关怀等方式而成为哲学批判的对象。

思想前提的"普遍性"

在人的思想的过程和结果中,思想前提是"无处不在"和"无时不有"的。这种思想前提的"普遍性",既构成了哲学对思想的前提批判的必要性(任何思想都"隐匿"着需要揭示和批判的"前提"),又构成了哲学对思想的前提批判的可能性(从任何思想中都能够揭示出予以批判的"前提")。以"思想"为对象的哲学之所以能够"四海为家",从根本上说,就在于思想的"前提"具有普遍性。

思想前提的普遍性,首先表现在任何思想都有构成其自身的根据。具体地说,任何思想的自我构成,都是以某种"世界观""认识论"和"方法论"为前提的。这就是说,人们在构成具体的思想之前,总有某种关于世界的整体图景,总有某些构成思想的方法,总有某些对思想进行解释和评价的解释原则和评价标准。

思想前提的普遍性,又表现在思想的过程总要遵循思维的规则和运用思维的方法。这些思维规则正是思想构成自己的重要前提。学习形式逻辑,是要求人们自觉地掌握和运用思维的规则去构成思想和交流思想。思想的前提批判则是要求对构成思想的思维规则和思想方法进行哲学反思。在论述辩证法时,列宁指出:"辩证法是活生生的、多方面的(方面的数目永远增加着的)认识,其中包含着无数的各式各样观察现实、接近现实的成分……"[①]以社会实践为基础的人类认识具有生理的、心理的、语言的、逻辑的、经验的、情感的、意志的、文化的多质性及错综复杂的矛盾关系。人类在其前进的发展过程中,又不断地生成多方面的、方面的数目永远增加着的各式各样的认识成分,从而构成思维与存在之间的日益丰富的矛盾关系,并实现思维与存在的辩证的、历史的、具体的统一。揭示和批判地考察这些认识成分、认识环节和认识方法等等,是哲学的前提批判的重要内容。

思想前提的普遍性,还表现在思想的构成总要以人类把握世界的基本方式为前提。这就是说,任何思想,都是通过常识的、神话的、宗教的、伦理的、艺术的、科学的或哲学的方式构成的;没有把握世界的某种特定方式,也就没有某种特定的关于世界的思想。问题在于,人类把握世界的各种基本

[①]《列宁全集》第38卷,第411页。

方式，都不是凝固的和僵死的，而是在人类的前进的发展中历史地变化的。哲学的前提批判，就是揭示思想在自我构成中，究竟是以怎样的方式为前提。这样的哲学前提批判，就会变革和更新人类把握世界的基本方式，从而实现思想的逻辑层次的跃迁。

思想前提的普遍性，最深层地表现为"理论思维的前提"。恩格斯曾经强调地指出，在人的全部思想中，隐含着一个最普遍的、"不自觉的"和"无条件的"前提，这就是思维与存在的统一性。恩格斯说："我们的主观的思维和客观的世界服从于同样的规律，因而两者在自己的结果中不能互相矛盾，而必须彼此一致，这个事实绝对地统治着我们的整个理论思维。它是我们的理论思维的不自觉的和无条件的前提。"①人类思想的哲学维度，就在于它不像各门具体科学和人类把握世界的其他方式那样，把理论思维的"前提"当作毋庸置疑的出发点，去实现思维和存在的某种形式的统一，而是把理论思维的这个"不自觉的和无条件的前提"作为考察的对象，去反思"思维和存在的关系问题"。因此，只有理解哲学对理论思维的前提批判，才能理解哲学基本问题的真实意义，才能把握哲学的反思的思维方式。

三、前提批判的方式与基础

思想前提具有"隐匿性"和"强制性"，因此，以思想前提为批判对象的哲学反思，也具有两个最根本的特点：一是揭示思想内容中"隐匿"的"前提"，即从哲学反思的思想维度去揭示思想构成自己的根据和原则，使思想的前提由"幕后的操纵者"变成"前台的表演者"；二是以哲学反思的逻辑去审视这个走上"前台的表演者"，迫使它对自身存在的合理性进行辩护，从而解除原有思想的逻辑支点的构成思想的逻辑"强制性"。

哲学反思的这两个根本特点，决定人类思想的哲学维度在本质上是批判的。对此，哲学大师们有明确的论断。例如，德国古典哲学的奠基人康德，把哲学视为一种"清理地基"的工作，认为"哲学家的事业"就是对"自明性的东西"进行分析，所以他给自己提出的哲学任务是追究"认识何以可能"的前提。现象学大师胡塞尔提出，在所谓的"自然的思维态度"中，认识是深不可测的，而认识的可能性却是"自明"的；但在反思的哲学思维中，认识的可能性却成为理性批判的对象。他们都把哲学批判的锋芒指

---

① 《马克思恩格斯选集》第 3 卷，第 564 页。

向了人类认识何以可能的"前提",并迫使这个前提由"幕后"走上"前台",由"看不见的手"变成"看得见的手",从而遭到哲学反思的无情的批判。就此而言,康德的先验方法和胡塞尔的现象学还原的方法,都可以称之为哲学的前提批判的方式。

以"语言转向"为标志的现代哲学,充分利用"语言"自身所具有的客观性、公共性、多样性、历史性、可分析性和可解释性,以一种前所未有的广阔视野展开了对各种各样的文化形式的思想前提批判。构成人的神话世界、常识世界、宗教世界、艺术世界、伦理世界和科学世界的神话语言、常识语言、宗教语言、艺术语言、伦理语言和科学语言,在这种追问"思想前提"的哲学反思中,不得不一一走上思想自我反思和自我批判的"前台",暴露自己得以存在的"前提",申诉自身继续存在的"根据",变革自身发展的方式。

这样,在"语言转向"的现代哲学批判中,"隐匿"在各种语言系统(文化样式)之中的"文化传统""思维模式""价值尺度""审美标准""行为准则"和"终极关怀"等,不仅在这种"清理地基"的工作中被显现出来,而且遭受了空前深刻的哲学批判。因此,以"语言转向"来标志现代哲学对近代哲学乃至整个传统哲学的变革,并非仅仅是指哲学的研究对象或研究重点的转换,而且主要是凸显了哲学前提批判的自觉与强化。

哲学对思想的前提批判,并不是纯粹的思想的结果,而是以人类生活的历史发展为坚实基础的。哲学前提批判的自觉与强化,其现实基础正如马克思所说,"彼岸世界的真理消逝以后,历史的任务就是确立此岸世界的真理。人的自我异化的神圣形象被揭穿以后,揭露非神圣形象中的自我异化,就成了为历史服务的哲学的迫切任务。于是对天国的批判就变成对尘世的批判,对宗教的批判就变成对法的批判,对神学的批判就变成对政治的批判"①。近代哲学的前提批判,主要是对"上帝本体论"的批判,即对"神圣形象"的批判;现代哲学的前提批判,则主要是对"非神圣形象"的批判,也就是对"尘世"中的各种文化样式的批判。

马克思正是以哲学的前提批判,深刻地揭示了"隐匿"在德国古典哲学、英国古典政治经济学和英法空想社会主义中的诸种"前提",空前深刻地揭露和批判了人在各种"非神圣形象中的自我异化",才创立了马克思主

---

① 《马克思恩格斯选集》第1卷,第2页。

义学说,实现了人类思想史上的伟大变革。而现代哲学所进行的"形而上学"批判、"意识形态"批判、"科学技术"批判、"意义世界"批判、"话语方式"批判等等,从根本上说,都是对现代社会中的各种"非神圣形象"的思想前提的批判。

具体地说,思想前提的批判,主要应当注重于以下四个方面:一是形成哲学反思的自觉,也就是形成一种自觉的前提批判意识。在思想的自我反思中,不停滞于对思想内容的反思,而是深入到对构成思想的根据和原则的反思。二是注意揭示思想中的隐含的前提,也就是注重于"蓦然回首",在"灯火阑珊处"去发现真正的问题。三是"消解"前提的强制性,也就是以逻辑的力量去摧毁已有逻辑的强制性。这是整个思想前提批判的实质性内容,也是由批判主体的综合素质所决定的批判的力度与深度的实现过程。四是修正和转换构成思想的前提,以新的思维方式、价值观念、审美意识等去建构思想的新的逻辑支点、实现思想的逻辑层次的跃迁。

我国学者王国维所说的读书三境界,对于理解思想的前提批判是非常有帮助的。"昨夜西风凋碧树,独上高楼,望尽天涯路"的第一境界,也就是登高望远,博览群书,但却只能是"获得思想";"衣带渐宽终不悔,为伊消得人憔悴"的第二境界,也就是呕心沥血,废寝忘食,但却不一定找到"思想的前提";只有"众里寻他千百度,蓦然回首,那人却在灯火阑珊处"的第三境界,在那人所未见的地方,才有可能找到"隐匿"的"思想前提"。在这个意义上,所谓"读书三境界",既生动地体现了"前提批判"的艰难,也深刻地显示了"前提批判"的意义。

四、哲学前提的自我批判

思想的前提规范着人们想什么和不想什么、怎么想和不怎么想,也规范着人们做什么和不做什么、怎么做和不怎么做。而在规范人们的所思所想和所作所为的全部思想前提中,最深层的和最根本的思想前提,就是人们的哲学思想。因此,哲学的前提批判的历史发展,最深层地表现并实现为哲学前提的自我批判。理解这个问题,对于哲学的自我理解是至关重要的。

黑格尔认为,哲学是"思想中所把握到的时代";马克思则更为明确地提出,"任何真正的哲学都是自己时代精神的精华"。哲学作为思想的前提,首先在于它是时代精神的自我意识,即人们对自己所生活的时代的时代精神的总体认识。因此,哲学前提的自我批判,就是对这种时代精神的自我意识的反思。通过这种反思,揭示出隐匿在思想中的对时代精神的总体认识,进而批判地审视这种总体认识。

哲学作为"时代精神的精华",它并不是某种变动不居的"时代精神"的"精华",而是特定时代的人类对人与世界相互关系的自我意识。这就是说,在把哲学解释为"时代精神的精华"的时候,是有特定含义的。具体地说,这种特定含义包括两个方面:其一,"精华"是指人类关于人与世界相互关系的自我意识,它表现为对人与世界相互关系的解释原则,以及用以观照人与世界相互关系的价值观念和审美意识等等;其二,这种关于人与世界相互关系的解释原则及价值观念、审美意识等表现为对时代水平的把握和解释人与世界相互关系的"统一性原理"即哲学理念。因此,简洁地说,"时代精神的精华",即是每个时代的哲学理念。

这种时代水平的哲学理念,在人类的社会生活和历史发展中具有极其重要的作用。它构成人们反思常识、宗教、艺术、伦理、科学和人类全部实践活动的哲学前提,并因而成为思想解放和社会发展的推动力量。因此,哲学前提的自我批判,从根本上说,就是对每个时代的哲学理念的批判性反思。

哲学理念作为时代精神的精华,它只能是自己时代的产物;哲学理念作为哲学家思维着的头脑所建构的统一性原理,它只能是思维的"个别的实现和每次的现实"。因此,任何时代的哲学理念又都是"不至上的","有限的"。

由此便形成了思想前提中的最深层的矛盾——哲学前提的自相矛盾:哲学理念作为思想的最深层的根据、尺度和标准,它要求最高的权威性和最终的确定性;哲学理念作为时代精神的精华,它具有历史的局限性和内在的否定性。

哲学从其产生开始,就蕴含着两个基本矛盾:其一,它指向对人及其思维与世界的"统一性原理"的终极占有和终极解释,力图以这种"统一性原理"为人类的生存和发展提供永恒的最高支撑点;而人类的历史发展却总是不断地向这种终极解释提出挑战,动摇它所提供的"最高支撑点"的权威性和有效性。这就是哲学所承诺的"统一性原理"与人类历史发展的矛盾。其二,哲学以自己所承诺的"统一性原理"作为判断、解释和评价一切的根据、标准和尺度,也就是以自己作为"理论思维的不自觉的和无条件的前提",从而造成自身无法解脱的哲学解释循环。因此,哲学家只有通过对哲学前提的自我批判,重新奠定哲学的"地基",才能使哲学的解释循环不断地跃迁到高一级层次。这就是哲学前提的自我矛盾,以及由此所决定的哲学前提自我批判的根据①。

由此我们可以看到,思想前提中的哲学理念,它具有内在的否定性:从历史的进步性看,每个时代的哲学理念,就是这个时代的人类所达到的关于人与世界相互关系的最高理解,即该时代人类思想的最高支撑点,因此它具有绝对性;从历史的局限性看,每个时代的哲学理念,又只是特定时代的产物,它作为人类思想的最高支撑点,正是表现了人类作为历史性的存在所无法挣脱的片面性,因此它具有相对性;从历史的可能性看,每个时代的哲学理念,都是人类思想在其前进的发展中所建构的"阶梯"和"支撑点",它为人类思想的继续发展提供世界观层面的理论支持,并通过自我批判而实现人类思想的自我超越。

从哲学史上看,古代哲学对原始宗教的批判与超越,近代哲学的"认识论转向"和现代哲学的"实践转向"与"语言转向",从根本上说,都是对最深层的思想前提——哲学理念——的自我批判。正是在哲学前提的自我批判中,实现了理论思维方式的变革,改变了人对人与世界关系的理解,并导致价值观念、审美意识和整个生活方式的变革,从而塑造和引导了新的时代精神。

《哲学通论·第四章　哲学的思维方式》　数字化教学支持资源

一、孙正聿老师视频精品课(五讲)(请扫码观看)

二、本章拓展资源(请扫码观看)
1.《反思:哲学的思维方式》
2.《哲学之为哲学:"不是问题"的"基本问题"》

---

① 参见孙正聿:《理论思维的前提批判》,辽宁人民出版社,1992年,第67—68页。

3. 《〈哲学：思想的前提批判〉序言 导论》

本章思考题

1. 怎样理解作为哲学基本问题的"思维和存在的关系问题"？
2. 怎样从"构成思想"与"反思思想"的对比中理解哲学的反思？
3. 思想构成自己的前提有哪些基本特性？
4. 思想前提的普遍性主要表现在哪些方面？
5. 为什么哲学的发展过程是哲学前提的自我批判过程？

第五章 哲学的生活基础

哲学是人类把握世界的一种基本方式,是人类思想的一种特殊的维度即反思的维度。 那么,哲学反思的生活基础是什么? 哲学反思的生活意义又是什么? 只有从哲学的生活基础出发去理解反思的哲学思维及其生活意义,才能在更深刻的层次上实现哲学的自我理解,即在更深刻的层次上回答"哲学究竟是什么"。

第一节 哲学与人的存在方式

一、哲学与人类存在的矛盾性

哲学为何存在? 这是对哲学的最朴实无华而又最切中要害的追问。 这个追问不仅直指哲学存在的根据,而且直接把哲学存在的根据诉诸人类自身的存在。 然而,这正如人们经常说的,人类最难认识的就是人类本身。 这是因为,人类自身是一种最为复杂的矛盾性的存在,并且,人类是世界上唯一能够自觉到"矛盾性"的存在。

世界就是自然。 它自然而然地存在,自然而然地演化。 对自然而然的世界来说,它的全部的"矛盾"都是作为自然而然的过程而存在的。 因此,"矛盾"对世界本身来说,不是作为"矛盾"而存在的。 这正如马克思和恩格斯所说:"凡是有某种关系存在的地方,这种关系都是为我而存在的;动物不对什么东西发生'关系',而且根本没有'关系';对于动物说来,它对他物的关系不是作为关系存在的。"① 这就是说,由于动物不是作为认识和改造世界的主体("我")而存在,因此,动物对世界的任何"关系",都不是作为"关系"而存在的。 动物尚且如此,人以外的其他一切存在物,它们与他物的任何"关系",当然更不是作为"关系"而存在了。 所以,作为自然而然的过程,"矛盾"对世界本身来说,并不是作为"矛盾"而存在的。 唯有

---

① 《马克思恩格斯选集》第 1 卷,第 35 页。

认识和改造世界的主体——作为"我"而存在的人类——才能自觉到人和世界以及二者之间的无限丰富的"关系"和"矛盾"。

在自然生命的意义上，人生也是自然。生生死死，自然而然。人类能够作为认识世界和改造世界的主体（"我"）而存在，并从而能够自觉到人和世界以及二者之间的无限丰富的"关系"和"矛盾"，这意味着人既是自然的存在，又是超自然的存在即社会的存在。

人类作为物质世界链条上的特定环节，是"自在的"或"自然的"存在，即同世界上其他存在物一样的自然而然的存在；人类作为认识世界和改造世界的主体，则是"自为的"或"自觉的"存在，即区别于世界上其他所有存在物的"超越自然"的存在；因此，人类作为"自在"存在与"自为"存在、"自然"存在与"自觉"存在的对立统一，是既"自在"又"自为"、既"自然"又"自觉"的存在，即作为物质世界中达到自我认识和自我改造的能动性主体而存在。

作为"自在的"或"自然的"存在，人类统一于物质世界，人类的根本属性是自然性，物质世界是人类生存和发展的根据；作为"自为的"或"自觉的"存在，人和人的世界又是人类自己创造的产物，人类的根本属性是社会性，人类本身是自己生存和发展的根据；因此，人类是自然性与社会性、受动性与能动性、适应性与创造性的对立统一。

人类存在的矛盾性，根源于人类自身的存在方式。马克思和恩格斯说："任何人类历史的第一个前提无疑是有生命的个人的存在。因此第一个需要确定的具体事实就是这些个人的肉体组织，以及受肉体组织制约的他们与自然界的关系。"[①]而"当人们开始生产他们所必需的生活资料的时候（这一步是由他们的肉体组织所决定的），他们就开始把自己和动物区别开来。人们生产他们所必需的生活资料，同时也就间接地生产着他们的物质生活本身"[②]。正是人类自身的物质生产活动，使人类从动物式的纯粹的"生命活动"，转化为人类所特有的"生活活动"，并使人类从动物式的纯粹的"生存世界"，转化为人类所特有的"生活世界"。人类使自己的"生命"存在成为"生存"与"生活"的矛盾性存在。人类使自己的"世界"成为"生存的世界"与"生活的世界"的矛盾性的存在。人的"生命"的"生存"与"生

---

① 《马克思恩格斯选集》第1卷，第24页。
② 同上书，第24—25页。

活"的矛盾，人的"世界"的"生存的世界"与"生活的世界"的矛盾，构成了人类存在的最根本性的"矛盾"。这种根本性的矛盾，决定了人类存在的矛盾性。

人类能够自觉到自己与世界的"矛盾""关系"，既是以自己的物质生产活动为基础，又是以在物质生产活动中形成的"人类意识"为直接前提的。人类意识是人类物质生产活动的产物和结果，同时，人类意识的形成过程又是人类自觉到"我"与"世界"的"关系"的过程，是人类与世界之间构成愈来愈丰富的"矛盾"的过程，是人类使自己成为愈来愈丰富的"矛盾"性存在的过程。

世界就是自然，而从自然中生成的人类，却要在"我"与"自然"的"关系"中，认识自然和改造自然，把自然变成马克思所说的"人化了的自然"。为了让自然满足自己的需要，人类要从这个自然而然的世界去探索"真"（世界是怎样）、去寻求"善"（世界应怎样）、去实现"美"（"是"与"应当"的统一），把世界改造成对"我"（人和人类）来说是真、善、美的世界。"同天人"，"合内外"，"穷理尽性"，"万物尽备于我"，这实在是人对世界这个自然的超越。由此便构成了人与世界之间的无限丰富的矛盾关系。

人生也是自然，而从自然中生成的人类，却要在生命的活动中，认识人生和改造人生，把人生变成"有意义"的"生活"。为了使生活具有"意义"，人们在对人生的认识和改造中去寻找意义（为何生存）、去追求价值（怎样生活）、去争取自由（实现人生的意义与价值），把人类的"生存"变成人类所向往和追求的"生活"，把人类的社会变成人类所憧憬的理想性的现实。由此而形成的人生的困惑与奋争，理想的冲突与搏斗，社会的动荡与变革，历史的迂回与前进，绘制出人类自己创造自己、自己发展自己的色彩斑斓的画卷。而这个人类创造自己和发展自己的过程，也正是构成人与自然、人与历史、人与社会、人与他人、人与自我的无限丰富的矛盾关系的过程。

人类存在的矛盾性，从根本上说，是人的"自在性"或"自然性"与人的"自为性"或"自觉性"的矛盾。这种根本性的矛盾，构成了思维与存在、主观与客观、主体与客体、感性与理性、小我与大我、理想与现实、自由与必然的无限丰富的矛盾关系。

人类通过劳动而自我创造、自我生成为认识世界和改造世界的"主体"，从而把人以外的一切存在物连同人自身都变成认识和改造的对象即"客体"。这就是人类作为"我"的存在而构成的主体—客体关系。

人类作为"我"而存在，具有对自己的感觉和知觉、欲望和目的、情感和意志、思想和观念的"自我意识"，即"觉其所觉""知其所知""想其所想"的意识。这样，人在自己的意识活动中，就不仅能够观念地反映客体，而且能够观念地创造客体，即在观念中创造出自己所要求的、现实中尚未存在的客体。这集中地表现了人类意识的能动性和创造性。人又不仅观念地创造人所要求的客体，而且在自己的目的性要求的支配下，在自己的理想性图景的引导下，以实践活动的方式现实地改造客体，把客体变成人所希望和要求的客体。在这种能动的观念活动和实践活动中，人不仅把意识中的世界（表象）与世界本身（对象）区别开来，而且把二者联系起来（使世界变成人所要求的世界），由此便引发了人对人与世界之间关系的深层思考：我所意识到的世界就是世界本身吗？客观存在的世界与观念中的世界是何关系？观念如何使外在于观念的世界变成观念中的世界？思维与存在究竟是何关系？思维和存在是否具有同一性？思维的规律是否具有客观性？人是万物的尺度和宇宙的立法者吗？是人的感性经验可靠还是人的理性思维真实？科学理论是世界自身发展规律的再现还是人对世界的解释？科学与非科学的分界在哪里？区分真与假、善与恶、美与丑的根据和标准又是什么？由于人作为"我"而具有"我"的自我意识，便构成了"我"与"世界"的关系，并因此而形成了人类不断求索的自然之谜、思维之谜和历史之谜。它们困扰着、震撼着古往今来的具有"自我意识"的人类，吸引着、启迪着无数深沉而智慧的头脑，从而构成了"爱智"的哲学。

人类超越自然而构成人类社会，便出现了人与社会、人与历史、人与他人、人与自我的愈来愈丰富的矛盾关系。在这些社会性的矛盾关系中，最根本的是"大我"与"小我"的矛盾。人作为"类"而构成认识世界和改造世界的"大我"，人作为"个体"则表现为独立存在的"小我"。因此，每个人便同时具有了两种关于"我"的自我意识：其一，人类是"我"，个体只是人类"我"的类分子，这就是"大我"的自我意识；其二，个体是"我"，其他的存在（包括其他人的存在）都是"非我"，"我"只是作为个人而存在，这就是"小我"的自我意识。对于"我"的矛盾性，黑格尔曾作过这样的论述："因为每一个其他的人也仍然是一个我，当我自己称自己为'我'时，虽然我无疑地是指这个个别的我自己，但同时我也说出了一个完全普遍的东西"①。这种"我"的观念所蕴含的"小我"与"大我"的矛盾,首先是构成了人与社会之间的"社会正义与个人利益"之间的矛盾:个人与社会究竟是何关系? 个人在何种程度、以何种方式超越"小我",才能符合"大我"的要求并促进"大我"的发展? 什么样的社会才能实现"大我"与"小我"的和谐,并从而实现每个"小我"的全面发展? 社会理想问题,政治制度问题,法律规范问题,伦理道德问题,历史规律问题,价值观念问题,人类未来问题,以更为激动人心的形式而激发起人们的"反思"。

人类存在的矛盾性,在于现实的人总是不满足于人的现实,总是要使现实变成对人来说是更为理想的现实。这就是人类存在的理想与现实的矛盾。人类的全部活动——科学探索,技术发明,政治变革,艺术创新,道德践履,理论研究,工艺改造,观念更新——都是现实的人对人的现实的超越。人在现实中生活,又在希望、期待、向往和憧憬的理想中生活。 现实规范着理想,理想引导着现实。 当代最伟大的科学家爱因斯坦(Albert Einstein,1879—1955)曾经说过,在科学研究中,"想象比知识更重要",因为只有丰富的想象力才能导致新的科学发现。 对于人类的存在与发展来说,美好的理想和坚定的信念则比人类已经获得的全部成果更重要,因为只有理想才能引导人类为使自己崇高起来而斗争。 正是在以理想对现实的观照中,人们深切的哲学"反思"才被激发出来。

人类存在的矛盾性,更深层地表现在:人的个体生命的存在是短暂的、有限的;面对死亡这个最严峻的、不可逃避的却又是人所自觉到的归宿,人总是力图以某种追求去超越个体生命的短暂与有限。 由此便激起了一代又一代人对人生的更为深刻的反省:人应当怎样生活才能使短暂的生命获得最大的意义和最高的价值? 生命的永恒是在于声名的万古流传或灵魂在天国的安宁,还是在于以某种形式把"小我"融合于"大我"之中? 人的生命面对着死亡,人又力图以生命的某种追求超越死亡,生与死的撞击燃烧起熊熊的生命之火,激发着人类不断地实现自我超越。

哲学,它根源于人类存在的矛盾性,根源于人类对自身存在的矛盾性的自觉。 自觉到自身存在的矛盾性,并以理论的方式反思人与自然、人与社会、人与他人、人与自我的矛盾,并进而反思在这些矛盾中所蕴含的思维与

---

① 黑格尔:《小逻辑》,第81页。

存在、主观与客观、主体与客体、感性与理性、个别与一般、逻辑与直觉、理想与现实、自由与必然等矛盾关系，这就是人类把握世界的反思方式——哲学。

二、哲学与人类存在的实践性

人类存在的矛盾性，从根本上说，就是人类存在的实践性；或者说，人类存在的实践性，是人类存在的全部矛盾性的根源。因此，对人类存在的矛盾性的认识，必须诉诸对人类存在的实践性的理解；以理论的方式反思人类存在的矛盾性，必须升华为对人类存在的实践性的反思。实践是人的存在方式，哲学的生活基础是人类的实践活动及其历史发展。

人是世界上最奇异的存在：人创造了人自己，人创造了人的世界；人永远创造着自己，人永远创造着人的世界；人永远是未完成的存在，人的世界永远是未完成的存在。人类的创造性、未完成性和无限的开放性，就是人类存在的实践性。在人类的实践活动中，蕴含着人与世界之间的全部矛盾关系。

实践活动，首先是物质生产的实践活动，使人类成为认识世界和改造世界的主体，并使世界成为人类认识和改造的对象。这意味着，实践是主体与客体关系、主观与客观关系的基础。同时，人在自己的实践活动中，使自在的自然变成"属人的自然""人化了的自然"，也就是使自然的世界变成"属人的世界"。实践使世界二重化为"自在的世界"（自然的世界）和"自为的世界"（属人的世界）。

实践活动使世界二重化为"自在的世界"和"自为的世界"，也使人类自身二重化为"自然性"与"社会性"的对立统一，即人自身的"自在性"与"自为性"的对立统一。人的自然性或自在性，表明了自然对人的"本原性"；而人的社会性或自为性，则表明了人对自然的"超越性"。因此，在人类自身的实践活动中，蕴含着人自己的自然性与社会性、自在性与自为性的矛盾，并从而构成了哲学反思中的自然对人的"本原性"与人对自然的"超越性"的矛盾。

实践活动是人类有意识、有目的、能动地改造世界的客观物质活动，因此，由人类的实践活动所构成的人类历史，也表现出显著的二重性：一方面，历史是人们的有目的的活动过程，是人们自己创造自己的历史；另一方面，历史是一个有规律的发展过程，人们无法改变历史的发展规律。所以，在人类自身的实践活动中,蕴含着人的创造性与历史的规律性的"二律背反",蕴含着人们经常争论的"环境决定人"与"人决定环境"的"二律背反"。这些历史观中的"二律背反",恰恰构成了哲学反思的理论前提。

由人类的实践活动所构成的世界的二重性、人的二重性和历史的二重性,其根源在于实践活动本身的二极性。人类实践活动的二极性,主要表现在下述方面:

其一,实践主体的自然性与超自然性。实践活动是人以自己的感性的自然(肉体组织),并通过感性的中介(物质工具),去改造感性的对象(物质世界)。离开实践主体的自然的感性存在,就没有感性的实践活动。"但人不是简单的自然存在物,而是具有理智的人的自然存在物。人不像动物那样无意识地适应自然界,而是在适应自然界的同时使自然界适应自己,满足自己的需要。""正是这种双重的适应性,即环境对人和人对环境的不断作用与反作用,决定了人的活动的本质。"①离开超自然性的自然性,人只能像动物一样去适应自然;反之,离开自然性的超自然性,人的超自然性只能是一种神秘的、抽象的特性。因此,作为实践主体的人,其自然性是具有超自然性(自为性)的自然,其超自然性是具有自然性(自在性)的超自然性。只有辩证的哲学反思,才能超越把人的自然性与超自然性分割开来的知性思维,达到对人的自在自为的辩证理解。

其二,实践活动的合目的性与合规律性。实践是人的有目的的自觉活动,是人把自己的目的和要求变成现实的活动。作为实践主体的人,自己给自己构成人所要求的世界图景,并以自己的实践活动使世界变成自己理想的世界。但同时,实践作为人的客观物质性活动,又必须面对客观世界,以客观世界为转移。因此,一方面,实践主体要按照自己的欲望、目的、要求去改变世界;另一方面,实践主体的目的性要求又必须积淀着关于世界的规律性认识,这种目的性要求才能得以实现。由此便构成了实践活动中的"合目的性"与"合规律性"的矛盾。这种矛盾也只有在辩证哲学的反思中才能得到合理的理解。

其三,实践活动的"人的尺度"和"物的尺度"。人类实践活动的特殊性,在于人类是依据"两种尺度"来进行自己的生命活动。实践活动的"合目的性",本质上是以"人的尺度"去要求客观世界;实践活动的"合规律

---

① 科尔纽:《马克思的思想起源》,王瑾译,中国人民大学出版社,1987年,第75页。

性",则是以"物的尺度"去规范人的目的与活动。因此,实践活动的"合目的性"与"合规律性"的矛盾,深层地看,是"人的尺度"与"物的尺度"的矛盾。关于这个深层矛盾,马克思曾经指出:"动物只是按照它所属的那个物种的尺度和需要来进行塑造,而人则懂得按照任何物种的尺度来进行生产,并且随时随地都能用内在固有的尺度来衡量对象;所以,人也按照美的规律来塑造。"①这就是说:动物只有一个"尺度",即它所属的那个"物种"的尺度;人则有两种"尺度",即"任何物种"的尺度和人的"内在固有"的尺度;人的实践活动既是以"人的尺度"去改变世界,又是按照每种"物的尺度"去规范自己的思想与行为;正是在这两个"尺度"的对立统一中,实践活动实现为"合目的性"与"合规律性"的对立统一。

其四,实践活动中的客体主体化与主体客体化。实践活动是一个双重化的过程:一方面,实践主体以"人的尺度"去要求实践客体,把自己的"目的性要求"变成现实的存在,这就是所谓的主体客体化(客体变成主体所要求的客体);另一方面,实践主体又以"物的尺度"去规范自己的思想与行为,按照"客观规律"去进行实践活动,这就是所谓的客体主体化(主体成为掌握客体规律的主体)。正是在这种主体客体化与客体主体化的对立统一中,人实现了改造世界与改造自身的对立统一。在人类的实践活动中,这种主体客体化与客体主体化的过程是不断扩展与深化的。因此我们可以说,"实践既是消除主观性与客观性各自的片面性、使主体与客体达到统一的活动,又是发展主观性与客观性的对立、造成主体与客体新的矛盾的活动。总之,在实践活动中不仅蕴藏着人类社会生活的一切秘密,也蕴藏着人的对象世界的一切秘密;它是人类面对的一切现实矛盾的总根源,同时又是人类能够获得解决这一切矛盾的力量和方法的源泉和宝库"②。

实践作为人的存在方式,它不仅蕴含着实践主体的自然性与超自然性、实践活动的合目的性与合规律性、实践过程的人的尺度与物的尺度、实践结果的主体客体化与客体主体化的诸多矛盾,而且还蕴含着实践活动的现实性与普遍性、现实性与理想性、现实性与无限性的矛盾。这些矛盾更为深刻地构成了哲学反思的生活基础。

首先,我们分析实践活动的现实性与普遍性的矛盾关系。

---

① 马克思:《1844年经济学—哲学手稿》,第50—51页。
② 高清海:《论实践观点作为思维方式的意义》,《社会科学战线》1988年第1期。

哲学反思,是把"思维和存在的关系"作为"问题"来进行理论思考;而"思维和存在的关系"及其所蕴含的全部问题,则根源于人类的实践活动。思维的最本质最切近的基础既不是思维本身,也不是与思维相对立的存在,而是构成思维和存在的关系的人类实践活动。以实践为基础的人类思维活动,既包括实现思维与存在具体统一的"构成思想"的活动,也包括把思维与存在具体统一的"思想"作为再思想的对象的"反思思想"的活动。这种"反思思想"的活动,从根本上说,是由实践活动的现实性与超现实性(普遍性、理想性、无限性)的矛盾所决定的。因此,我们需要具体地分析实践活动的现实性与超现实性的矛盾,从而深切地把握哲学反思的生活基础。

在对实践的通常解释中,往往侧重于强调它的现实性,而忽视分析它的普遍性。列宁在解释实践与理论的关系时,曾做出这样的论断:"实践高于(理论的)认识,因为它不但有普遍性的品格,而且还有直接现实性的品格。"①实践具有"直接现实性"的品格,即"使主观见之于客观"的品格,把主观目的变成客观现实的品格,这种品格是"理论"所不具有的,因而是实践"高于"理论的地方;但这并不是否认实践具有"普遍性"的品格,恰恰相反,实践的"普遍性"品格正是理论的"普遍性"的基础。而在探寻哲学反思的生活基础时,我们会发现,实践自身所具有的"直接现实性"与"普遍性"的矛盾关系,从人类的生存方式上决定了人类思想的哲学维度——反思。

人类思维,以及由人类思维活动所构成的理论,具有人所共知的把握和解释世界的"普遍性"品格。思维的"普遍性"品格,从最深层上看,就是思维的"逻辑"的普遍性。而对于思维的"逻辑",列宁曾明确地从实践论的视野提出"逻辑的格"的问题。列宁说:"人的实践活动必须亿万次地使人的意识去重复各种不同的逻辑的格,以便使这些格能够获得公理的意义。"②又说,"人的实践经过千百万次的重复,它在人的意识中以逻辑的格固定下来。这些格正是(而且只是)由于千百万次的重复才有着先入之见的巩固性和公理的性质"③。

思维的"逻辑"源于人类的实践活动,这意味着,人类的实践活动本身

---

① 《列宁全集》第 38 卷,第 230 页。
② 同上书,第 203 页。
③ 同上书,第 233 页。

是一种具有"普遍性"的"逻辑"。实践的"逻辑",直接地表现为一种"感性活动"的逻辑、外部操作的逻辑。实践的"感性活动"的逻辑,既受外部存在的制约,又受意识活动的制约;既改变外部存在,又变革意识活动。正是在这种双重制约(外部的和内在的制约)与双向变革(外部的和内在的变革)的"亿万次"的实践活动中,实践形成了自己的"感性活动"的"逻辑",并使人类的意识(思维)也"亿万次"地重复"各种不同的逻辑的格",从而使实践的"感性活动"的逻辑转化成意识的(思维的)运演的逻辑,并使思维的逻辑"获得公理的意义"。

思维的逻辑以思维规律、思维规则、思维方法和思维运算与逻辑运演的方式去抽象和表述事物的"普遍性""必然性"和"规律性";反过来,思维的逻辑又以这种"普遍性""必然性"和"规律性"去调节、控制、规范人类的实践活动,从而使这种"普遍性""必然性""规律性"的认识获得"直接现实性"。我们应当看到,正是实践活动的"普遍性"与"现实性"的矛盾,构成了人类存在的矛盾性:从实践活动的"每次现实"和"个别实现"来说,实践总是具体的思想获得现实性的过程;而从实践活动的"总体性"和"过程性"来说,实践又是人类所形成的全部思想获得现实性的过程。因此,人类的实践活动既要实现思维与存在、主观与客观的具体的统一,即"构成思想",使这种思想获得具体的现实性;人类的实践活动又要求反省思维与存在、主观与客观的具体的统一,即"反思思想",使思想跃迁到新的逻辑层次,并在新的逻辑层次上进行新的实践活动。这表明,实践活动自身所具有的普遍性与现实性的矛盾,决定了人类思想的反思的维度。这个问题,是值得我们深长思之的。

其次,我们分析实践活动的现实性与理想性的矛盾关系。

现实性与理想性,是蕴含在实践活动之中的又一对矛盾。列宁说:"人的实践=要求(1)和外部现实性(2)。"①关于人的实践的"要求",列宁解释说:"世界不会满足人,人决心以自己的行动来改变世界"②;而关于人的实践对世界的"改变",列宁则更为深刻地指出:"人给自己构成世界的客观图画,他的活动改变外部现实,消灭它的规定性(=变更它的这些或那些方面、质),这样,也就去掉了它的假象、外在性和虚无性的特点,使它成为

---

①② 《列宁全集》第38卷,第229页。

自在自为地存在着的（＝客观真实的）现实。"①

人的实践的"要求"或"目的"，是"非现实"的观念性的存在，即作为实践活动的动力与指向的"理想性"的存在；人的实践的"外部现实性"，则是把这种"理想性"的要求或目的变成"现实"的客观存在。这表明，实践的本质在于：现实的人总是不满足于自己的现实，总是要把现实变成理想的现实。

人把理想变成现实的实践活动，是以"人给自己构成世界的客观图画"，并"决心以自己的行动来改变世界"为前提的。这就是说，在实践活动的前提中，已经包含着理想性（"人给自己构成"的关于"世界的客观图画"，以及把这种"图画"变成现实的"决心"）与现实性（世界自己的"客观图画"，即尚未被人的"决心"改变的世界）的深刻矛盾。而人的实践过程，则是这样的一种双重化过程，即：一方面是使世界的"现实性"（世界自己的"客观图画"）变成"非现实性"（"变更"世界的"这些或那些方面、质"）；另一方面是使人的"理想性"（"人给自己构成"的关于"世界的客观图画"）变成客观存在的"现实性"（使世界成为"自在自为地存在着的［＝客观真实的］现实"）。这样，实践活动就使自在世界的"现实性"变成了"非现实性"，而使自为的人的"理想性"变成了真正的"现实性"，并从而使世界变成了"自在自为"的现实——按照人的理想所创造的客观存在。

实践活动的"理想性"与"现实性"的矛盾，使人与世界之间构成了一种独特的否定性的统一关系，即：人以"理想性"的要求而"现实"地"否定"世界的现存状态，使世界变成人所要求的现实，并在这种现实中实现人与世界的统一。正是实践活动的"理想性"与"现实性"的矛盾，构成了思想自我反思的生活基础：人与世界之间究竟是怎样的关系？人应当如何对待理想与现实？是现实规范理想，还是理想塑造现实？在人的思想活动中，"是"（现实）与"应当"（理想）如何统一？人类思想的"逻辑支撑点"究竟是什么？

再次，我们分析实践活动的现实性与无限性的矛盾关系。

实践活动中的又一对矛盾，是现实性与无限性的关系。人类实践活动的"每次现实"和"个别实现"是有限的，而人类实践活动本身却是一个无限的历史展开过程。实践活动作为思维与存在、主观与客观、人的尺度与物的

---

① 《列宁全集》第38卷，第235页。

尺度、合目的性与合规律性、自然的世界与属人的世界、人的自然性与人的自为性、人们创造历史与历史发展规律等人与世界之间全部矛盾的"交错点",它并不是一个凝固的、静止的、孤立的"点",而是聚集在这个"交错点"上的全部矛盾的历史展开过程。

按照黑格尔的说法,无限就是有限的展开过程。在实践的展开过程中,表现了实践的无限的指向性和无限的过程性。人类的实践活动,是由于"世界不会满足人,人决心以自己的行动来改变世界"的活动①,是把世界变成人所希望的世界的活动,也就是把理想变成现实的活动。人类的实践活动中所蕴含的理想性是一种无限的指向性。因此,基于人类实践的人类思维,总是表现为对无限的寻求:寻求作为世界统一性的"终极存在"、寻求作为知识统一性的"终极解释"、寻求作为意义统一性的"终极价值"。

如果我们从人类的实践的存在方式出发,并且更为直接地从实践的现实性与无限性的矛盾出发,我们就会懂得:哲学追寻作为世界统一性的"终极存在",这是人类实践和人类思维作为对象化活动所无法逃避的终极指向性。这种终极指向性促使人类百折不挠地求索世界的奥秘,不断地更新人类的世界图景和思维方式;哲学追寻作为知识统一性的"终极解释",这是人类思维在对终极存在的反思性思考中所构成的终极指向性。对终极解释的关怀,就是对"思维与存在的关系问题"的关怀,就是对思维规律能否与存在规律相统一的关怀,也就是对人类理性的关怀。这种关怀促使人类不断地反思"思维和存在的关系问题",从而历史地发展了人类思想的反思的哲学维度;哲学追寻作为意义统一性的"终极价值",这是人类思维反观人的自身存在所构成的终极指向性。对终极价值的关怀,就是对人与世界、人与社会、人与自我的相互关系的关怀。这种关怀促使人类不断地反思自己的全部思想与行为,并寻求评价和规范自己的思想与行动的标准和尺度②。

由此可见,古往今来的哲学对世界统一性(终极存在)、知识统一性(终极解释)和意义统一性(终极价值)的寻求,并不是与人类实践活动无关的或超然于人类历史活动之外的玄思和遐想,而恰恰是植根于人类的实践的存在方式。实践具有无限的指向性,哲学则试图通过对世界统一性(终极存在)的确认、对知识统一性(终极解释)的占有、对意义统一性(终极价

---

① 参见《列宁全集》第38卷,第229页。
② 参见孙正聿:《终极存在、终极解释和终极价值——作为终极关怀的本体论》,《社会科学战线》1991年第4期。

值)的规定,来奠定人类自身在世界中的安身立命之本,即人类存在的"最高支撑点"。因此,从哲学与人类存在的矛盾性的关系中,从哲学与人类存在的实践性的关系中,我们应当得出这样的基本结论,即:对于改造世界和认识世界的主体来说,哲学是人类把握世界的不可或缺和不可替代的基本方式;而哲学的存在与发展,则深深地植根于人类自身的实践活动及其历史发展之中。

第二节 哲学与社会的自我意识

一、人类关于自身存在的自我意识

人类的实践活动,是创造人类的"有意义"的"生活世界"的活动;以实践活动为基础的人类把握世界的各种基本方式,都是构成人的"有意义"的"生活世界"的基本方式。哲学,它在人类把握世界的各种基本方式中的特殊作用和独特价值,在于它是以理论形式表现的人类关于自身存在的"意义"的自我意识。

人与动物的根本区别,在于动物的生命活动只是以本能的方式适应环境的"生存活动",而人类的生命活动则是以实践的方式改变世界的"生活活动"。动物在它的生存活动中,形成它的无意义的"生存的世界",人类在自己的生活活动中,则构成自己的有意义的"生活的世界"。

人类的生活世界的"意义",在于生活世界是人类自己创造的、实现人类自身发展的世界。在人类改造世界的实践活动中,表现出人类对世界的特殊关系,即:人类不是以"物种"的本能去适应环境以维持自己的存在,而是以双重的尺度去改变世界,使世界满足自己的需要,变成人的理想的现实。

人类改变世界的双重尺度,一是"按照任何物种的尺度来进行生产",即根据所有被改造的对象的规律来进行生产;二是"随时随地都能用内在固有的尺度来衡量对象",即根据人自己的欲望、目的、要求、理想去进行改造对象的生产。这两个尺度的统一,就是人类实践活动的"合目的性"与"合规律性"的统一、"人的尺度"与"物的尺度"的统一。这种统一,既使自在的自然变成"人化了的自然",又使人自身实现了自我发展。

动物只是按照它所属的那个"物种"的尺度进行它的生命活动,只是凭借它所属的那个"物种"的本能去适应环境以维持它的生存,因此,动物永远只是一代又一代地复制自己,而没有自己的"历史"和"发展"。与此相反,人类是按照"物的尺度"和"人的尺度"的统一去改变世界,并在改变世界的同时实现自身的发展。因此,人类不是一代又一代地复制自己,而是一代又一代地发展自己。人类的自我发展,是人类的实践活动所创造的人类历史,也是人类的实践活动所创造的人的"生活世界"的全部意义。

人类以自己的实践活动创造"有意义"的"生活世界";然而,人类生活的历史与现实却告诉人们,"意义"本身正是渗透于人类的全部生活、贯穿于人类的生活始终的最大的"问题":"意义"究竟是什么?什么是"有意义"的?什么是"无意义"的?如何发展"有意义"的?怎样防止"无意义"的?因此,人类不仅需要以自己的实践活动和各种基本方式去创造生活世界的"意义",而且需要不断地反省自己的实践活动和各种基本方式的创造性活动,以使自己的全部活动真正具有发展人类自身的"意义"。

人类的历史,是"具有意识的、经过思虑或凭激情行动的、追求某种目的的人"①的活动过程。因此,在人类的历史性的实践活动中,人们对"意义"的创造,与对"意义"的自觉,是互为前提的,即:没有生活意义的创造,当然就没有生活意义的自觉;反之,没有生活意义的自觉,也不会有生活意义的创造。这是人类的实践活动的辩证法,也是人的生活意义的自觉与创造的辩证法。

人类的实践活动,以及人对生活意义的自觉与创造,都是以人类具有"对象意识"和"自我意识"为前提的(当然,这种"对象意识"和"自我意识"又是在人类的实践活动中形成和发展的)。因此,我们需要在这里简单地分析一下"对象意识"和"自我意识"以及二者之间的关系。

在人的认识和改造的全部活动中,总是存在着最基本的三者关系:对象—对象意识—自我意识。这里的"对象",是指作为认识和改造的客体的意识外的存在,如果仅从认识关系上说,也可以称之为"意识对象",即意识所指向的外在于意识的对象;这里的"对象意识",是指"意识到了的存在""意识界的存在",即认识主体关于意识对象的表象和思想,也就是通常所说的"意识内容";这里的"自我意识",是关于对象意识的意识,是意识到对象意识的意识,是把握和反省对象意识的意识,通俗地说,是"觉其所觉""知其所知""想其所想""思其所思"的意识。

---

① 参见《马克思恩格斯选集》第4卷,第243页。

关于"意识",马克思说,"观念的东西,不外是移入人的头脑并在人的头脑中改造过的物质的东西而已"①,"意识在任何时候都只能是被意识到了的存在"②。因此,在关于"对象"(意识对象)与"对象意识"(意识内容)的相互关系中,我们应当明确以下几点:(1)"对象"与"对象意识"的区别,即"对象"是意识外的存在,而"对象意识"是"意识到了的存在";(2)"对象"与"对象意识"的联系,即"对象"以观念的形式变成"对象意识","对象意识"以"意识到了的存在"的形式表现"意识对象";(3)"对象意识"不仅仅是"移入人的头脑"的"对象",而且是"在人的头脑中改造过的"对象,因此,"对象意识"与"意识对象"是充满矛盾的统一。

分析"对象"与"对象意识"的关系,是十分重要的。这里需要特别指出的是,"对象意识"即人的观念,它不仅仅是关于"对象"的"映象",而且是观念地改造了"对象"的"映象",所以,"对象"与"对象意识"(映象)是充满矛盾的。正因为"对象"与"映象"不是直接的统一,而是充满矛盾的对立的统一,才构成了思维与存在之间的无限丰富的"关系问题"。而为了深入理解"对象"与"对象意识"之间的矛盾关系,则必须引进第三个范畴——自我意识。

区别于"意识对象"和"对象意识"的"自我意识",在人类的认识和改造世界的全部活动中,具有下述的重大作用:

(1) 把"意识对象"与"对象意识"既区别开来,又联系起来。在人的"自我意识"中,既是"觉其所觉""知其所知""想其所想""思其所思",把握到作为意识内容的"对象意识",又把所觉、所知、所想、所思与觉、知、思、想的对象区别开来,在"意识对象"与"对象意识"的关系中去对待自己的认识和改造世界的活动。

(2) 把"对象意识"作为思考的对象,也就是把关于"对象"的感觉、知觉、表象、概念、判断、推理作为思考的对象,把关于"对象"的观念和思想作为思考的对象。在这种"自我意识"中,"思想"(名词)已经成为思想(动词)的对象,已经构成"对思想的思想""对认识的认识"的"反思"。但是,这种"反思",还主要是对思想内容(意识内容)的反思,因而是一种广义的反思活动。

---

① 参见《马克思恩格斯选集》第 2 卷,第 217 页。
② 参见《马克思恩格斯选集》第 1 卷,第 30 页。

(3) 把认识主体自身的存在作为"意识对象",并进而把关于主体自身存在的"对象意识"与主体自身存在的"意识对象"既区别开来又联系起来,从而反省关于人自身的存在。这就是把人自身作为"对象"的"自我意识"。

(4) 在把人自身作为"对象"的"自我意识"中,人的情感、意愿、意志、目的等也自觉为人的"意识对象"。黑格尔说:"精神,作为感觉和直觉,以感性事物为对象;作为想象,以形象为对象;作为意志,以目的为对象。但就精神相反于或仅是相异于它的这些特定存在形式和它的各个对象而言,复要求它自己的最高的内在性——思维——的满足。"①在这种"自我意识"中,"思想"以其作为关于全部思想对象的思想,而成为再思想、再认识的对象。

(5) 人对自身存在的"自我意识",不仅是把自己的"存在"(自然属性、社会属性和思维属性)作为"意识对象",而且是把自身存在的"意义"作为再思想、再认识的对象。这种关于自身存在的"意义"的自我意识,对于人类的生存与发展具有特殊的作用和独特的价值。哲学就是关于自身存在的"意义"的"自我意识"。

为了深切地理解这个问题,我们需要更为具体地阐述人类关于自身存在的"意义"的"自我意识",以及这种"自我意识"同"哲学"的关系。

这里,我们仍然需要从马克思和恩格斯关于"我"与"关系"的论述谈起。马克思和恩格斯说:"凡是有某种关系存在的地方,这种关系都是为我而存在的;动物不对什么东西发生'关系',而且根本没有'关系';对于动物说来,它对他物的关系不是作为关系存在的。"②人类具有"我"的意识,才能形成"我"与"对象"的"关系"意识。在这种内涵无限丰富的"关系"意识中,人(和人类)的意识表现出两个基本维度:一是指向和关于意识对象的"对象意识",即把对象性的存在作为意识内容的意识;二是把握和反思对象意识的"自我意识",即把对象意识作为意识对象的意识。人类对自己生活意义的自觉,是一种具有特殊意义的人类自我意识——人类关于自身存在的自我意识。

从一定意义上说,哲学的难于理解,就在于人类关于自身存在的自我意

---

① 黑格尔:《小逻辑》,第51页。
② 《马克思恩格斯选集》第1卷,第35页。

识的难于理解。在一般的认识关系中,"意识对象"就是被认识的对象的存在,"对象意识"就是被认识的对象在人的头脑中的映象,"自我意识"就是主体意识到自己所具有的思想内容的意识。因此,在一般的认识关系中,"意识对象""对象意识"和"自我意识"这三者的关系还是比较容易理解的。然而,人类关于自身存在的自我意识,却具有难以理解的复杂性。

人类关于自身存在的自我意识,并不是把人的存在作为"意识对象"而形成的关于人的存在的"对象意识"。在那种对象意识中,意识的对象是人的肉体存在以及实践的、思维的、情感的、意志的等活动,是人的物质生产、日常生活以及伦理的、艺术的、宗教的、政治的、科学的等活动;意识的内容是由这些活动所构成的日常生活的世界、经济生活的世界以及伦理的世界、艺术的世界、宗教的世界、政治的世界和科学的世界,等等。

人类关于自身存在的自我意识,是把关于人的存在的对象意识作为意识的对象,寻求和反思这些对象意识及其所意识到的对象对人的生活和人的发展所具有的"意义"。在这种自我意识中,关于人的生活活动和人的生活世界的意识成为意识的对象,而从人的生活活动和人的生活世界中所寻求和反思到的"意义"则成为意识的内容。因此,人类关于自身存在的自我意识,就是寻求和反思"意义"的意识。

寻求和反思"意义"的自我意识,对人类具有特殊重要的生活价值。人的存在是创造"意义"的"生活活动",人的世界是"有意义"的"生活世界"。"有意义"是人类生活的肯定,"无意义"则是人类生活的否定。然而,在人(和人类)的关于"意义"的自我意识中,却总是不可遏止和不可逃避地提出这样的问题:究竟什么是"有意义"的,什么是"无意义"的?怎样做是"有意义"的,怎样做是"无意义"的?什么是"人的尺度"?什么是"美的规律"?怎样达到"真善美的统一"?如何实现"人的全面发展"?评价真善美的标准是什么?实现人的全面发展的根据是什么?自我意识到的"意义"问题,永恒地伴随着人类创造"意义"的全部过程,从而深刻地影响着人类历史的进程和人类自身的命运。

人的自我意识中的"意义"问题,根源于人类生活本身的"矛盾"。人类改造世界的活动,是把人的非现实性(目的性要求及其所构成的世界图景)转化为现实性(人的生活世界),而把世界的现实性(自在的或者说自然的存在)转化为非现实性(满足人的需要的世界)。这就是人与世界的矛盾。人类创造生活世界的过程,是把人的"生存"变成人所向往和追求的人的"生活"的过程，也就是把非现实的理想变成理想的现实的过程。这就是人的理想与现实的矛盾。人类自我发展的过程，既是个体的独立化过程，又是个体的社会化过程，既是社会规范个人的过程，又是社会解放个人的过程。这就是人类的个体与社会的矛盾。在人类历史的发展过程中，任何进步都要付出相应的"代价"，任何"正效应"都会伴生相应的"负效应"，任何"整体利益"的实现都意味着某些"局部利益"的牺牲，任何"长远利益"的追求都意味着某些"暂时利益"的舍弃。这是历史本身的进步与退步的矛盾，也是评判历史的"大尺度"与"小尺度"的矛盾。人的个体生命是短暂的、有限的，面对死亡这个人所自觉到的归宿，人又力图以生命的某种追求去超越死亡，实现人生的最大的意义和最高的价值。这是人的生命的有限与无限的矛盾，也是人的现实存在与"终极关怀"的矛盾。

由人类生活本身的"矛盾"所形成的人生的困惑与奋争，理想的冲突与搏斗，社会的动荡与变革，历史的迂回与前进，价值的扬弃与重建，既造成了生活"意义"的色彩斑斓，又造成了生活"意义"的扑朔迷离。寻求和反思生活的"意义"，既是每个人的个体性的自我意识，又是全人类的社会性的自我意识。为了深刻地理解哲学，我们需要在探讨人类关于自身存在的自我意识的基础上，进一步去探讨哲学与个体的自我意识和社会的自我意识的关系。

二、哲学与个体的自我意识

人的自我意识，首先是一种主体的自我意识，即自觉到"我是主体"的意识，确认和肯定"我"的主体地位的意识。

通常认为，主体的自我意识，主要包括自立意识、自重意识、自信意识、自爱意识和自尊意识，等等。然而，如果深究这些主体的自我意识，我们就会发现，蕴含在这些主体自我意识中的实质性内容，就是对人自身存在"意义"的自我意识。人们如何理解和对待自身存在的"意义"，就会如何理解和对待自己作为主体的存在。由此我们可以懂得，主体的自我意识，在其深层的意义上，是自觉到自己的处境、焦虑、理想和选择的意识，是反思和超越现实的意识。

人是现实的存在，但人又总是不满意和不满足于自己的现实，总是渴望把现实变为人的理想的现实。就此而言，主体的自我意识，总是表现为意识活动的理想性维度。这种意识活动的理想性维度，激发起人的求知、求善、求美的渴望，并以"目的性"而推动人的"对象性"活动，即以"实践"的方式去创造理想的现实。

从"意义"的视角去看主体的自我意识，我们就会看到，主体的自我意识是人自觉到"我"的存在与价值的意识，是确认和肯定"我"的自主性、自为性和自律性的意识，是以"意义"的尺度去反思和评价"我"的存在价值的意识。"我"自觉到"我"是自己的思想与行为的主体，"我"以自己的思想与行为塑造自己的人生，因此"我"要为自己的思想与行为承担责任，并要以自我意识到的"意义"来要求和规范自己的所思所想和所作所为。

主体的自我意识，以自我感觉、自我观察、自我体验、自我分析、自我评价、自我塑造、自我超越和自我反思等形式，来形成关于生活"意义"的自我理解。冯友兰先生说："哲学并不是一件稀罕东西；他是世界之上，人人都有的。人在世上，有许多不能不干的事情，不能不吃饭，不能不睡觉；总而言之，就是不能不跟着这个流行的大化跑。人身子跑着，心里想着；这'跑'就是人生，这'想'就是哲学。"①然而，这种对生活意义自觉反思的"想"，即这种作为"哲学"反思的"想"，并非一件简单的事情。所以冯友兰先生又说："至于我，我所说的哲学，就是对于人生的有系统的反思的思想。每一个人，只要他没有死，他都在人生中。但是对于人生有反思的思想的人并不多，其反思的思想有系统的人就更少。哲学家必须进行哲学化；这就是说，他必须对于人生反思地思想，然后有系统地表达他的思想。"②因此，对生活"意义"的反思，需要深切地自我感觉、自我观察、自我体验、自我分析、自我评价、自我塑造、自我超越和自我反思。

主体的自我感觉就是感觉到自我的存在。德国诗人海涅（Heinrich Heine，1797—1856）曾经饱含激情地写道："一个人的命运难道不像一代人的命运一样珍贵吗？要知道，每一个人都是一个与他同生同死的完整世界，每一座墓碑下都有一部这个世界的历史。"③每个人都是首先感觉到自我的存在，才会进而去探寻和追求自我存在的意义与价值。近代哲学所说的"人的发现"，首先便是人的自我感觉的发现，即在人的自我感觉中形成"我是主体"的主体自我意识。

主体的自我感觉，是在自我观察和自我体验中不断强化的。观察和体验

---

① 冯友兰：《柏格森的哲学方法》，载《三松堂学术文集》，北京大学出版社，1984年，第1页。
② 冯友兰：《中国哲学简史》，第4页。
③ 参见科恩著：《自我论》，佟景韩等译，生活·读书·新知三联书店，1986年，第146页。

自己的言语、思想和行为,观察和体验自己的喜悦、愤怒和悲哀,观察和体验自己的好恶、选择和追求,会使人更强烈地感觉到自我作为主体的存在。主体在对是非、荣辱、福祸、进退、成败、生死等的自我体验中,会升华对生活"意义"的反省,也会形成较为系统的关于人生的反思的思想。

主体对生活"意义"的反省,更为深切地表现在自我分析与自我评价之中。近代卓越的数理科学家帕斯卡尔(Blaise Pascal,1623—1662)以其理论短文集《思想录》而著称于当代。在这部被中文译者称为"文思流畅,清明如水"的短论集中,他深切地展开了人的自我分析。例如,他提出"思想形成人的伟大",并做出这样的论证:"人只不过是一根苇草,是自然界最脆弱的东西;但他是一根能思想的苇草。用不着整个宇宙都拿起武器来才能毁灭他;一口气、一滴水就足以致他死命了。然而,纵使宇宙毁灭了他,人却仍然要比致他于死命的东西更高贵得多;因为他知道自己要死亡,以及宇宙对他所具有的优势,而宇宙对此却是一无所知。""因而,我们全部的尊严就在于思想。正是由于它而不是由于我们所无法填充的空间和时间,我们才必须提高自己。因此,我们要努力好好地思想;这就是道德的原则。"①毫无疑问,帕斯卡尔把人的伟大仅仅归结为思想,这显然是片面的;但是,这种关于人的自我分析,却有力地撞击人们的理论思维,促使人们深切地反思人类存在的意义与价值。

主体关于"意义"的自我意识,是以人的存在方式为基础的。马克思说,"人的本质并不是单个人所固有的抽象物。在其现实性上,它是一切社会关系的总和"②。因此,主体对"意义"的自我反思,并不是孤立的对"自我"的反思,而是对自我与自然、自我与社会、自我与历史、自我与他人的诸种"关系"的反思。正是在种种"关系"的自我反思中,主体形成了关于自然、社会、历史和人生的自我意识。主体的这种自我意识,构成了哲学的最直接的生活基础;但是,个人作为主体的这种自我意识,并不直接地就是理论形态的哲学。因此,我们需要在探索哲学与个体的自我意识的基础上,进一步去思考哲学与社会的自我意识的关系。

三、哲学与社会的自我意识

在分析意义的自我意识的过程中,我们会发现一种深刻的矛盾:个体关

---

① 帕斯卡尔:《思想录》,何兆武译,商务印书馆,1997年,第157—158页。
② 《马克思恩格斯选集》第1卷,第18页。

于生活意义的自我意识,以及个体在"意义"的自我感觉、自我观察、自我体验、自我分析、自我评价、自我超越和自我反思中所形成的关于自然、社会、历史和人生的自我意识,在其直接性上,总是呈现出不可穷尽的差别性和难以捕捉的随机性;而在其现实性上,则深深地烙印着"意义"的"社会自我意识",即个体的自我意识总是烙印着社会性的普遍性和规范性。这种矛盾,就是意义的个体自我意识与意义的社会自我意识的矛盾。分析这个矛盾,能够使我们进一步理解哲学的本质特征。

各个历史时代的人的生存状态和文明程度是迥然有别的,同一时代的不同国度的人的生存状态和文明程度也是各不相同的;不仅如此,即使是同一时代、同一国度的人的生存状态和文明程度,等等,也是千差万别的。因此,个体性的关于"意义"的自我意识,不能不具有极大的差别性和显著的随机性。但是,由此而得出"意义"的相对主义和"哲学"的虚无主义的结论,则背离了个体的自我意识与社会的自我意识的辩证关系,背离了个体的"意义"观念与哲学的反思理论的辩证关系。

所谓"意义的社会的自我意识",是指社会性的关于人类存在意义的自我意识;这种社会性的关于人类存在意义的自我意识,具有以下的基本特点:(1)人类性。它不是某个或某些个体关于人的存在意义的自我意识,而是每个时代的人类普遍具有的关于自身存在的自我意识。(2)历史性。这种人类普遍具有的关于自身存在的自我意识,在不同的历史时代具有特殊的内容和特殊的形式。(3)理论性。以时代性的内容与形式所表现出来的人类性的自我意识,不是零散的、杂乱的和任意的,而是概念化的、逻辑化的和体系化的。具体地说,这种人类性的、历史性的和理论性的关于人类自身存在的自我意识,就是通过哲学家思维着的头脑所建构的、规范人们如何理解和变革人与世界相互关系的哲学理论。

在个体性的关于意义的自我意识中,我们不难发现,它总是深深地烙印着社会性的关于意义的自我意识。这突出地表现在:(1)每个个体所寻求和反思的"意义",总是具有社会内容的人生价值、社会正义、伦理道德、法律规范、政治制度、历史规律和人类未来等问题;(2)每个个体对"意义"的寻求和反思,总是对具有社会性质的真理标准、价值尺度、审美原则以及人的本性、文化传统、时代精神等规范人的思想与行为的理论化、系统化的理论体系的肯定或否定、认同或拒斥;(3)每个个体所形成的关于"意义"的自我意识,总是通过具有社会形式的社会自我意识而构成其稳定性、系统性、自觉性、传播性、可分析性、可解释性和可批判性。

个体关于"意义"的自我意识，总是具有社会内容。这是因为，"人的本质并不是单个人所固有的抽象物。在其现实性上，它是一切社会关系的总和";"抽象的个人，实际上是属于一定的社会形式的"①。个人作为"主体"，既存在于主体与客体的关系之中，又存在于主体与主体的关系（所谓"主体间性"）之中。这里的主体对其他主体的关系，虽然也是一种主体与客体的关系，但却是一种特殊的主体对客体的关系（这是人与人的关系）。而个人只有在主体与主体（人与人）的关系中，才能形成主体对客体（这里指个人对世界）的关系。因此，个体关于意义的自我意识，总是具有深刻的社会内容。

个体关于"意义"的自我意识，总是具有社会性质。这是因为，人的存在的意义，既体现在人的以实践为基础的认知的、伦理的、审美的生活之中，又必须以认知的、伦理的、审美的评价标准作为反思的根据和尺度。而在这些认知的、伦理的、审美的评价标准之中，则深深地烙印着社会性质的文明程度、文化传统、社会心理和时代精神，等等。因此，个体对意义的自我意识，总是具有社会性质的自我反思。

个体关于"意义"的自我意识，总是具有社会形式。这是因为，人是历史性的存在，人总是生活在某种历史的"结果"之中。马克思说，"人的存在是有机生命所经历的前一个过程的结果。只是在这个过程的一定阶段上，人才成为人。但是一旦人已经存在，人，作为人类历史的经常前提，也是人类历史的经常的产物和结果，而人只有作为自己本身的产物和结果才成为前提"②。作为历史性存在的个人，他对"意义"的自我意识，并不是无前提的自我感觉和自我分析，而是对历史地给予的、具有社会形式的理论的选择：肯定或否定某种给予的理论，认同或拒斥某种理论所给予的观念。个体总是以肯定或否定、认同或拒斥某种理论的方式，而使个体性的自我意识获得某种程度的稳定性、系统性、可分析性和可解释性与可批判性。

"意义"的个体自我意识所具有的社会内容、社会性质和社会形式，以及"意义"的个体自我意识所发生的变革与发展，在现实的而非抽象的人类历史过程中，总是受到"意义"的社会自我意识的制约与规范。"意义"的社会

---

① 《马克思恩格斯选集》第1卷，第18页。
② 《马克思恩格斯全集》第26卷，第545页。

自我意识，既超越于个体的自我意识之外（它以具有社会形式的理论而存在），又内在于个体的自我意识之中（它以"意义"的社会内容、社会性质和社会形式而规范个体的自我意识）；因此，"意义"的社会自我意识，不仅仅在发生学的意义上是"意义"个体自我意识的结晶和升华，而且在其现实性上，又成为"意义"个体自我意识的前提条件、真实内容和基本形式，从而以观念形态制约和规范着人类全部的"生活活动"及其所创造的人的"生活世界"。

我们还应看到，由于人类存在的矛盾性，人类的历史发展总是处于某种"二律背反"之中，因此总是表现为某种片面性。这种历史发展的片面性形式，表现在个体的自我意识中，就是对"意义"的各异其是的片面性理解和片面性追求。因此，人类社会的发展，总是需要对人类的总体行为进行全面的反应、深层的反省、规范性的矫正和理想性的引导，总是需要某种对人类的总体行为进行自我反思的自我意识。这就是"意义"的社会自我意识。

在人类的文明史上，这种既超越于个体自我意识之外，又内在于个体自我意识之中，既源于人类自身存在的矛盾性，又把人类自身存在的矛盾性作为反思的对象，具有自己的意识特质、意识内容和意识形式的"意义"的社会自我意识，构成了人类把握世界的一种具有特殊作用和独特价值的基本方式——哲学。

四、哲学与意义的"普照光"

哲学作为人类把握世界的一种基本方式，它的特殊作用和独特价值，在于它是"意义"的"普照光"。

人类的"生活活动"，以人类把握世界的各种方式为中介，而创造自己的"有意义"的"生活世界"。哲学作为"意义"的社会自我意识，它以反思的思想维度去审视"生活世界"的"意义"，并把人类所创造的"生活世界"的"意义"聚焦为一种"普照光"，从而使人们在这种"普照光"的辉耀下，创造出更加辉煌的"生活世界"。

在极其漫长的由动物的"生命活动"及其"生存世界"转变为人类的"生活活动"及其"生活世界"的过程中，人类逐渐地形成了马克思所说的作为"世界历史"的产物的人的"本质力量"——人类创造自己和发展自己的力量。这种"本质力量"对人与世界的关系具有双重意义：它既是形成人类把握世界的各种基本方式的根据，也是构成人与世界的各种对象性关系的根据。人类的文明史,就是人的"本质力量"的现实化过程,也就是人类把握世界的各种基本方式和人与世界的各种对象性关系的双重现实化过程。

早期的人类意识,主要的是以幻化的方式把握世界。这就是,既按照人类经验去设想宇宙事件,又按照宇宙事件来设想人类经验。人对自然的"征服欲"和人对自然的"依赖感",双重化地支配着和规范着人的观念与行为。这种幻化的方式在现实的改造自然和协调人们之间关系的生活活动中,萌芽、分化和形成了适应和改变环境、模仿和解释环境的人类把握世界的多种基本方式——以实践方式为基础的神话方式、宗教方式、艺术方式、常识方式以及伦理方式。

需要深入探讨的是,人类在以其多种方式把握世界的过程中,不仅具有关于对象存在的对象意识,而且具有关于对象意识的自我意识,特别是由于人的生活活动的目的性和对象性,人类还具有关于自身存在的自我意识,即"意义"的个体自我意识。德国哲学家恩斯特·卡西尔在考察人类文化史的基础上提出:"走向人的理智和文化生活的那些最初步骤,可以说是一些包含着对直接环境进行某种心理适应的行为。但是在人类的文化进展方面,我们立即就遇见了人类生活的一个相反倾向。从人类意识最初萌发之时起,我们就发现一种对生活的内向观察伴随着并补充着那种外向观察。人类的文化越往后发展,这种内向观察就变得越加显著。"[1]卡西尔认为,在人的文化生活的一切形式中我们都可以看到这种过程。他还具体地指出,在对宇宙的最早的神话学解释中,就可以发现一个原始的人类学与一个原始的宇宙学比肩而立,宗教则保存了神话学的宇宙学和人类学而给它们以新的形态和新的深度[2]。作为卡西尔的论据的必要补充,应该指出,人类在以常识的、艺术的和伦理的方式把握世界的过程中,同样是越来越显著地表现出人对自己的活动的意义的关切与反省,从而形成具有复杂内容的"意义"的个体自我意识。

人类早期意识中的"意义"的个体自我意识,以及这种自我意识在形成中、在人类把握世界的多种方式中的越来越显著的作用,是形成"意义"的社会自我意识并使之成为人类把握世界的一种特殊方式的原始根据;而哲学作为现实的、理论形态的"意义"的社会自我意识,则是随着人类理论思维的发达和人类生活世界诸种矛盾的复杂化,与"科学方式"同步形成,并在

---

[1][2] 参见卡西尔《人论》,第5—6页。

与"科学"的分化过程中走向成熟的。

在古代"智慧"中,"哲学"与"科学"不仅是难以剥离的,而且,"哲学"还以"知识总汇"的形式包揽了"科学"。甚至在西方近代哲学中,"哲学"还企图以"最普遍的原理""最深层的逻辑"和"全部知识的基础"来充当"科学的科学"。然而,即使是在哲学走向独立和成熟的过程中,我们仍然可以比较清晰地辨认出哲学作为"意义"的社会自我意识所具有的独特的内容与形式、功能与使命。

纵观哲学史,人们会非常惊讶地发现,凝聚着人类最高智慧的哲学,竟然是自始至终地对最简单的"一"的追求!从古代哲学的寻求"万物的统一性"到"理念的统一性"以至"原理的统一性",从近代哲学的寻求"意识的统一性"到"逻辑的统一性"以至"人性的统一性",从现代哲学的寻求"世界的统一性"到"科学的统一性""文化的统一性""语言的统一性"以至"人类活动的统一性",哲学始终以其"爱智之忱"的"形上智慧"不倦地进行着对"一"的追求。

那么,哲学所寻求的"一"到底是什么?在哲学走向成熟的漫长过程中,它对自己的追求曾经作过难以胜数的和莫衷一是的解释与回答。"始基""基质""存在""理念""共相""形式""上帝""实体""本体""物质""概念""逻辑""科学""文化""语言""符号""理解"……都曾经充当过哲学所寻求的"一"。然而,透过这些令人眼花缭乱、扑朔迷离的解释与回答,深究哲学的这种不倦寻求对人的"生活世界"的"意义",我们就会对哲学苦苦求索的"一"及其独具的生活价值获得新的认识。

人类的全部"生活活动"的指向与价值,在于使世界满足人类自身的需要,把世界变成对人来说是真善美相统一的世界,即实现人的自我发展的有"意义"的世界。因此,哲学所寻求的"一",并不是某种统一性的"存在",而是判断、解释和评价"有意义"与"无意义"、"真善美"与"假恶丑"的根据、标准和尺度;哲学的生活价值,并不是直接地创造人的"生活世界",而是以其对"一"的求索、解释和回答,批判性地反思人类的全部"生活活动"及其所创造的"生活世界",使人类形成作为生活"最高支撑点"的"意义"的社会自我意识。

哲学所寻求的"意义",最普遍地、最深层地制约、规范和引导人的全部生活活动,但它又是作为"看不见""摸不着"的"前提"——判断、解释和评价"意义"的根据、标准和尺度——而隐含在人的全部生活活动之中。

因此，哲学作为"意义"的社会自我意识，它的理论方式是批判的反思。法兰克福学派的领袖人物霍克海默说："哲学认为，人的行动和目的绝非是盲目的必然性的产物。无论科学概念还是生活方式，无论是流行的思维方式还是流行的原则，我们都不应盲目接受，更不能不加批判地仿效。哲学反对盲目地抱守传统和在生存的关键性问题上的退缩。哲学已经担负起这样的不愉快任务：把意识的光芒普照到人际关系和行为模式之上，而这些东西已根深蒂固，似乎已成为自然的、不变的、永恒的。"①超越"表象式"的思维，反思"自明性"的存在，对"假设"质疑，向"前提"挑战，这就是哲学的批判性反思的理论方式。正是通过这种方式，哲学实现自身对"意义"的寻求，并把"意义"的社会自我意识实现为"意义"的个体自我意识。

任何时代的生活世界的"意义"，都是人类以其把握世界的全部方式创造出来的。然而，这种创造活动的结晶——生活世界的"意义"——却像经过三棱镜的太阳光，被这些不同的方式分解为赤、橙、黄、绿、蓝、靛、紫的"七色光谱"，"意义"的"普照光"反而黯然失色了。哲学作为"意义"的社会自我意识，它的巨大的生活价值，首先就在于它把人类以各种方式所创造的"意义""聚焦"为照亮人的生活世界的"普照光"。作为文化哲学家的恩斯特·卡西尔，尽管他是从符号——功能的统一性去阐述哲学的特性与作用，然而他对哲学与人类把握世界其他方式的关系的论述却是颇为精彩的。他说："我们全神贯注于对种种特殊现象的丰富性和多样性的研究，欣赏着人类本身的千姿百态。但是哲学的分析给自己提出的是一个不同的任务。它的出发点和它的工作前提体现在这种信念上：各种各样表面上四散开的射线都可以被聚集拢来并且引向一个共同的焦点。"②他还具体地指出："它能使我们洞见这些人类活动各自的基本结构，同时又能使我们把这些活动理解为一个有机整体。语言、艺术、神话、宗教绝不是互不相干的任意创造。它们是被一个共同的纽带结合在一起的。""在神话想象、宗教信条、语言形式、艺术作品的无限复杂化和多样化现象之中，哲学思维揭示出所有这些创造物据以联结在一起的一种普遍功能的统一性。神话、宗教、艺术、语言，甚至科学，现在都被看成是同一主旋律的众多变奏，而哲学的任务正是要使这种主旋律成为听得出的和听得懂的。"③

---

① 霍克海默：《批判理论》，第 243 页。
② 卡西尔：《人论》，第 281 页。
③ 同上书，第 87、91 页。

哲学作为"意义"的"普照光"而构成"世界观"，这是它对人类的存在与发展的最大意义。

第三节　哲学与时代精神的精华

一、时代和时代精神的精华

哲学作为"意义"的社会自我意识，它是通过哲学家思维着的头脑所建构的，规范人们如何理解和怎样变革人与世界相互关系的理论。任何一种哲学理论，都凝聚着哲学家所捕捉到的该时代人类对人与世界相互关系的自我意识，都贯穿着哲学家用以说明人与世界相互关系的独特的解释原则和概念框架，都熔铸着哲学家用以观照人与世界相互关系的价值观念、审美意识和终极关怀。因此，任何一种真正的哲学理论，都是黑格尔所说的"思想中所把握到的时代"，都是马克思所说的"时代精神的精华"。

关于"时代""时代精神"及其"精华"，人们有各种不同的理解与解释。但是，如果从人类的全部"生活活动"及其所创造的"生活世界"的历史发展去思考，我们就会比较清楚地看到：所谓"时代"，就是与人类的全部"生活活动"及其所创造的"生活世界"具有相对的质的区别的社会发展阶段；与这个"时代"概念相对应，所谓"时代精神"，就是标志社会不同发展阶段的、具有特定历史内涵的"生活世界"的"意义"；与这个"时代精神"概念相对应，所谓"时代精神的精华"，就是时代"意义"的社会自我意识，也就是对时代性的生活世界的"意义"的理论把握。

一般说来，任何时代的"时代精神"，都以三种基本方式存在：（1）人类把握世界的各种方式所创造的具有时代内涵的生活世界的"意义"，其中主要是该时代的科学精神、艺术精神、伦理精神，等等；（2）该时代的普遍性的、倾向性的"意义"的个体自我意识，即该时代占主流的关于"意义"的个体自我意识，如普遍的社会心理，等等；（3）该时代的理论形态的关于"意义"的社会自我意识，即关于时代"意义"的哲学理论。

每个时代的哲学精神，当然是该时代的"时代精神"；但是，作为一种"时代精神"的"哲学精神"，它却不仅仅是一种"时代精神"，而且是"时代精神"的"精华"。这是因为：其一，每个时代的哲学精神，既是"聚焦"人类把握世界的各种方式所创造的具有时代内涵的生活世界的"意义"的"普照光"，又是对该时代的普遍性的、倾向性的"意义"的个体自我意识的理论升华。这就是说,在"时代精神"的三种基本的存在方式中,作为"意义"的社会自我意识,哲学最为集中地、最为深刻地、最为强烈地表现了每个时代的时代精神,因而成为"时代精神的精华"。其二,哲学作为人类的反思的思维方式,它以"社会的自我意识"的理论形态,批判性地反思"时代精神",创造性地塑造和引导"时代精神",因而成为"时代精神的精华"。

二、时代精神的理论表征

哲学作为"意义的社会自我意识"和"时代精神的精华",它以"表征"方式来实现自己对"时代精神"的理论把握。"表征"是哲学显现人类关于自身存在意义的自我意识的独特方式。

毫无疑问,哲学家总是在"表述"(陈述经验事实)或"表达"(表达情感意愿),哲学总是由某些定义、命题、原理来构成;然而,哲学的真实意义,却不在于哲学家"说"些什么或"写"些什么,也不在于哲学给出了哪些定义、命题或原理;人们甚至会发现,如果我们仅仅纠缠于哲学家"说"些什么或"写"些什么,哲学不仅是难以理解的,甚至是荒唐可笑的。

古希腊的"爱智"的哲人们,曾经大伤脑筋地思考"万物的统一性"问题,即万物的根源问题,并把"万物的统一性"归结为"水""火""原子""理念",等等。如果人们仅仅看到古代的哲人把万物的本原"说"成是"水""火""原子"或"理念",而不是发现这些哲人以"万物的统一性"问题而"表征"的对人类存在根基的寻求,那么,这样的"哲学"实在是荒唐可笑的。

不必说古希腊哲人关于"万物统一性"的种种看法,就是近现代乃至当代哲人们"说"的什么或"写"的什么,仅仅具有"健全常识"的人,也同样是感到难以理解。比如,人们所熟知的笛卡儿的"我思故我在"、贝克莱的"存在就是被感知"、休谟的"因果习惯联想"、康德的"先验统觉"、黑格尔的"绝对精神",乃至卡西尔的"符号是人的本质"、海德格尔的"语言是存在的家"、伽达默尔的"理解是人的存在方式",等等,从"健全的常识"看,都是难以理解的。对于这些哲学"命题",人们完全有理由发问:我不思想我就不存在吗?("我思故我在"吗?)我没有感觉到的存在就不存在吗?("存在就是被感知"吗?)因果联系不是客观存在的吗?("因果习惯联想"能成立吗?)普遍必然性的知识是先于经验的吗?("先验统觉"能成立吗？）既超然于万物之外又内在于万物之中的"绝对精神"到底是个什么东西？（"绝对精神"能成立吗？）难道人是"符号"吗？（"符号是人的本质"吗？）难道客观存在的世界是装在语言里吗？（"语言是存在的家"吗？）难道没有肉体的人还能"理解"吗？（"理解是人的存在方式"吗？）……

这些"发问"，不仅仅是具有"健全常识"的普通人的困惑，甚至也是一些号称"哲学家"的人的困惑。例如，现代德国哲学家、逻辑经验主义的重要代表人物之一赖欣巴哈就曾经这样提出问题，即：究竟是作为哲学家的黑格尔的"说法"太深刻，以至于我们理解不了，还是黑格尔本来是说了些"昏话"，所以让人根本无法理解？赖欣巴哈认为只能是后者，即黑格尔说了一堆让人根本无法理解的"昏话"[①]。

正是由于人们仅仅看到哲学家"说"的和"写"的，而不是从"表征"的意义看哲学，即不是从"思想中所把握到的时代"去看哲学，所以人们常常非难哲学，认为哲学"抽象"与"玄奥"。特别是在现代的"科学主义思潮"中，人们甚至把哲学家"说"的和"写"的作为肆意嘲弄和愤怒声讨的对象，把几千年来的哲学斥之为"语言的误用"和"智力的浪费"。因此，我们需要从"表征"方式去理解哲学，即从哲学的生活基础与哲学的特殊方式的相互关系去理解哲学，从哲学对时代精神的理论把握去理解哲学。

人类关于自身存在意义的自我意识，既不是以语言的"表述"职能来陈述的经验事实，也不是以语言的"表达"职能来传递的情感和意愿；因此，关于存在意义的自我意识的理论，既不能是关于经验事实的科学，也不能是传递情感意愿的艺术，而只能是作为"意义"的社会自我意识的哲学；而哲学作为关于"意义"的社会自我意识理论，它的实现方式既不是"表述"，也不是"表达"，而是"表征"。

"表征"是哲学显现人类关于自身存在意义的自我意识的独特方式，而不是与"表述"和"表达"相并列的又一种语言职能。这就是说：哲学并不是以某种特殊的语言职能，来实现自己对世界的独特把握；而是以自己把握世界的独特方式，使哲学的话语系统（概念框架）获得了特殊的意义。这种特殊的意义，就是对人类自身存在意义的自我意识的理论"表征"。

从"表征"的意义看哲学，我们就会发现哲学的坚实的生活基础，就会

---

① 参见赖欣巴哈：《科学哲学的兴起》，第8页。

发现哲学与人类的实践活动及其历史发展的密切联系，就会发现哲学作为"时代精神的精华"的深层根据，就会发现哲学史的历史与逻辑相统一的现实基础。

从整个哲学发展史看，我们在"表征"的意义上可以发现哲学的"真实意义"：以亚里士多德为最高代表的古希腊哲学，它对"最高原因的基本原理"的寻求，其真实意义并不在于它所"表述"的对"万物统一性"的概括与解释，而在于它所"表征"的人类理性寻求"统一性"并从而寻求人类存在根基的自我意识；笛卡儿以来的西方近代哲学即所谓"后神学文化"，其真实意义并不在于它所"表述"的对世界和人类意识的种种解释，而在于它所"表征"的消解人在超人的"神圣形象"（上帝）中的自我异化的人类自我意识；现代哲学的"消解哲学"运动，以及后现代主义思潮所倡言的"后哲学文化"，其真实意义也不在于它所"表述"的对哲学的"科学化"要求或"拟文学"理解，而在于它所"表征"的消解人在"非神圣形象"（哲学、科学、政治、艺术等）中的自我异化的自我意识。

从"表征"的意义看哲学，我们就会发现，不仅现代哲学中的科学主义思潮所"拒斥"的"形而上学"的真实意义与价值，在于它是对人类关于自身存在意义的自我意识的理论表征；而且"拒斥形而上学"的现代哲学中的科学主义思潮，以及所谓的后现代主义思潮，它们作为"哲学"的真实意义与价值，也仍然在于它们理论地"表征"着现代人类关于自身存在意义的自我意识。

哲学对人类存在意义的自我意识的理论表征，主要是以哲学的自我追问、哲学的问题转换、哲学的派别冲突和哲学的演化趋向来实现的。

哲学的令人困惑而又引人入胜的突出特征，首先在于它的坚忍不拔的自我追问：哲学究竟是什么，哲学究竟研究什么，哲学究竟有何用途，哲学究竟有无发展，哲学究竟为何存在……然而，这种坚忍不拔的自我追问的结果，却总是使人陷入更深的困惑之中——所有的哲学家都对这些问题做出了各异其是的回答。 正视这种哲学自我理解的非一致性，会启发我们从相反的方向提出问题：没有统一性的哲学与进行哲学追问的人类是何关系？ 这种新的追问会使我们发现，哲学的自我追问恰恰是表征着人类的自我追问，哲学自我理解的非一致性恰恰是表征着人类自我理解的非一致性。 人类以哲学的方式追问自身存在的规定性即自身存在的意义的统一性，又以哲学自我理解的非一致性表征着自身存在意义的矛盾性。 人类以哲学的方式追问自身存在的合理性即自身存在的意义的根据,又以哲学自我辩护的历史性扬弃而表征着人类对自身存在意义的历史性理解。从表征的意义看哲学的自我追问,我们可以看到人类追问存在的意义的艰难历程。哲学的坚忍不拔的自我追问表征着人类自身的不可消解的自我追问。

人类追问存在意义的艰难历程,具体地体现在哲学问题的转换之中。古代哲学提出"万物的统一性"问题,这既意味着人类试图以某种最深层的统一性的存在来确定人类生活意义的最高支撑点,又意味着人类尚未达到从思维对存在的关系去反省人类生活的意义。因此,这种哲学(古代哲学)实质是表征着人类从自在走向自为的过程;近代哲学提出"意识的统一性"问题,这既意味着人类以反省的认识去寻求人类生活的意义,又意味着人类是以超历史的即抽象的观念去看待存在的意义。这种哲学(近代哲学)表征着人类受"抽象"统治的自我意识;现代哲学提出"实践的统一性"以及科学、语言、文化等的统一性问题,这既意味着人类从历史的即现实的观念去看待存在的意义,也意味着人类在多元文化中的意义的冲突与危机。这种哲学(现代哲学)表征着人类的理论理性与实践理性相融合的自我意识。

在哲学的发展史上,始终存在着唯物主义与唯心主义、经验主义与逻辑主义、绝对主义与相对主义等的派别冲突。这些哲学层面的理论冲突,并非仅仅是哲学家之间的思想冲突,而是表征着人类在存在意义的自我意识中,始终存在着人对现实的依赖性与对现实的超越性的冲突,人类的感性存在与理性追求的冲突,人类存在的有限性与人类理想的无限性的冲突。因此,哲学所需要的是从人类存在的矛盾性去解释哲学理论的冲突,而不是把这些冲突视为哲学的自我冲突。在现代哲学中,本质主义与存在主义、理性主义与非理性主义、科学主义与人本主义、理想主义与功利主义、历史决定论与非历史决定论等的派别冲突,以错综复杂的理论冲突的方式,表征着现代人类在"上帝被杀死"之后所面对的意义危机的自我意识。从"表征"的意义看待哲学派别的理论冲突,既有助于我们理解哲学派别冲突的生活意义,也能使我们从理论层面上去透视人类存在意义的复杂矛盾。

这里,我们仅从经验主义与逻辑主义的冲突中,分析一下它们所表征的人类的感性存在与理性思维的矛盾。对于人的感性来说的存在(现象),对人的理性来说永远是非存在(理性"看不见"现象);对于人的理性来说的存在(逻辑),对人的感性来说永远是非存在(感性"想不到"逻辑)。这种感性与理性的存在与非存在的矛盾,是人类的永恒的矛盾,也是推动人类不断发展的动力。哲学，正是以经验主义与逻辑主义的冲突而表征着人类的这种矛盾。在古希腊，以善于诡辩著称的哲学家芝诺曾提出"飞矢不动""阿基里斯永远追不上乌龟"等命题。关于后者，芝诺的"诡辩"是这样的：假如让乌龟先爬一段路，然后再让古希腊神话中的善跑的英雄阿基里斯去追它，那么阿基里斯永远也追不上乌龟。这是因为：阿基里斯在追上乌龟之前，必须首先到达乌龟的出发点；可是，这时乌龟已经又向前爬了一段，阿基里斯又必须赶完这段路；由于阿基里斯和乌龟之间的距离可以依次分成无数小段，因此阿基里斯虽然越追越近，但却永远追不上乌龟。毫无疑问，这个结论在"经验"中是不可能存在的，因而是"荒唐"的，但在"逻辑"上却无懈可击。正因如此，黑格尔认为芝诺的命题并不是"诡辩"，因为他从没有想到要否认作为"感觉的确实性"的运动，而问题仅仅是在于"运动的真实性"。列宁也因此提出："问题不在于有没有运动，而在于如何在概念的逻辑中表达它。"①黑格尔和列宁对芝诺问题的肯定，正在于他们深刻地理解哲学的"表征"意义，而不是拘泥于哲学家"表述"或"表达"了什么；正在于他们理解芝诺问题所"表征"的人类的感性与理性的矛盾以及芝诺对这一矛盾的自觉，而不是把芝诺的"表述"看成荒唐无稽的"诡辩"。

哲学的自我追问总是以哲学问题的转换而获得时代性的特征，哲学问题的转换又总是以哲学的派别冲突而获得具体的理论内涵。哲学就是在自我追问的问题转换和派别冲突的自我批判中显示出自身演化的趋向性。从总体趋向上看，哲学的演化经历了塑造"神圣形象""消解神圣形象"和"消解非神圣形象"的过程。哲学演化的趋向性，表征着人类在神圣形象中的自我异化到消解人在神圣形象中的自我异化再到消解人在非神圣形象中的自我异化的过程，也就是表征着人从"依附性的存在"到"独立性的存在"再到"类主体存在"的过程。正是在表征人类关于自身存在的自我意识的意义上，哲学是黑格尔所说的"思想中所把握到的时代"，或马克思所说的"时代精神的精华"。

思想对时代的把握，既不是"表述"时代状况的经验事实，也不是"表达"对时代的情感和意愿，而是"表征"人类对时代的生存意义的自我意识。哲学之不可"消解"，或者说哲学的"合法性"，在于人类不能"消解"关于自身存在意义的自我意识，在于人类关于自身存在意义的自我意识

---

① 《列宁全集》第38卷，第281页。

需要通过哲学的理论"表征"的方式而获得自我理解和自我反思,从而历史地调整和变革人类的生存方式。

三、塑造和引导时代精神

理论地"表征"时代精神的哲学,它并非仅仅是时代精神的"反映和表达""概括和总结",更重要的是时代精神的"反思和表征""塑造和引导"。

在现代社会中,人类把握世界的各种方式(其中特别是科学及其技术应用)都得到了前所未有的大发展。然而,这些方式所具有的"意义",以及它们所创造的生活世界的"意义",却使色彩斑斓的当代"意义"更加扑朔迷离,难以"听出"和"听懂"了。

"常识"是人类世世代代长期经验的产物,是人类个体适应自然环境和社会环境的最直接的思想与行为的规范。它使人们的思想观念得到最广泛的相互沟通,人们的经验世界得到最普遍的相互理解,人们的生活方式得到最便捷的相互协调。常识是人类把握世界的最基本的、最普遍的方式,并对人类生活具有基础性的独特价值。然而,在一定的意义上,"现代化"的过程,就是最广泛的"非常识"(如科学、技术和艺术,等等)的"常识化"过程,也就是传统意义的"常识"的"消解"的过程。基于直接经验的"知识",基于模仿自然的"艺术",基于自然关系的"伦理",直至基于经验的"世界",都被"非常识"的"常识化"而改变了。"信息爆炸"的知识使人目不暇接,流行全球的"大众文化"使人追赶不及,"多元角色"的人际关系使人变幻莫测,现代世界的"科学图景"要求人的"终身教育"。"常识"不再是传统意义的常识,生活世界的"意义"需要现代的"意义"的社会自我意识——现代哲学——来"解蔽"和"澄明"。

相对于常识,"科学"是一种显著具有创造意义的人类活动。它对人类生活的价值,不仅在于它以知识体系的形式不断地变革人类的世界图景,也不仅在于它以思维方式的形式不断地变革人类的理论思维,而且在于它以价值规范的形式不断地变革人们的观念与行为。现代社会生活中,"科学"与否,几乎成为人们判断一切的终极性的根据、标准和尺度。科学正在"取代"哲学。这就是现代"科学主义思潮"盛行的现实生活基础。如何评价科学在现代生活世界的"意义",构成现代哲学反思的首要内容。

与科学相比,"艺术"作为人类把握世界的一种基本方式,它对人类的生活价值,似乎既是无处不在和显而易见的,又是可有可无和模糊不清的。唱歌、跳舞、绘画、看电影、听音乐、读小说,常常被视为"闲暇时光"的"消遣方式"。在审美形象全面增殖的商品社会中,广告形象、时装表演、明星效应、通俗小说、"卡拉 OK""MTV"等构成人们所说的"泛审美形象"。艺术既以泛审美形象和泛审美意识而扩展其对人类生活的"意义",又以"大众文化"的盛行和"诗意文化"的失落而考验其对人类生活的"意义"。艺术的现代"意义",需要"意义"的社会自我意识——现代哲学——的批判性反思。

社会是人类生活的前提,"伦理"则是维系人的社会性存在的基础。人们以伦理方式把握世界所形成的以某种价值观为核心、以相应的伦理原则和伦理规范为基本内容的伦理文化,在任何时代的"时代精神"中,都具有显著的重大"意义"。一个社会的伦理文化和伦理精神的扭曲,其结果都会造成人的生活"意义"的扭曲、变形和失落。在现代商品社会中,由于功利主义的价值态度和工具理性的思维方式的盛行,一种"耻言理想,蔑视道德,拒斥传统,躲避崇高,不要规则,怎么都行"的社会思潮和理论思潮,正在越来越引起人们深深的困惑与忧虑。哲学作为"意义"的社会自我意识和时代精神的"精华",它需要在批判性地反思现代伦理文化的过程中,并在整合现代常识意识、科学精神、审美意识和伦理文化的广阔视野中,"聚焦"人类生活的现代"意义",使之成为照亮现代人类生活世界的"普照光"。

人类的实践活动及其历史发展的过程,是一个使自然"人化"的过程,让世界满足人的需要的过程,实现人的自身发展的过程。然而,自然的"人化"过程,也造成了人与自然的"疏离",或者说"演员与他的布景的分离"。

现代文明创造了一个人工的世界。人工的世界是现代人的生活世界。耸入云天的高楼大厦是人工的崇山峻岭,呼啸奔驰的车水马龙是人工的湖海江河,纵横交错的交通网络是人工的森林原野,五光十色的灯火霓虹是人工的白天黑夜。自然变成了遥远的旧梦,自然在现代人的生活世界中逐渐地隐退了①。这使现代人似乎是生活在一个无根的世界,似乎是在"无底棋盘上游戏"。因此,寻找"精神家园"便成了现代哲学的重要课题。

在人类生活世界发生时代性变革的过程中,由于常识意识、科学精神、审美意识和伦理文化的全面变化而引起的"意义范式"的转换,总是造成时

---

① 参见孙正聿、李璐玮:《现代教养》,第301页。

代性的"意义危机"。这种"意义危机",既会激发"意义"的个体自我意识的新的感受和领悟、新的期待和追求,也会引发"意义"的个体自我意识的新的困惑与迷惘、新的矛盾与冲突。无论是"我到底要什么"的价值取向和价值认同,还是"我们到底要什么"的价值导向和价值规范,都需要现代生活世界的"普照光"——"意义"的现代社会自我意识。

哲学作为"意义"的社会自我意识,它对当代人类的巨大的生活价值,就是对时代性的"意义危机"做出全面的反应、批判的反思、规范性的矫正和理想性的引导。因此,真正的哲学,绝不能"封闭一切价值通道""中止所有是非判断""从情感的零度开始",而必须以炽烈的社会自我意识的使命感去求索生活世界的"意义"。真正的哲学,它以自己提出的新的问题、新的提问方式以及对新问题的新的求索,批判性地反思人类生活的时代意义,理论性地表征人类生活的矛盾与困惑、理想与选择,从而塑造和引导新的时代精神。这是哲学作为"意义"的社会自我意识和时代精神的"精华"的真义之所在,也是哲学在人类把握世界的全部方式中的不可或缺和不可替代的生活价值之所在。

《哲学通论·第五章 哲学的生活基础》 数字化教学支持资源

一、孙正聿老师视频精品课(五讲)(请扫码观看)

二、本章拓展资源(请扫码观看)
1. 《寻找"意义":哲学的生活价值》
2. 《理论及其与实践的辩证关系》
3. 《从大历史观看中国式现代化》

本章思考题

1. 从实践观点谈谈人与世界的关系。
2. 怎样理解哲学是"社会的自我意识"?
3. 怎样理解哲学是"时代精神的精华"?
4. 谈谈我们时代的"时代精神"。

第六章　哲学的主要问题

　　人对世界的关系,主要的是在人的实践活动中形成的认知关系(真与假)、评价关系(善与恶)和审美关系(美与丑)。因此,哲学对人与世界之间关系的反思,集中地表现为对真善美的寻求与阐扬。

　　哲学对真善美的寻求,总是试图获得某种终极之真、至上之善和最高之美,也就是试图获得某种关于真善美的最终的根据、标准和尺度。这就是古往今来的哲学对"本体"的寻求。

　　哲学对"本体"的寻求,从根本上说,是对人自身的"安身立命之本"的寻求,也就是试图获得某种关于人自身的存在与发展的最终的根据、标准和尺度。因此,哲学是以对"本体"的寻求,而实现对真善美的反思,并从而实现对人自身的"安身立命之本"的寻求,即实现其对人自身的存在与发展的反思。寻求以"本体"为出发点而形成的对"在""真""善""美""人"的反思,构成哲学研究的主要问题。

第一节　"在":存在论或本体论问题

一、"本体"和"本体论"的概念解析

　　"本体"和"本体论",是哲学理论中使用最广泛而又歧义性最大的范畴。人们在学习哲学的过程中,总是不可避免地被"本体"和"本体论"困扰着。

　　阅读哲学理论著作和哲学史著作,人们会发现一个引人注目和发人深省的重大问题:在各种不同的哲学理论框架中,"本体"都有其特殊的理论内涵和历史的规定性;或者反过来说,有多少种关于"本体"的观念,也标志着有多少种不同的哲学理论框架。因此,从一定的意义上说,对"哲学究竟是什么"的追问与回答,也就是对"本体究竟是什么"的追问与回答;回答"本体究竟是什么",也就是在回答"哲学究竟是什么"。这表明,关于

"本体"和"本体论"的概念解析,对于哲学的自我理解是至关重要的。

在探析作为哲学概念的"本体"和"本体论"之前,先来简要地分析一下作为日常用语的"本"这个概念,是会引发某些哲学思考的。

"本"是与"末"相对待的。"物有本末,事有始终。""本"为事物的根源或根基。因此,人们在思想和行为中总是喜欢"溯本穷源",反对"本末倒置"或"舍本求末"。

由"本"与"末"的相互对待,则又引申出"本"的一系列重要含义:(1)重要的,中心的,如"本部""本题"等;(2)自己的或自己方面的,如"本人""本国""本乡本土"等;(3)本来的或原来的,如"本意""本质"等。

分析"本"这个概念的日常含义,我们又能够感受到,不管人们(包括古今中外的哲学家)在多少种不同的含义上使用"本体"这个概念,"本体"概念总是具有寻求最根本的东西的意义,总是具有以"本"释"末"的意义,总是具有为自己的思想和行为寻找最终根据的含义。

在1980年出版的《辞海》中,曾简单化地以一句话把"本体论"定义为"哲学中研究世界的本原或本性的问题的部分",并强调这一概念"至今仍在资产阶级哲学界流行"[①]。应当说,这种解释不仅武断地否定了本体论的现代哲学意义,而且取消了哲学本体论的丰富的理论内涵,并把它曲解为单一的"世界的本原或本性的问题"。超越对"本体论"的这种简单化理解,是探索"本体论"问题的必要的出发点。

在1996年出版的《马克思主义哲学全书》中,对"本体论"做出了历史与逻辑相统一的解释,这对于人们理解"本体论"的理论内涵及其历史演化是有帮助的。这种解释的内容如下:本体论是关于一般存在或存在本身的哲学学说,形成于古希腊哲学。德国哲学家P.戈科列尼乌斯1613年首先使用"本体论"这个术语。本体论的思想在18世纪德国哲学家沃尔弗那得到了较为完备的表述。他把本体论确定为一种关于一般存在、关于世界本质的哲学学说,认为不必求助于经验,无须依靠自然科学,只要通过纯粹的抽象的途径,借助于对概念的逻辑分析就可以实现。这就使本体论成为关于脱离具体存在的超验存在的学说。18世纪法国唯物主义依靠当时的自然科学对本体论进行了批判。德国古典哲学,特别是黑格尔哲学,以唯心主义的形式提

---

① 《辞海》,上海辞书出版社,1980年,第1246页。

出了本体论、认识论和逻辑学统一的思想。辩证唯物主义在物质与精神关系问题的意义上，有时用本体论一词来表达物质对精神的本原性。现代西方哲学对本体论持有不同的态度：科学主义"拒斥形而上学"，认为研究一般存在的本体论是无意义的假问题；人本主义则以研究人的存在为其本体论；当代美国哲学家蒯因提出"本体论许诺"，认为本体论只是哲学家对"何物存在"的"承诺"。从总体上看，现代西方哲学无论是否定本体论，还是把本体论归结为研究人的存在，都包含着对哲学基本问题的否定[①]。

在这种解释中，下述几点是值得重视的：(1) 本体论作为"关于一般存在或存在本身的哲学学说"，"本体"与"存在"是何关系？(2) 本体论作为"关于脱离具体存在的超验存在的学说"，"具体存在"与"超验存在"是何关系？怎样理解"本体"是"超验存在"？(3) 马克思主义哲学是否仅仅"用本体论一词来表达物质对精神的本原性"？究竟应当如何对"本体论"做出马克思主义的哲学解释？(4) 现代西方哲学究竟如何对待"本体论"？我们应当如何看待现代西方哲学与"本体论"的关系？

首先，我们分析"本体"与"存在"的关系。

"存在"，这是一个外延最广大（无所不包）、内涵最稀薄（毫无内容）的概念。黑格尔说，存在，这是"无规定性的直接性，先于一切规定性的无规定性，最原始的无规定性"[②]。黑格尔还具体地解释说："如果我们试观察全世界，我们说在这个世界中一切皆有，外此无物，这样我们便抹杀了所有的特定的东西，于是我们所得的，便只是绝对的空无，而不是绝对的富有了。"[③]这就是说，"存在"是一个"最抽象也最空疏"的概念。

世界上的一切事物（包括物质和精神），都不仅仅是"存在"着，而且是具有某种"规定性"的存在，即具有某种特定的内容与形式的存在。黑格尔说，"规定性中已包含有'其一'与'其他'"[④]，"一个具体事物总是不同于一个抽象规定本身的。当我们说'存在'时，我们并没有说到具体事物，因为'存在'只是一个纯全抽象的东西"[⑤]。而任一事物作为有规定性的存在，它就是黑格尔所说的"定在"即特定的、特殊的存在。

如果我们把抽象的或纯粹的"存在"称作"在"，那么，我们就可以把具

[①] 参见李淮春主编：《马克思主义哲学全书》，中国人民大学出版社，1996年，第19页。
[②][④] 黑格尔：《小逻辑》，第190页。
[③] 同上书，第194页。
[⑤] 同上书，第199页。

有规定性的所有事物都称作"在者"。显然，世界上只存在具有规定性的"在者"，而不存在没有任何规定性的纯粹的"在"。然而，人类的思维却不仅仅是抽象事物的各种规定性，将事物把握为各种具有规定性的"在者"，而且还舍弃掉事物的各种各样的规定性，寻求一切"在者"的"在"。对"在"的反思性的寻求，就是哲学的本体论；而哲学所寻求的"在"，就是所谓的"本体"。

"本体"作为抽象的"在"，并不是某种现实的存在物，而只是一种人类思维的指向性。马克思主义认为，哲学反思的现实基础是人类自己的社会生活。因此，对哲学所寻求的"本体"，对寻求"本体"的哲学本体论，都需要从人类自己的社会生活出发去予以解释；或者反过来说，只有从人类自己的社会生活出发，才能合理地解释哲学的"本体"观念和哲学的"本体论"。

哲学的"本体"观念和哲学的"本体论"的产生与发展，首先是与人类独特的生存方式联系在一起的。人类作为改造世界的实践—认识主体，其全部活动——无论是实践活动还是认识活动——的指向与价值，都在于使世界满足人类自身的需要，把世界变成对人类来说是真善美相统一的世界。具有历史展开性的实践活动是人类全部思维的最本质最切近的基础，当然也是人类的哲学反思的最本质最切近的基础。

人类的实践活动不仅具有现实性，而且具有理想性，不仅具有有限性，而且具有无限的指向性。基于人类实践本性的理论思维，总是渴求在最深刻的层次上或最彻底的意义上把握世界、解释世界和确认人在世界中的地位与价值。理论思维的这种渴求，是一种指向终极性的渴求，或者说，是一种终极性的关怀。理论思维的这种终极性的渴求或关怀的理论表征，构成了贯穿古今的哲学本体论。

哲学的"本体"观念，是一种对终极性的存在的渴求或关怀；哲学的"本体论"，是一种追本溯源式的意向性追求，是一种理论思维的无穷无尽的指向性，是一种指向无限性的终极关怀。哲学的"本体"观念和哲学的"本体论"，最为深刻地显示了人类存在的现实性与理想性、有限性与无限性、确定性与超越性、历史的规定性与终极的指向性之间的矛盾。在这个意义上，关于"在"或"本体"的哲学本体论，是表征人类自身存在的矛盾性或悖论性的理论。

其次，我们分析"本体"与"超验存在"的关系。

作为"本体"的"在"，就是"超验的存在"，而不是"经验的存在"。

任何经验的存在,都是"定在",即有规定性的存在,也就是"在者"。所有经验的存在即"在者",都可以成为科学研究的对象。而作为"本体"的"在",则是纯粹思维抽象的产物,因而是超越经验的存在。理解这个问题,是理解"本体论"的根本问题,因而也是理解"哲学"的根本问题。反过来说,正是由于这个问题的不易理解,因而人们经常曲解"本体论"和"哲学"。

人作为现实的存在,却要寻求超验的存在,这是因为人对世界的认识总是处于感性与理性的矛盾之中,"认为我们感官所观察到的事物并非存在本身,隐藏在它的后面、作为它的基础的那个超感官的对象,才是真正的存在,即所说的'本体'。经验存在与本体存在是一种决定论的演绎关系:经验现象中的一切都来源于本体的规定,所以只有后者才能使前者得到理解和说明。相反地,本体却不受经验现象的规定,它本身是一个绝对自在的、具有终极始因性的存在。把存在的事实和存在的本体分离开来、对立起来,是本体论思维的基本前提。所谓的本体论哲学,在这里也可以说就是从某种超对象的绝对实在去理解对象的一种理论认识方式"。而"本体论作为对象的解释原则完全是属于人的,它表现的是人从人的观点以理解和把握对象世界的一种方式。抛开可见的现存世界,去追求一个不可见的本体世界,这是只有人才会具有的特性。人是一种从不满足于既有存在,总在追求未来理想存在的一种存在。这通常被称作人的'形而上学'本性。本体论就是以探寻对象之外和之上的本真存在这种方式,来表达人的形而上学追求的"①。

由此我们可以看到,把研究"在"或"本体"作为哲学的立足点和出发点的本体论哲学,有三个根本性的思想前提:其一,就其思想本质来说,是把存在本身同存在的现象割裂开来、对立起来,认为经验观察到的现象并非存在本身,存在本身是那种隐藏在经验现象背后的超验的存在;其二,就其思想原则来说,是把主观和客观、主体和客体对立起来,把哲学所追求和承诺的"本体"视为某种超出人类或高于人类的本质、与人类的历史状况无关的自我存在的实体,力图剥除全部主观性,归还存在的本来面目;其三,就其追求目标来说,是把绝对与相对分割开来,企图从某种直觉中把握了的最高确定性即作为支配宇宙的最普遍的原则或原理出发,使人类经验中的各种各样的事物得到最彻底的统一性解释,从而为人类提供一种终极的永恒

---

① 参见高清海:《高清海哲学文存》第 1 卷,吉林人民出版社,1996 年,第 141—142 页。

真理。

从这种思想前提可以看到，以本体论为解释原则或理论硬核的哲学模式，是由于把本质与现象分离开来、主观与客观割裂开来、相对与绝对对立起来而产生的。它的实质，是要求哲学为人类揭示出宇宙的绝对之真、至上之善和最高之美。

再次，我们分析马克思主义哲学与"本体论"的关系。

本体论的哲学模式既把哲学追求永恒真理、探寻终极原因、表述世界本体的渴望推向了高峰，同时也就使本体论哲学走向了自我否定。离开存在的现象，人们如何认识存在本身？存在作为人类认识的对象，它能否排斥认识的主观性？人类关于存在本身的认识，能否具有绝对的、至上的、终极的真理性质？当哲学家从对"本体"的追究而转向对人类认识的反省时，哲学研究的理论硬核便发生了变革。"没有认识论的本体论为无效"，这就是近代认识论哲学的立足点和出发点。

由于认识论哲学的发展，以探寻存在本身为理论硬核的本体论哲学模式，就被以反省人类认识为理论硬核的认识论哲学模式所取代；以追求纯粹客观性为目标，并把主观性与客观性绝对对立起来的形而上学的思维方式，就被探索思维与存在、主观与客观如何统一的辩证法理论所扬弃。独立存在的本体论哲学及其所代表的形而上学的思维方式，已经被德国古典哲学及其所代表的辩证法的思维方式所否定。这表明：本体论哲学作为一种世界观和理论思维方式，它本身只是人类思维在一定历史发展阶段上的产物，没有任何理由或根据把它当作永恒的解释原则或理论硬核去建构当代的哲学模式。

马克思主义认为，人类的社会实践活动，以及实践基础上的人类认识活动，是一个不断发展的历史过程。在这个历史过程中，人类所获得的全部认识成果，包括哲学层面的本体论追求，总是具有相对的性质；但同时，人类的实践和认识又永远不会停留在一个水平上，总是向着全体自由性的目标迈进。因此，马克思主义哲学否定传统本体论占有绝对真理的幻想，但并不拒绝基于人类实践本性和人类思维本性的本体论追求。把历史上的本体论哲学与哲学的本体论追求区别开来，这是在当代学习和研究哲学的重要前提。

在对哲学本体论的当代理解中，我们应当达到这样一种认识：本体论作为一种追本溯源式的意向性追求，作为一种对人和世界及其相互关系的终极关怀，它的可能达到的目标，并不是它所追求的"本"或"源"；它的真实的意义，也不在于它是否能够达到它所指向的终极存在、终极解释和终极价值；本体论追求的合理性是在于，人类总是悬设某种基于现实而又超越现实的理性目标，否定自己的现实存在，把现实变成更加理想的现实；本体论追求的真实意义就在于，它启发人类在理想与现实、终极的指向性与历史的确定性之间，既永远保持一种"必要的张力"，又不断打破这种"微妙的平衡"，从而使人类在自己的全部活动中保持生机勃勃的求真意识、向善意识和审美意识，永远敞开自我批判和自我超越的空间。

最后，关于现代西方哲学与"本体论"的关系，我们将在"本体论的自我否定与现代重建"中详加论述，而为了比较深切地理解哲学本体论的理论性质和理论内容，我们先来剖析本体论的三重内涵。

二、本体论的三重内涵

本体论作为一种追本溯源式的意向性追求，一种理论思维的无穷无尽的指向性，一种指向无限性的终极关怀，它所寻求的"在"或"本体"，既是无规定性的纯粹的存在，又是解释一切有规定性的"在者"的"在"，还是规范人的全部思想与行为的"在"。因此，哲学本体论具有三重基本内涵，即：追寻作为"世界统一性"的终极存在（存在论或狭义的本体论）；反思作为"知识统一性"的终极解释（知识论或认识论）；体认作为"意义统一性"的终极价值（价值论或意义论）。

（1）终极存在：寻求世界统一性

把本体论界说为"存在论"即关于"存在"的理论，这是一种有哲学史根据的通行看法。但是，作这种解释时必须注意，存在于哲学史上的本体论，它所指向和寻求的"存在"，并非各种具体事物或经验对象的存在，即不是"在者"，而是总体性的存在或存在的总体性，即"在"本身。它对于把握"存在"的思维主体来说，是一种统一性的抽象或抽象的统一性。思维主体寻求这种抽象的统一性，是企图以此为根据去说明全部"在者"的生成、演化和复归。因此，这种"存在"对于思维主体所把握的世界来说，具有"终极存在"的意义。

亚里士多德提出，哲学的探索始于对大自然的惊异。人类思维面对千差万别、千变万化的世界，试图寻求一种"万物都由它构成，最初从它产生、消灭后又复归于它"的存在物，把它作为"实是之所以为实是"的最终原因，这就是哲学思维在其"童年时代"所指向的"终极存在"。

这种哲学思维所关注和指向的终极存在，是经验世界的多样统一性，是万物所由来和万物所复归的某种感性存在物。但在哲学思维的这种追求中，已经蕴含着自我否定和自我超越。古希腊哲学家赫拉克利特以"火"为万物的本原，并提出宇宙是燃烧的活火，并不只是把某种确定的存在物（火）作为万物所由来和万物所复归的"始基"和"基质"，而且是把过程的必然性（逻各斯）视为万物流变中的不变的"本体"。在赫拉克利特这里，作为万物本原或世界统一性的"火"，既是某种可感的现实存在物，又是一种象征意义的"逻各斯"。它启发哲学家沿着另一种思路——对"逻各斯"的逻辑把握——去寻求世界的统一性即终极存在。

这种哲学思路就是探寻对象世界的现象与本质的逻辑关系，把"本体"或"终极存在"视为超越经验而为思维所把握的理性存在物即"共相"的存在。柏拉图认为：现实存在的任何事物或现象，总是以其特殊性的存在或存在的特殊性而表现出诸种不完善性；从经验对象中所获得的任何观念或知识，总是以其特殊性的内容或内容的特殊性而丧失其解释的统一性；因此，应该而且必须存在一个高于物理事物并且规范物理事物的"理念世界"；这个作为共相的"理念世界"给予并且显现"物理世界"的意义，因而也构成对"物理世界"的统一性理解和解释。这样，在柏拉图关于终极存在的探索中，已经显示出本体论的另一重基本内涵——关于世界的知识性的终极解释。

（2）终极解释：寻求知识统一性

哲学家们对"世界本原"或"终极存在"的追寻和确认，不能把自己所承诺的"本原"或"本体"只作为一种抽象的观念，而必须对其进行逻辑论证，使之具体化，获得知识形态。本体观念的具体化和知识化就是对本体的解释。

本体观念指向的是世界的终极存在，本体观念的展开和论证，具有对世界进行"终极解释"的意义。值得注意的是，作为终极解释的本体论，它是以知识论的形态为中介而指向世界的终极存在，或者说，在其直接的理论形态上，不是表现为关于世界统一性的存在论，而是表现为关于知识统一性的认识论。

亚里士多德在总结古希腊哲学的基础上提出，哲学本体论所寻求的是关于"最高原因的基本原理"[①]。这种"基本原理"可以使人类经验中的各种

---

① 亚里士多德：《形而上学》，第56页。

各样的事物得到统一性的解释,或者可以被解释为某种普遍本质的各种具体表现,从而达到思维把握和解释世界的全体自由性。黑格尔完全赞同亚里士多德所规定的寻求"最高原因的基本原理"的哲学目标,并指出整个哲学史所指向的正是这个目标。但他认为:第一,亚里士多德及其后来的哲学家们把各式各样的现象提高到概念里面之后,却又使概念本身分解为一系列彼此外在的特定的概念,而没有给出作为"终极解释"的"统一性原理";第二,作为终极解释的统一性原理,只能是形成于对人类所创建的全部知识和整个人类认识史的"反思",而不是直接地形成于对各种各样经验对象的认识。

正是从这种理解出发,黑格尔提出:一是"要这样来理解那个理念,使得多种多样的现实,能被引导到这个作为共相的理念上面,并且通过它而被规定,在这个统一性里面被认识"①;二是要把哲学理解为"对认识的认识,对思想的思想"即"反思",并通过反思而使哲学的"统一性原理"获得系统化的逻辑规定。

在黑格尔看来,本体论所追求的"统一性原理"之所以具有对世界进行终极解释的意义,并不是因为它对世界做出最深层次的知识性解释,而是因为它能够把全部知识和整个认识史扬弃为思维把握存在的逻辑,即人类思想运动的逻辑。由于这个逻辑具有充实任何真理性内容的功能,因而是人类的全部知识得以生成和得以解释的统一性根据。

黑格尔的这种理解和追求,是对整个传统哲学本体论的深刻总结。他以本体论、认识论和逻辑学相统一的哲学形式,唯心主义地实现了本体论所指向的终极存在与终极解释的统一。

(3) 终极价值:寻求意义统一性

本体论寻求作为世界统一性的终极存在和作为知识统一性的终极解释,并不是超然于人类历史活动之外的玄思和遐想,而是企图通过对终极存在的确认和对终极解释的占有,来奠定人类自身在世界中的安身立命之本,即人类存在的最高支撑点。人类对终极存在和终极解释的关怀,植根于对人类自身终极价值的关怀。

"自然是人的法则""人是万物的尺度""上帝是最高的裁判者""理性是宇宙的立法者""科学是推动宇宙的支点""人的根本就是人本身",这些表达特定时代精神的根本性的哲学命题,就是哲学本体论历史地提供给人类的安

---

① 黑格尔:《哲学史讲演录》第2卷,第385页。

身立命之本或最高的支撑点。它们历史地构成人类用以判断、说明、评价和规范自己的全部思想和行为的根据、标准和尺度，即作为意义统一性的终极价值。

在西方哲学史上，从被黑格尔称为"具有世界史意义的人物"苏格拉底开始，就试图引导人们离开各种特殊的事例而去思索普遍的原则，追究人们用以衡度自身言行的真善美到底是什么。这种苏格拉底式的追究，就是对人的终极价值的寻求，它贯穿于自柏拉图、亚里士多德至康德、黑格尔和费尔巴哈的整个西方传统哲学。当代美国哲学家理查德·罗蒂指出："自古希腊以来，西方思想家们一直在寻求一套统一的观念……这套观念可被用于证明或批评个人行为和生活以及社会习俗和制度，还可为人们提供一个进行个人道德思考和社会政治思考的框架。""因此，作为一门学科的哲学，把自己看成是对由科学、道德、艺术或宗教所提出的知识主张加以认可或揭穿的企图。""哲学相对于文化的其他领域而言能够是基本性的，因为文化就是各种知识主张的总和，而哲学则为这些主张进行辩护。""它成为这样一个文化领域，在这里人们可以脚踏根基……从而发现其生命的意义。"①

寻求生命意义的根基，也就是寻求对人类具有普遍适用性或普遍约束性的终极价值。这种终极价值是衡度人类全部思想和行为的最高标准，而人类所追求的一切较小的目标都只是达到这种终极价值的途径或手段。对终极价值的关怀，构成本体论的最激动人心的终极关怀。

这里必须说明的是，由于一些学者沿用 18 世纪德国唯心主义哲学家沃尔弗等人的说法，把本体论简单化地界说为"关于世界本原"的理论，而未去审视和体认本体论所蕴含的关于终极存在、终极解释和终极价值的三重内涵，因而断言中国传统哲学没有"真正意义上"的本体论。其实，"究天人之际，通古今之变""判天地之美，析万物之理""为天地立心，为生民立命"的中国传统哲学，它所表达的对终极存在、终极解释和终极价值的渴求与关怀，不正是中国古典式的、博大精深的本体论追求吗？现代新儒家所张扬的传统精粹及其"以孤往的大勇"所探寻的"自家无尽宝藏"，不也正是这种中国式的本体论追求吗？冯友兰先生说，"中国的儒家，并不注重为知识而求知识，主要的在求理想的生活。求理想生活，是中国哲学的主流，也

---

① 理查德·罗蒂：《哲学和自然之镜》，中文版序，第 1—2 页。

是儒家哲学精神所在"①。 从求寻"终极价值"的意义上去重新理解"本体论"和中外哲学史，既会深化对"本体论"的理解，也会深化对哲学史的认识。

三、本体论的自我批判与现代重建

由于本体论指向终极存在、终极解释和终极价值，是一种"终极性"的关怀，特别是由于传统哲学在其本体论的追求中，往往把"本体论"变成某种不可变易的存在，因而人们往往把本体论视为一种阉割掉内在的否定性、僵死凝固的哲学理论。这其实是一种误解。本体论所追求和承诺的终极存在、终极解释和终极价值，既是理论思维指向的永恒目标，又是理论思维公开反思和自我批判的对象，因而具有自我否定的内在根据。

作为理论思维指向的永恒目标，本体论是在哲学层面上表达了人类思维及其所建构的全部科学对确定性、必然性、简单性和统一性的寻求。众所周知，化学寻求基本元素，物理学寻求基本粒子，生物学寻求遗传基因，这不正是对"终极存在"的关怀吗？自然科学、社会科学、思维科学和数学都要寻求"基本原理"，这不正是对"终极解释"的关怀吗？就全部科学的直接指向性而言，不都是企图以某种终极存在为基础而对自己的研究对象做出统一性的终极解释吗？有谁否认科学对"终极存在"和"终极解释"的这种"关怀"或"追求"呢？恩格斯说，人的思维是"至上"与"非至上"的辩证统一，"按它的本性、使命、可能和历史的终极目的来说，是至上的和无限的；按它的个别实现和每次的现实来说，又是不至上的和有限的"②。哲学的本体论追求正是植根于人类思维的"本性、使命、可能和历史的终极目的"，即植根于人类思维的"至上"性。对此，当代美国哲学家 M. W. 瓦托夫斯基也指出，"不管是古典形式和现代形式的形而上学思想的推动力都是企图把各种事物综合成一个整体，提供出一种统一的图景或框架，在其中我们经验中的各式各样的事物能够在某些普遍原理的基础上得到解释，或可以被解释为某种普遍本质或过程的各种表现"③。而这种本体论的形而上学渴望之所以是不可"拒绝"的，是因为人类"存在一种系统感和对于我们思维的

---

① 冯友兰：《儒家哲学之精神》，载《三松堂学术文集》，第497页。
② 《马克思恩格斯选集》第3卷，第126页。
③ M. W. 瓦托夫斯基：《科学思想的概念基础——科学哲学导论》，第14页。

明晰性和统一性的要求——它们进入我们思维活动的根基,并完全可能进入到更深处——它们导源于我们所属的这个物种和我们赖以生存的这个世界"①。 在这个意义上,哲学的本体论追求既是不可回避的,也是无法取消的。

作为理论思维公开反思和自我批判的对象,本体论所寻求的确定性、必然性、简单性和统一性,及其所承诺的终极存在、终极解释和终极价值,总是隐含着内在的否定性,并表现为历史性的自我扬弃过程。 哲学作为思想中的时代,它所承诺的"本体"及其对"本体"的理解和解释,都只能是自己时代的产物;而哲学本体论却总是要求最高的权威性和最终的确定性,把自己所承诺的"本体"视为毋庸置疑和不可变易的"绝对"。 正因如此,哲学本体论从其产生开始,就蕴含着两个基本矛盾:其一,它指向对人及其思维与世界内在统一的"基本原理"的终极占有和终极解释,力图以这种"基本原理"为人类的存在和发展提供永恒的"最高支撑点";而人类的历史发展却总是不断地向这种终极解释提出挑战,动摇它所提供的"最高支撑点"的权威性和有效性,这就是哲学本体论与人类历史发展的矛盾。 其二,哲学本体论以自己所承诺的"本体"或"基本原理"作为判断、解释和评价一切的根据、标准和尺度,也就是以自身为根据,从而造成自身无法解脱的解释循环。 因此,哲学家总是在相互批判中揭露对方的本体论的内在矛盾,使本体论的解释循环跃迁到高一级层次。 这又是哲学本体论的自我矛盾。 在哲学史上,哲学家们总是立足于新的时代精神,不断地揭示隐含于本体论承诺之中的诸种前提,展现它们所提供的终极存在、终极解释和终极价值的狭隘性、片面性和暂时性,从而促使人类不断地反省自己的安身立命之本,以自觉的批判意识去对待自己的全部思想和行为,用新的理论思维方式和新的价值观念体系去观照人类的历史与现实,在更高的层次上进行新的本体论追求。 由此,我们可以懂得,正是本体论的终极关怀和本体论的自我批判的相互推动,构成哲学的本体论追求自身的矛盾统一。

那么,传统哲学为什么总是把自我批判的本体论变成非批判的本体论信仰? 传统哲学的终结是否也意味着本体论追求的终结? 现代哲学是否需要和能否重建自己时代的本体论? 本体论所指向的终极存在、终极解释和终极价值的现代意义何在? 这是本体论研究的现代重大课题。

---

① 瓦托夫斯基:《科学思想的概念基础——科学哲学导论》,第13页。

关于"本体论问题",当代美国哲学家威拉德·蒯因(Willard Van Orman Quine,1908—2000)认为,我们可以用英语的三个单音节的词来提出这个问题:"What is there?"("何物存在?")①,但他同时又提示人们,在讨论本体论问题时,必须注意区别两种不同的问题:一是何物实际存在的问题,一是我们说何物存在的问题;前者是关于"本体论的事实"问题,后者则是在语言中对"本体论的许诺"问题。

蒯因的这种区分,表达了对本体论问题的现代理解,触及了传统哲学本体论的症结所在。总结哲学本体论的发展史,我们会发现,虽然传统哲学家们一直是在"说何物存在",即在语言中承诺自己所确认的终极存在、终极解释和终极价值,但他们却总是把"说何物存在"的问题视为"何物实际存在"的问题,也就是把自己的"承诺"当作毋庸置疑和不可变易的绝对。正因如此,传统哲学家总是把自我批判的本体论变成非批判的本体论信仰。

一旦自觉到本体论是一种"承诺",便会提出如下的问题:本体论承诺了什么?这种承诺的根据和意义何在?对此,德国哲学家 H. 赖欣巴哈在 20 世纪 50 年代初提出:"思辨哲学努力想获致一种关于普遍性的、关于支配宇宙的最普遍原则的知识。"他还具体地指出:"思辨哲学要的是绝对的确定性。如果说预言个别事件是不可能的,那么,支配着一切事件的普遍规律至少应被视为是知识所能知道的;这些规律应该可以用理性的力量推导出来。理性,宇宙的立法者,把一切事物的内在性质显示给人的思维——这种论纲就是一切思辨哲学的基础。"②

赖欣巴哈的观点代表了现代西方分析哲学和科学哲学的基本看法,即:都把本体论所承诺的实质内容归结为关于世界的绝对确定性的终极解释;又把本体论追求的根源归结为错误地夸大了人类理性的力量——把理性视为"宇宙的立法者"。现代西方的科学主义思潮,正是以否认对理性至上性的承诺为出发点,进而否认本体论式的意向性追求——"拒斥形而上学"。

与科学主义思潮不同,以存在主义为代表的现代西方人本主义思潮,一方面是把整个传统哲学归结为与存在主义相对立的"本质主义",拒绝本体论对终极存在和终极解释的追求;另一方面又把本体论式的意向性追求聚焦于反思人自身的存在,潜心于构建现代的"此在"本体论。德国哲学家马

---

① 蒯因:《从逻辑的观点看》,上海译文出版社,1987 年,第 1 页。
② 赖欣巴哈:《科学哲学的兴起》,第 234、235 页。

丁·海德格尔认为,如果我们要探寻关于"存在"的本体论,就必须首先向自己发问:"我们应当在哪种存在者身上破解存在的意义? 我们应当把哪种存在者作为出发点,好让存在开展出来? 出发点是随意的吗? 抑或在拟定存在问题的时候,某种确定的存在者就具有优先地位? 这种作为范本的存在者是什么? 它在何种意义上具有优先地位?"①对于这个问题,海德格尔自己的回答是:"观看、领会和理解、选择、通达,这些活动都是发问的构成部分,所以它们本身就是某种特定的存在者的存在样式,也就是我们这些发问者本身向来所是的那种存在者的存在样式。因此,彻底解答存在问题就等于说:就某种存在者——即发问的存在者——的存在,使这种存在者透彻可见。……这种存在者,就是我们自己向来所是的存在者,就是除了其他存在的可能性还能够发问的存在者,我们用此在这个术语来称呼这种存在者。"②

海德格尔的设问与回答表明,他所规定的在存在论上具有优先地位的"此在"就是意识到自身存在的存在,也就是人的存在。他把对存在问题的研究归结为对"此在"的考察,也就是把传统哲学的本体论归结为关于人的生存状态的本体论。法国哲学家保罗·萨特进一步明确地从本体论上把全部的存在区分为"自在的存在"和"自为的存在",凸现"自为的存在"的特殊性——"存在先于本质",并把考察"自为的存在"——人的生存结构——置于哲学的核心地位。

剖析西方哲学对本体论的现代理解,可以使我们比较清楚地看到,尽管现代西方哲学的各流派对本体论持有各异其是甚至恰相反对的态度(诘难或辩护,拒斥或重建),但都把传统本体论的目标理解为对绝对确定性的终极解释的寻求,都把传统本体论的根基归结为对理性至上性的承诺。在这个意义上,整个现代西方哲学——无论是科学主义思潮还是人本主义思潮——都是反本体论的:拒斥传统本体论的绝对主义和理性主义,张扬相对主义和非理性主义。而二者的区别则在于:科学主义思潮从反对绝对主义和理性主义出发,把本体论追求视为"无意义"的"假问题"而予以"拒斥";人本主义思潮则从关注人自身的存在出发,剔除本体论对世界统一性(终极存在)和知识统一性(终极解释)的追求,而把本体论归结为对人的生存状态的关怀。

---

① 海德格尔:《存在与时间》,陈嘉映、王节庆合译,生活·读书·新知三联书店,1987年,第9页。
② 同上书,第9—10页。

应当承认,现代西方哲学对传统本体论的解析与批判不乏深刻之处,对本体论的现代重建也不乏睿智之见。但是,我们更应清醒地看到,现代西方哲学所张扬的相对主义和非理性主义,表明它从近代哲学对人类未来满怀激情的憧憬变成了对人类未来惴惴不安的恐惧,从近代哲学对人类理性力量鲸吞宇宙的幻想变成了对理性力量深感忧虑的怀疑。消解、拒斥、烦恼、焦虑,代替了大一、统一、和谐、全体。许多现代西方哲学家都认为,生活是根据下一步必须要解决的具体问题来考虑的,而不是根据人们会被要求为之献身的终极价值来考虑的,并把当今的时代概括为"相对主义时代"①。这种本体论追求的拒斥与丧失,从对人类理性的理解角度看,是从传统哲学片面夸大人类思维的至上性,走向了片面地夸大人类思维的非至上性;而从理论与现实关系的角度看,则是理论地折射出现代资本主义社会的文化危机和精神危机。

我们把终极存在、终极解释和终极价值称作本体论终极关怀的"三重内涵",而不是称作终极关怀的"三种历史形态",这就意味着,它们之间的关系并不是此消彼长、依次更迭的,而是互为前提,始终并存的。具体地说,我们可以对哲学本体论所追寻的"终极存在""终极解释"和"终极价值"做出如下的总体说明:追寻作为世界统一性的终极存在,这是人类实践和人类思维作为对象化活动所无法逃避的终极指向性,这种终极指向性促使人类百折不挠地求索世界的奥秘,不断地更新人类的世界图景和思维方式;追寻作为知识统一性的终极解释,这是人类思维在对终极存在的反思性思考中所构成的终极指向性,对终极解释的关怀就是对思维规律能否与存在规律相统一的关怀,也就是对人类理性的关怀,这种关怀促使人类不断地反思"思维和存在的关系问题",引导人类进入更深层次的哲学思考;追寻作为意义统一性的终极价值,这是人类思维反观人自身的存在所构成的终极指向性,对终极价值的关怀就是对人与世界、人与人、人与自我的关怀,这种关怀促使人类不断地反思自己的全部思想与行为,并寻求评价和规范自己的标准和尺度。显而易见,无论是对世界统一性和知识统一性的关怀,还是对意义统一性的关怀,对于作为实践主体和认识主体的人类来说,都不是一个是否"应当"的问题,而只能是一个"如何"关怀的问题。哲学对"在"或"本体"的

---

① 参见宾克莱:《理想的冲突——西方社会中变化着的价值观念》,马元德等译,商务印书馆,1983年,第19页。

指向与追求,是哲学思维的一个突出特征,也是哲学对人类的重要社会功能。

第二节 "真":认识论和逻辑学问题

一、"真"的概念解析

无论是在日常生活中,还是在科学研究中,人们经常提出的问题是:"这是真的吗?"如果对这个问题稍加分析,我们就会发现,人们是在几种不同的意义上使用"真"这个概念。分析这些在不同的意义上所使用的"真"的概念,会激发我们的理论思考,比较真切地体会哲学所研究的问题,以及哲学是如何研究问题的。

其一,在最直接的意义上,"这是真的吗"所追问的是,"这"(例如这个人或这件事)是否"存在"。这里的"真"的含义是"有"或"存在",而对"真"的否定则是"无"或"非存在"。由此我们可以知道,哲学本体论对"在"的寻求,直接地就是对"真"的寻求。"真"的第一层含义,是在"有"与"无"、"存在"与"非存在"的关系中得以成立的。"真"就是"有"或者说"存在"。

其二,"这是真的吗"并不是在是否"存在"意义上的追问,而是对具体的"在者"的规定性的追问。或者说,在这种追问中,被追问的对象的"存在"不成问题,成为问题的是被追问的对象是否具有某种特定的规定性。

任何特定的事物即"在者",总是具有某种(某些)特定规定性的存在;具有这种(这些)特定的规定性的事物,便是这种"在者",而不具有这种(这些)特定的规定性的事物,则不是这种"在者";因此,对于特定事物来说,具有该事物的规定性的"在者"是"真的",不具有该事物的规定性的"在者"则是"假的"。例如,我们面前有"一个东西",别人说这是"一张桌子",而我们提问说,"这是真的吗",就是在这个"东西"是否具有"桌子"的规定性的意义上提出问题。由此可见,"真"的第二层含义,是在"真实的"与"虚假的"关系中成立的。"真"就是"真实的"。"真"的这层含义不同于"有"或"存在"的含义。

其三,无论是关于事物是否"存在"或是关于事物是否具有某种(某些)规定性的追问,总是关于"对象"的追问,而"这是真的吗"的第三层含义,则不是对"对象"的追问,而是对关于"对象"的表象和思想的追问。或者说,在这种追问中,认识"对象"的存在及其"真实性"不成问题，成为问题的是关于"对象"的"表象"和"思想",即，在认识主体的表象和思想中是否符合对象本身地再现了对象。这是明确地对主体的认识提出的问题，即所谓认识论问题。

认识的对象外在于认识的主体而存在，对象的存在对认识主体来说具有客观性。但是，认识的对象只有成为主体的"映象",即由外在于主体的"对象"变成内在于主体的"映象",主体才能认识"对象"。而"对象"变为"映象"的过程，即是主体对客体的认识过程。在认识的过程中，主体既可能"正确地"再现了对象，也可能"错误地"再现了对象。在认识论上提出"真"的问题，是对"映象"是否符合"对象"的追问。由此可见，"真"的第三层含义，是在人的认识"正确的"与"错误的"关系中成立的。"真"就是"正确的"认识。正是在"真"的认识论意义上，即人的认识是否"正确"的意义上，才构成了"真理"的问题。

其四,"这是真的吗"并不是对"对象"与"映象"的关系的追问，而是对作为"映象"的"表象"和"思想"的关系的追问。或者说，在这种追问中，成为问题的是"表象"与"思想"的关系。这种追问，具有更为深刻的哲学认识论意义。

作为认识主体的人，既具有"表象"对象的"感性"机能，又具有"思想"对象的"理性"机能，人的认识活动就是在"感性"与"理性"、"表象"与"思想"的矛盾中进行的。人的"感性"机能所构成的关于对象的"表象",只能是"表象"对象的"感性存在"即"现象",人的"理性"机能所构成的关于对象的"思想",则是"思想"对象的"内在规定"即"本质"。人的"理性"无法"思想"对象的"现象",人的"感性"无法"表象"对象的"本质"。那么，究竟是"理性"所"思想"的对象的"本质"是真实的，还是"感性"所"表象"的对象的"现象"是真实的? 从人的"感性"与"理性"、"表象"与"思想"的矛盾中提出"真"的问题，是对感性经验与理论思维何者为真的追问。由此可见,"真"的第四层含义，是在"感性"与"理性"、"表象"与"思想"、"经验"与"超验"的关系中成立的。正是由于对这个层次上的"真"做出了各异其是的回答，才构成了哲学中的"经验论"与"唯理论"的长期的派别冲突。由此可见，在真理观的哲学视野中,"真"和"真理"的问题，深层地表现为人的"感性"与"理性"、"表象"与"思想"、"经验"与"超验"的矛盾关系问题。而对这个层次上的"真"的辩证理解，则意味着对"真"的理解必须从属于对人的存在方式——实践——的理解。

其五,"这是真的吗"并不是对认识结果的"真"或"假"的追问,而是对认识主体关于认识对象的评价的追问。或者说,在这种追问中,成为问题的已经不是"存在论"和"认识论"问题,而是"价值观"和"审美观"的问题。

关于这个问题,黑格尔曾经作过生动而又深刻的论述。他说:"譬如我们常说到一个真朋友。所谓一个真朋友,就是指一个朋友的言行态度能够符合友谊的概念。同样,我们也常说一件真的艺术品。在这个意义下,不真即可说是相当于不好,或自己不符合自己本身。一个不好的政府即是不真的政府,一般说来,不好与不真皆由于一个对象的规定或概念与其实际存在之间发生了矛盾。对于这样一种不好的对象,我们当然能够得着一个正确的观念或表象,但这个观念的内容本身却是不真的。"[①]

一个对象可以是"真实地""存在着",并且我们的表象和思想也"正确地"构成了关于它的"映象",但是,我们仍然可以发问:"这是真的吗?"这表明,这里所追问的"真",已经不是对象是否"存在"的真,也不是映象是否"正确"的真,而是我们关于"对象"及其"映象"的"评价":"好的"或"美的"才是"真的","坏的"或"丑的"则是"假的"。这是超越关于"真"的存在论和认识论追问的价值论追问。

总结关于"真"的上述五层含义,我们可以把"真"的问题概括为三个方面:一是"有没有"的问题,即所谓"存在论"或"本体论"问题;二是"对不对"的问题,即所谓"认识论"或"逻辑学"问题;三是"好不好"的问题,即所谓"价值论"或"伦理学"问题。

经过这样的分析、总结与概括,我们就会发现,"真"的概念是一个多义性的概念,"真"的问题是一个复杂的问题。从哲学上看,"真"的问题当然主要是"对不对"的问题,也就是人的认识(表象和思想)是否"正确地"把握到对象的存在(现象和本质)的问题,因此人们通常主要是从"认识论"或"逻辑学"去看待和研究"真"的问题。但是,从"真"的概念的多义性去看待"真"的问题,就需要把"有没有""对不对""好不好"这三个方面的问题联系起来,从存在论、认识论和价值论的统一中去理解"真",也就是从人与世界、思维与存在之间的整体关系中去理解"真"。

---

① 黑格尔:《小逻辑》,第86页。

从哲学史上看,近代以来的哲学已经在哲学反思的层面去探索"真"的问题。 这集中地体现在,近代哲学"一开始便具有一种远非古代哲学和中世纪哲学所能相比的高度自觉性:凡属为人日常所称道的事物,实质上亦即凡属对人显现着的事物,都是以人的感官为基础而由人的意识呈现出来的;认识的对象,必须一开始便是意识,人是不能脱离意识而有自己的认识对象的"①。

在对人的认识的哲学反思中,近代哲学家发现了一个深刻的悖论:如果人的认识只能是来源于"经验",那么,要问在经验以外还有没有某种不依赖于经验而独立的东西,便只能是请教于经验,但是经验在这里沉默了,而且它也不得不沉默。 这是因为:既然我们是通过自己的认识而知道外部世界的存在的,那么,如果我们断言外部世界先于我们的认识而独立存在,那就是承认了一种先于认识的认识,也就是"先验主义独断论";而如果我们承认"只有通过认识才知道外部世界的存在",那就等于我们承认了贝克莱的"存在就是被感知"的"主观唯心主义"②。

近代哲学家已经发现的这个人类认识的悖论,不仅仅是否弃了离开认识论的本体论,从而确定了"没有认识论的本体论为无效"的思想,而且深刻地揭示了人类的"求真"意识中的深刻矛盾,从而要求人们改变对"真理"问题的简单化理解。

二、"真理"和"思想的客观性"

"真"和"真理"这两个概念,既具有密切的相关性,又具有重要的差异性。 在关于真理的认识中,既不能把它同"真"割裂开来,也不能把它同"真"混为一谈。

在通常的理解中,主要的倾向是把"真"和"真理"混为一谈,既把"真"的问题说成是"真理"问题,又把"真理"问题视为"真"的问题。 这种通常理解表现在哲学理论中,则是往往既把"存在论"问题与"认识论"问题混为一谈,又把"存在论"问题与"认识论"问题割裂开来。

"真"的问题,首先是一个"存在论"问题,即"存在"与"非存在"、"有"与"无"的问题。 但同时它又是一个"认识论"问题,即关于对象的

---

① 参见邹化政:《〈人类理解论〉研究》,人民出版社,1987年,第51页。
② 参见朱德生:《关于思维与存在同一性问题的思考》,《哲学研究》1997年第3期。

映象的"正确"与"错误"的问题。而这里的"存在论"问题与"认识论"问题又是密切相关的：一方面，"意识在任何时候都只能是被意识到了的存在"①，没有相应的"存在"就没有相应的"意识"；另一方面，意识中的存在，又只能是"被意识到了的"存在，没有被意识到的存在，对意识来说又只能是"非存在"。因此，"真"的问题需要在"存在论"与"认识论"的统一中去思考。不仅如此，由于"真"的问题是"有没有""对不对""好不好"等存在论、认识论和价值论问题的统一，所以，"真"的问题需要从人与世界、思维与存在的总体关系中去思考。

与"真"的概念不同，对"真理"概念的通常解释是，"对客观事物及其规律的正确反映。同'谬误'相对，真理与谬误的区别在于是否正确地反映着客观实际"②。

关于"真理"的这种解释，首先是表明，"真理"的问题不是认识的对象自身如何的问题，而是人的认识（表象和思想）与认识的对象的关系如何的问题，即，"真理"的问题不是"存在论"问题，而是"认识论"问题。与"真理"不同，"真"的问题则首先是确认对象是否存在的"存在论"问题。

如果对"真理"概念作进一步的辨析，我们就会发现，把"真理"解释为"对客观事物及其规律的正确反映"，非常容易混淆一个重要问题，这就是："真理"是关于"客观事物及其规律"的正确认识，还是关于"规律"本身的正确认识？这个问题，对于如何理解"真理"来说，是至关重要的。

把"真理"定义为关于"客观事物及其规律"的正确认识，这意味着，"真理"既是对"客观事物"的正确认识，又是对事物的"规律"的正确认识。我们知道，人的认识是以感性和理性的双重机能去把握对象，从而形成关于对象的现象形态的"表象"和关于对象的内在本质的"思想"。如果我们把"真理"说成是关于"客观事物及其规律"的正确认识，那就是说，"真理"可以分解为关于对象的现象形态的"表象"真理，以及关于对象的内在本质的"思想"真理。这是对真理的庸俗化理解。

"真理"是关于"普遍必然性"的认识，是能够对某种（某些）纷繁复杂的现象做出理论性解释的认识，因而可以简洁地定义为"关于事物的规律性的正确认识"。这就是说，被称为"真理"的认识只能是指关于事物的共

---

① 《马克思恩格斯选集》第1卷，第30页。
② 《辞海》，第141页。

性、本质、必然、规律的认识,而不能是指关于事物的现象形态的认识。恩格斯曾经辛辣地嘲讽那种随意地使用"真理"这个概念的做法。他说,如果把"巴黎在法国""人不吃饭就会饿死"等称作永恒真理,那只能被认为是喜欢对"极简单"的事物使用"大字眼"①。

真理是关于"普遍必然性"的认识,因此,真理的问题是"思想的客观性"问题。

思想的客观性问题,就其实质而言,是思维和存在、人的认识和客观世界在规律层次上的统一问题。对此,恩格斯在论述哲学基本问题时提出:"我们关于我们周围世界的思想对这个世界本身的关系是怎样的?我们的思维能不能认识现实世界?我们能不能在我们关于现实世界的表象和概念中正确地反映现实?用哲学的语言来说,这个问题叫作思维和存在的同一性问题,绝大多数哲学家对这个问题都作了肯定的回答。"②

分析恩格斯的论述,我们可以把"思维和存在的同一性问题"即"思想的客观性"问题概括为三个基本层次的关系问题:一是人的表象意识与经验对象的关系问题;二是人的思维规定与对象本质的关系问题;三是人的表象意识与思维规定的关系问题。

人的表象意识与经验对象的关系问题,即表象的客观性问题,它所探讨和回答的是,作为人的感性映象的表象是否"摹写""复写""复制""复现"经验对象的现象形态的问题,也就是人的表象是否与对象的现象相符合的问题。这个问题是回答"思想的客观性问题"的一个重要前提,而不是"思想的客观性问题"本身。就是说,要回答"思想"的客观性问题,需要首先解决"表象"的客观性问题;但是,回答了"表象"的客观性问题,还没有解决"思想"的客观性问题。而"真理"的问题则主要是"思想"的客观性问题。

思想的客观性问题,主要包括两个基本层次的问题:在其表层,是思维规定(指关于对象的概念、范畴、命题以及由它们的逻辑联结所构成的各种理论体系)是否表述经验对象的共性、本质、必然和规律的问题;在其深层,则是思维运演的逻辑(指由思维形式、思维范畴、思维规则、思维方法所构成的思维运动)能否描述存在运动规律的问题,也就是思维和存在在规

---

① 参见《马克思恩格斯选集》第3卷,第126—127页。
② 《马克思恩格斯选集》第4卷,第221页。

律层次上的统一问题。

由此我们可以知道,作为"思想的客观性"问题的真理问题,既是一个"思维规定"与"对象本质"是否和如何统一的"认识论"问题,又是一个"思维逻辑"与"事物逻辑"能否以及如何统一的"逻辑学"问题。

"真理"问题首先是"思想的客观性"问题,理解这个问题,是十分重要的。 正因为"真理"是在规律的层次上实现"思维和存在"的统一,所以黑格尔、马克思和列宁都强调如何以概念的逻辑运动去把握和描述事物的运动规律的问题;正因为"真理"是在规律的层次上实现"思维和存在"的统一,所以不能以"直观"的方式去检验真理,而必须诉诸人类的实践活动。

哲学对思想客观性问题的追问与回答,经历了漫长、曲折、复杂的发展过程,提出了发人深省的多角度、多层次的重大理论问题,积累了启迪后人深入思索的经验教训。 回避这些重大的理论问题而简单化地断言思想的客观性,就会丢弃理论应有的彻底性和说服力;无视哲学史上的经验教训而直接地论证思想的客观性,则会丧失哲学真理观所具有的丰富深邃的理论内容。因此,我们需要在"史"与"论"的结合中去探讨真理问题。

三、思想客观性问题的扩展与深化

人对自己提出"思想的客观性"问题,是以人意识到"表象"与"思想"的分裂为前提的。 在哲学史上,对思想客观性问题的关注与追问,发端于古代哲学寻求"本体"的困惑之中;具体地说,就是发端于关于"本体"的经验与超验、表象与思想的理论困惑之中。 这种理论困惑的具体表现形式,就是人的表象(经验)与思想(概念)同万物的"存在"与"非存在"、"本体"与"变体"的关系问题。

在人与世界的认识关系中,一方面是人作为现实的认识主体,以感性与理性、表象与思想的对立统一的方式"自为"地把握世界;另一方面是世界作为不依赖于人的意识的客观存在,以现象与本质、偶然与必然的对立统一的方式"自在"地存在。 然而,当人们以反思的方式去寻求万物的"始基""基质""本原""本体",并进而反思把握世界的人的意识,以及人的意识所把握的世界时,却首先是惊愕于人的意识的自我分裂,以及世界的自我分裂。

人们在反思中所发现的人的意识以及世界的自我分裂是:对人的"表

象"（经验）所显现的世界，总是个别性的、流变性的、偶然性的、杂多性的、现象性的存在，对人的思想即理性认识所显现的世界，则是普遍性的、不变性的、必然性的、规律性的、本质性的存在；对人的表象所显现的事物感性存在，对人的思想是非存在（思想无法把握事物的感性存在）；对人的思想所显现的事物本质存在，对人的表象又是非存在（表象无法把握事物的内在本质）；经验对象只对经验表象而存在，超验本质只对超验思想而存在。由此便形成了人的意识自我分裂的哲学意识——表象世界与概念世界的分裂。把这种人的意识自我分裂的哲学意识对象化给意识所把握的世界，则形成世界自我分裂的哲学意识——世界的感性存在与内在本质的分裂。

这种分裂意识及其对象化的哲学表达，在古希腊哲学中是"变体"与"本体"的分裂，并具体地表现为柏拉图的"影像世界"与"理念世界"的分裂。追究万物"本原"的古代意义的本体论问题，就是在表象与思想自我分裂的哲学意识的基础上展开的：究竟是对人的表象意识所显现的感性世界的存在是真实的，还是对人的思维规定所显现的本质世界的存在是真实的？

意识到表象与思想的自我分裂，并使之获得具体的哲学理论内容，思想的客观性问题就凸现出来了：(1) 人能否认识"看不见"的存在？人类思维运演的逻辑能否描述存在运动的规律？(2) 人如何认识"看不见"的存在？是以表象为基础并通过对表象的归纳、分析、抽象、概括来实现，还是通过超越表象的"理性直观"？(3) 人所认识到的"看不见"的存在，究竟是自在之物的本质（宇宙为理性立法），还是思维赋予存在的规定（理性为宇宙立法）？正是对这些问题的不同回答，构成了哲学论争的重要理论内容，也正是在这种哲学论争的历史发展中，展现了真理问题内在的复杂环节。

以近代实验科学为基础的近代西方哲学，它要解决的根本问题，是思维能否和怎样表达思维对象的本质和规律的问题，也就是思想的客观性问题。这正如黑格尔所说，近代西方哲学的原则并不是"淳朴的思维"，并不是"如实地思维各个对象"，而是"思维那个对于这些对象的思维和理解"[1]。

思维把自己关于对象的思维和理解作为对象，这样的思维当然就不是"淳朴的"，而是黑格尔所说的"对认识的认识，对思想的思想"，也就是"反思"。在这种"反思"中，近代哲学愈来愈明确地自觉到：凡属对象在人类思维中的规定性，都是人的思维关于对象的规定；这些规定是否具有客

---

[1] 黑格尔:《哲学史讲演录》第4卷,第7页。

观性，不仅需要考察关于对象的思维内容，而且必须探究形成思维内容的思维运动。这样，近代哲学所探究的思想的客观性问题，就不是简单的思想和表象同对象的关系，而是以思想的客观性问题为核心，具体地提出和研究了自然世界与人类意识、意识内容与意识形式、感性认识与理性认识、对象意识与自我意识、外延逻辑与内涵逻辑、知性思维与辩证思维，以及归纳与演绎、分析与综合、表象与抽象等丰富的理论内容。正因如此，近代哲学才"十分清楚"地提出了思维和存在的关系问题，并使之获得了"完全的意义"。

前德国古典哲学的近代西方哲学，站在经验论或唯理论的立场上，分别把思想的客观性问题诉诸于感觉的认识论分析（如唯物论哲学家洛克和唯心论哲学家贝克莱、休谟）或理性的超验直观（如唯物论哲学家斯宾诺莎和唯心论哲学家笛卡儿、莱布尼兹）。其共同特征则在于分别从思维的内容或形式出发，而去思考表象和思想及其与对象的关系。

近代唯物论哲学认为，思想的客观性在于，思想源于表象，表象是对象的映象，思维通过归纳、分析、抽象和概括表象所形成的思想，就是思维对象的规定性。

这种思维方式，一方面是在认识论上鲜明地形成了列宁所说的"从物到感觉和思想"的唯物主义认识路线，确认了唯物主义认识论的反映论原则，另一方面则是把思想的客观性问题仅仅诉诸于思想内容的经验来源，而没有从思维运动的"形式"方面去探究思想的客观性问题。

因此，对于近代唯物论哲学来说，它必须回答这样一个问题：思想映象不仅仅是关于对象的映象，而且只能是经过思维主体的思维活动所形成的映象；思想映象的客观性就不仅仅要求思想来源的客观性，而且要求主体的思维活动的客观性；那么，主体的思维活动具有客观性吗？进一步说，主体的思维活动即是以思维"形式"去分析、抽象表象，那么，思维形式具有客观性吗？恩格斯说，18世纪的唯物主义只限于证明一切思维和知识的内容都应当起源于感性的经验，而没有从"形式"方面去思考思想的客观性问题[1]。因此，近代唯物论哲学并没有真正从思维及其与存在的关系中解决思想的客观性问题。

近代唯心论哲学认为，思想的客观性在于，思想的对象即是思想内容

---

[1] 《马克思恩格斯选集》第3卷，第564页。

（意识界的存在），思想通过自我认识而形成的思维规定，也就是关于思维对象的规定。

这种思维方式，一方面是在认识论上明确地形成了列宁所说的"从思想和感觉到物"的唯心主义认识路线，另一方面则鲜明地凸显了对思想本身的认识论考察。

对于近代唯心论哲学来说，它必须回答这样一个问题：把思想的对象限定为意识界的存在，那么，意识界的存在又从何而来？意识界的存在与意识外的存在是何关系？如果不解决意识界的存在与意识外的存在的统一性问题，又如何确认思想的客观性？近代唯心论哲学把意识外的存在作为在认识论上无意义的问题而排除在思想客观性问题之外，就只能如马克思所说的"抽象地"发展思维的能动性，而不可能真正解决思想的客观性问题。

以上分析表明，近代的唯物论哲学和唯心论哲学，各自从一个方面去思考思维和存在的关系问题，并以此为基础去回答思想的客观性问题。在近代唯物论哲学看来，思维和存在的关系问题，就是思想内容与思维对象的关系问题，而不去反思思维本身的根据；在近代唯心论哲学看来，思维和存在的关系问题，则是思维活动与思想内容的关系问题，认为存在任何时候都只能是意识到的存在。因此，在近代的唯物论哲学和唯心论哲学相互对立的意义上，又都没有使思维和存在的关系问题获得"完全的意义"。德国古典哲学奠基人康德（Immanuel Kant，1724—1804）认为，近代唯物论哲学没有反思认识形式而断定思想的客观性，近代唯心论哲学回避意识外的存在而断定思想的客观性，因此两者都是对思想客观性的"独断论"解释。

康德在思想客观性的哲学探索中占有特别引人注目的地位。他改变了前德国古典哲学的提问方式，即：不是直接追究思想的客观性，而是反过来追问人的"认识何以可能"。这种追问显示出德国古典哲学探索思想客观性的两个标志性的基本特征：一是把思维和存在的关系问题聚焦于思维把握存在的规律问题，二是集中于对人类精神活动的深切反思。

针对近代唯物论哲学和唯心论哲学分别从认识的"内容"和"形式"出发追究思想的客观性，康德从认识的"内容"与"形式"的矛盾提出和思考问题。在康德看来，这两者的矛盾在于：作为意识之外的"物自体"或"自在之物"是世界的本来面目，但它不转化成人的意识界的存在，就无法构成人的认识内容；作为意识界存在的认识内容是人对世界的认识，但这种认识只能是人的认识形式把握世界的产物，而不是作为自在之物的世界本来面目；人类要认识自在之物即世界的本来面目，就只能是超越认识内容即意识界的存在；而超越认识内容即意识界的存在，自在之物即世界的本来面目又无法构成人类的认识对象。因此康德认为，人类试图以理性把握"物自体"必然陷入理性的"二律背反"。

那么，如何理解和评价人类对世界的认识呢？康德认为，人类认识世界的根据，在于人类自身先验地（先于经验地）具有提供时空观念的感性形式和提供判断形式的知性范畴。人类的感性形式和知性范畴使自在之物对人生成为"现象"，这就是人所把握到的世界；而自在之物或物自体只是作为消极的界限限定人类认识的可能性；人的认识只能达到"现象界"，而永远不可能达到自在之物或物自体。这就是哲学史上的康德式的"不可知论"。

在康德的这种理解中，既把"自在之物"作为认识的对象性前提和认识的消极界限承诺下来，又把"先验逻辑"作为认识的主体性根据和认识的积极界限承诺下来。这种认识的对象性前提与认识的主体性根据的对立、认识的消极界限与认识的积极界限的对立，既宽容地肯定了人类认识不断地拓展与深化的可能性（人类不断地构成人所理解的世界），又断然地否定了人类认识自在之物即世界本来面目的可能性（人类只是建构人所理解的世界）。

由此可见，在康德哲学中，对人类认识的肯定也就是对人类认识的否定——人类认识世界的根据（先验逻辑）同时又是人类认识世界的界限（现象界）。它的深层底蕴是：人类思维把握存在的逻辑，只是思维用以把握存在的逻辑，它只具有主观逻辑的意义，而不具有客观逻辑的意义，它只能构成人所理解的世界，而不能表述世界的本来面目。

康德所提出的"认识何以可能"的问题及所做出的"理性为宇宙立法"的结论，构成了主观逻辑与客观逻辑、思维规律与存在规律相分裂的哲学意识。以这种哲学意识为理论前提去回答思想客观性问题，就必须在本体论、认识论和逻辑学相统一的意义上探索"思维把握存在的逻辑"，并证明这种逻辑所具有的客观性。黑格尔哲学和马克思主义哲学，分别做出了辩证唯心论的回答和辩证唯物论的回答。

黑格尔批判康德的根本出发点是：思维把握存在的逻辑，就是思维和存在所服从（所遵循）的同一逻辑，因此它不仅具有主观逻辑的意义，而且具有客观逻辑的意义。这就是黑格尔的"思维与存在的同一性"的本体论承诺。

在黑格尔看来，思维和存在必须首先是自在同一的，然后才能有自为的同一。这种自在的同一性是说，不管人类思维是否自觉到自己的以及事物的本性，它们的本性都是存在的，并且是统一的。这种同一性只有在人类思维的反思活动中才能被自觉到，所以在思维自觉到这种同一性之前，它又只能是一种思维推断上的"逻辑先在性"。

黑格尔以思维和存在的自在同一性或逻辑先在性为出发点，其目的在于说明：(1) 思维和存在之所以能够在人类思维的进程中自为地实现统一，其根源在于它们自在地就是统一的；(2) 人类思维自为地实现的统一，是把自在的统一升华成自为的统一，把潜在的统一转化成现实的统一，因此思维与存在的统一又是一个辩证的发展过程；(3) 哲学的任务就在于使人类自觉到思维的本性，按照思维自己构成自己的道路去实现思维与存在的自在自为的统一。因此，黑格尔所说的思维和存在的自在同一性或逻辑先在性，并不是说思维先在地包含了存在的具体内容，而是说思维和存在服从于同一规律。哲学在对思维的反思中逻辑地展现思维和存在从自在的同一到自为的同一再到自在自为的同一，就以理论的形态表现了人类思维运动逻辑。

黑格尔以思维和存在的自在同一性或逻辑先在性的本体论承诺为前提去论证思想的客观性，这正如恩格斯所指出的，"要证明的东西已经默默地包含在前提里面了"①。这表明黑格尔是以彻底的唯心主义方式去批判康德和解释思想的客观性。

但是，在黑格尔关于思想客观性的唯心主义解释中，却蕴含着某种列宁所说的"天才猜测"。如果对黑格尔的思维和存在的自在同一性予以唯物主义解释，其真实意义是显而易见的。恩格斯在论述思维和存在的关系问题时提出，"我们的主观的思维和客观的世界服从于同样的规律，因而两者在自己的结果中不能互相矛盾，而必须彼此一致，这个事实绝对地统治着我们的整个理论思维。它是我们的理论思维的不自觉的和无条件的前提"②。这就是说，辩证唯物主义地回答思想客观性问题，也必须把思维和存在"服从于同样的规律"作为"理论思维的不自觉的和无条件的前提"。而辩证唯心论与辩证唯物论的根本区别则在于，前者是把这种本体论承诺视为由思维推演存在的出发点，后者则既把这种本体论承诺视为论证世界的物质统一性以及思想的客观性的出发点，又把这种论证首先诉诸人类的实践活动以及科学认

---

① 《马克思恩格斯选集》第4卷，第221页。
② 《马克思恩格斯选集》第3卷，第564页。

识的历史发展。

在黑格尔关于思想客观性的辩证唯心论解释中，以概念自我运动的形式展现了人类认识的辩证发展，这对于思想客观性的辩证唯物论理解，具有直接的和重大的借鉴意义。

首先，探索思想的客观性是否必须同概念的逻辑运动联系起来？列宁就是这样提出问题的："如果一切都发展着，那么这点是否也同思维的最一般的概念和范畴有关；如果无关，那就是说，思维和存在不相联系。如果有关，那就是说，存在着具有客观意义的概念的辩证法和认识的辩证法。"①列宁还由此而特别强调地指出，"问题不在于有没有运动，而在于如何在概念的逻辑中表达它"②。因此，对思想客观性的辩证唯物论理解，必须回答概念的逻辑运动的客观意义问题。

其次，怎样理解概念及其逻辑运动的客观意义？列宁认为，黑格尔的概念辩证法已经蕴含了两个方面的重要启示：其一，"（抽象的）概念的形成及其运用，已经包含着关于世界客观联系的规律性的看法、信念、意识。把因果性从这个联系中分出来，是荒谬的。否定概念的客观性、否定个别和特殊之中的一般性的客观性，是不可能的。由于黑格尔探讨客观世界的运动在概念的运动中的反映，所以他比康德等人深刻得多。……在这里必须探求黑格尔逻辑学的真实的涵义、意义和作用"③。其二，"概念（认识）在存在中（在直接的现象中）揭露本质（因果律、同一、差别等等）——整个人类认识（全部科学）的真正的一般进程就是如此。……所以，黑格尔的辩证法是思想史的概括"④。"从逻辑的一般概念和范畴的发展与运用的观点出发的思想史——这才是需要的东西！"⑤这就是说，探讨思想的客观性，必须把概念及其逻辑运动的客观意义同概念对规律的反映以及概念发展与思想史的统一这两个方面联系起来。

再次，如何验证概念及其逻辑运动所具有的思想客观性？列宁说："理论的认识应当提供在必然性中、在全面关系中、在自在自为的矛盾运动中的客体。但是，只有当概念成为实践意义上的'自为存在'的时候，人的概念

---

① 《列宁全集》第38卷，第280页。
② 同上书，第281页。
③ 同上书，第189—190页。
④ 同上书，第355页。
⑤ 同上书，第188页。

才能'最终地'把握、抓住、通晓认识的这个客观真理。也就是说，人的和人类的实践是认识的客观性的验证、准绳。黑格尔的意思是这样的吗？"①列宁又说："黑格尔通过人的实践的、合目的性的活动，接近于概念和客体的一致的'观念'，接近于作为真理的观念。极其接近于下述这点：人以自己的实践证明自己的观念、概念、知识、科学的客观正确性。"②

黑格尔的辩证法思想是马克思主义哲学的重要理论来源。对思想客观性的辩证唯物论理解，其重要的理论出发点之一，是黑格尔在总结哲学史的过程中所提出的一系列重大理论问题，特别是马克思、恩格斯、列宁在批判地研究黑格尔哲学的过程中所提出的重大理论问题及所做出的重要结论。

四、思想客观性的辩证唯物论理解

康德否认思想的客观性，是因为他断言思维把握存在的逻辑不具有客观逻辑的意义；黑格尔肯定思想的客观性，是因为他断言思维和存在具有自在的同一性。因此，对于辩证唯物论来说，关于思想客观性的证明，首先是如何理解思维和存在的自在的同一性。

在黑格尔那里，是以纯粹思辨的方式断言思维和存在的自在同一性，并把这种自在的同一性归结为"绝对理念"的"逻辑先在性"。辩证唯物论对思维和存在的自在同一性的理解，则是以实证科学为基础，以世界物质统一性为内容，因而首先是为思想客观性问题奠定坚实的唯物主义基础。

辩证唯物论认为，思维和存在的统一之所以是"理论思维的不自觉的和无条件的前提"，是因为思维和存在"这两个系列的规律在本质上是同一的"。辩证唯物论关于思想客观性的这种前提性认识，主要是诉诸下述几方面的论证：(1) 思维运动作为物质运动的高级形式，它是由物质运动的低级形式发展而来的，这就从思维的起源上论证了思维和存在本质上服从于同一规律；(2) 思维运动作为人脑这种高度发达的物质的机能和属性，它依赖于人脑这个物质载体，这就从思维运动的物质承担者上论证了思维和存在本质上服从于同一规律；(3) 思维运动作为物质的反映特性的高级形式，它是物质达到自我认识水平的存在方式，这就从思想内容的来源上论证了思维和存在本质上服从于同一规律。

---

① 《列宁全集》第 38 卷，第 227 页。
② 同上书，第 203—204 页。

辩证唯物论不仅唯物主义地论证了思维和存在在自在意义上的同一性——二者在本质上服从于同一规律，而且唯物主义地论证了思维和存在在自为意义上的同一性——思维把握存在的逻辑所具有的客观意义。

思维和存在虽然在本质上服从于同一规律，但二者"在表现上是不同的"。这首先是因为"人的思维的最本质和最切近的基础，正是人所引起的自然界的变化，而不单独是自然界本身；人的智力是按照人如何会改变自然界而发展的"①。因此，辩证唯物论从人类的现实的自为性——实践活动及其历史发展——去研究思维规律的特殊性及其所具有的客观意义。

列宁在论述"逻辑的范畴和人的实践"时指出，"人的实践活动必须亿万次地使人的意识去重复各种不同的逻辑的格，以便这些格能够获得公理的意义"②，"人的实践经过千百万次的重复，它在人的意识中以逻辑的格固定下来。这些格正是（而且只是）由于千百万次的重复才有着先入之见的巩固性和公理的性质"③。这就是说，作为思维规则（"逻辑的格"）的思维把握存在的规律，在其自为性的意义上，是在人类的亿万次的实践活动中形成和巩固的；思维运演的逻辑，在其现实性上（而不是在遗传性的获得的意义上），是实践的操作逻辑不断地（历史地）内化的结果。因此，辩证唯物论对思维逻辑的理解、对思想客观性的证明，不仅包括对思维和存在的自在同一性的唯物主义解释，而且特别地诉诸对思维和存在的自为统一的实践的（辩证的和历史的）唯物主义论证。正是在这后一方面，辩证唯物论对思想客观性的理解，既同一切唯心主义理论划清了原则界限，也显示了与旧唯物主义的重大区别。

实践活动直接地表现为现实的主体对现实的客体的改造过程。"人在自己的实践活动中面向着客观世界，以它为转移，以它来规定自己的活动。"④对象的现实性以及对象性活动的现实性，不仅要求对象性活动的主体具有现实性，而且要求主体用以支配自己的对象性活动的思想也具有现实性，即主体的思想是关于对象本身的规律性认识。因此，辩证唯物论认为，人类自身的实践活动，是人类思想客观性的现实根据。

实践活动作为主体对客体的改造过程，它是一种目的性的对象性活动。

---

① 《马克思恩格斯选集》第3卷，第551页。
② 《列宁全集》第38卷，第203页。
③ 同上书，第233页。
④ 同上书，第200页。

就是说，主体用以支配自己的对象性活动的思想，不仅是观念地反映客观世界，而且观念地创造客观世界——人给自己构成自己所要求的世界的客观图画，并以自己的对象性活动来实现对自己的现实性（目的性要求）和对世界的非现实性（变革世界的现存状态）的确信。那么，人的目的性要求具有客观性吗？这是由实践而引发的更深层次的思想客观性问题。

列宁说，"人的目的是客观世界所产生的，是以它为前提的"①。在人类"面向着客观世界"的实践活动中，积淀在人类思维之中的关于世界的规律性认识，是人对世界的目的性要求的前提。"一旦人已经存在，人，作为人类历史的经常前提，也是人类历史的经常的产物和结果，而人只有作为自己本身的产物和结果才成为前提。"②作为"历史的经常前提"的人，总是"前一个过程的结果"，他们的目的性要求及其历史活动，总是"决定于在他们以前已经存在、不是由他们创立而是由前一代人创立的"历史条件。人的目的性要求的客观性，就在于人既是历史的前提又是历史的结果，并从而在这种"前提"与"结果"的辩证转化中构成实践活动的合规律性与合目的性的对立统一。人类实践活动的客观性和人类存在的历史性，是辩证唯物论理解思想客观性的"最切近"的出发点。

从人类存在的历史性出发，辩证唯物论不是把思想的客观性视为思想与客体的完全的符合，而是把思想的客观性理解为思想对客体的永远的、没有止境的接近，理解为思想接近客体的过程。

辩证唯物论的这种理解包含两层含义：其一，人类在其前进的发展中所形成的关于对象的规律性认识，并不是康德所说的"理性为宇宙立法"，而是人的思想所把握到的世界本身的规律。"物质的抽象，自然规律的抽象、价值的抽象等等，一句话，那一切科学的（正确的、郑重的、不是荒唐的）抽象，都更深刻、更正确、更完全地反映着自然。"③其二，人类思想对事物规律的抽象过程，即概念及其逻辑运动的形成过程，并不是简单的、直接的、完全的表述事物的运动规律，而是"有条件地近似地把握着永恒运动着的和发展着的自然界的普遍规律性"④。

作为这两方面的统一，列宁对概念的逻辑运动做出这样的评论："人的概

---

① 《列宁全集》第 38 卷，第 201 页。
② 《马克思恩格斯全集》第 26 卷，第 545 页。
③ 《列宁全集》第 38 卷，第 181 页。
④ 同上书，第 194 页。

念就其抽象性、隔离性来说是主观的,可是就整体、过程、总和、趋势、泉源来说却是客观的"①;范畴是"认识世界的过程中的一些小阶段,是帮助我们认识和掌握现象之网的网上纽结"②。 人类用以把握世界的概念、范畴并不是空洞的形式,而是人类认识世界的历史性积淀。 人类的历史性存在是思想的客观性的根据。

马克思说:"社会生活在本质上是实践的。 凡是把理论导致神秘主义方面去的神秘东西,都能在人的实践中以及对这个实践的理解中得到合理的解决。"③人在自己的历史性实践活动中,始终以客观世界来规定自己的活动,以关于客观世界的规律性认识来形成自己对世界的目的性要求,并通过自己的实践活动来验证思想(包括目的)的客观性。 实践活动作为历史地延伸着的思维与存在、理想与现实、目的与规律的"交错点",它永远不会停留在一个水平上,而是在无限丰富的侧面和层次上扩展和深化思想向客体的接近。 思想客观性的源泉,在于人类的实践活动及其历史发展。

五、真理观的哲学视野

在认识论的意义上,真理问题的实质是思想的客观性问题,即人的思想能否表述客观规律,人的思想如何表述客观规律,以及怎样检验思想的客观性等问题。

然而,人的认识是作为人的实践活动的内在环节而存在的,是在人的历史发展过程中不断地扩展与深化的。 所以,真理问题并不是单纯的认识论问题,而是与价值观和历史观等众多哲学问题密不可分的问题。 我们应当从开阔的哲学视野去看待真理问题。

首先,人类认识的直接目的是获得关于事物的规律性认识即"真理",而根本的目的则是以这种规律性的认识去规范人的思想与行为,改变世界的现存状态以满足人对自己的需要。 人对自己需要的满足,这既是认识(获得真理性的观念)的根本动力,也是认识的最终目的。 因此,人们追求什么样的真理,怎样去追求真理,如何去对待真理,都与人们的价值观密切相关。

在"真"这个概念的多重含义中,已经不仅包含"有没有"(有与无)、"对不对"(真与假)的含义,而且包含着"好不好"(善与恶)的含义。 这

---

① 《列宁全集》第38卷,第223页。
② 同上书,第90页。
③ 《马克思恩格斯全集》第1卷,第18页。

意味着,"真"的概念已经是存在论、认识论和价值论相统一的观念,因而需要从人的存在方式去理解人所具有的"真"的观念。 关于"真理"问题,则更需要我们从人的存在方式去理解。

马克思和恩格斯提出:"意识在任何时候都只能是被意识到了的存在,而人们的存在就是他们的实际生活过程。""我们的出发点是从事实际活动的人,而且从他们的现实生活过程中我们还可以揭示出这一生活过程在意识形态上的反射和回声的发展。"[1]我们应当从人的"实际生活过程"、从"实际活动的人"出发去理解真理,而不能够抛开"实际活动的人"和人的"实际生活过程"去看待真理。

从人的"实际生活过程"出发,我们首先就要看到,"动物是和它的生命活动直接同一的。 它没有自己和自己的生命活动之间的区别。 它就是这种生命活动。 人则把自己的生活活动本身变成自己的意志和意识的对象"[2]。我们还要进一步看到,"动物只是按照它所属的那个物种的尺度和需要来进行塑造,而人则懂得按照任何物种的尺度来进行生产,并且随时随地都能用内在固有的尺度来衡量对象;所以,人也按照美的规律来塑造"[3]。

人与世界的关系,包括人对世界的认识关系和改造关系,都是"物的尺度"与"人的尺度"的对立统一,"合规律性"与"合目的性"的对立统一。人类为了改造世界以满足自己的需要,首先就必须掌握"物的尺度",认识事物的"客观规律";但同时,人又是根据"人的尺度"去把世界变成理想的现实。 因此,人们追求什么样的真理(认识哪些"物的尺度"或"客观规律"),人们如何对待已经获得的真理(如何把规律性的认识转化为实践),都与价值问题密不可分。

人类的生活活动——实践——是一个无限的历史性的展开过程,因而人类所获得的关于客观事物的规律性认识——真理——也是一个无限的历史性的展开过程。 在对真理的传统理解中,经常隐含着一种逃避历史的企图,总是企图建构一个独立于历史的、放之四海而皆准的永恒的真理。 这种企图明显地表现在对"科学"和"真理"的非历史的理解之中。 当代科学哲学家伊姆雷·拉卡托斯曾经尖锐地指出,如果人们期望"科学"提供绝对确定的东西,那么,这种对科学的理解本身就是"直接由神学继承过来的标准加以判

---

[1] 《马克思恩格斯选集》第1卷,第30页。
[2] 马克思:《1844年经济学—哲学手稿》,第50页。
[3] 同上书,第50—51页。

定：它必须被证明是确凿无疑的。科学必须达到神学未达到的那种确定性。一个名副其实的科学家是不允许猜测的：他必须由事实来证明他所说的每一句话。这就是科学诚实性的标准。未经事实证明的理论在科学界被认为是罪孽深重的伪科学和异端"[1]。

从人类存在的历史性出发，我们应当这样来理解人类对真善美的寻求，即人类在自身的历史发展中所形成的具有时代特征的关于真善美的认识，既是一种历史的进步性，又是一种历史的局限性，因而它孕育着新的历史可能性。就其历史的进步性而言，人们在自己的时代所理解的真善美，就是该时代的人类所达到的人与世界的统一性的最高理解，即该时代人类全部活动的最高支撑点，因此具有绝对性；就其历史的局限性而言，人们在自己的时代所理解的真善美，又只是特定历史时代的产物，它作为全部人类活动的最高支撑点，正是表现了人类作为历史的存在所无法挣脱的片面性，因而具有相对性；就其历史的可能性而言，人们在自己的时代所理解的真善美，正是人类在其前进的发展中所建构的阶梯和支撑点，它为人类的继续前进提供现实的可能性。真善美永远是作为中介而自我扬弃的。它既不是绝对的绝对性，也不是绝对的相对性，而是相对的绝对性——自己时代的绝对，历史过程的相对[2]。这表明，只有把"真理观"合理地拓展为"存在论""认识论"与"价值观"和"历史观"的统一，才能深切地理解"真理是一个过程""真理是绝对性与相对性的统一"以及"实践是检验真理的唯一标准"等重要的基本问题。

第三节 "善"：伦理学和价值论问题

一、"善"的哲学追问

哲学对"真"的寻求，并不仅仅是为了获得某些"普遍必然性"的知识，从而对世界上千差万别、千变万化的事物做出理论解释；哲学对"真"的寻求，更重要的是为了获得规范人的思想与行为的"根据""标准"和"尺度"，从而奠定人类自身在世界中的"安身立命之本"或"最高的支撑点"。因此，在哲学的意义上，对"真"的寻求，深层的是对"善"——人自身的

---

[1] 拉卡托斯：《科学研究纲领方法论》，兰征译，上海译文出版社，1986年，第3页。
[2] 参见孙正聿：《从两极到中介——现代哲学的革命》，《哲学研究》1988年第8期。

幸福与发展——的寻求。

现代德国哲学家恩斯特·卡西尔提出:"走向人的理智和文化生活的那些最初步骤,可以说是一些包含着对直接环境进行某种心理适应的行为,但是在人类的文化进度方面,我们立即就遇见了人类生活的一个相反倾向。 从人类意识最初萌发之时起,我们就发现一种对生活的内向观察伴随着并补充着那种外向观察。 人类的文化越往后发展,这种内向观察就变得越加显著。"①他还具体地指出,在对宇宙的最早的神话学解释中,就可以发现一个"原始的人类学"与一个"原始的宇宙学"比肩而立②。

人对生活的"内向观察",就是对自己的生活活动的意义的关切与反省,从而形成了关于自身存在"意义"的个体自我意识,并以个体自我意识为基础而形成了"意义"的社会自我意识即哲学。

关于西方最早的哲学即古希腊哲学,人们常常把它区分为"前苏格拉底哲学"和"后苏格拉底哲学"。 这表明苏格拉底哲学是整个古希腊哲学的一个最重要的转折点。 那么,这个"转折点"的标志是什么? 与"前苏格拉底哲学"的米利都学派和埃利亚学派不同,苏格拉底不是致力于追寻世界的"本原",而是以他的"对话"的形式去诱引人们据以形成其各种结论的"根据"和"前提",迫使人们对自己所使用的概念做出定义式的解释。

首先,苏格拉底式的"对话",是引导人们明确地意识到并且承认自己的各种看法中的"矛盾"。 在这种"对话"中,苏格拉底引导人们离开各种特殊的事例而去思索"普遍的原则",明确人们所确信的真、善、美的普遍原则到底是什么。 这样,苏格拉底就把人们据以形成其基本信念的"根据"或"前提"暴露出来,使之成为审察和批判的对象。 然后,苏格拉底再从人们所确信的这些普遍原则中引申出与之恰恰相反对或恰恰相矛盾的命题。 黑格尔说,苏格拉底"这样做,是为了唤醒人们的思想,在人们的信心动摇之后,他就引导人们去怀疑他们的前提,而他们也就被推动而自己去寻求肯定的答案"③。 正是在这种"对话"的"辩证法"中,苏格拉底开启了"善"的哲学追问。

其次,苏格拉底的"对话"的"辩证法","并没有致力于对世界的起源和实在的结构进行关于自然的思辨,而是献身于在人类的社会生活和政治生

---

①② 卡西尔:《人论》,第5页。
③ 黑格尔:《哲学史讲演录》第2卷,第53页。

活这种最普通的背景中找寻我们的认识和信念的依据",致力于"思考有关诸如勇气、虔诚、义务、死亡以及对死亡的恐惧这类平常问题"①。这样,苏格拉底就"把哲学从天上带到了地上"(西塞罗语),使人们意识到"未经审视的生活是无价值的生活"。这就使哲学的追问聚焦于对"善"的思考。

再次,苏格拉底的哲学追问,是对概念的定义的追问,而不是对概念所表述的对象的追问。柏拉图在《美诺篇》中曾记载了苏格拉底对"美德"的追问。美诺提出男人的美德、女人的美德,以及老人、孩子和青年的美德,而苏格拉底则要求美诺回答"包括一切的普遍的美德"。美诺认为,这种"包括一切的普遍的美德"就是"能够取得人所要求的那些善"。至此,苏格拉底则明确提出对"善"的解释。这样,关于"善"的哲学追问,就发展成对整个生活信念的前提反思了。

由苏格拉底对"善"的哲学追问,我们可以知道,在哲学思考中,"善"是批判、反思的对象,而不是某种现成的、教条的结论。这种关于"善"的哲学追问,贯穿于整个的哲学发展史,并在20世纪的哲学中获得了新的发展。

当代美国哲学家路德·宾克莱所著《理想的冲突——西方社会中变化着的价值观念》一书,是一部"评述现代西方哲学、社会思潮和伦理思想的著作",并在美国大学中作为"关于人性、思想史或现代西方文明"等课程的教材而使用。在这部著作中,着重地阐述了"对西方世界有较大影响的马克思主义、精神分析的人本主义、存在主义及其人道主义和新基督教神学等哲学、社会思潮及其代表人物马克思、弗洛伊德、弗罗姆、克尔凯戈尔、尼采、萨特、卡尔、巴尔特、保罗·蒂利希等人的基本思想和伦理观点,并结合对西方社会中变化着的价值观念的研究,分析了资本主义世界各种对立的人生理想之间的冲突"②。

宾克莱在这本《理想的冲突》的"序言"中提出,"一个人在对他能够委身的价值进行探索时,要遇到许多竞相争取他信从的理想,他若要使这种探索得到满足,就必须对各种理想有所了解"。而在概括"二十世纪的道德思潮"时,他又提出,"一个人除非对供他选择的种种生活方向有所了解,否则,他不可能理智地委身于一种生活方式"③。

---

① 参见 M. W. 瓦托夫斯基:《科学思想的概念基础——科学哲学导论》,第115页。
② 《理想的冲突——西方社会中变化着的价值观念》一书的中文版出版说明。
③ 宾克莱:《理想的冲突——西方社会中变化着的价值观念》,第6页。

人要"理智地委身于一种生活方式",就必须对"善"进行哲学追问,也就是批判地反思"善"的观念。这是因为,"人的行动和目的绝非盲目的必然性的产物。无论科学概念还是生活方式,无论是流行的思维方式还是流行的原则,我们都不应盲目接受,更不能不加批判地仿效。哲学反对盲目地抱崇传统和在生存的关键性问题上的退缩。哲学已经担负起这样的不愉快任务:把意识的光芒普照到人际关系和行为模式之上,而这些东西已根深蒂固,似乎已成为自然的、不变的、永恒的"①。以当代的各种"理想"的冲突为广阔的思考背景,真切地展开对"善"的哲学追问,既有助于我们对"善"的理解,也有助于我们对追问"善"的哲学的理解。

人是社会性的存在,而"不是处在某种幻想的与世隔绝、离群索居状态的人"②。社会是人类生活的前提,"伦理"则是维系人的社会性存在的基础。人类以伦理的方式把握世界,便形成了以某种"善"的观念为核心、以相应的伦理原则和伦理规范为基本内容的伦理文化和伦理生活。

在任何时代的人类社会生活中,"善"的观念和相应的伦理生活,都具有最显著的重大意义。一个社会的伦理文化和伦理精神的扭曲,都会造成人的整个生活意义的扭曲、变形乃至失落。因而,反思"善"的观念和人的伦理生活,是哲学的批判性、规范性和理想性功能的集中体现。

在中国传统哲学中,"善"是一个极为重要的范畴,并一直与人性学说、道德学说、人生哲学联系在一起。梁启超说:"中国先哲虽不看轻知识,但不以求知识为出发点,亦不以求知识为归宿点,直译的 Philosophy,其涵义实不适于中国,若勉强借用,只能在上头加个形容词,称为人生哲学。中国哲学以研究人类为出发点,最主要的是人之所以为人之道:怎样才算一个人?人与人相互有什么关系。"③冯友兰也认为,"中国的儒家,并不注重为知识而求知识,主要的在求理想的生活。求理想生活,是中国哲学的主流,也是儒家哲学精神所在"④。在梁启超和冯友兰的论述中,我们可以概括出这样的基本思想,即:中国传统哲学是人生哲学,人生哲学的主旨是求理想的生活,理想的生活就是真正的"善"。

对于这种"善"的"理想生活",冯友兰解释说,"儒家哲学所求之理想

---

① 参见霍克海默:《批判理论》,第 243 页。
② 《马克思恩格斯选集》第 1 卷,第 31 页。
③ 梁启超:《儒家哲学是什么》,载《梁启超哲学思想论文选》,北京大学出版社,1984 年,第 488 页。
④ 冯友兰:《儒家哲学之精神》,载《三松堂学术文集》,第 497 页。

生活,是超越一般人的日常生活,而又即在一般人的日常生活之中。超越一般人的日常生活,是极高明之意;而即在一般人的日常生活之中,乃是中庸之道。所以这种理想生活,对于一般人的日常生活,可以说是'不即不离',用现代的话说,最理想的生活,亦是最现实的生活"①。这就是说,"善"的"理想生活",既是人人"应当"的生活方式,也是人人"可能"的生活方式。

在西方传统哲学中,"善"同样是一个十分重要的范畴,但它却总是与"真"的问题纠缠在一起。苏格拉底把追求"善"的普遍概念或一般意义作为哲学的根本任务。在苏格拉底这里,"真"与"善"、"知"与"德"是同一的。他认为,"善"的一般原则也是区别"真"与"假"的标准,"凡是显得和这原则相合的就是真的;而那和这原则不合的我就看作不是真的"②。在德国古典哲学奠基人康德的墓碑上,镌刻着他的《实践理性批判》中的一句名言:"有两种东西我们愈经常反复思想时,它们就给人灌注了时时更新、有加无已的惊赞和敬畏之情:头上的星空和内心的道德律。"对此,通常认为康德是把"星空"所服从的"自然律"与"内心"所服从的"道德律"区别开来,也就是把作为事实判断的"是"与作为价值判断的"应当"区别开来,以不同的方式去对待和解决"真"与"善"的问题。与此相反,有的学者则强调从人的"自由的世界"去理解"头上的星空"与"内心的道德律"的关系,从而把康德的这句名言理解为人之为人的基本立足点。这些问题都启发我们深化对"善"的哲学追问,并在方兴未艾的价值论研究中,获得更加深刻的哲学理解。

二、价值和价值论

"善"或"应当"的问题,总是具有某种思想和行为的规范作用;而"善"或"应当"之所以具有这种规范作用,是因为它蕴含着某种被人认同或接受的价值尺度或价值标准。人们正是以某种价值尺度或价值标准为依据,而形成某种道德理念和伦理规范。因此,在对"善"的哲学追问中,在对"应当"的哲学思考中,必然会凸现出以"价值"范畴为出发点的价值论问题。

---

① 冯友兰:《儒家哲学之精神》,第 497 页。
② 参见《古希腊罗马哲学》,商务印书馆,1961 年,第 175 页。

价值论问题是现代哲学愈来愈关注的重大问题，它包括一系列与人们的生活密切相关的理论问题。我国当代的学者曾把价值论问题分列为"价值的本体论研究""价值的认识论研究"和"价值与真理的辩证法研究"，并具体地探讨了"价值的基础""价值的本质""价值的特征""价值的类型""价值意识""评价的本质""评价标准""社会评价"以及"价值与真理"等问题[①]。近年来，国内学者不断地拓宽和深化了价值论研究，并主要是围绕着"价值是什么""价值在哪里""价值判断的根据何在""价值判断与事实判断是何关系"等难点和热点问题，展开了持久的热烈争论。了解和思考这些问题，会深化我们对"善"的哲学追问。

关于"价值的本质"即"价值是什么"这个问题，学界有各种不同的理解与解释，并在各种解释模式的论争中推进了人们对"价值"的理解。

从总体上看，多年来学界主要是从"主体—客体"的逻辑关系来思考和界说"价值"。具体地说，主要是从三个角度来解释"价值"：一是以客体自身的功能或属性来规定价值，即突出和强调价值的"客观性"；二是以主体和主体需要来规定价值，即突出和强调价值的"主观性"；三是以主体与客体的关系来规定价值，即突出和强调价值的"关系性"。由于学界注重以"主体—客体"的逻辑关系来思考和解释价值问题，所以，虽然有些学者突出或强调了价值的主观性或客观性，但在总体上都强调价值成立于主体与客体的统一。关于价值的基本提法是：价值是指"客体的存在、作用以及它们的变化对于一定主体需要及其发展的某种适合、接近或一致"[②]；价值是"主体和客体之间的一种特定的关系，即客体以自身属性满足主体需要和主体需要被客体满足的一种效益关系"[③]。有的学者提出，"关于价值定义，现已大体得到公认：价值是客体中所存在的对满足主体需要、实现主体欲望、达到主体目的具有效用的属性，是客体对于主体的需要、欲望、目的的效用性，是客体对主体的效用"[④]。这可以说是对通行的价值意义的更为具体的表述。

这种关于价值的解释模式，一是突出了从主体与客体的"关系"中去理

---

① 参见李德顺：《价值论——一种主体性的研究》，中国人民大学出版社，1987年。
② 同上书，第13页。
③ 参见李秀林等主编：《辩证唯物主义和历史唯物主义原理》第3版，中国人民大学出版社，1990年，第293页。
④ 王海明、孙英：《几个价值难题之我见》，《哲学研究》1992年第10期。

解价值，二是强调了价值的本质在于客体对主体的"效用"，因而可以说是一种"主客效用关系"的解释模式。近年来，一些学者又提出了不同于这种"效用价值"的"社会规范价值""人道价值"等解释模式。所谓"社会规范价值"，是作为个体主体与社会主体之间的价值关系而存在的；所谓"人道价值"，是人作为人、人作为主体存在本身所拥有的内在价值。还有的学者提出，在哲学层面上，所谓价值，就在于人的类特性、社会性，就是人的理想性、超越性①。

在关于"价值的本质"或"价值是什么"的理论解释中，蕴含着"价值的存在"或"价值在哪里"的问题，即：如果我们肯定价值是客体对主体的效用性，那么，我们就应当合乎逻辑地得出结论，价值是客体属性，而不是主体属性。但是，这样的结论显然不符合从"主体—客体"的逻辑关系去定义价值的初衷，因此，许多学者强调，价值本身并不是"实体"性的存在，而只是"关系"性的存在，即：价值只存在于主体与客体的特定关系之中；离开主体与客体的关系，客体本身的属性并不具有价值意义。

从主体与客体的关系去看价值的本质和价值的存在，就会得出一个深层的理论问题，即：如果价值是客体的属性或功用对主体需要的满足，那么，任何价值的存在都要以主体对这种"满足"关系的评价为逻辑前提；或者说，离开主体对这种"满足"关系的评价，就无法做出客体的属性或功用是否满足主体需要的价值判断。因此，"评价"问题成为价值论的重要问题。有的学者指出："价值判断是评价活动的一种结果，它是评价主体根据价值主体的需要，衡量价值客体是否满足价值主体的需要以及在多大程度上满足价值主体的需要的一种判断。"②这样，从主体的"评价"出发，就提出了"评价主体的心理背景系统""评价的心理运用过程""评价的心理运作机制""评价的社会运用"和"评价的合理性"等一系列"评价论"问题。在这个意义上，"评价论"不仅是"价值论"的题中应有之义，而且深化了人们对"价值"的理解以及关于"价值论"的研究。

价值判断作为评价活动的一种结果，意味着价值判断与另一种基本判断——事实判断——的区别与联系。价值判断与事实判断的关系，以及这两种判断所蕴含的"善"与"真"的关系，构成了价值论的更深层的理论

---

① 参见郁建兴：《关于马克思价值概念的商榷》，《哲学研究》1996 年第 8 期。
② 参见冯平：《评价论》，东方出版社，1995 年，第 254 页。

问题。

价值判断的特殊性在于,"在价值判断中必然地包含两大类信息。其一是关于价值客体本身的以及它与其他相关客体之间关系的信息,其二是关于价值主体需要的信息。这两者对于价值判断而言缺一不可。而事实判断中仅仅包含第一类信息,即关于客体本身是什么和客体与其相关客体之间关系的信息。在事实判断的形成过程中,包含了做出这一判断者的情感、追求、价值愿望,但这一判断的内容本身,并不包含关于形成这一判断之主体的需要的信息"。"价值判断所揭示的是主体的需要与客体的性质、功能之间的关系,事实判断所揭示的是客体本身的性质和特点。这两者不是等同的。价值判断所对应的是主体与客体之间的一种价值关系,即客体与主体需要之间的关系,客体是否满足主体需要的关系,而事实判断所对应的是客体各要素之间与客体之间的关系。""价值判断与事实判断的本质区别在于:在价值判断中多了一种对于价值判断而言是决定其质的因素:人的需要。这就是价值判断之精灵。"①而价值判断与事实判断又有着密切的联系,它们在人类的社会生活中是不可或缺的。关于"价值"的哲学思考,会深化我们对"真"与"善"相互关系的理解,也会引导我们合理地对待社会的价值导向与个人的价值取向等问题。

三、价值导向与价值取向

任何一个社会的价值体系中,都存在着相互矛盾的两个基本方面,这就是社会的价值理想、价值规范和价值导向与个人的价值目标、价值取向和价值认同之间的矛盾。通俗地说,就是社会所引导的"我们到底要什么"与个人所追求的"我到底要什么"之间的矛盾。

社会中的每个人的价值目标和价值取向总是千差万别、千变万化的,具有极大的主观性、任意性和随机性,似乎仅仅是依据个人的利益、欲望、需要、兴趣甚至是情绪进行价值选择。然而,透过个人的千差万别和千变万化的价值选择,我们会看到,个人的价值目标总是取决于社会所指向的价值理想,个人的价值取向总是"取向"某种社会的价值导向,个人的价值认同总是"认同"某种社会的价值规范。因此,在社会的价值体系中,社会的价值理想、价值规范和价值导向总是处于主导和支配的地位,总是起着决定性的

---

① 参见冯平:《评价论》,第 254 页。

作用。

　　社会的价值导向对个人的价值取向的决定性作用，首先是表现在个人的价值取向中的社会内容、社会性质和社会形式这样三个方面：其一，从个人的价值取向的内容上看，总是具有社会内容的社会正义、法律规范、政治制度、人生意义等问题，而绝不是没有社会内容的纯粹个人问题；其二，从个人的价值取向的性质上看，总是具有社会性质的真善美与假恶丑、理想与现实、历史的大尺度与小尺度、集体利益与个人利益、整体利益与局部利益、长远利益与暂时利益等问题，而绝不是与社会无关的所谓纯粹的个人问题；其三，从个人价值取向的形式上看，总是通过具有社会形式的科学、哲学、艺术、伦理、宗教等方式体现出来，而绝不是没有社会形式的纯粹的个人表现。

　　个人的价值取向所具有的社会内容、社会性质和社会形式，表明了社会价值导向对社会成员的价值取向的支配地位和决定作用。现实生活一再告诉我们，个人的价值取向的总体倾向，总是取决于社会的基本的价值导向；个人的价值取向的困惑，总是根源于社会的价值坐标的震荡；而解决个人的价值取向的矛盾，首先必须解决社会的价值导向的矛盾。

　　在社会的价值导向中，需要健全的、合理的社会赏罚机制。这可以说是社会的价值规范得以实现的"硬约束"。同时，社会价值导向的实现，又有赖于个人的价值认同，即行为主体的良知。良知是"个人理解和把握自己置身于其中的各种关系，以及自己须得处理的各种道德问题的一种特殊能力，也是个人自我监督、审视和自我把握的能力。这是人类较早发现的影响行为主体一切活动的内部稳定机制。在人类社会生活中，良知隐秘地然而又顽强地、普遍地在人们处理对己、对人、对社会、对外部环境的关系中发生作用"。"良知实现着对个人的指导、推动和对其精神世界的监护；人们在良知的水平上表现出来的符合道德的行为，是真实地面对自我的结果和忠实于自我的表现。个人在这个水平上通过对道德的践履同时也就发展着自身的高级属性并体现着人的尊严。"[1]

　　在社会转型的过程中，必然伴生着价值范式的重建，由此便引起普遍性的价值观念的震荡与困惑。我们需要在"善"的哲学追问中，辩证地看待和对待理想与现实、道德与利益、统一与选择等诸种关系，并在理想主义与功

---

[1] 参见肖雪慧：《新伦理文化良性运行的条件》，《江海学刊》1995年第2期。

利主义、期待道德与义务道德、统一规范与多样选择等之间保持一种"必要的张力"。

第四节 "美"：哲学层面的美学问题

古往今来的哲人，总是像关注"真"和"善"一样，特别地关注对"美"的探寻与反思。在西方哲学史上，从古希腊的柏拉图、亚里士多德到德国古典哲学的康德、黑格尔，从马克思主义哲学的创始人马克思、恩格斯到拉法格、卢卡奇，从现代西方哲学的海德格尔、卡西尔和伽达默尔到所谓"后现代主义"的德里达、福柯和罗蒂，无不对"美"的问题表现出极大的哲学关注。同样，在中国哲学史上，从先秦诸子到近、现代的哲学大师，或兼攻美学理论，或具有艺术气质，或探寻美学问题，总是致力于对"天人合一""知行合一""情景合一"的真善美的统一的寻求。美的本质、美的存在、美的发现和美的追求，构成了以"美"为聚焦点的哲学层面的美学问题。

一、美与人的存在方式

"美"是什么？这是把"美"作为主词而进行的哲学追问。对此，哲学家们做出了种种不同的回答：柏拉图认为"美"是对"美的理念"的"分有"，康德认为"美"是"善"的象征，黑格尔认为"美"是具体化的"理念"，叔本华认为"美"是"意志"的客体化，弗洛伊德认为"美"是"性"的升华，克罗齐认为"美"是"直觉"的成功，车尔尼雪夫斯基认为"美"就是"生活"……

如果我们暂时放开这些关于"美"的哲学界说，对"美"稍作词源学和日常用语的词义解析，是饶有兴味和发人深省的。

汉代许慎在《说文解字》中，对"美"做出如下解释："美，甘也。从羊从大，羊在六畜，主给膳也。美与善同意。"宋代徐铉对此又注解如下："羊大则美。"以肥大的羊为"美"，似乎是凸显了"美"的实用价值，因而"美"和"善"同义。

在现代汉语的日常用语中，"美"至少有三种既相联系又相区别的意思：一是表示感官快适，如由于感官生理强烈需求得到某种满足而发出的"真美""美极了""太美了"的赞叹；二是表示伦理赞赏，对人的思想、行为、事业用"美"来进行伦理评价,如"五讲四美三热爱"等;三是表示审美判断,如对自然之美、社会之美、人性之美的肯定①。

从"美"的词源学和日常用语的考察中,我们可以体会到,"美",是同人的存在密不可分的。我们需要从人的存在方式去探寻美的本质。对此,马克思做出了精辟的论述。马克思在论述人与动物的区别时提出,"动物只是按照它所属的那个物种的尺度和需要来进行塑造,而人则懂得按照任何物种的尺度来进行生产,并且随时随地都能用内在固有的尺度来衡量对象;所以,人也按照美的规律来塑造"②。

人以"任何物种的尺度"和"内在固有的尺度"的统一去改造世界,把世界变成人所期待的现实,从而让世界满足自己的需要,这就是人的实践的存在方式。正是这种实践的存在方式,决定了"人也按照美的规律来塑造"。因此,我们首先应当从人的"实践"的存在方式去思考"美"的本质。

马克思在区分"人"与"动物"的存在方式时提出,"动物是和它的生命活动直接同一的。它没有自己和自己的生命活动之间的区别。它就是这种生命活动。人则把自己的生活活动本身变成自己的意志和意识的对象。他的生活活动是有意识的……有意识的生活活动直接把人跟动物的生命活动区别开来"③。

在这段论述中,马克思精辟地分析了人的存在方式与动物的存在方式的本质区别,从而为我们从人的存在方式去理解"美"的本质给出了宝贵的提示。动物的存在方式就是它的"生命活动","它没有自己和自己的生命活动之间的区别",因而,它的存在方式就是本能地适应自然,不存在与自然之间的、与自己的生命活动之间的"对象性"关系,因而也就不存在"美"的关系。与此相反,人的存在方式的特殊性是在于,人"把自己的生活活动本身变成自己的意志和意识的对象"。这样,人的"生活活动"以及由此而构成的"对象性"存在的世界,就成了人自己的"意志和意识的对象",也就成了人的审美的对象。美,根源于人的目的性、对象性的实践的存在方式。

人的目的性、对象性的实践活动,内含着两个"尺度",这就是"任何物

---

① 参见《美学教程》,中国社会科学出版社,1987年,第88—91页。
② 马克思:《1844年经济学—哲学手稿》,第50—51页。
③ 同上书,第50页。

种的尺度"和"内在固有的尺度"。所谓人懂得按照"任何物种的尺度"来进行生产，就是说，人的生产的重要前提，是人掌握"任何物种"的规律，并按照这种规律进行生产，就是人的实践活动的"合规律性"。所谓人"随时随地都能用内在固有的尺度来衡量对象"，这首先是说，人的实践活动蕴含着人自己的"内在固有的尺度"即人的目的性要求；这同时是说，在人的实践过程中，人的"内在固有的尺度"即"目的性要求"，是"随时随地"地制约和支配着人的生产活动的。这就是人的实践活动的"合目的性"。人在实践活动的"合规律性"与"合目的性"的统一中，实现了人的"意志和意识"，把世界变成了人所理想的现实，因此马克思说，"人也按照美的规律来塑造"。

"美"是实践活动中所实现的"人的尺度"与"物的尺度"、"合目的性"与"合规律性"的统一。人按照"任何物种"的"尺度"进行生产，因而，能够创造性地生产出符合"任何物种"的规律的产品；人又是按照"内在固有"的"尺度"进行生产，因而创造出的符合"任何物种"的规律的产品又满足了人自己的需要。正是在"人的尺度"与"物的尺度"、"合目的性"与"合规律性"的统一中，人类发展了自己，实现了人类自身的自由。

人的实践活动是真正的创造性活动。人在自己的实践活动中，既创造了理想的世界（把世界变成自己所希望的存在），又创造了理想的自我（把自己变成自己所希望的存在），并在这双重的创造中，使人类获得更大的自由。"美"，就是人的创造性活动；"美"，就是人创造的世界；"美"，就是人在创造性活动中所获得的、所感受到的自由。我们需要从人的创造性的实践活动去理解"美"。

二、美的存在与创造

人创造了人的生活世界。车尔尼雪夫斯基说，"任何东西，凡是显示出生活或使我们想起生活的，那就是美的"。人的生活世界辉耀着美的光芒。

人的生活世界之美，首先是表现为人自身的人性之美；人自身的人性之美，又首先是表现为人的创造性之美。人创造了人的生活世界，也就是创造了人本身。创造，这意味着"无中生有"，这意味着"万象更新"。人从"生存"中创造出"生活"，从"动物"中创造出"人类"，从"物质"中创造出"精神"，从"存在"中创造出"美"。美是人的创造。

人在创造人的生活世界的同时，创造了人自身。人的有意义的生活世界涵养了人的性、情、品、格，由此便构成了人自身的人性之美、人情之美、人品之美和人格之美。 人的性、情、品、格"对象化"为人的生活世界，美就是人的生活，美就是人的世界。

人的性、情、品、格之美表现为人的自爱、自尊、自律、自立、自强之美，展现为人的理想、信念、情操、品位、格调、趣味、境界之美。

自爱，这是人性中最根本的力量，也是人性美的源泉。 热爱自己的生命，创造自己的生活，才能构成生活之美。 热爱自己的家庭，营造家庭的和谐与欢乐，才能创造亲情之美，感受亲情之美。 热爱自己的事业，全身心地投入事业之中，才能进入创造的境界，才能以"对象性"的实践活动创造出美的产品。 热爱自己的祖国，乃至自己所属的人类、自己生活的世界，才能有"天人合一"的至大之美。

自尊，这是自爱的根本体现。 尊重自己，自视能配得上最高尚的东西，才会有高远的理想、高尚的情趣、高雅的举止和高超的境界。 尊重自己，就会追求博大的气度、高明的识度和高雅的风度。 人的博大的气度，会使人发现大地的"苍茫"之美和大海的"浩瀚"之美，也会使自己获得"壁立千仞""海纳百川"的"潇洒"之美；人的高明的识度，会使人展现出"阐幽发微""率先垂范"的"睿智"之美；高雅的风度，则会使人展现出坦坦荡荡、堂堂正正、不骄不躁、不卑不亢的"风采"之美。

人的人性之美，最激动人心的是真情之美。 美是真实，美是真诚，美是真情。 人世间最美的，莫过于真情实意，有情有义；人世间最丑的，也莫过于虚情假意，无情无义。 美是生活，在于生活有真情。 真情使生命具有了创造的活力，使生活具有了多彩的意义。

真情首先是亲情、友情和爱情。 有人用"温暖"来形容"亲情"，用"真挚"来形容"友情"，用"甜蜜"来形容"爱情"；还有人用"深度"来表达"亲情"，用"广度"来表达"友情"，用"纯度"来表达"爱情"；因此有人说，人生只有体验了亲情的"温暖"与"深度"，领略了友情的"真挚"与"广度"，拥有了爱情的"甜蜜"与"纯度"，才称得上是"美好"的人生。 反之，正如作家刘心武所说，"人生一世，亲情、友情、爱情三者缺一，已为遗憾；三者缺二，实为可怜；三者皆缺，活而如亡！"没有真情的生活，是无美可言的。

人的真情，不仅是个人之间的亲情、友情和爱情，而且是个人对人类的真情、"小我"对"大我"的真情。 人们都知道，马克思的座右铭是"为全人类而工作"。在悼念马克思的墓前讲话中，恩格斯不仅概括了马克思为人类做出伟大贡献的"两个发现"，而且特别地指出，终生进行顽强斗争的马克思"可能有过许多敌人，但未必有一个私敌"①。对人类的挚爱，对人类解放的渴求，这是马克思的伟大事业的力量源泉，也是马克思的伟大人格的力量源泉。人类之爱造就了真情的至大之美。

人类的实践的存在方式，造就了人的生活世界的真情之美，也造就了人的智力探险的逻辑之美。人类具有思维的能力和求知的渴望。宇宙之谜、历史之谜、人生之谜，对于具有思维能力和求知渴望的人类来说，是一种精神上的诱惑和智力上的挑战。面对这种诱惑与挑战，人类以思维的逻辑去揭开笼罩着自然、历史和人生的层层面纱，并以思维的逻辑去展现自然、历史和人生的本质与规律。逻辑之美，是人类的智力探险之美、思维撞击之美、理性创造之美。

人类的智力探险、思维撞击和理性创造是美的，这种探险、撞击和创造的产品——思想、理论、科学——也是美的。这正如哲学家卡西尔所说："在我们现代世界中，再没有第二种力量可以与科学思想的力量相匹敌，它被看成是我们全部人类活动的顶点和极致，被看成是人类历史的最后篇章和人的哲学的最重要主题。"②在科学理论中，我们会感受到科学的"首尾一贯""秩序井然"的逻辑结构之美，可以感受到"强有力"的科学语言之美，也可以感受到"清晰而明确"的科学描述之美。

苏联学者苏霍金曾经提出，"在这个作为创造能力特殊表现的科学和艺术领域内，人与客观现实一起建造起另一种现实，这就是由一些艺术形象构成或由一系列概念表示的世界"，"真正的科学家和真正的诗人是用同一种材料塑造出来的"，"科学和艺术的全部实践活动的特点就是使知识和感情条理化，把它们归结成理论系统或形式美学系统"③。苏霍金认为，"美"与"熵"具有极其密切的关系，科学和艺术都可以称之为"反熵活动"。这是因为，"美与熵""存在着相反的依存关系：越是美的事物熵越小，不美的事物的熵越大"④。

科学和艺术都是美的，但人们总是更直接、更强烈地感受到艺术美的

---

① 参见《马克思恩格斯选集》第 3 卷，第 575—576 页。
② 参见卡西尔：《人论》，第 263 页。
③ 苏霍金：《艺术与科学》，王仲宣、何纯良译，三联书店，1986 年，第 4—5 页。
④ 同上书，第 36 页。

存在。

著名美学家苏珊·朗格在《生命的形式》这篇演讲中,曾对艺术美做出这样的阐释:"你愈是深入地研究艺术品的结构,你就会愈加清楚地发现艺术结构与生命结构的相似之处。"她具体地指出,"这里所说的生命结构包括着从低级生物的生命结构到人类情感和人类本性这样一些高级复杂的生命结构(情感和人性正是那些最高级的艺术所传达的意义)"。苏珊·朗格认为,"正是由于这两种结构之间的相似性,才使得一幅画,一支歌或一首诗与一件普通的事物区别开来——使它们看上去像是一种生命的形式;使它看上去像是创造出来的,而不是用机械的方法制造出来的;使它的表现意义看上去像是直接包含在艺术品之中(这个意义就是我们自己的感性存在,也就是现实存在)"[1]。

苏珊·朗格的演讲,深切地阐释了艺术美的根基,在于艺术本身是"生命的形式"。对此,我国现代美学家宗白华也认为,艺术的"节奏""旋律""和谐",等等,"它们是离不开生命的表现,它们不是死的机械的空洞的形式,而是具有丰富内容,有表现、有深刻意义的具体形象"[2]。艺术把人们带入美的境界,是因为艺术展现了生命的活力与创造,是因为艺术表现了充满活力与创造的生命。齐白石的"虾"不能在江海中嬉戏,徐悲鸿的"马"不能在草原上奔驰;然而,人们却在这"虾"或"马"中感受到了生命的活力与创造,体验到了强烈的艺术创造的生命之美。艺术,只有显示生命的欢乐与悲哀,生命的渴望与追求,生活的活力与创造,才有艺术之美;欣赏艺术作品,只有体验到生命的广大与深邃,生命的空灵与充实,才能进入艺术的世界,才能以艺术滋润生命,涵养生命,激发生命的创造,创造美的生活、美的世界。

三、美的发现与体验

人性之美,生活之美,自然之美,社会之美,科学之美,艺术之美,美是到处都有的。因此罗丹说,对于我们的眼睛,不是缺少美,而是缺少发现。在这个意义上,美是发现。

在《美从何处寻?》这篇文章中,美学家宗白华先生开篇便引用了这样

---

[1] 苏珊·朗格:《艺术问题》,第55页。
[2] 参见宗白华:《美学散步》,上海人民出版社,1981年,第15页。

一首小诗:"尽日寻春不见春,芒鞋踏遍陇头云,归来笑拈梅花嗅,春在枝头已十分。"宗先生说,这首小诗是宋朝人记载的某尼姑的"悟道诗";这首诗好像是说"道不远人",不应该"道在迩而求诸远";好像是说:"如果你在自己的心中找不到美,那么,你就没有地方可以发现美的踪迹。"①

宗白华先生所提出的"美从何处寻"的问题,是美学界长期争论不休的问题,即所谓"客观美""主观美""主客统一美"的问题。宗先生的看法是,"专在心内搜寻是达不到美的踪迹的。美的踪迹要到自然、人生、社会的具体形象里去找";"但是心的陶冶,心的修养和锻炼是替美的发现和体验作准备的"②。宗先生还具体地提出,"改造我们的感情,使它能够发现美,中国古人曾经把这唤做'移我情'";"改变着客观世界的现象,使它能够成为美的对象,中国古人曾经把这唤做'移世界'";"'移我情'、'移世界',是美的形象涌现出来的条件"③。

人在发现美,美是人的发现,因此,美是同人的生存状态密不可分的。马克思认为,"对象如何对他说来成为他的对象,这取决于对象的性质以及与其相适应的本质力量的性质"④。这就是说,任何"对象"(包括审美对象)的存在,都同时地取决于两个方面的统一:一方面是"对象的性质"即作为对象的事情具有怎样的性质,另一方面是与这种"对象的性质"相适应的"本质力量"即认识主体(人)所具有的能力。对此,马克思以"音乐"为例做出这样的论述:"只有音乐才能激起人的音乐感;对于不辨音律的耳朵说来,最美的音乐也毫无意义,音乐对它说来不是对象,因为我的对象只能是我的本质力量之一的确证。"⑤这就是说,"音乐"之所以是美的音乐,当然一方面是"只有音乐才能激起人的音乐感",但另一方面是因为有能够分辨音乐的"耳朵"在发现音乐之美。马克思认为,"主体的、属人的感性的丰富性,即感受音乐的耳朵、感受形式美的眼睛,简言之,那些能感受人的快乐和确证自己是属人的本质力量的感觉",是"以往全部世界史的产物"⑥。这就是说,人在创造人的世界的同时创造了人自己,因而也创造了能够发现美的人的感觉。

人的全部"感觉"是"以往全部世界史的产物",而世世代代现实存在

---

① 参见宗白华:《美学散步》,第12页。
② 同上书,第15页。
③ 同上书,第16页。
④⑤⑥ 马克思:《1844年经济学—哲学手稿》,第79页。

的人则是自己所创造的历史文化的产物。每个时代的人对美的发现,都是以该时代的人所继承下来的历史文化为前提的。现代的哲学解释学认为,人类总是用语言来理解世界和表达对世界的理解。语言作为历史文化的"水库",它保存着历史的文化积淀,而历史的文化积淀又由语言去占有世世代代的个人。因此,人们使用语言,就是以历史文化去理解人的存在和人的世界。这样,就构成以语言为中介的历史与现实之间、"历史视野"与"个人视野"之间的"融合"。人既在历史中接受又在历史中更新理解的方式,从而实现了理解方式的更新即历史的发展。以现代哲学解释学的观点去看待美的发现,我们能够得到的重要启示是,必须从人的社会性、历史性、文化性和创造性的统一去理解美的发现和人对美的追求。

美的发现,与人的历史文化是密不可分的;美的体验,则更为直接地同人的存在状态紧密相关。

美是和谐,和谐才有美。作为审美主体的人,只有在人与自然、人与社会、人与自我的和谐中,才能真切地体验到和谐之美。人与自然的和谐,会使人体验到自然之美。风花雪月有它的赏心悦目之美,电闪雷鸣也有它的激动人心之美。人与社会的和谐,会使人体验到社会之美。亲情、友情和爱情有它的温馨甜蜜之美,做工、务农和经商各有它的自我实现之美。人与自我的和谐,不仅会使人体验到自我之美,而且会体验到人类之美、人的世界之美。反之,在人与自然、人与社会、人与自我的"疏离"或"异化"中,则会失去美的发现和美的体验。现代人寻求"家园",渴望重新寻求到"自然""社会"和"自我"的"家园"。这意味着,和谐的"家园"之感,是最重要的美的体验。

四、真善美的统一

美是"合规律性"("是"或"真")与"合目的性"("应当"或"善")的统一,这意味着真、善、美三者是统一的。

真善美统一的基础是人类自身的存在方式——实践活动及其历史发展。人类为了让世界满足自己的需要,把世界变成自己的理想的现实,就要从自然而然的世界中去探索"真"(世界为何如此),去寻求"善"(世界应当怎样),去实现"美"("是"与"应当"的统一),也就是把世界变成对人来说是真善美相统一的世界。正是在人类的实践活动及其历史发展中,人类才不断地获得了关于世界的真理性的认识,才不断地实现了对世界的目的性要求,才不断地达到了"真"与"善"相统一的"美"的境界。真善美的统一是永无止境的发展过程。

真善美及其统一,具有历史的规定性和时代的内涵。马克思主义以前的哲学,离开人的实践活动及其历史发展,总是超历史地提出和回答真善美及其统一问题。传统哲学向自己提出的问题是:什么是绝对之真?什么是至上之善?什么是最高之美?这种提问方式把真善美与假恶丑绝对地对立起来,使真善美及其统一变成了超历史的存在,因而是非现实的存在。

在哲学史上,许多哲学家都探讨过和论述过真善美的关系。当代法国美学家米盖尔·杜夫海纳在他的《美学与哲学》中,曾分别谈论康德和黑格尔对真善美关系的理解。杜夫海纳认为,康德是把美视为善的象征。"美不告诉我们善是什么,因为,作为绝对的善只能被实现、不能被设想。但是,美可以向我们暗示。而且美特别指出:我们能够实现善,因为审美愉快所固有的无利害性就是我们道德使命的标志,审美情感表示和准备了道德情感。"[①]关于黑格尔对真善美的看法,杜夫海纳认为,"在黑格尔的思想中,不再有美的理念,他认为美就是理念自身,是具体化了的理念",是"在感性形式下的真理本身"。这样,"哲学不得不辛辛苦苦才能获得的这个真理,在审美经验中却几乎是直接地被提供了出来:理念在其中是以感性形式呈现出来的"[②]。

科学和艺术作为真和美的集中体现,人们往往通过探讨科学与艺术的关系,来阐述真与美的关系。文学家雨果有一句名言:科学——这是我们,艺术——是我。科学所要表述的是不以某个人的意志为转移的客观真理,科学表述的客观真理需要取得人们(首先是"科学共同体")的共识,因而是"我们";艺术所要表达的是个体感受到的强烈的审美体验,艺术表达的审美体验需要具有鲜明的个性,因而是"我"。

然而,作为"我们"的科学与作为"我"的艺术并不是彼此对立的。在现代哲学中盛行的科学主义思潮,曾把科学与其他的文化样式(包括哲学和艺术)截然割裂开来。美国当代科学哲学家伽汀曾经提出,应当以是否具有"一致性""客观性""可证伪性"和"预见性"这四个方面作为"科学分界"的标准。由此他提出,在"人文学科"中不存在什么使"一致"和"发

---

① 杜夫海纳:《美学与哲学》,孙非译,中国社会科学出版社,1985年,第16页。
② 同上书,第17—18页。

展"成为可能的共同原则；用"意义"和"价值"范畴内的术语对人类所作的描述没有客观性；人文科学理论的失败是由于它没有按特定方式观察自己而不是由于被证伪；人文科学的方法论是回顾性的而不具有预见性①。这样，他就不仅以"一致性""客观性""可证伪性"和"预见性"为标准把"科学"与"艺术"完全对立起来，而且把"人文科学"驱逐出"科学"的大门之外。正是由于科学主义思潮把"意义"和"价值"都"拒斥"于科学之外，就把"真"与"善"和"美"彻底地割裂开来，从而也就把本来是人类活动的科学变成了某种与人无关的东西。

实际上，作为人类活动的科学和艺术，都是"我"与"我们"的对立统一。在科学活动中，"我们"是"画内音"，而"我"则是"画外音"，即：科学理论以"我们"的声音发言，而作为科学家个体的"我"则致力于追求具有"一致性""客观性""可证伪性"和"预见性"的"我们"的共同声音；在艺术活动中，"我"是"画内音"，而"我们"则是"画外音"，即：艺术作品以"我"的声音发言，而艺术作品所表达的人类的情感、时代的脉搏和历史的变迁则蕴含于"我"的艺术表现之中。如果借用"科学是我们"而"艺术是我"的说法，那么，我们可以说"哲学"是直接地表现了"我"与"我们"的统一，即：任何真正的哲学，都是以时代性的内容、民族性的形式和个体性的风格去求索人类性的问题。哲学中所实现的"我"与"我们"的统一，就是"是"与"应当"的统一，也就是"真善美"的统一。以真善美的统一为旨趣的哲学，既不能无"我"，也不能无"我们"，它需要以哲学家的强烈的自我意识去表征各个时代的人类自我意识。

科学、艺术、伦理和哲学，都是人类把握世界的基本方式；它们以不同的方式构成了人与世界之间的丰富多彩的关系，而这些"方式"和这些"关系"的统一，则构成了"属人的世界"——真善美相统一的世界。苏联学者苏霍金说，"科学家的聪明才智使自然界的混乱状态变得井然有序，而艺术家的天才则是使个人的感受条理化"。他还引证科学家爱因斯坦的说法，"这个世界可以由乐谱组成，也可以由数学公式组成。我们想创造出这样一幅艺术画面，在这个世界中，我们觉得如同在家里一样自由自在，同时还会得到一种我们在日常生活中不可能得到的稳定感"。由此苏霍金提出："一切科

---

① 参见伽汀:《范式和解释学:论库恩、罗蒂和社会科学(对话)》,载《哲学译丛》1984年第6期、1985年第1期。

学和艺术的使命都是要尽力了解整个世界的和谐,透过事物和感受的五光十色的外壳发现它们之间的简单关系,透过漫无头绪的各种事件去寻找其中的规律"①。

每个时代的时代精神,总是与该时代的科学精神密不可分的;而每个时代的文学艺术,总是该时代的敏感的神经;因此,寻求真善美的哲学,总是与自己时代的科学和艺术血肉相连的。法国学者科尔纽在《马克思的思想起源》中,把德国古典哲学家费希特、谢林和黑格尔称作"浪漫唯心主义哲学家",并且认为"德国浪漫唯心主义哲学"是从德国伟大诗人歌德开始的。他提出,"康德的这种新的充满活力的、有机的世界观,为浪漫主义通过把基本现实归结为精神而力图实现精神和物质、人和世界的统一开辟了道路"②。

我国现代哲学家贺麟先生在《黑格尔的时代》中,也专门地论述了黑格尔与康德、席勒的关系。贺麟说:"德国的文学和哲学是互为补充的。它们是同一时代精神的不同方式的体现。当时德国的文学家借助于形象思维的语言所描绘的情景和理想,哲学家们则用抽象思维的逻辑语言加以系统的论证。因此,单是了解德国的文学而不了解德国的哲学,就会陷于直观性,缺乏理论的彻底性。反过来,单是了解德国的哲学而不了解德国的文学,就会看不见德国抽象的哲学理论中所反映的德国的文学中的诗的、形象的、热烈的、感人的具体内容。"③当代著名小说家米兰·昆德拉曾经提出,"评价一个时代精神不能光从思想和理论概念着手,必须考虑到那个时代的艺术,特别是小说艺术。19世纪蒸汽机车问世时,黑格尔坚信他已经掌握了世界历史的精神,但是福楼拜却在大谈人类的愚昧。我认为这是十九世纪思想界最伟大的创见"④。

人类以自己的把握世界的全部方式去创造对人来说是真善美相统一的世界。人类的这种创造活动是历史性的,人类对自己的创造活动所指向的真善美的认识也是历史性的。马克思认为,任何真正的哲学都是自己时代精神的精华。黑格尔也提出:"每个人都是他那时代的产儿。哲学也是这样,它是被把握在思想中的它的时代。妄想一种哲学可以超出它那个时代,这与妄想

---

① 参见苏霍金:《艺术与科学》,第22—23页。
② 参见科尔纽:《马克思的思想起源》,第8页。
③ 贺麟:《黑格尔的时代》,转引自《外国哲学史研究集刊》第1辑,上海人民出版社,1978年,第57页。
④ 昆德拉:《生命中不能承受之轻》,韩少功、韩刚译,作家出版社,1991年,第342页。

个人可以跳出他的时代……是同样愚蠢的。"①我们需要以辩证的思维方式去理解人类对真善美的寻求，并以每个人的创造性活动去创造我们时代的真善美。

第五节 "人"：关于人的哲学

人类的历史，是把世界变成对人来说是真、善、美相统一的世界的过程，因此，哲学所探寻的真、善、美问题，归根到底是探寻人自身及其与世界的相互关系的问题。人的奥秘，是哲学的奥秘所在；探寻哲学的奥秘，就是在求解人的奥秘。人及其与世界的关系，是全部哲学问题的集结点。

一、哲学与"认识你自己"

"认识你自己"，这句脍炙人口的古希腊名言，也许是最为简洁而精辟地揭示了哲学的奥秘——从人自身去破解哲学。

在人类已知的世界中，人类自己是最奇特的存在。"人是世界上唯一具有认识自我的本性、唯一能够认识自我的存在物"，"认识自我是人的自我意识的集中表现，并突出地表明人是一种自觉自为的存在物"②。

人在"我"的自我意识中，将人与世界把握为"关系"性的存在，又把世界（包括人自身）视为"对象"性的存在，从而进行认识的和实践的"对象性"活动，并在各种各样的"对象"性活动中，把世界变成对人来说是真善美相统一的现实。

在人与世界的"关系"中，在人的认识和改造世界的"对象"性活动中，人类既要"外向"地探索外部世界的"客观规律"，又要"内向"地认识自我的"本性"。然而，人们探索外部世界的"客观规律"，在最终的意义上，并不是为了解释和说明外部世界，而是为了掌握外部世界的"客观规律"来实现人自己的目的；人们认识自我的"本性"，从根本上说，也不是为了把玩或欣赏自己的奇异之处，而是为了合乎"本性"地实现自身的发展。所以，人类的一切探索，包括哲学探索，都是为了人自身的发展而进行的探索。

---

① 贺麟：《黑格尔的时代》，转引自《外国哲学史研究集刊》第1辑，第35页。
② 夏甄陶：《人：关系、活动、发展》，《哲学研究》1997年第10期。

由于人类的哲学思维不是"构成思想"的思想维度，而是"反思思想"的思想维度，所以，虽然古往今来的哲学探索也总是在"对象"性的认识活动中去探寻世界的奥秘，但这种探寻的出发点、立足点和归宿却均在人自身。

从直接表达的理论内容上看，最初的哲学总是在寻求"万物的统一性"，并把"水""火""原子"等视为"万物所由来"和"万物所复归"的"始基""基质"或"本原"。然而，只要我们作进一步的思考，就会发现一个极为重要的问题：哲学为什么要寻求"万物的统一性"？德国哲学家恩斯特·卡西尔说，"从人类意识最初萌发之时起，我们就发现一种对生活的内向观察伴随着并补充着那种外向观察。人类的文化越往后发展，这种内向观察就变得越加显著"。"在对宇宙的最早的神话学解释中，我们总是可以发现一个原始的人类学与一个原始的宇宙学比肩而立：世界的起源问题与人的起源问题难分难解地交织在一起。"他还具体地指出，"希腊哲学在其最初各阶段上看上去只关心物理宇宙。宇宙学明显地支配着哲学研究的所有其他分支。然而希腊精神特有的深度和广度正是在于，几乎每一个思想家都是同时代表着一种新的普遍的思想类型。在米利都学派的物理哲学之后，毕达哥拉斯派发现了数学哲学，埃利亚派思想家最早表达了一个逻辑哲学的理想。赫拉克利特则站在宇宙学思想与人类学思想的分界线上。虽然他仍然像一个自然哲学家那样说话，并且属于'古代自然哲学家'，然而他确信，不先研究人的秘密而想洞察自然的秘密那是根本不可能的。如果我们想把握实在并理解它的意义，我们就必须把自我反省的要求付诸实现。因此对赫拉克利特来说，可以用几个字概括他的全部哲学：'我已经寻找过我自己'"①。

在总结以往的全部哲学发展的基础上，恩格斯提出，"全部哲学，特别是近代哲学的重大的基本问题，是思维和存在的关系问题"。②近代哲学自觉地把"思维和存在的关系问题"作为哲学的重大的基本问题，这标志着哲学更为直接地从人出发去探寻人与世界的关系。在论述"哲学的思维方式"时，我们曾经提出，作为哲学基本问题的"思维和存在的关系问题"，是"思维"把"思维和存在的关系"作为"问题"而予以"反思"。这就是说，近代以来的哲学，已经自觉地从人出发去思考哲学问题，在德国古典哲学奠基人康

---

① 卡西尔：《人论》，第 5—6 页。
② 马克思、恩格斯：《马克思恩格斯选集》第 4 卷，第 219 页。

德的"哥白尼式的革命"中，更为明确地从"主体"出发去反思全部哲学问题。而在德国古典哲学集大成者黑格尔的"概念世界"中，则构成了人类按照自己的思维本性而形成的人的特有的世界。在黑格尔看来，人类思想运动的逻辑，既是人类思维本性的实现，也是人类思维所自觉到的"思维和存在"所服从的同一规律体系，因此，人不断地把概念变成目的性要求，给自己构成不断更新的世界图景，并把这种"善"的要求"通过扬弃外部世界的各个规定来使自己获得具有外部现实性形式的实在性"①。

德国古典哲学的另一位代表人物费尔巴哈，为了反对黑格尔把人抽象为"逻辑"，曾经明确地提出了以"人"为出发点的"人本学"，试图找到一条"从他自己所极端憎恶的抽象王国通向活生生的现实世界的道路"。"他紧紧地抓住自然界和人；但是，在他那里，自然界和人都只是空话。无论关于现实的自然界或关于现实的人，他都不能对我们说出任何确定的东西。但是，要从费尔巴哈的抽象的人转到现实的、活生生的人，就必须把这些人当作在历史中行动的人去研究。"在评论费尔巴哈与德国古典哲学的终结时，恩格斯说，"费尔巴哈所没有走的一步，终究是有人要走的。对抽象的人的崇拜，即费尔巴哈的新宗教的核心，必须由关于现实的人及其历史发展的科学来代替。这个超出费尔巴哈而进一步发展费尔巴哈观点的工作，是由马克思于1845年在《神圣家族》中开始的"②。

在马克思看来，"概念"并不是"无人身的理性"，而是人类实践活动的产物，即：概念既是实践主体对实践客体的规律性认识的结晶，又是实践主体对实践客体的目的性要求的体现，因而"概念"是"合规律性"与"合目的性"的统一，是"物的尺度"与"人的尺度"的统一。在扬弃黑格尔哲学的过程中，马克思不仅以实践范畴去扬弃全部传统哲学中的"自然本体"与"精神本体"、"客体性原则"与"主体性原则"的抽象对立，而且把实践活动本身视为人与世界对立统一的根据，从"现实的人及其历史发展"出发去解决全部哲学问题。

二、人的存在与人的世界

人，首先是直观地表现为一个一个的感性实体的存在。马克思和恩格斯

---

① 黑格尔:《小逻辑》,第290页。
② 《马克思恩格斯选集》第4卷,第236—237页。

指出:"任何人类历史的第一个前提无疑是有生命的个人的存在。因此,第一个需要确定的具体事实就是个人的肉体组织,以及受肉体组织制约的他们与自然界的关系。"①显然,从人与自然界的关系去思考人的存在和人的世界,是理解人的首要前提。正是从这个前提出发,马克思和恩格斯进一步提出,"我们首先应当确定一切人类生存的第一个前提也就是一切历史的第一个前提,这个前提就是:人们为了能够'创造'历史,必须能够生活。但是为了生活,首先就需要衣、食、住以及其他东西。因此第一个历史活动就是生产满足这些需要的资料,即生产物质生活本身"②。

然而,现实的人"不是处在某种幻想的与世隔绝、离群索居状态的人,而是处于一定条件下进行的现实的、可以通过经验观察到的发展过程中的人"③。正因如此,马克思提出,"人的本质并不是单个人所固有的抽象物。在其现实性上,它是一切社会关系的总和",人"实际上是属于一定的社会形式的"④。社会性是人的根本属性,"社会"是人的存在形式。

社会性的人是历史性的存在。马克思说,"人的存在是有机生命所经历的前一个过程的结果。只是在这个过程的一定阶段上,人才成为人。但是一旦人已经存在,人,作为人类历史的经常前提,也是人类历史的经常的产物和结果,而人只有作为自己本身的产物和结果才成为前提"⑤。

人作为"历史的经常前提",总是"前一个过程的结果",他们的历史活动总是决定于在他们以前已经存在、不是由他们创立而是由前一代人创立的历史条件。因此,人们的历史活动并不是"随心所欲"的,人们的历史活动的结果表现为不以人们的意志为转移的历史发展规律。人作为"人类历史的经常的产物和结果",他获得了创造历史的现实条件和现实力量,并凭借这种现实条件和现实力量去改变自己和自己的生存环境,实现社会历史的进步,为自己的下一代创造新的历史条件。

人类所具有的自然性、社会性和历史性,表明人类是一种独特的矛盾性的存在:人类作为物质世界链条上的特定环节,是自在的或自然的存在;人类作为认识世界和改造世界的主体,又是自为的或自觉的存在;人类作为自

---

① 《马克思恩格斯选集》第1卷,第24页。
② 同上书,第32页。
③ 同上书,第31页。
④ 同上书,第18页。
⑤ 《马克思恩格斯全集》第26卷,第545页。

在存在与自为存在的统一是自在自为的存在,即作为物质世界中达到自我认识和自我改造的能动性主体而存在。

作为自在的或自然的存在,人类统一于物质世界,物质世界是人类生存和发展的根据;作为自为的或自觉的存在,人类又创造属于人的世界,人是自己生存和发展的根据;作为自在自为的存在,人类既服从于自然的规律又实现自己的目的,并以自己的历史性活动而构成思维与存在、主观与客观、目的性要求与客观性规律、人的尺度与物的尺度的统一。

哲学史表明,从自在性、自为性和自在自为性这三个不同的视角去看待人以及人与世界、思维与存在的关系,就形成了三种不同的哲学理论:从自在观点出发的旧唯物论,从自为观点出发的唯心论,从自在自为观点出发的马克思主义哲学。

马克思主义哲学之所以能够真正地从自在自为的观点出发去看待人的存在,从根本上说,是因为马克思主义哲学把人理解为实践性的存在。

在马克思主义哲学看来,人类的社会生活在本质上是实践的。实践是人类的生存方式和发展方式。实践既造成了人类自身存在的自然性与社会性、自在性与自为性的二重性,又把世界分化为自在的世界与自为的世界、自然的世界与属人的世界。人的存在和人的世界,都需要从人的实践的存在方式去理解。

人类在自己的实践活动中,首先是在自己的生产劳动中,把自身提升为认识世界和改造世界的主体,从而把整个自然界(包括人自身的自然)变成认识和改造的对象即客体。这样,实践活动就否定了自然而然的世界的单纯的自在性,使之变成"人化了的自然""属人的自然",变成人的实践活动所造成的人的文化世界。由此便形成了现实世界的二重化,即自在世界与自为世界、自然世界与属人世界、客观世界与主观世界的分裂与对立。

所谓现实世界的"二重化",当然不是说世界自身分裂为两种根本不同的存在(只有在宗教的"想象"中,才把世界分裂为神的"彼岸世界"和人的"此岸世界")。现实世界的"二重化"是说,人类的实践活动使自然而然的世界具有了二重属性:一方面,无论是实践的主体(从事实践活动的人)和实践的客体(包括人及其思维在内的全部实践对象),还是实践活动中沟通主体与客体的所有中介(首先是物质性的劳动工具),在"本原"的意义上,都是自然的存在,都属于自然世界;另一方面,实践活动的主体、客体及其中介,在现实性上,又都是人类自己实践活动的产物和结果,都属于人类自己所创造的属人的世界、文化的世界。对于人类来说，世界就不仅仅是一个自在的、没有"关系"的世界，而且是一个自为的、与人发生种种"关系"的世界。

在人的社会性和历史性的实践活动中，一方面，人作为自然的产物和自然世界中的存在，在自己的实践活动中面向着客观世界，以客观世界为转移，以客观世界来规定自己的活动；另一方面，实践活动的本质又在于世界不会主动地满足人的需要，人必须以自己的行动来改变世界，从而使世界满足自己的需要。人为自己绘制自己所要求的客观世界的图景，并通过对象化的实践活动改变外部现实，使世界变成人类的理想的现实。

三、人类存在的意义

人类是实践性的存在，这意味着人类是矛盾性的存在。人类在自身的实践活动及其历史发展中，构成了思维与存在、感性与理性、主观与客观、主体与客体、人的尺度与物的尺度、合目的性与合规律性、道德法则与自然法则、个人占有历史与历史占有个人等无限的"矛盾"。

人类自身的矛盾性，使人类自己成为最难认识的对象，尤其是使人类自己存在的"意义"成为最难认识的对象。有的学者做出这样的描述："人身上充满着矛盾的规定，任何一种肯定的规定，似乎都有其否定的方面。""人是理性的动物，但在人的意识和行为中又充满着非理性的因素，并常常非理性地对待和运用自己的理性；人是最有智慧的动物，但人又常常做出最愚蠢的事；人是最有创造性的，但人的创造总是伴随着破坏，人还会利用创造的成果进行破坏；人是有道德的，但最不道德的也是人，而被有些人视为道德的，恰恰是不道德的，反之亦然；如此等等。"①还有的学者做出这样的描述："人真可以真至披肝沥胆肝胆相照，人假可以假至尔虞我诈阳奉阴违；人善可以善至舍生忘死救人助人，人恶可以恶至疯狂残暴屠杀同类；人美可以美至为了理想信念慨然高歌赴死，人丑可以丑至为了区区小利卖身投靠而苟活。"②正是人类自身存在的矛盾性，使得人类存在的"意义"成为人类自己追问的最大的问题，因而也成为"社会的自我意识"——哲学——追问的最大的问题。

---

① 夏甄陶：《人：关系、活动、发展》，《新华文摘》1998年第1期，第27页。
② 刘晓英：《立体的实践和立体的人》，《新华文摘》1998年第2期，第34页。

人的生命存在的方式是"生活",其他生物的生命存在则仅仅是"生存"。生活与生存的区别,首先在于生活是有意识的生命创造活动,而生存则是无意识的生命适应活动。马克思说:"动物是和它的生命活动直接同一的。它没有自己和自己的生命活动之间的区别。它就是这种生命活动。人则把自己的生活活动本身变成自己的意志和意识的对象。他的生活活动是有意识的。……有意识的生活活动直接把人跟动物的生命活动区别开来。"[①]人不仅以生命活动的方式存在,而且意识到自己的生命活动,并且根据自己的意志和意识进行生命活动。这样,人的生命活动就成为实现人的目的性要求的活动,把自己的目的性要求变成人所希望的现实的活动,让世界满足自己的需要的活动。正因如此,人的生命活动就不再是纯粹适应自然以维持自身存在的生存方式,而是改变自然以创造人的世界的生活方式。

生活与生存的区别,又在于人的生命活动是创造性的历史活动,而动物的生命活动则是适应自然的非历史活动。动物只是按照它所属的那个物种的尺度本能地适应自然,因此它永远只能是一代又一代地复制自身。这种纯粹自然的物种繁衍,造成一代又一代的本能的生命存在,因而是非历史的存在。人则不然。人在自己的生命活动中,不仅仅是按照物的尺度与人的尺度的统一进行生产,而且不断地在这种生产中改变自身的存在。因此,人不像动物那样一代又一代地复制自己,而是一代又一代地发展自己。只有人才有自己的"历史",只有人的生命才是历史性的存在。

历史性的存在,就是"文化"的存在。人的生命活动,不仅是改变生活环境的活动,使自然"人化"的活动,把"人属的世界"变成"属人的世界"的活动,而且是改变人类自身的活动,使自身"文化"的活动,把"属人的世界"变成"文化世界"的活动。

文化是人的存在方式。人类创造了把握世界的各种各样的文化方式,诸如经验的、常识的、神话的、宗教的、艺术的、伦理的、科学的、哲学的和实践的文化方式。人类以文化的方式去把握世界,就形成了丰富多彩的、生生不已的人的文化世界,诸如宗教的世界、艺术的世界、伦理的世界、科学的世界等等。文化是人的生活世界。

四、关于人类解放的哲学

在关于"人"的哲学反思中,马克思为哲学开辟了新的道路——创建关

---

① 马克思:《1844年经济学—哲学手稿》,第50页。

于人类解放的哲学。

马克思写于1845年春的《关于费尔巴哈的提纲》,被恩格斯称作"包含天才世界观萌芽"的第一个宝贵文件。 正是在这个"宝贵文件"中,马克思提出:"环境的改变和人的活动的一致,只能被看作是并合理地理解为革命的实践";"凡是把理论导致神秘主义方面去的神秘的东西,都能在人的实践中以及对这个实践的理解中得到合理的解决";"旧唯物主义的立脚点是'市民'社会;新唯物主义的立脚点则是人类社会或社会化了的人类";"哲学家们只是用不同的方式解释世界,而问题在于改变世界"①。

马克思认为,由于旧唯物主义只是从"直观"的形式去理解人与世界之间的关系,而没有从"人的感性活动"即"实践"去理解这种关系,因而旧唯物主义不可能真实地理解人及其与世界的关系,即使是以"人本学"为标志的费尔巴哈哲学,也"从来没有看到真实存在着的、活动的人,而是停留在抽象的'人'上,并且仅仅限于在感性范围内承认'现实的、单独的、肉体的人'"②。 同时,马克思又提出,由于唯心主义同样"不知道真正现实的、感性的活动本身",所以只能是"抽象地发展了""能动的方面"③。 马克思具体地指出,黑格尔的唯心主义哲学,是把"自然""精神"和"人"都抽象化和神秘化了,既把现实的"人"及其"精神"抽象化为"无人身的理性",又把人的现实活动抽象化为"无人身的理性"的自我运动④。

在批判黑格尔的思辨哲学时,马克思特别强调的是,黑格尔的"无人身的理性"的自我运动的哲学,并不是某种超然于世界之外或凌驾于世界之上的"玄思"或"遐想",而是以"最抽象的形式"表达了人类的"最现实"的生存状况,即:"个人现在受抽象统治,而他们以前是互相依赖的。 但是,抽象或观念,无非是那些统治个人的物质关系的理论表现。"⑤因此,马克思给自己提出的任务是从黑格尔的"抽象或观念"中揭示出"统治个人的物质关系"。 这就是马克思为了寻求人类解放之路而进行的哲学—经济学批判。

在这种哲学—经济学批判中,马克思曾以一个生动而犀利的论断来揭示英国古典政治经济学和德国古典哲学的本质。 马克思说:"如果说有一个英

---

① 参见《马克思恩格斯选集》第1卷,第17—19页。
② 同上书,第16、50页。
③ 同上书,第16页。
④ 参见《马克思恩格斯全集》第2卷,第177页。
⑤ 《马克思恩格斯全集》第46卷(上),第111页。

国人把人变成帽子,那么,有一个德国人就把帽子变成了观念。这个英国人就是李嘉图……这个德国人就是黑格尔。"①李嘉图在他的政治经济学理论中,用物和物的关系掩盖了人和人的关系;黑格尔在他的思辨哲学中,则把物与物的关系、人与物的关系、人与人的关系都神秘地化为观念之间的关系。这样,所有的现实关系,都变成了"纯粹的、永恒的、无人身的理性"的自我运动。正因如此,马克思把哲学批判首先指向黑格尔的思辨哲学,使现实的关系从抽象的观念中显现出来,又从哲学批判转向政治经济学批判,深刻地揭示物与物的关系下所掩盖的人与人的关系,并把这种哲学—政治经济学批判提升到这样的高度,即:"任何一种解放都是把人的世界和人的关系还给人自己"②。这样,马克思就把他的哲学-政治经济学批判与这种批判的目的——人类解放——统一起来了。

马克思在"对现存的一切进行无情的批判"③的过程中,深刻地批判了空想社会主义的"幻想的武器",从而现实地揭示了人类的解放之路。在马克思主义产生以前,面对资本主义社会受"抽象"(资本)统治的现实与资产阶级思想家所许诺的"自由、平等、博爱"之间的尖锐矛盾,空想社会主义者曾对资本主义社会进行了尖锐的揭露和批判。但是,他们所揭露和批判的不是资产阶级思想家的理论,而是借用这种理论去批判资本主义社会的现实。在他们看来,资本主义社会的现实之所以是残酷、黑暗的,之所以是必须否定的,是因为它不合乎"人的本性",是因为它陷入了"理性的迷误";而社会主义之所以是美好光明的,之所以是应该追求的,则是因为它合乎"人的本性",是因为它符合"人的理性"。这种空想社会主义理论,只能说明资本主义的现实是应该诅咒的,而不能说明资本主义制度灭亡的历史必然性;只能说明无产阶级是一个受苦的阶级,而不能说明无产阶级是资本主义的掘墓人;只能对社会主义做出种种美好的设想,而不能指出实现社会主义的条件和进程。因此,这种以抽象的"人性"和"人的理性"为出发点的空想社会主义理论,对于人类自身的解放来说,只能是一种"幻想的武器"。

马克思认为,这种"幻想的武器"也是基于现实的需要,因为它是在"无产阶级本身还很不发展,因而对本身的地位的认识还基于幻想的时候,同无产阶级对社会普遍改造的最初的本能的渴望相应的"。但是,"阶级斗

---

① 《马克思恩格斯全集》第46卷(上),第103页。
② 同上书,第443页。
③ 同上书,第416页。

争愈发展和愈有确定的形式，这种超乎阶级斗争的幻想，这种反对阶级斗争的幻想，就愈失去任何实践意义和任何理论根据"①。在理论上用"现实的武器"去代替"幻想的武器"，从而使无产阶级由"自在的阶级"变成"自为的阶级"，这是现实向理论提出的要求，也是理论对现实需要的满足。

马克思主义产生的历史必然性，正在于它是对最重大的现实需要的满足——用科学社会主义这个"现实的武器"去代替空想社会主义这个"幻想的武器"。而为了锻造"现实的武器"，又必须把"批判的武器"首先指向这个"幻想的武器"，并在这种批判中以理论的形式表达真正的现实。正是在对这种"幻想的武器"的理论批判中，马克思抛弃了关于合乎"人的本性"的社会条件的议论，而去考察和揭示人类历史的现实基础，从而在社会有机体众多因素的交互作用中，在社会形态曲折发展的历史进程中，在社会意识相对独立的历史更替中，发现了生产力的最终的决定作用，揭示了人类社会发展的客观规律。

人类历史发展的规律决定了人类自身存在的历史形态的转换。马克思从宏观的历史视野，把人类存在的历史形态概括为"人的依赖关系""以物的依赖性为基础的人的独立性"和"以个人全面发展为基础的自由个性"②。在"人的依赖关系"的历史形态中，个人依附于群体，个人不具有独立性，只不过是"一定的狭隘人群的附属物"。在"以物的依赖性为基础的人的独立性"的历史形态中，个人摆脱了人身依附关系而获得了"独立性"，但这种"独立性"却是"以物的依赖性为基础"的。人依赖于物，人受物的统治，人与人的关系受制于物与物的关系，人在对"物的依赖性"中"再度丧失了自己"。于是，对"神"的崇拜变成对"物"的崇拜。马克思之所以说黑格尔哲学是以"最抽象的形式"表达了"最现实的人类状况"，就是因为黑格尔哲学集中地表征了人在对"物的依赖性"中"再度丧失了自己"。因此，马克思的关于人类解放的哲学，是指引人们超越"人的依赖关系"和"以物的依赖性为基础的人的独立性"，而实现以个人全面发展为基础的自由个性。

应当看到，马克思主义并不是它的各个组成部分的简单相加的总和。在马克思主义理论系统中，它的各个组成部分作为其子系统，既具有相对的独立性，又具有内在的统一性，因此表现出明显的二重性：一方面，它们分别

---

① 《马克思恩格斯选集》第1卷，第282页，第283页。
② 参见《马克思恩格斯全集》第46卷(上)，第104页。

作为人类的哲学思想、经济学思想、政治学思想、社会学思想、法学思想、史学思想和文学思想等的革命性的延续，形成马克思主义的各门科学理论。它们具有独立存在的价值，各有自己特殊的研究对象和理论内容，各有自身发展的逻辑；另一方面，它们作为马克思主义理论的内在要素，作为马克思主义理论的有机组成部分，又都失去了自身独立的理论体系，相互渗透融合、互为前提和根据，表现为运用多学科的理论和方法去研究共同的对象、解决共同的问题、具有共同的功能，从而构成内在统一的、不可分割的马克思主义。这就是关于人类解放的学说。

《哲学通论·第六章　哲学的主要问题》　数字化教学支持资源

一、孙正聿老师视频精品课（五讲）（请扫码观看）

二、本章拓展资源（请扫码观看）
1. 《终极存在、终极解释和终极价值——作为终极关怀的本体论》
2. 《当代中国的哲学观念变革》

本章思考题

1. 谈谈你对"本体"这个范畴的理解。
2. 怎样以哲学视野去理解"真理"？
3. 为什么说对"善"的哲学追问是对整个生活信念的前提反思？
4. 怎样理解"美"是人的存在方式？

第七章　哲学的派别冲突

哲学的首要的突出特征，在于它的坚忍不拔的自我追问：哲学究竟是什么？几乎所有真正的哲学家，都对这个问题做出了不同的回答。因此，哲学的发展史，在一定的意义上，就是哲学自我追问的发展史；哲学自我追问的发展史，在其表现形态上，就是各种各样的哲学派别相互冲突、相互批判的历史。探索哲学的派别性，以及哲学在派别冲突中所实现的理论发展，对于哲学的自我理解，以及深化对哲学发展规律的认识，都是至关重要的。

第一节　考察哲学派别斗争的方法论

一、哲学的派别冲突与人类存在的矛盾性

哲学是人类把握世界的一种基本方式，哲学的派别冲突是同人类的存在方式密不可分的。因此，在对哲学派别斗争的理解中，我们首先应该看到：哲学的自我追问，是表征着人类的自我追问；哲学自我理解的非一致性，是表征着人类自我理解的非一致性；哲学的派别冲突，是哲学自我理解的非一致性的理论表现，因而哲学的派别冲突的根源，在于人类自身存在的矛盾性，以及人们对自身存在的矛盾性的理解的非一致性。

在对哲学派别斗争的理解中，我们还应该看到：无论是唯物主义与唯心主义，辩证法与形而上学，还是经验主义与逻辑主义，绝对主义与相对主义，或者理性主义与非理性主义，科学主义与人本主义，它们作为哲学层面的理论冲突，并非仅仅是哲学派别之间的思想冲突，而是深刻地表征着人类自身存在的矛盾性。其中，哲学的主要派别冲突，集中地表征着人对自然的依赖性与对自然的超越性的矛盾，人类的感性存在与理性追求的冲突，人类存在的有限性与人类理想的无限性的冲突，人类文化的多样性与人类文化的统一性冲突，如此等等。

因此，在对哲学派别斗争的理解中，我们需要从人类存在的矛盾性去解释哲学理论的冲突，而不是把这些冲突单纯地视为哲学的自我冲突；同样，我们需要从人类存在的历史性去揭示哲学理论冲突的历史演化，而不是把哲学的理论冲突视为徒然的"厮杀的战场"；因此最为重要的是，我们需要从发展的观点去看待哲学的派别冲突，把哲学的派别冲突合理地理解为哲学发展的基本形式。

二、用两个标准考察哲学理论

哲学的派别冲突是十分复杂的。这种冲突既具有不容否认的派别性，又具有不应忽视的层次性。哲学的派别冲突总是在不同层次上进行的，哲学在层次上的递进又总是在派别冲突中实现的。因此，我们需要用派别性和层次性这两个标准去考察哲学理论及其派别冲突。

把全部哲学理论区分为唯物论和唯心论、辩证法和形而上学，等等，是运用划分哲学派别的标准考察哲学理论所得出的基本认识。没有这种基本认识，就会模糊甚至混淆哲学发展进程中始终存在的两条认识路线以及其他重大的原则界限，难以自觉地坚持和发展马克思主义哲学。但是，仅仅用划分哲学派别的标准去考察全部哲学理论，却会严重地阻碍马克思主义哲学的繁荣和发展。

哲学是思想中的时代。在哲学发展进程的每个环节上所进行的唯物论与唯心论等的斗争，都以先前的哲学成果为基础，都聚焦于人类在其前进的发展中所提出的新问题，都孕育着新的思维方式的萌芽。因此，每个时代都有自己时代水平的唯物论与唯心论等的斗争；特定时代的唯物论总是同自己时代的唯心论相比较而存在、相斗争而发展的；离开特定时代水平的哲学斗争，就会把哲学的派别斗争简单化、抽象化和庸俗化，把丰富多彩并且不断深化的哲学思想变成某些僵死凝固的教条，从而在实际上否认了哲学的进步。

哲学史表明，正是由于唯物论哲学是与苏格拉底、柏拉图、亚里士多德、笛卡儿、贝克莱、休谟、康德、黑格尔这样的唯心论大师相斗争，才产生了德谟克利特、培根、斯宾诺莎、洛克、狄德罗、费尔巴哈乃至马克思这样的唯物论巨人。如果把唯心论大师简单化、庸俗化甚至是漫画化，唯物论巨人岂不成了与风车搏斗的堂·吉诃德先生！

哲学史还表明，哲学不仅是在不同派别的哲学斗争中发展的，而且是在不同水平的哲学斗争中前进的。其中,包括不同水平的唯物主义对唯物主义的批判,以及不同水平的唯心主义对唯心主义的批判。亚里士多德对柏拉图的批判,黑格尔对康德的批判,马克思对费尔巴哈的批判,列宁对普列汉诺夫的批判,都是如此。多年来,我们习惯于仅仅用划分哲学派别的标准去看待哲学史和考察哲学理论,并把运用这个标准所划分的哲学派别简单地归结为进步与反动的对立,结果往往是从两个方面阻碍了马克思主义哲学的发展:其一,虽然把唯物主义哲学分为古代的朴素唯物论、近代的机械的和形而上学的唯物论、马克思主义的辩证唯物论和历史唯物论,但由于简单化地把全部唯物论哲学归结为进步的哲学,因而从来没有像批判唯心论哲学那样去批判旧唯物论,以至抹杀了马克思主义哲学与全部旧唯物论的原则区别,在实际上把马克思主义哲学混同于旧唯物论;其二,由于把唯心论哲学简单化地归结为反动的哲学,就否认了它的历史发展,拒绝对它的具体的、深入的考察,无视现代唯心论哲学的新特点和新成果,把唯心论哲学抽象化和漫画化,以至把马克思主义哲学置于吉诃德先生与风车搏斗的可笑境地。这两方面的共同后果,则是使马克思主义哲学离开它在哲学史上所实现的革命性变革及其随着时代发展而自我更新的生命力,把它变成了最一般的因而也是最抽象的唯物论,甚至变成了某些空洞而凝固的教条。

因此,如果我们不仅承认哲学始终存在着各种派别之间的斗争,而且承认这种斗争是哲学自我否定的发展进程,那么,我们在肯定划分哲学派别的标准的同时,还必须承认和运用另一个标准——区分哲学水平的标准——去考察全部哲学理论和哲学派别斗争。

区分哲学水平的标准同区别科学水平的标准具有一致性:其一,先进的哲学也必须具有向上的兼容性,能够对先前哲学所探讨的问题给予理论解释;其二,先进的哲学也必须具有论域的超越性,能够提出和回答先前哲学所没有提出或没有解决的问题。

区分哲学水平的标准又有自己的特殊性:其一,反思层次的跃迁。在人类把握世界的各种方式中,哲学始终是一种"对思想的思想""对认识的认识",即人类思维反过来以自己为对象而思之。哲学的水平总是同它所反思的思想(知识、科学等)的水平密不可分。人类思想的发展,促使哲学不断进入更深层次的反思。比如,哲学从对经验常识的反思而进入对科学理论的反思,就引起哲学反思层次的重大飞跃。而科学从近代水平到现代水平的跃升,则导致哲学反思层次新的跃迁。在这个意义上,哲学与现实联系的间接性越高、中介环节越多，哲学反思的水平也越深刻。反之，越是直接面对经验对象的哲学，其反思水平越低下。如果我们从古代哲学、近代哲学和现代哲学的研究对象上进行比较研究，这个问题将是十分清楚的。

其二，传统问题的深化。哲学理论是一种历史性的思想，哲学史则是思想性的历史。因此，哲学问题总是自我相关、自我缠绕的：一方面，老问题以胚芽的形态蕴含着新问题，研究和回答新问题总要反省老问题；另一方面，新问题以成熟的形态展开了老问题，解决老问题又有赖于探索新问题。这种新、老问题的自我相关和自我缠绕，使哲学总是仿佛向旧东西的回复，实际上则构成一系列螺旋式上升的圆圈。当代哲学家艾耶尔（Alfred Jules Ayer，1910—1989）认为，"哲学的进步不在于任何古老问题的消失，也不在于那些有冲突的派别中一方或另一方的优势增长，而是在于提出各种问题的方式的变化，以及对解决问题的特点不断增长的一致性程度"①。思维与存在的关系问题，自由与必然的问题，真善美的问题，理想与现实的问题，是人类的永恒的问题，因而也是哲学的万古常新的问题。哲学的进步，就在于从新的视角出发，以新的反思对象为基础，对这些万古常新的哲学问题做出自己时代水平的反思，从而为人们的理想、信念和行为提供时代水平的最高支撑点。在这个意义上，能以新的视角、新的材料和新的手段去研究传统问题，并使之获得自己的时代水平的回答，是衡量哲学水平的重要标准之一。

其三，思维方式的更新。哲学作为世界观和方法论，它所提供给人类的不是某种在经验层次上加以证明的知识，也不是某种变革具体对象的技能，而是观察现实和接近现实的思考方式。新的思考方式的形成，起码需要以下三个条件：(1) 通晓思维的历史和成就；(2) 综合人类把握世界的各种方式——科学、艺术、伦理和宗教等——的全部成果；(3) 批判已有的认识成果及其思考方式。历史感、综合性和批判性，以及由这三者所决定的创造性，是衡量哲学水平的根本标准。它把反思层次的跃迁和传统问题的深化熔铸于思维方式的更新。

区分哲学水平的标准表明：其一，哲学的历史同人类的历史一样，在总体上是前进的、发展的，后来的哲学优越于先前的哲学，我们要从每个时代的哲学水平出发去考察哲学理论，而不能用划分哲学派别的标准去取代区分

---

① 艾耶尔：《二十世纪哲学》，李梦楼等译，上海译文出版社，1987年，第19页。

哲学水平的标准；其二，哲学的发展水平是不平衡的，同一时代的哲学可能处于哲学发展的不同水平上，我们的目标是促使低水平的哲学升华为高水平的哲学，而绝不是相反；其三，由于思维方式的陈腐和僵化，常常出现用低水平的哲学去理解高水平的哲学，从而把高水平的哲学描述为低水平的哲学的现象。以旧唯物论的思维方式去理解和描述马克思主义哲学，并以这样理解的马克思主义哲学去规定哲学的对象、体系、功能和使命，去裁判整个现代哲学，是阻碍马克思主义哲学繁荣和发展的最大障碍。我们之所以在肯定用派别冲突的标准去考察哲学的同时，特别地强调用不同水平的标准去考察哲学，其目的就在于以两个标准的思想去推进哲学的发展。

三、反思现代哲学的派别冲突

现代哲学的产生是哲学发展史上空前的大革命。运用划分哲学派别和区分哲学水平的两个标准去考察现代哲学，把握现代哲学的基本特征和基本趋向，是在当代坚持和发展马克思主义哲学的基本前提。

传统哲学的突出特征之一，是从对立的两极——思维或存在——出发去寻求世界的统一性和解释世界的统一性原理。仅就近代西方哲学而言，从"我思""感知""自我""绝对"出发的唯心主义哲学，和从"自然""物质""人的感性存在"出发的唯物主义哲学，都是如此。由于这种水平的唯心论哲学和唯物论哲学分别从对立的两极出发去寻求解释世界的统一性原理，它们所能达到的也只是对存在的（自然的）统一性或精神的（意识的）统一性的解释，主观与客观、思维与存在、自由与必然、真与善、人与世界都仍然是相互割裂、相互对立的存在。这样，近代的唯物论和唯心论也成为片面夸大的两极性理论。对于它们各自的局限性，马克思在《关于费尔巴哈的提纲》中做出了极其深刻的揭露和批判。他说："从前的一切唯物主义——包括费尔巴哈的唯物主义——的主要缺点是：对事物、现实、感性，只是从客体的或者直观的形式去理解，而不是把它们当作人的感性活动，当作实践去理解，不是从主观方面去理解。所以，结果竟是这样，和唯物主义相反，唯心主义却发展了能动的方面，但只是抽象地发展了，因为唯心主义当然是不知道真正现实的、感性的活动本身的。"[①]

但是，黑格尔以后的现代哲学，以黑格尔所揭示给哲学的新对象——主

---

① 《马克思恩格斯选集》第 1 卷，第 16 页。

观与客观、思维与存在相统一的概念世界——为契机，则放弃了从思维或存在的两极出发去寻求世界"本体"的思维方式，致力于探索把思维和存在联系起来的中介环节，并以这些中介环节作为哲学反思的真实对象。这是反思层次的重大跃迁，是传统问题的空前深化，是思维方式的深刻革命。它标志着哲学水平的巨大飞跃。

以"实践"这个中介环节为对象的马克思主义哲学，是现代哲学的最高成果，也是人类迄今所达到的最高的哲学思维方式。坚持和发展马克思主义哲学，最根本的就是从实践这个中介环节出发，以实践的观点去理解和变革人与世界的关系。同时，我们还必须看到，以实践为核心的中介环节是多侧面、多层次的存在。科学、艺术、语言、符号和意义，等等，都是主观客观化和客观主观化的中介环节，都以扬弃的形式融主观和客观、思维和存在于一体，自身都具有主观与客观、思维与存在相互融合、相互过渡的性质。在这个意义上，以"科学"为对象的现代科学哲学、以"语言"为对象的现代语言分析哲学、以"意义"为对象的现代哲学解释学、以"符号"为对象的现代哲学文化学，等等，都是实践哲学的展开和具体化，即都是实践哲学的题中应有之义。也是在这个意义上，这些哲学是与实践哲学处于同一时代水平的现代哲学；坚持和发展马克思的实践哲学，就不能拒斥这些哲学及其研究成果，而只能通过研究这些哲学和吸收它们的成果来发展实践哲学。

但是，现代西方哲学在对"科学""艺术""语言""意义""符号"等的研究中，往往由于离开实践的思维方式而片面地夸大了某个中介环节，并从这个被片面夸大了的中介环节出发去构造整个哲学体系，以致像他们所猛烈抨击过的黑格尔一样滑进了唯心主义。这就需要我们在重视区分哲学水平的标准的同时，坚持划分哲学派别的标准，同唯心主义进行毫不妥协的斗争。而在这种斗争中，我们又必须时时注意这是以新的形式所表现出来的高级层次上的斗争。如果离开现代哲学所具有的显著的"一致性"，用传统哲学的两极对立的思维方式去看待现代的哲学斗争，就会一方面是极为可笑地与幻想的论敌即抽象的唯心主义进行搏斗，另一方面则是十分可悲地使自己倒退回旧唯物论的水平而裹足不前。

因此，在探讨哲学派别冲突的过程中，我们需要把哲学的派别冲突同人类存在的矛盾性联系起来，需要用两个标准去衡量哲学的派别冲突，尤其是需要从现代哲学的时代特征出发去深化对现代哲学派别斗争的理解，在当代的水平上推进哲学的发展。

第二节 唯物主义与唯心主义

一、"本原"问题

关于哲学的唯物主义与唯心主义，恩格斯说："凡是断定精神对自然界来说是本原的……组成唯心主义阵营。凡是认为自然界是本原的，则属于唯物主义的各种学派"①。对此，恩格斯又特别强调地补充说："除此之外，唯心主义和唯物主义这两个用语本来没有任何别的意思，它们在这里也不能在别的意义上被使用"②。

"精神"和"自然界"谁为"本原"的问题，根源于人类的产生。人类使统一的世界分化为"物质"与"精神"两大类现象。同时，我们还应当进一步看到，"物质"与"精神"这两大类现象的对立，不仅表现在人的"精神"与外在于人的"物质"的对立，而且更为深刻地表现在人自己的"精神"与"物质"的对立。寻找人的"生活世界"的"意义"的哲学，它的根本指向是寻求人类自己的"安身立命之本"，因此，它对"精神"与"物质"关系问题的思考，最为直接的也是最为深切的出发点，是人自身的"精神"与"物质"的矛盾。人类自身存在的矛盾性，是哲学反思的最为坚实的生活基础。

人类作为物质世界链条上的特定环节，即作为物质世界长期发展的产物，人类统一于物质世界，物质世界是人类生存和发展的根据即"本体"；人类作为认识和改造世界的主体，即作为超越纯粹自然性的人的存在，人类自己的创造活动是人类生存和发展的根据即"本体"。

传统的唯物主义哲学和唯心主义哲学，分别从对立的两极去思考自然界与精神的关系问题，因而始终僵持于"本原"问题的自然本体与精神本体的抽象对立，并以还原论的思维方式去说明二者的统一。

旧唯物论以自然界为精神的本原，力图把精神还原为自然，用自然来解释人类的精神活动，从而把物的尺度当作人类全部行为的根据，这就是旧唯物论的自然本体论；旧唯心论则以精神为自然界的本原，试图把自然还原为精神，用人类的精神活动来解释自然，从而把精神的尺度当作人的全部行为

---

①② 《马克思恩格斯选集》第4卷，第219、220页。

的根据，这就是旧唯心论的精神本体论。

由于旧唯物论以自然为本体，只是从被动的观点去理解人与世界的关系，取消了人的能动性，因此它所坚持的是一种单纯的、自在的客体性原则；由于旧唯心论以精神为本体，只是从能动的观点去理解人与世界的关系，抽象地发展了人的能动性，因此它所坚持的是一种单纯的、自为的主体性原则。这样旧唯物论和旧唯心论就不仅固执于"本原"问题上的自然本体与精神本体的抽象对立，而且造成了思维方式上的客体性原则与主体性原则的互不相容。

它们把这种本原问题上的抽象对立和思维方式上的互不相容扩展到全部哲学问题，就使它们自身成为片面夸大两极的哲学理论。马克思在《关于费尔巴哈的提纲》中对全部旧哲学的批评，正是精辟地揭露了这种两极对立的哲学的根本缺陷，指出了在其原有的思维方式内无法解决的内在矛盾。

马克思说："从前的一切唯物主义——包括费尔巴哈的唯物主义——的主要缺点是：对事物、现实、感性，只是从客体的或者直观的形式去理解，而不是把它们当作人的感性活动，当作实践去理解，不是从主观方面去理解。所以，结果竟是这样，和唯物主义相反，唯心主义却发展了能动的方面，但只是抽象地发展了，因为唯心主义当然是不知道真正现实的、感性的活动本身的。"①

在这段简洁精辟的文字中，马克思既尖锐地指出了旧唯物主义的"主要缺点"，又深刻地揭露了唯心主义"抽象地发展了"能动的方面的本质。而这二者的共同之处，则在于它们都不懂得"革命的""实践批判的"意义。

对于旧唯物主义的批判，马克思突出强调的是它"只是"从客体的或者直观的形式去理解事物、现实、感性，而"不是"把它们当作人的感性活动，当作实践去理解，不是从主观方面去理解。

很明显，在马克思对旧唯物主义的总体评价中，包含着两个方面或两个层次的意思。第一方面或第一层次，马克思并不否认旧唯物主义从客体的或者直观的形式去理解事物的积极意义，恰好相反，马克思在他的全部著作中都首先是坚定不移地承认外部自然界对人及其思维的"优先地位"，承认唯物主义的基本原则及其思想路线，并一再声明他自己是"唯物主义者"。第二方面或第二层次，马克思则批评旧唯物主义"只是"从客体的或者直观的

---

① 《马克思恩格斯选集》第1卷，第16页。

形式去理解事物、现实、感性，而"没有"从实践的方面去理解。正是在这第二方面或第二层次，马克思展开了对旧唯物主义的批评，并在这种批评中提出了新的理论思维方式。

对于唯心主义的批判，马克思突出强调的是它"抽象地"发展了能动的方面，并且进一步指出，它"当然"是不知道真正现实的、感性的活动本身的。

在马克思对唯心主义的总体评价中，也包含着两个方面或两个层次的意思。第一方面或第一层次，在与旧唯物主义"只是"从客体的或者直观的形式去理解事物、现实、感性相对比的意义上，马克思指出，唯心主义"发展了能动的方面"，即从人的感觉（如贝克莱）或思维（如黑格尔）出发去看待思维对存在的关系。第二方面或第二层次，马克思尖锐地指出，唯心主义不仅是"抽象地"发展了能动的方面，而且它只能是"抽象地"发展能动的方面，因为它作为唯心主义哲学"当然"不知道真正现实的、感性的活动本身。正是在这第二方面或第二层次，马克思展开了对唯心主义的批判，并在这种批判（以及对旧唯物主义的批判）中，提出了新的理论思维方式，实现了哲学史上的革命性的"实践的转向"。

唯心主义"抽象地"发展能动的方面，有其深刻的社会历史根源。马克思和恩格斯指出："分工只是从物质劳动和精神劳动分离的时候才开始成为真正的分工。从这时候起意识才能真实地这样想象：它是某种和现存实践的意识不同的东西；它不用想象某种真实的东西而能够真实地想象某种东西。从这时候起，意识才能摆脱世界而去构造'纯粹的'理论、神学、哲学、道德等等。"①

这是对唯心主义的何等深刻的揭露！这是对唯心主义之所以能够"抽象地"发展精神的能动性的何等深刻的揭露！社会分工所造成的物质劳动与精神劳动的分离，使"精神"可以"不用想象某种真实的东西而能够真实地想象某种东西"。而唯心主义却把这种"想象"当作精神对世界的"现实"。因此，唯心主义只能是"抽象地"发展精神的能动性。

值得我们注意的是，马克思在指出唯心主义"发展了能动的方面"时，用词是含义深刻的。他说，结果"竟"是这样，唯心主义"却"发展了能动的方面。这就是说，本来应当是唯物主义发展人的能动的方面，但结果

---

① 《马克思恩格斯选集》第 1 卷，第 36 页。

"竟"是唯心主义发展了能动的方面。因此,马克思给自己提出的哲学任务是:改造旧唯物主义,创建新唯物主义。

二、"认识路线"问题

"精神"与"物质"何者为"本原"的问题,不仅具有"本体论"意义,而且具有"认识论"意义。在"认识论"的意义上,哲学唯物主义与唯心主义的对立,表现为两条不同的"认识路线"的对立。

早在 1845 年至 1846 年撰写的《德意志意识形态》一书中,马克思和恩格斯就深入地阐述了"意识"与"存在"的关系,指出"意识在任何时候都只能是被意识到了的存在"①。1873 年,马克思在《资本论》第一卷第二版跋文中,通过与黑格尔的辩证法的比较,更为明确地论述了"观念"与"物质"的关系。马克思说:"我的辩证方法,从根本上来说,不仅和黑格尔的辩证方法不同,而且和它截然相反。在黑格尔看来,思维过程,即他称为观念而甚至把它变成独立主体的思维过程,是现实事物的创造主,而现实事物只是思维过程的外部表现。我的看法则相反,观念的东西不外是移入人的头脑并在人的头脑中改造过的物质的东西而已。"②

1908 年,列宁在同当时的俄国马赫主义者的论战中,写下了《唯物主义和经验批判主义》一书。在这部哲学著作中,列宁明确地提出:"是从物到感觉和思想呢,还是从思想和感觉到物?"③这就是哲学的唯物主义与唯心主义的"认识路线"问题。

近代以来的西方哲学,实现了所谓的"认识论转向",认识论问题逐渐成为哲学研究的重心。因此,哲学的发展提出了如何从认识论上划分唯物主义与唯心主义的问题。按照列宁提出的两条认识路线,从认识论上划分唯物主义与唯心主义,就看它们从什么出发,把什么作为认识的根据和前提,把什么作为认识的对象和内容来源。"从物到感觉和思想",就是把"物"作为认识的出发点,因而是哲学的唯物主义;反之,"从思想和感觉到物",就是把"思想和感觉"作为认识的出发点,因而是哲学的唯心主义。

"从物到感觉和思想"与"从思想和感觉到物"的"两条认识路线"的对立,之所以能够成为哲学唯物主义与哲学唯心主义的对立,是因为"两条认

---

① 《马克思恩格斯选集》第 1 卷,第 30 页。
② 《马克思恩格斯选集》第 2 卷,第 217 页。
③ 《列宁选集》第 2 卷,第 36 页。

识路线"所表述的是在认识论上"物质"与"精神"何者为"本原"的问题。

恩格斯曾经明确地指出,唯物主义和唯心主义"这两个用语",只是表明对"什么是本原的,是精神,还是自然界"这个问题的不同回答;"这两个用语本来没有任何别的意思,它们在这里也不能在别的意义上被使用";如果"给它们加上别的意义",就会造成思想的"混乱"①。因此,对唯物主义与唯心主义"两条认识路线"的理解,必须确定在认识论上的"物质"与"精神"何者为"本原"的问题上;超过"本原"问题,就需要辩证地看待"物"与"感觉"和"思想"的关系。

列宁在自己的哲学论著中,不仅提出了"从物到感觉和思想"与"从思想和感觉到物"的"两条认识路线",而且深刻地论述了认识的辩证本质和辩证过程。列宁认为,"辩证法是人类的全部认识所固有的","辩证法是活生生的、多方面的(方面的数目永远增加着的)认识",而"形而上学的唯物主义的根本缺陷就是不能把辩证法应用于反映论,应用于认识的过程和发展"②。因此,在对"两条认识路线"的理解中,我们既要坚持"本原"问题上的唯物主义原则,又要克服"形而上学的唯物主义"的"根本缺陷",辩证地理解认识的本质及其发展过程。

在现实生活中,我们经常强调要"一切从实际出发","实事求是","按照事物的本来面目去认识事物"。这当然首先就需要我们坚持"从物到感觉和思想"的认识路线。但是,人们却常常把这些根本性的要求及其所蕴含的唯物主义认识路线,简单化地理解为认真地"看"与仔细地"听",而忽视"思想"及其所包含的"理论"对"看"和"听"的能动作用,甚至把"理论"与"观察"对立起来。这就要求我们在哲学的层面上深入地探讨"理论"与"观察"等的辩证关系。

我们特别应当看到,观察当中所运用的理论和方法,并不是抽象的、凝固的,而是具体的、发展的。人类对于世界的认识,是在其前进的发展中所创造的全部科学共同实现的。科学既历史地扩展和深化了人类用以把握世界的"方法",也历史地扩展和深化了人类用以把握世界的"理论"。正是科学的理论和方法使人的认识形式具有了客观意义,从而也使认识内容具有了

---

① 参见《马克思恩格斯选集》第4卷,第220页。
② 参见《列宁全集》第38卷,第410、411页。

客观意义。就现代而言，我们不仅具有多层次的归纳和演绎、分析和综合、抽象和概括、假说和证明、公理和公设等逻辑方法，而且具有诸如系统方法、仿生方法、信息方法、数学模型法、概率统计法、功能模拟法、思想实验法等极其丰富多彩的认识方法。正是由于观察当中"渗透"着这些相互制约、相互贯通、具有一定层次结构而又变化不息的方法系统，我们才能形成现代的科学世界图景。

三、哲学唯心主义的认识论根源

在所有的哲学问题当中，人们经常感到最为大惑不解的问题，就是哲学唯心主义何以能够长期存在，一些"聪明"的哲学家何以会成为唯心主义者的问题。这是因为，任何一个正常的普通人都知道这样一个基本事实（科学事实）：先有地球，后有人类及其意识；物质世界是"本原"性的存在，而精神世界是"派生"性的存在；先有事物的存在，后有关于事物的观念。那么，为什么会有这种认为"意识第一性、物质第二性"的唯心主义哲学呢？为什么会有"聪明"的哲学家搞这种唯心主义呢？

对此，列宁在他所著的《哲学笔记》一书中做出了精彩的回答。列宁说，从"粗陋的、简单的、形而上学的唯物主义"的观点看，哲学唯心主义只能是"胡说"；与此相反，从"辩证唯物主义的观点"来看，哲学唯心主义是"把认识的某一个特征、方面，部分片面地、夸大地……发展（膨胀、扩大）为脱离了物质、脱离了自然的、神化了的绝对"①。

从列宁的这段论述出发，我们应当深入地思索这样一些问题：为什么"粗陋的、简单的、形而上学的唯物主义"即"旧唯物主义"会简单地把哲学唯心主义看成是纯粹的"胡说"？这种看法为什么会成为普通的正常人的共识？哲学唯心主义同人类的认识是何关系？它为什么会片面地夸大认识的某一个"特征""方面""部分"？这种"夸大"为什么会导致哲学的唯心主义？辩证唯物主义为何能够避免这种"夸大"？我们应当怎样对待哲学唯心主义？认真地思考这些问题，才能有说服力地解决我们深感疑惑的问题，才能真正地批判唯心主义和坚持辩证唯物主义。

旧唯物主义之所以简单地把哲学唯心主义看成是纯粹的"胡说"，之所以会把哲学唯心主义者视为一群无法理喻的"疯子"，从根本上说，就在于

---

① 参见《列宁全集》第38卷，第411页。

旧唯物主义本质上是一种"素朴实在论",是以一种"表象思维"或者说"物质思维"去解决"思维和存在的关系问题",也就是以"常识思维"去解决"思维和存在的关系问题"。

列宁说:"任何没有进过疯人院或向唯心主义哲学家领教过的正常人的'素朴实在论',都承认物、环境、世界是不依赖于我们的感觉、我们的意识、我们的自我和任何人而存在着。"①这种"素朴实在论"的自发的唯物主义信念,既是正常的普通人在日常生活中自发地形成的,也是哲学唯物主义的常识基础。如果人们的哲学思维停留在"素朴实在论"的水平上,就会出现双重效应:一方面,自发地具有朴素的唯物主义信念,拒斥哲学唯心主义的观点;另一方面,只能是简单地把哲学唯心主义斥为"胡说",既无法真正理解哲学唯心主义,也无法真正地批判哲学唯心主义。因此,真正地理解和批判哲学唯心主义,必须从"素朴实在论"上升到"辩证唯物主义"。

从辩证唯物主义的观点看,哲学唯心主义"不是没有根基的,它无疑是一朵不结果实的花,然而却是生长在活生生的、结果实的、真实的、强大的、全能的、客观的、绝对的人类认识这棵活生生的树上的一朵不结果实的花"②。这就是哲学唯心主义的认识论根源。

在上面的论述中,列宁首先是肯定,哲学唯心主义是"生长在活生生的"人类认识之树上,因此哲学唯心主义并不是形而上学唯物主义所以为的纯粹的"胡说";列宁同时又强调,生长在"人类认识这棵活生生的树上"的哲学唯心主义,由于它"把认识的某一个特征、方面、部分片面地、夸大地……发展(膨胀、扩大)为脱离了物质、脱离了自然的、神化了的绝对",所以它又歪曲了人类认识的本质与进程,因此它只能是"一朵生长在人类认识之树上的不结果实的花"。

列宁指出:"人的认识不是直线(也就是说,不是沿着直线进行的),而是无限地近似于一串圆圈、近似于螺旋的曲线。这一曲线的任何一个片断、碎片、小段都能被变成(被片面地变成)独立的完整的直线,而这条直线能把人们(如果只见树木,不见森林的话)引到泥坑里去,引到僧侣主义那里去(在那里统治阶级的阶级利益就会把它巩固起来)。直线性和片面性,死板和僵化,主观主义和主观盲目性就是唯心主义的认识论根源。"③

---

① 《列宁全集》第18卷,第64页。
② 《列宁全集》第38卷,第412页。
③ 同上书,第411—412页。

列宁的这段论述是极其深刻的。人的认识不是直线,而人们在理解人的认识的时候,却往往是从认识的某个环节出发,把它作为解释人的认识的出发点。由此便造成了认识中的"直线性和片面性,死板和僵化,主观主义和主观盲目性",而这些却恰恰是哲学唯心主义的"认识论根源"。这里的最为重要也是最为困难的理论问题,就是"逻辑先在性"问题。

在对人的认识非直线的思考中,也就是在对人类认识的复杂性的思考中,我们首先应当考虑"时间先在性"和"逻辑先在性"及其相互关系问题。

"时间先在性"是易于理解的:它是对经验事实(包括科学事实)的陈述,即表述经验对象在时间序列中的先后顺序。具体地说,一事物先于他事物而存在,这一事物较之他事物就具有时间上的"先在性"。在"物质和意识"的关系问题中,"时间先在性"问题具有存在论和认识论的双重内涵:就存在论说,时间先在问题所陈述的是物质和意识谁为"本原"的问题,即先有物质还是先有意识的问题;就认识论说,时间先在问题所陈述的是客观世界与意识内容(意识外的存在与意识界的存在)谁为"本原"的问题,即先有客观世界还是先有意识内容的问题。

关于"物质和意识"在存在论和认识论这两方面的"时间先在性"问题,不仅是马克思主义的辩证唯物主义,而且包括列宁所批评的全部旧唯物主义,都做出了明确的回答:自然界先于人类意识而存在,因而"物质"是"意识"的"本原";客观世界先于人的意识内容而存在,因而"客观世界"是"意识内容"的"本原"。这种回答,不仅符合人类的经验常识,而且不断地被科学所证实。正因如此,旧唯物主义才对哲学唯心主义感到大惑不解:把意识说成是物质的本原,这不是纯粹的"胡说"吗?

为了超越旧唯物主义的这种简单的认识,并从而认清哲学唯心主义的认识论根源,就必须引进"逻辑先在性"问题。"逻辑先在性"是相对于"时间先在性"而言的。它所陈述的并不是事物之间在时间序列中的先后顺序,而是事物之间在"逻辑"上的"优先地位"。显而易见,相对于"时间先在性"问题,"逻辑先在性"问题是难于理解的,它需要辩证的思维方式。正因如此,人们往往是从旧唯物主义的观点(而不是辩证唯物主义的观点)去看待哲学唯心主义,并简单地将其指斥为"胡说"。

从总体上看,事物之间在"逻辑"上的"优先地位"问题,可以分为"自在"与"自为"两种情况。哲学唯心主义的产生与演化,特别是近代以来的哲学唯心主义的演化，是同片面地夸大以至歪曲这两种情况的"逻辑先在性"密不可分的。

"自在"意义的逻辑先在问题，是指事物的本质对事物的现象在"逻辑"上具有优先地位，即事物的本质决定事物的存在（如俗话所说的"种瓜得瓜，种豆得豆"）。这里所说的逻辑优先地位，并不是说先有事物的本质、后有事物的现象，而是说事物的本质决定事物自身的产生、演化和灭亡。人们在认识事物时，之所以要"透过现象发现本质"，之所以要"从感性认识上升到理性认识"，正是因为事物的本质较之事物的现象具有逻辑上的优先地位。

需要认真思考的是，这种自在意义上的本质对现象的逻辑上的优先地位，只能是成立于人类关于世界的认识的"逻辑"之中，是人们在自己的认识活动中以"逻辑"关系去把握事物的本质与现象的产物。就事物自身说，现象是本质的现象，本质是现象的本质，两者之间并不存在孰先孰后的问题。而人们在认识事物的过程中，却必须肯定本质对现象的逻辑先在性，从而以普遍性、必然性、规律性去把握和说明纷繁复杂的现象。一旦人们把这种认识的"逻辑"对象化给事物本身，并把这种认识中的"本质"与"现象"以逻辑的形式对立起来，就会歪曲这种自在意义的"逻辑先在性"，把"本质"看成是独立于"现象"之外，并且决定事物存在的某种"本原"的东西。古希腊著名的哲学家柏拉图之所以"野蛮地"（列宁语）把"理念"与"事物"割裂开来，认为"理念"是"事物"的"原型"，而"事物"不过是"理念"的"摹写"，其根源就在于柏拉图歪曲地"夸大"了本质对现象的"逻辑先在性"。

如果说古代的哲学唯心主义主要是"野蛮"地"夸大"自在意义的"逻辑先在性"，那么，近代以来的哲学唯心主义则主要是"夸大"了自为意义的"逻辑先在性"。

所谓自为意义上的"逻辑先在性"，是指人的认识活动中的主—客体关系。马克思说："凡是有某种关系存在的地方，这种关系都是为我而存在的；动物不对什么东西发生'关系'，而且根本没有'关系'；对于动物来说，它对他物的关系不是作为关系而存在的"[①]。马克思在这里所说的"为我而存在的""关系"，就是人与世界的主—客体关系。在这种主—客体关系

---

① 《马克思恩格斯选集》第1卷，第35页。

中，主体对客体具有"逻辑"上的"优先地位"，即：从"逻辑"上看，客体作为主体认识和改造的对象，客体之所以是客体，是以主体存在为前提的；没有成为主体对象的存在，只是某种"自在之物"，而不是主—客体关系中的客体。这说明，在人的认识活动和实践活动中的主—客体关系，是以"我"（主体）的"逻辑先在"为前提的。进一步说，主体在何种程度上把握到客体，客体在何种程度上成为主体的对象，又是以主体的实践水平和认识水平为前提的。例如，马克思曾经说过，你要欣赏音乐，你就要有能够欣赏音乐的耳朵。如果你不懂音乐，再美妙的乐曲也不能成为欣赏的对象。同样，如果一个人没有相应的医学知识，X光片对他来说只不过是一张黑白相间的图片，而不具有任何诊断价值。这就是主体的"经验""知识""思想"等对客体的"逻辑先在性"。

再进一步说，在人的认识世界和改造世界的过程中，"在社会历史领域内进行活动的，全是具有意识的、经过思虑或凭激情行动的、追求某种目的的人；任何事情的发生都不是没有自觉的意图，没有预期的目的的"[①]。因此，在人与世界的主—客体关系中，主体的"意识""激情""意志""目的"等等，也具有一种"逻辑先在性"。

毫无疑问，主体对客体的"优先地位"，只能是一种"逻辑"上的先在性，而绝不是主体的情感、意志、思维等在"时间"上先于客体而存在。但是，近代以来的唯心主义哲学，在"认识论转向"的过程中，却歪曲地"夸大"了主体对客体的"逻辑先在性"，把主体的感觉（如贝克莱）、思维（如黑格尔）、意志（如叔本华）视为本原性的存在，把客观世界视为派生性的存在，也就是列宁所说的"把认识的某一个特征、方面、部分片面地、夸大地……发展（膨胀、扩大）为脱离了物质、脱离了自然的、神化了的绝对"。正是由于"粗陋的、简单的、形而上学的唯物主义"还不懂得"时间先在性"与"逻辑先在性"的区别，因而也就不懂得列宁所说的"哲学唯心主义是经过人的无限复杂的（辩证的）认识的一个成分而通向僧侣主义的道路"，所以只能是简单地把哲学唯心主义指斥为"胡说"。要想超越形而上学的唯物主义而达到辩证唯物主义对唯心主义的理解，就必须从"逻辑先在性"的视角深入研究哲学唯心主义的认识论根源。

把哲学唯心主义的产生与演化同科学进步的特点联系起来，会有助于我

---

① 《马克思恩格斯选集》第4卷，第243页。

们深化对"逻辑先在性"及其与哲学唯心主义的认识论根源的相互关系的理解。

科学的发展总是表现为学科发展的不平衡性，某种科学理论的划时代发现，总是突出了人类的某种认识成分。它的璀璨夺目的光芒使得其他的认识成分在一个历史时期内相形见绌，黯然失色。其结果是吸引其他学科都试图运用这种认识成分来研究自己的领域。与此同时，各个时代的哲学家也试图以某种被科学家们普遍接受的认识成分来解释和说明人类的全部认识活动，并从这种认识成分出发去构筑自己整个的哲学体系，从而导致整个哲学概念框架的变革。M.怀特曾作过这样的描述："在十八世纪牛顿物理学胜利的时代，机械学成为学问之王；十九世纪黑格尔的历史和达尔文的生物学占有同样的重要地位；到那一世纪的末期，心理学大有主宰哲学研究的希望……"①自从相对论、量子力学以及系统论、控制论和信息论问世以来，人们又试图运用这些学科所提供的新的成分来说明人类的认识活动，去构筑新的哲学理论体系。系统、要素、结构、功能、信息、反馈这些新的认识成分已经成为许多哲学家思考的聚焦点。

科学发展的这种规律，更为显著地凸显了主—客体关系中的"逻辑先在性"问题。由于每个时代的哲学家都试图以某种被人们（首先是科学家）普遍接受的"认识成分"来解释和说明人类的全部认识活动，这种"认识成分"也就具有了"先入为主"的"逻辑先在性"。

哲学发展进程中的这种状况具有二重性：一方面是深入地研究了这种具有"逻辑先在性"的认识的某种成分，并以新的角度去理解人与世界的关系；另一方面，则往往片面地夸大这种具有"逻辑先在性"的认识的某个成分，并从这种被夸大了的认识成分出发去构筑具有某种极端性和片面性的哲学理论体系。仅从近代以来的西方哲学看，笛卡儿的唯理论、贝克莱的经验论、康德的不可知论、黑格尔的泛逻辑主义、马赫的经验论、胡塞尔的现象学、杜威的实用主义、卡尔纳普的逻辑实证主义、波普的证伪主义，等等，都是如此。而一旦"把认识的某一个特征、方面，部分片面地、夸大地……发展（膨胀、扩大）为脱离了物质、脱离了自然的、神化了的绝对"，这种哲学就成为了唯心主义哲学。因此，列宁说："直线性和片面性、死板和僵

---

① M.怀特：《分析的时代——二十世纪的哲学家》，第243页。

化,主观主义和主观盲目性就是唯心主义的认识论根源。"①

探索哲学唯心主义的认识论根源,我们可以懂得,坚持辩证唯物主义和克服唯心主义,最重要的是防止认识的直线性和片面性、死板和僵化、主观主义和主观盲目性。 恩格斯曾经说过,马克思所开辟的哲学道路是"沿着实证科学"和"利用辩证思维"概括科学成果的途径去追求可以达到的相对真理②。 恩格斯认为,"辩证思维"既不是抽象空洞的,更不是唾手可得的,而是"建立在通晓思维的历史和成就的基础上的"。 因此,要防止认识的直线性和片面性,首先就要钻研思维的历史和成就,懂得人类认识是无限地近似于一串圆圈,近似于螺旋的曲线。

更为重要的是,我们应当系统地而不是零散地、完整地而不是抽象地掌握马克思主义的辩证唯物主义和历史唯物主义理论。 马克思主义哲学的概念发展体系,是以唯物论为基础,辩证法、认识论和逻辑学相统一,由抽象到具体地展现思维与存在矛盾统一的范畴发展体系。 它用这个内容极其丰富的、历史地扩展和深化的范畴之网,展现人类已经形成的认识成分的辩证联系和辩证发展,从而为概括新的认识成果、吸纳新的认识成分、提炼新的认识方法、形成新的哲学范畴,提供唯物辩证法的思维方式和坚实的哲学概念框架。 在这个辩证联系和辩证发展的范畴之网上,新的认识成果就不是以一个被片面夸大了的认识成分而存在,而是以思维与存在具体统一的特定环节而出现。 这样,哲学就会在人类认识这棵活生生的树上不断地结出丰硕的果实。

四、唯物主义的历史形态

正如人们常常对"唯心主义"这个概念感到困惑并由此产生误解一样,人们也经常对"唯物主义"这个概念产生另一种误解,即把哲学唯物主义庸俗化、绝对化和凝固化。 为此,我们不仅需要了解哲学唯物主义的基本历史形态,而且需要理解这些历史形态之间的变革,特别是马克思的唯物主义哲学所实现的革命性变革。

在《路德维希·费尔巴哈和德国古典哲学的终结》一书中,恩格斯针对当时人们对"唯物主义"的误解与偏见,十分愤慨地指出:"庸人把唯物主

---

① 《列宁全集》第 38 卷,第 412 页。
② 参见《马克思恩格斯选集》第 4 卷,第 215—216 页。

理解为贪吃、酗酒、娱目、肉欲、虚荣、爱财、吝啬、贪婪、牟利、投机、简言之，即他本人暗中迷恋着的一切龌龊行为；而把唯心主义理解为对美德、普遍的人类爱的信仰，总之，对'美好世界'的信仰。"①

与这种侮辱和咒骂哲学唯物主义的误解和偏见相反，在一个时期内，人们又简单地以政治上的革命与反动、进步与保守、正确与错误等去划分哲学的唯物主义与唯心主义，似乎凡是"唯物主义"便是革命、进步与正确，凡是"唯心主义"则是反动、保守与错误。其结果，就不仅仅是使哲学唯心主义抽象化和漫画化，而且也把哲学唯物主义简单化和凝固化了。尤为严重的是，人们往往从这种贴标签式的简单划分中，忽视甚至是无视作为现代唯物主义的马克思主义哲学与旧唯物主义的原则区别，以最一般的、最抽象的唯物主义去看待和解释马克思主义哲学。因此，我们非常有必要考察唯物主义的历史形态，从而重新理解马克思主义的"现代唯物主义"。

古代的唯物主义哲学是在反对原始宗教的斗争中产生的。它的主要特征是以自然原因去解释自然现象。它构成了人类最早的理论思维形式。在西方，唯物主义哲学大约产生于公元前7—前6世纪的古希腊。在中国，唯物主义哲学大约产生在殷周之际。

古代的唯物主义哲学把万物的"本原"归结为某种物质形态，是依靠笼统的直观，即通过经验观察再加上想象和猜测而形成的理论，具有明显的自发性和朴素性，因而人们往往称之为"自发的唯物主义"或"朴素的唯物主义"。

古代的唯物主义哲学，在西方的最高理论形式是古希腊哲学家德谟克利特（Demokritos，约前460—前370）创立的原子论哲学，在中国则主要是表现为"气"一元论。古代的唯物主义是与朴素的辩证法天然地结合在一起的，确信世界万物都处于运动变化之中，并试图以"对立造成和谐"的观点来说明事物变化的规律。

古代的唯物主义确信人的感觉和思想与经验对象的一致性，以及感觉和思想的可靠性，但是，并没有明确地提出和自觉地探索"思维和存在的关系问题"。因此，古代的唯物主义还不是在反思"思维和存在的关系"的意义上去回答各种哲学问题，而是在直接断言世界本身的意义上去寻求"万物的统一性"。就此而言，古代的唯物主义还是一种非反思的即"独断"的理论

---

① 《马克思恩格斯选集》第4卷，第228页。

形态。

近代的唯物主义是唯物主义哲学的第二种历史形态。它萌芽于14—16世纪,形成于16—17世纪,在18世纪达到发展的高峰。近代唯物主义的主要代表人物是英国的培根、霍布斯、洛克,荷兰的斯宾诺莎,法国的拉美特利、狄德罗、爱尔维修和霍尔巴赫,以及德国的费尔巴哈。

近代的唯物主义以近代实验科学对自然现象的实证研究为基础,以新的实证知识和科学方法论证世界的物质统一性,摆脱了古代唯物主义的素朴性;近代的唯物主义自觉地提出和探讨了"思维和存在的关系问题",主要是研究了认识内容的来源等问题,确认了唯物主义的反映论和可知论原则;在对人的哲学思考中,德国哲学家费尔巴哈在批判宗教神学和黑格尔的思辨哲学的过程中,提出人的"感性存在"是思维和存在统一的基础,创立了人本学唯物主义,从而使近代唯物主义发展到一个新的水平。

但是,近代的唯物主义具有明显的局限性:其一,机械性。它把自然界中各种现象和过程统统归结为机械运动,一概用力学规律加以解释。其二,形而上学性。它没有达到对"概念"本性的辩证理解,无法以概念的运动去描述事物的运动,因而也就不可能以矛盾的观点去解释世界。其三,唯物主义的不彻底性。马克思和恩格斯对费尔巴哈曾做出这样的评论:"当费尔巴哈是一个唯物主义者的时候,历史在他的视野之外;当他去探讨历史的时候,他绝不是一个唯物主义者。在他那里,唯物主义和历史是彼此完全脱离的。"①自然观的唯物主义与历史观的唯心主义,这是整个旧唯物主义的"通病"。

由马克思和恩格斯创立的现代唯物主义,是哲学唯物主义的高级形式。对于这种现代唯物主义,有"辩证唯物主义"和"历史唯物主义"以及"实践唯物主义"等几种称谓。这些称谓从不同的侧面表述了马克思和恩格斯创立的现代唯物主义的总体特征。

"辩证唯物主义"这一术语是马克思恩格斯思想的追随者、德国工人哲学家狄慈根(Joseph Dietzgen,1828—1888)在1886年发表的《一个社会主义者在认识论领域中的漫游》一文中最先使用的。他按照恩格斯在《反杜林论》中所阐发的思想,使用这一术语来表述马克思主义的世界观。后来,俄国马克思主义哲学家普列汉诺夫(Г.В.П,1856—1918)提出"现代唯物主义正是辩证的唯物主义",列宁则明确地提出"马克思主义的哲学是辩证

---

① 《马克思恩格斯选集》第1卷,第50页。

唯物主义"。

以"辩证唯物主义"来称谓马克思的"现代唯物主义"，突出地强调辩证唯物主义全面地论证了思维与存在相统一的物质基础，彻底地坚持了唯物主义的认识路线。它认为，思维运动作为物质运动的高级形式，是由物质运动的低级形式发展而来的，思维和物质在本质上服从于同一物质运动规律，这就从思维的起源上论证了物质是思维和存在统一的基础；思维运动作为人脑这种高度发达的物质的机能和属性，它依赖于人脑这个物质载体，这就从思维运动的物质承担者上论证了物质是思维和存在统一的基础；思维运动作为物质的反映特性的高级形式，它的内容是对存在的反映，而不是主观自生的，这就从思维内容的派生性上论证了物质是思维和存在统一的基础；思维运动作为人类特有的自觉的能动的反映活动，以人类的物质实践活动为基础，并作为人类实践活动的内在环节而存在，这就从思维运动的现实性上论证了物质是思维和存在统一的基础。

从思维和存在统一的物质基础出发，辩证唯物主义集中地研究思维反映存在运动的规律、思维反映存在的现实过程。思维与存在相统一的过程，就是人类的历史活动过程。在人类的历史活动过程中，积淀在思维之中的关于存在的规律性认识，又构成人类对世界的目的性要求，并实现为人类改造世界的目的性、对象性的实践活动。这就是思维与存在的历史的、具体的、辩证的统一。

在马克思主义的辩证唯物主义理论中，既是以存在对思维的本原性的唯物主义为基础去解释思维和存在的相互关系的发展，又是以思维对存在的能动性的辩证法为内容去解释思维和存在的历史的统一。正是由于马克思主义哲学在哲学基本问题上实现了唯物论基础与辩证法内容的统一，它才成为科学的世界观、认识论和方法论。

由于马克思主义哲学所揭示的思维自觉反映存在运动的规律凝聚着、积淀着人类在其前进的发展中所创建的全部科学反映世界的认识成果，是"对世界的认识和历史的总计、总和、结论"，因此，在其客观内容和普遍意义上说，马克思主义哲学就是关于自然、社会和思维发展的普遍规律的理论，即哲学世界观；由于马克思主义哲学从认识和实践的主体与客体交互作用的丰富关系及其历史发展来研究思维自觉反映存在运动的规律，为人类的全部历史活动提供认识基础，因此，就其研究对象和理论性质上看，它就是关于思维与存在统一规律的理论，即哲学认识论；由于马克思主义哲学所揭示的思维自觉反映存在运动的规律,既是对思维的历史和成就的总结,又是思维自觉地向存在接近和逼近的方法,因此,就其理论价值和社会功能上看,它又是人类认识世界和改造世界的伟大工具,即哲学方法论。

"历史唯物主义"亦称"唯物主义历史观""唯物史观"。恩格斯在1890年8月5日致康·施米特的信中首次使用"历史唯物主义"这一术语;1892年在《社会主义从空想到科学的发展》一书英文版导言中对"历史唯物主义"这个名词作了具体解释,即用"历史唯物主义"这个名词来表述科学的历史观。列宁称历史唯物主义为"科学的社会学""唯一科学的历史观"和"社会科学的唯一科学方法即唯物主义的方法"。

关于"历史唯物主义"与"辩证唯物主义"的关系,长期以来比较通行的观点是,历史唯物主义是把辩证唯物主义原理应用和推广到社会历史领域的结果。这就是所谓的"推广论"。近年来,理论界提出的另一种观点是,历史唯物主义是马克思哲学的基础和核心,即认为历史唯物主义在马克思主义哲学体系中起着"基础"和"核心"的作用。这两种观点的共同点则在于,都把历史唯物主义理解为仅仅适用于社会历史领域的学说,即都是"狭义的历史唯物主义概念"。与此相反,理论界的又一种观点是"广义的历史唯物主义概念"。这种观点认为,"历史唯物主义是马克思的划时代的哲学创造之所在,马克思并没有创立过历史唯物主义以外的任何其他的哲学。换言之,历史唯物主义就是马克思哲学"。这种观点还提出,"广义的历史唯物主义概念"的提出,"将使我们对历史唯物主义在人类思想发展史上所实现的划时代变革获得新的理解。在'推广论'的视野里,马克思哲学的基础部分仍然是一般唯物主义或辩证唯物主义,而历史唯物主义不过是它的基础部分在社会历史领域里的应用性成果。这样一来,马克思的划时代的哲学创造的意义被埋没了,马克思哲学与传统哲学之间的本质差异被磨平了"。"从'广义的历史唯物主义概念'出发,我们将会发现,历史唯物主义不仅为一切哲学研究澄明了前提,而且也为我们理解以往的乃至当代的全部哲学学说提供了钥匙。一言以蔽之,历史唯物主义乃是哲学领域里的一场根本性的革命,它从基础上改变了人们的思维方式。"①

"实践唯物主义"这一提法,源于马克思恩格斯在《德意志意识形态》中的一段论述:"对实践的唯物主义者,即共产主义者来说,全部问题都在于

---

① 俞吾金:《论两种不同的历史唯物主义概念》,《中国社会科学》1995年第6期。

使现存世界革命化，实际地反对和改变事物的现状。"①对此，学术界有不同的理解。 一种理解认为，马克思恩格斯在这里把他们所创立的哲学概括为"实践唯物主义"。 他们提出，马克思在《1844年经济学—哲学手稿》中已开始形成实践的唯物主义思想，经过《神圣家庭》和《关于费尔巴哈的提纲》，这个思想日益成熟，并在《德意志意识形态》中明确地以"实践唯物主义"来称谓自己的哲学。 与此相反，另一种理解认为，马克思恩格斯在这里所讲的是"实践的唯物主义者"，而不是"实践唯物主义"，因此不同意用实践唯物主义来概括和称谓马克思主义哲学。 还有一种理解认为，用"实践唯物主义"来概括和称谓马克思主义哲学，是对马克思恩格斯关于"实践的唯物主义者"思想的正确引申，符合马克思主义哲学的基本观点。 实践唯物主义首先是突出了马克思主义哲学的根本特性即实践性。 通常以"辩证唯物主义和历史唯物主义"来概括和称谓马克思主义哲学，不是突出马克思主义哲学的根本特性，而是侧重于马克思主义哲学的内容构成，就其揭示马克思主义哲学是完整的、严密的科学体系来说是无可非议的，因而不能以实践唯物主义来否定辩证唯物主义和历史唯物主义，但也不能以辩证唯物主义和历史唯物主义来否定实践唯物主义，而应该使二者统一起来②。

唯物主义的历史形态向我们表明：哲学发展进程中的每个历史时代的唯物主义与唯心主义的对立与斗争，既包含着普遍原则问题，又具有历史的规定性；唯物主义不仅是在与唯心主义的对立和斗争中发展的，而且也是在不同历史形态的唯物主义的对立与斗争中发展的；马克思恩格斯所创建的"现代唯物主义"，是以实践的观点去理解人与世界的关系，去解决全部哲学问题，"实践的唯物主义"是马克思主义哲学的建构原则和本质特征。 究竟如何在"辩证唯物主义""历史唯物主义"和"实践唯物主义"的统一中去深化对马克思所创建的"现代唯物主义"的理解，是需要我们共同深入探讨的重大问题。

第三节 辩证法与形而上学

一、"思维方式"问题

通常认为，辩证法与形而上学是两种不同的思维方式，因此，我们应当

---

① 《马克思恩格斯选集》第1卷，第48页。
② 参见李淮春主编：《马克思主义哲学全书》，第631页。

从思维方式入手去探讨辩证法与形而上学的对立与斗争。

人们在思想的过程中，不仅存在着"想什么"的问题，而且还存在着"怎样想"的问题。在最通俗的意义上，所谓的"思维方式"，就是"怎样想"的问题。

"怎样想"，对于人的思想与行为是至关重要的。它决定着人们可能在思想中怎样提出问题和提出什么样的问题，它决定着人们如何去分析和综合思想中所提出的各种问题，它决定着人们对思想中诸种问题思考的广度与深度，它决定着人们把思想付诸行动的方案与措施。在这个意义上，"怎样想"既规范着人们"想什么"和"做什么"，也规范着人们"怎样做"以及"做得怎样"。因此，人们的"世界图景""价值观念""终极关怀"，等等，从根本上说，也是由人们"怎样想"即"思维方式"所制约和规范的。

关于"思维方式"，国内学者已经做出的比较规范的解释是："主体对客体的观念把握总要通过一定的方式才能进行，在人的认识活动中思维方式起着十分重要的作用。人们的思维方式是同一定的历史时代、实践发展水平和科学文化背景联系在一起的，是社会发展各种思想文化要素的综合反映和综合体。所谓思维方式是一定时代人们的理性认识方式，是人的各种思维要素及其结合按一定的方法和程序表现出来的相对稳定的定型化的思维样式，是主体观念地把握客体，即认识的发动、运行和转换的内在机制和过程。"①

在这里，我们有必要说明一下对"逻辑学"的理解，以便从"逻辑"的角度去理解"思维方式"。人们通常是把"逻辑学"视为"暂时撇开思维内容"的关于"思维的单纯的形式"的学科。这样来理解或界说通常意义的"形式逻辑"，这是无可非议的。但是，这样来理解或界说"思维方式"，却是不恰当的。

在《黑格尔〈逻辑学〉一书摘要》中，列宁曾提出如下的看法："逻辑不是关于思维的外在形式的学说"；黑格尔所要求的逻辑是"和内容不可分离地联系着的形式"；"思维的范畴不是人的用具，而是自然的和人的规律性的表述"；思维的逻辑是"内在的必然的联系""联系的必然性"和"差别的内在的发生"；逻辑是思维和认识"自己构成自己的道路"②。

思维方式，是思维的内容与形式相结合的逻辑，是思维范畴的"联系的

---

① 李秀林等主编：《辩证唯物主义和历史唯物主义原理》，第267—268页。
② 参见《列宁全集》第38卷，第87、89、95页。

必然性"及其"差别的内在的发生"的逻辑,是思维"自己构成自己"的逻辑,因而是思维的存在方式。这就是思维方式的本体论意义。

思维方式,它作为"思想构架"或"概念框架",同样表明它是思维的存在方式。当代美国科学哲学家瓦托夫斯基提出,"概念并不是各种孤立的理解的零星碎片。相反地,它们是彼此联系的,并且联系于一个概念网络,依靠这个概念网络,它们依次得以理解,形成我们可以称之为概念框架或概念结构的东西"①。对于"概念框架"本身,瓦托夫斯基又做出这样的解释:"它们表示在思想中构筑我们的经验世界的方式。不论人们愿意与否,不论我们是否有意识地试图整理这些概念,它们都是以多多少少成系统的方式相互联系着,而且这样一种概念系统构成了共同的框架,在这个框架中,我们才能相互理解和自我理解。所以,这种概念框架是一种我们用以理性地整理我们的知识的方式。而且,只要我们的思想和认识与我们的信念和行动密切联系在一起,这种概念框架也适用于安排我们的行动和期望。"②

人类思维用以把握世界的"概念框架",大体上可以区分为三个基本层次,即:常识的、科学的和哲学的概念框架。这三个不同层次的概念框架,表现了人们"在思想中构筑我们的经验世界"的三种基本的思维方式。而这三种基本的思维方式,又正是表现为思想"自己构成自己"的"逻辑"。所以,思维方式是思维的本体论、认识论和方法论的统一。

我们曾经提出:常识的思维方式属于经验的思维方式,也就是既源于经验而又适用于经验的思维方式;与此相反,科学的和哲学的思维方式则是"超验"的思维方式,即这两种思维方式的共同点在于,它们都是关于"普遍必然性"的逻辑,因而是"理论思维"的两种基本方式;科学和哲学作为理论思维的两种基本方式,它们既具有密切而复杂的相关性和相似性,但又表现为思想的两个不同维度。科学思维属于"构成思想"的维度,哲学思维则是"反思思想"的维度。

关于"理论思维",恩格斯指出,"每一时代的理论思维,从而我们时代的理论思维,都是一种历史的产物,在不同的时代具有非常不同的形式,并因而具有非常不同的内容"③。因此,我们需要历史地看待每个时代的理论思维,而不是把理论思维归结为某种凝固的、僵化的教条。

---

① M. W. 瓦托夫斯基:《科学思想的概念基础——科学哲学导论》,第 6 页。
② 同上书,第 10—11 页。
③ 《马克思恩格斯选集》第 3 卷,第 465 页。

综上所述，辩证法和形而上学作为两种思维方式，我们在讨论它们之间的对立与斗争之前，首先应当明确这样一些基本认识：其一，思维方式既是思想的"程式"和"方法"，又是思想的"框架"和"逻辑"，因而需要从本体论、认识论和方法论的统一中去看待辩证法与形而上学这两种思维方式；其二，人类以常识的、科学的和哲学的三个层次的概念框架去把握世界，它们直接地表现为三种不同的思维方式，因而需要从常识、科学和哲学的相互关系中去看待辩证法与形而上学这两种思维方式；其三，人类的理论思维是历史的产物，每个时代的理论思维都具有不同的内容和形式，因而我们需要从不同的时代特征和不同的时代水平去看待辩证法与形而上学这两种思维方式的对立与斗争。

二、辩证法的概念解析

辩证法一词源自古希腊文，原意是谈话和论战。古希腊哲学家把在辩论时通过揭露和克服对方议论中的矛盾以取得胜利的艺术称作辩证法。

引人注目的是，无论是在哲学史上，还是在实际生活中，恐怕再没有比"辩证法"这个概念所交替经受的光荣与屈辱更多的了。在当代中国，"辩证法"是一个十分流行的概念。然而，无论是在人们的日常理解中，还是在通行教科书的阐述中，都存在着许多亟待澄清的问题。由于后者（通行教科书的阐述）是前者（人们的日常理解）的理论根源，因此，我们试图以通行教科书对辩证法的阐述为出发点，对"辩证法"这一概念的哲学意义进行辨析与澄清。

我们认为，关于辩证法（一般意义的辩证法和马克思主义辩证法）的通常理解，主要存在以下问题：一是在经验常识的思维方式中去解释辩证法及其与形而上学的关系，从而把辩证法的哲学思维方式变成冠以哲学名词的常识思维方式；二是离开哲学的基本问题即思维和存在的关系问题去看待辩证法，从而把辩证法变成列宁所批评的"实例的总和"；三是离开辩证法的认识史基础和认识史内容去解说和应用辩证法，从而把辩证法变成到处套用的简单公式；四是以知性思维方式去理解辩证法，从而把辩证法变成公式化、形式化的教条主义的"语录词汇"；五是仅仅把辩证法的批判性视为辩证法的理论功能，而不是把批判性作为辩证法的"本质"，因而使辩证法成为一种非反思的思维方式，并从而把辩证法当作某些知识性的现成结论。

第一，通常是在经验常识的思维方式中去解释辩证法及其与形而上学的关系。例如，关于辩证法和形而上学的通常解释是："辩证法认为，世界上一切事物都是发展变化的，事物发展的原因在于它内部的矛盾性。相反，形而上学用孤立的、静止的和片面的观点去看世界，把一切事物看成彼此孤立的和永久不变的，如果说到变化，也只是限于数量的增减和位置的变更，而不承认事物的实质的变化；并且硬说一切变动的原因在于事物外部的力量的推动。"①这种解释的问题在于，它没有区分经验层面的常识思维与概念层面的哲学思维，以致人们的思想总是滞留在经验层面，以常识思维去看待哲学思维。列宁在《哲学笔记》一书中，以黑格尔对古希腊哲学家芝诺的著名命题"飞矢不动"的分析为例，深刻地阐述了经验层面的常识思维与概念层面的哲学思维的区别。

列宁赞同黑格尔的这个看法，即：芝诺提出"飞矢不动"的命题，"从没有想到要否认作为'感觉的确实性'的运动"，而问题仅仅在于"运动的真实性"。这就是说：芝诺提出"飞矢不动"的命题，并不是在"感觉的确实性"上否认运动，即不是在经验的层次上否认运动；恰恰相反，他完全"看见"并且承认箭在飞，但他却无法描述"运动的真实性"，即无法以概念的方式去描述和解释"运动"。

从现象上看，"运动"就是物体在某一瞬间在一个地方，在接着而来的另一瞬间则在另一个地方；但是，这种解释所描述的是运动的结果，而不是运动自身；它没有指出运动的可能性，而把运动描写成一些静止状态的总和、联结；因此，芝诺的"飞矢不动"的命题是错误的。

然而，芝诺的错误，是由于他试图从运动的本质上去理解"运动的真实性"，但却不能以概念的辩证法去把握运动的结果，而绝不是由于他在"感觉的确实性"上否认运动，即绝不是由于他在经验层面上否认"运动"。正因如此，列宁由对芝诺的"飞矢不动"这个命题的分析，而得出了极为重要的哲学结论："问题不在于有没有运动，而在于如何在概念的逻辑中表达它。"②

用概念的逻辑去表达运动，这就是辩证法。"运动"是不间断性与间断性的统一，因而"运动"就是"矛盾"。我们可以在"感觉的确实性"上承认运动，但是我们却难以在思维中以概念的逻辑去表达运动。这是因为，"从

---

① 艾思奇主编：《辩证唯物主义历史唯物主义》，人民出版社，1978年，第6页。
② 《列宁全集》第38卷，第281页。

来造成困难的总是思维,因为思维把一个对象的实际上联结在一起的各个环节彼此分隔开来考察"。而"如果不把不间断的东西割裂,不使活生生的东西简单化、粗糙化,不加以割碎,不使之僵化,那么我们就不能想象、表达、测量、描述运动"①。因此,人们需要以概念层次的辩证法去把握、描述、理解和解释事物的"联系""运动"和"发展"。

在经验的层面上承认"联系""运动"和"发展",这当然也可以说是"辩证法",但这只不过是"朴素的"辩证法。正是由于这种"朴素的"辩证法无力解决概念中的矛盾,因而它在回答"运动的真实性"等"思维和存在的关系问题"时,往往又陷入"形而上学"的思维方式,即以"是就是,不是就不是,除此以外,都是鬼话"的思维方式去理解和解释各种问题。因此,在对辩证法的理解中,我们首先需要超越经验层面的常识思维方式,而跃迁到概念层面的哲学思维方式。

第二,通常是离开哲学的基本问题即"思维和存在的关系问题"去解释辩证法,即把辩证法视为与"思维和存在的关系问题"无关的另一类问题。其结果,就把作为哲学世界观的辩证法变成了列宁所批评的"实例的总和"。

按照通常解释,哲学基本问题被分解为关于思维和存在"谁为第一性"(何者为"本原")的"本体论问题",以及思维和存在"有无同一性"(思维能否认识存在)的"认识论问题"。作为这种理解的逻辑延伸,辩证法就被分别地解释为下述三种形态:其一,与"本体论"相联系的辩证法,即关于客观世界矛盾运动的"客观辩证法"(包括"自然辩证法"和"历史辩证法");其二,与"认识论"相联系的辩证法,即关于人类认识和人类思维矛盾运动的"主观辩证法"(包括"认识辩证法"和"思维辩证法");其三,作为"客观辩证法"和"主观辩证法"的总和,辩证法则被解释成关于自然、社会和思维的发展的"普遍规律"的学说。

对于这种通常解释,我们应当思考这样一些问题:其一,能否把所谓的"客观辩证法"看成是与"思维和存在的关系问题"无关的"存在"的辩证法?其二,能否把所谓的"主观辩证法"看成是与"思维和存在的关系问题"无关的"思维"的辩证法?其三,能否把"关于普遍规律的学说"看成是离开"思维和存在的关系问题"的关于"整个世界"的辩证法?

---

① 《列宁全集》第38卷,第285页。

如果离开"思维和存在的关系问题",把辩证法看成是关于"存在"的"客观辩证法"、关于"思维"的"主观辩证法"以及关于"自然、社会和思维"的作为"普遍规律"的辩证法,辩证法就变成了关于"存在"和"思维"的实证知识,因此人们也就会把辩证法变成列宁所批评的"实例的总和",也就是把辩证法变成"原理加实例"。

第三,通常是离开辩证法的认识史基础和认识史内容去解说和应用辩证法,因而往往把辩证法变成到处套用的简单公式。

哲学发展的最基本的逻辑,在于哲学理论是一种历史性的思想,而哲学史则是思想性的历史。正因为哲学理论是历史性的思想,离开历史性的思想,哲学就会变成空洞的教条和现成的结论;正因为哲学史是思想性的历史,具有深厚的历史感的哲学,才会成为具有丰富的思想内容的哲学。这是哲学的历史与逻辑的统一,当然也是辩证法理论的历史与逻辑的统一。

恩格斯曾经强调地指出,与"坏的时髦哲学"不同,"辩证哲学"是"一种建立在通晓思维的历史和成就的基础上的理论思维"①。与此同时,恩格斯又针对"坏的时髦哲学"尖锐地指出,"官方的黑格尔学派从老师的辩证法中只学会搬弄最简单的技巧,拿来到处应用,而且常常笨拙得可笑。在他们看来,黑格尔的全部遗产不过是可以用来套在任何论题上的刻板公式,不过是可以用来在缺乏思想和实证知识的时候及时搪塞一下的词汇语录"②。

我们经常说,辩证法是世界观、认识论和方法论的统一。辩证法理论的世界观意义,在于它是列宁所说的"对世界的认识的总计、总和、结论";辩证法的认识论意义,在于它是列宁所说的"活生生的、多方面的(方面的数目永远增加着的)认识";辩证法的方法论意义,在于它是列宁所说的"是活生生的实在的内容的形式,是和内容不可分离地联系着的形式"。辩证法理论的世界观、认识论和方法论的统一,也是它的历史与逻辑的统一,即"思想性的历史"与"历史性的思想"的统一。因此,只有"建立在通晓思维的历史和成就的基础上的理论思维",才能成为具有生命力的辩证法理论。

第四,对辩证法的最大曲解,就是以知性思维方式去理解辩证法,从而

---

① 《马克思恩格斯选集》第 3 卷,第 533 页。
② 《马克思恩格斯选集》第 2 卷,第 119 页。

把辩证法变成某种公式化、形式化的东西。

所谓知性思维,主要是指形式逻辑思维。它的基本特点是:(1)形式性。它使思维脱离具体思想内容而作单纯的形式推理,这就避免不了形式推理的主观任意性。(2)抽象性。它把"普遍性"与"共同点"混为一谈,并使"共同点"脱离对象内容而成为经验归纳的知识。(3)外在性。它把知识或科学看成是主体站在客体之外的观察、控制和整理,进而也把客观对象看作是相互外在,可以进行比较、编排的东西,从而把知识看成是相互隔绝的、凝固不变的东西[1]。

以这种知性思维去理解和解释辩证法,辩证法很容易被曲解为诡辩论一类的东西。例如,"按照形式逻辑同一律的要求,则 $A=A$;而按照所谓辩证法的形式原则,则 $A=A$,同时 A 又不等于 A。从知性思维原则无论如何也无法理解这种形式矛盾,因为它将使任何思维确定性的要求化为乌有。因此,仅就思维形式的原则说形式逻辑是正确的,而'辩证法'则是错误的。因为这样理解的辩证法不会有助于任何积极知识的增长,相反只能导致相对主义、诡辩论,使思维陷入貌似机智的绝对混乱之中"[2]。

辩证法作为思维的逻辑,它是列宁所说的那种逻辑,即"形式是具有内容的形式,是活生生的实在的内容的形式,是和内容不可分离地联系着的形式"[3]。在这种内容和形式不可分离的辩证法的思维逻辑中,任何思想(概念)都具有"联系的必然性"和"差别的内在的发生",因而也就具有"矛盾的必然性"和"内在的否定性"。正因如此,列宁说:"辩证的东西='在对立面的统一中把握对立'。"[4]

显而易见,这种辩证思维是对思想内在矛盾的把握,而不是对思想的形式性、抽象性和外在性的把握。如果以知性思维去理解辩证法,并以这样理解的"辩证法"去对思想进行形式分析,就会出现难以避免的双重后果:一是"使思维陷入貌似机智的绝对混乱之中",二是使辩证法名誉扫地,乃至被讥笑为"变戏法"。

第五,由于未对辩证法的"批判性"引起应有的重视,或者仅仅把"批判性"视为辩证法的一种"功能",因而使辩证法成为一种非反思的思维方

---

[1] 参见孙利天:《论辩证法的思维方式》,吉林大学出版社,1994年,第192页。
[2] 同上书,第33页。
[3] 《列宁全集》第38卷,第89页。
[4] 同上书,第77页。

式，并从而把辩证法当作某些知识性的现成结论。

辩证法之所以在本质上是批判的，从根本上说，是因为人对世界的统一关系是否定性的统一，思维对存在的统一关系是否定性的统一。人对世界的关系，是人以"任何物种的尺度"和人的"内在固有的尺度"去改造世界，把世界变成人所期待的世界，让世界满足人的需要。因此，在人与世界、思维与存在的关系中，一方面是以认识活动在观念中否定世界（存在）的现存状态，并在观念中建构人所要求的现实，另一方面，则是在实践活动中现实地否定世界（存在）的现存状态，把观念中的目的性要求和理想性图景变成现实的存在。这种人与世界、思维与存在之间的否定性统一性关系，构成了辩证法批判本性的现实基础，即：人以否定的、批判的态度去看待现存的一切。马克思说，辩证法在它的"合理形态"上，就是"在对现存事物的肯定的理解中同时包含对现存事物的否定的理解，即对现存事物的必然灭亡的理解；辩证法对每一种既成的形式都是从不断的运动中，因而也是从它的暂时性方面去理解；辩证法不崇拜任何东西，按其本质来说，它是批判的和革命的"[①]。

与辩证法的批判本性相反，形而上学的本性则在于它的非批判性。

哲学层面的形而上学理论，并不是一般地否认"矛盾""运动""变化"和"发展"，而主要是否认思维与存在的"矛盾"，否认思维和存在的矛盾关系的"发展"。形而上学的思维方式之所以是在"绝对不相容的对立中思维"，之所以认为"是就是，不是就不是，除此之外，都是鬼话"，从根本上说，就在于它离开人的实践活动及其历史发展，不是把思维与存在的统一看作矛盾运动中的统一、历史发展中的统一，而是看作直接的统一、不变的统一。因此，它在对现存事物的"肯定的理解"中总是排斥对它的"否定的理解"，它对每一种"既成的形式"总是排斥从它的"暂时性方面"去理解。这就是与辩证法相对立的形而上学的非批判性本性。

由此我们可以看到：区分辩证法与形而上学，不能离开哲学的基本问题即思维和存在的关系问题；区分马克思主义的辩证法理论与形而上学（唯心主义辩证法在本质上仍然是形而上学），不能离开以实践的观点去回答思维和存在的关系问题。以实践的观点去看待马克思主义哲学如何回答哲学的基本问题，我们就会真正理解辩证法的"批判本性"，而不是把批判性仅仅看

[①] 《马克思恩格斯选集》第2卷,第218页。

作辩证法的一种"功能"。

在对辩证法的理解中,我们还应当看到,辩证法不仅仅是关于思维与存在的统一和发展的学说,而且还是"一种崇高的人生态度和人生境界。真正掌握辩证法理论和思维方式,要有追求高尚精神生活和追求真理的持久热情和顽强毅力,要有超越狭隘功利目的的哲学态度,要有自我教化、灵魂升华的自觉,这也许是掌握辩证法的更主要的困难"[1]。与此相反,在绝对不相容的两极对立中的思维即形而上学的思维方式,则以知性方式把面向人生的思考变成僵死的规定性,在非此即彼的痛苦和焦虑中无法自拔。超越形而上学思维的辩证法则使人生获得"必要的张力"。

为了比较深刻地理解辩证法,从而也比较深刻地理解辩证法与形而上学的对立与斗争,我们在辩证法的概念解析的基础上,还需要深入地探讨辩证法的自在性与自为性,从而达到在哲学层面上掌握和运用辩证法。

三、辩证法的自在性与自为性

关于辩证法的存在方式,通常是做出如下的分类:其一是区分为"客观辩证法"和"主观辩证法",其二是区分为"自然辩证法""社会(历史)辩证法"和"认识(思维)辩证法",其三是区分为"自发辩证法""唯心辩证法"和"唯物辩证法",或"直观形态的辩证法""反思形态的辩证法"和"实践论的辩证法"。

第一种区分方式,是认为辩证法有两种基本的表现形式和两个起作用的基本理论。所谓的"客观辩证法"是指"客观世界的辩证运动及其规律","主观辩证法"则是指"客观辩证法在人的思维中的反映"即"辩证的思维"。这种区分方式所强调的是,"客观辩证法是第一性的,主观辩证法是第二性的,后者依赖于前者并反映前者"。

第二种区分方式,是同人们把整个世界划分为自然、社会和思维三大领域相适应,又把辩证法区分为自然的、社会的或历史的、认识的或思维的辩证法。这种区分方式与第一种区分方式的共同之处在于,它以第一种区分方式为前提,同样是把自然的和社会(历史)的辩证法归结为"客观辩证法",而把思维(认识)的辩证法归结为"主观辩证法";这两种区分方式的不同之处是在于,第一种区分方式强调的是辩证法的两种基本存在方式及其相互

---

[1] 参见孙利天:《论辩证法的思维方式》,第34—35页。

关系（客观辩证法决定主观辩证法，主观辩证法反映客观辩证法），第二种区分方式则强调的是辩证法的三个基本的存在领域，而不是侧重于客观辩证法与主观辩证法的关系。

第三种区分方式，是在承认前两种区分方式的基础上，专门对"主观辩证法"即"辩证的思维"的理论形态的区分。这种区分的侧重点在于，把人类的理论形态的辩证法划分为不同的历史形态，以说明辩证思维、辩证法理论的历史演化与发展，并说明马克思主义哲学以前的辩证法理论的局限性和马克思主义哲学的辩证法理论在哲学史上的革命性变革。

关于辩证法的上述划分方式是重要的和必要的。但是，对于上述的划分方式，我们还需要深入地思考这样一些问题：（1）客观世界是否存在与"辩证法"相对立的"形而上学"？如果客观世界就是一个自然而然的过程，那么是在什么意义上把这个自然而然的过程称作"辩证法"？（2）人的"认识"和"思维"是否在本性上是"辩证"的？如果人的认识和思维在本性上就是辩证的，为什么会有"形而上学"的思维方式？（3）如果人的认识和思维在本性上就是辩证的，那么是在什么意义上把人的认识和思维的辩证法称作"主观"辩证法？

针对上述问题，我们认为，首先需要使用"自在"和"自为"这两个概念，把辩证法区分为"自在的辩证法"和"自为的辩证法"。所谓"自在的辩证法"，是指包括人的思维活动在内的全部存在的辩证运动过程；与此相对应，所谓"自为的辩证法"，则是指人们用以认识世界的辩证的思维方式和辩证法理论。

在这种区分方式中，"思维"的辩证法具有了二重性：一方面，思维作为物质的特殊形式，它与自然和社会一样，属于"自在的"辩证法；另一方面，思维作为人类的理论思维能力和人类以概念为中介的认识活动，它需要自觉的"发展和锻炼"（恩格斯语），因而又属于"自为的"辩证法。从"自在"和"自为"去理解辩证法，会使我们比较深入地理解辩证法及其与形而上学的对立与斗争。

在《哲学笔记》这部哲学巨著中，列宁集中地论述了辩证法问题。列宁的论述表明，无论是外在于思维的物质世界还是人类思维本身，无论是思维反映存在的认识运动还是主体改造客体的实践活动，它们自在地都是辩证的运动过程。他主要是在四重意义上说明辩证法的自在性的。

第一，辩证法是物质世界本身所固有的。列宁在《哲学笔记》中反复强调,辩证法首先是"自在之物本身"的"自己运动""自生的发展"①。世界就是无限多样的物质形态以其无限多样的运动形式所构成的普遍联系和永恒发展的过程。因此,就物质世界自身说,并不存在与辩证法相对待的形而上学。

第二,辩证法又是物质世界长期发展的产物——人类思维——所固有的。列宁认为黑格尔"关于逻辑学说得很妙:这是一种'偏见',似乎它是'教人思维'的(犹如生理学是'教人消化'的?!)"②。这就是说,思维的逻辑如同人的消化,它的运动首先是具有自在性。而思维的自在运动是辩证的。列宁说:"客观主义:思维的范畴不是人的用具,而是自然的和人的规律性的表述"③,人类思维以概念、范畴的普遍性为中介而实现一般与个别的对立统一,因此"在任何一个命题中""都可以(而且应当)发现辩证法一切要素的萌芽,这就表明辩证法是人类的全部认识所固有的"④。从自在性上看,人类思维也不存在与辩证法相对待的形而上学。

第三,辩证法又是思维与存在的关系所固有的。列宁在《哲学笔记》中提出这样的问题:"如果一切都发展着,那么这点是否也同思维的最一般的概念和范畴有关?如果无关,那就是说,思维和存在不相联系。如果有关,那就是说,存在着具有客观意义的概念的辩证法和认识的辩证法。"⑤列宁提出的这个问题,同恩格斯在《自然辩证法》中所作的论述是相得益彰的。恩格斯说:"我们的主观的思维和客观的世界服从于同样的规律,因而二者在自己的结果中不能互相矛盾,而必须彼此一致,这个事实绝对地统治着我们的整个理论思维。它是我们的理论思维的不自觉的和无条件的前提。"⑥如果认识运动在自在性上存在着与辩证法相对待的形而上学,岂不是说思维和存在服从于各不相同的规律吗?

第四,辩证法同样是人类的实践活动所固有的。列宁说,"人的实践 = 要求(1)和外部现实性(2)"⑦。一方面,"人在自己的实践活动中面向着

---

① 《列宁全集》第 38 卷,第 238、408 页。
② 同上书,第 83 页。
③ 同上书,第 87 页。
④ 同上书,第 410 页。
⑤ 同上书,第 280 页。
⑥ 《马克思恩格斯选集》第 3 卷,第 564 页。
⑦ 《列宁全集》第 38 卷,第 229 页。

客观世界,以它为转移,以它来规定自己的活动"①,"人的目的是客观世界所产生的,是以它为前提的"②;另一方面,"人给自己构成世界的客观图画。他的活动改变外部现实,消灭它的规定性(=变更它的这些或那些方面、质)"③。实践活动即是物的尺度与人的尺度、合规律性与合目的性、世界对人的生成和人对世界的生成的对立统一。人类实践的辩证发展过程即是历史的辩证法。与辩证法相对待的形而上学的"实践"是不可设想的。

通过上述分析,我们可以懂得,在"自在"的意义上,包括人类在内的整个世界就是一个辩证的运动过程。现在的问题是:既然辩证法是思维和存在及其相互关系(认识关系和实践关系)所固有的,在它们的自在性上并不存在与辩证法相对待的形而上学,为什么在人们关于世界的理论解释中,在人们反映世界的理论思维方式中,却始终存在辩证法与形而上学的对立和斗争呢?为什么人们不能凭借自在性的辩证法,而只有通过自为性的辩证法才能形成辩证法的世界观和方法论呢?这是列宁在《哲学笔记》中着重探讨的问题。

辩证法是思维和存在及其相互关系所固有的,因而人们在表象意识和经验常识的水平上,就可以承认并证明事物之间的外部联系和一切事物的外部变化,这就是所谓的"朴素的辩证法"。问题在于,作为哲学世界观和理论思维方式的辩证法,是要"提供理解一切现存事物的'自己运动'的钥匙","提供理解'飞跃'、'渐进过程的中断'、'向对立面的转化'、旧东西的消灭和新东西的产生的钥匙"④。列宁说:"就本来的意义说,辩证法就是研究对象的本质自身中的矛盾。"⑤对此,仅仅凭借辩证法的自在性而形成的自发形态的(经验层次的)辩证法不仅是无能为力的,而且往往(必定)走向自己的反面即形而上学。

在对辩证法的概念解析中,我们曾引述列宁在《哲学笔记》中对芝诺哲学思想的分析。为了进一步说明辩证法的"自在性"与"自为性"之间的关系,我们还需要在这里引述和分析列宁的论述。列宁指出,"芝诺从没有想

---

① 《列宁全集》第 38 卷,第 200 页。
② 《马克思恩格斯选集》第 3 卷,第 201 页。
③ 同上书,第 235 页。
④ 《列宁全集》第 38 卷,第 408 页。
⑤ 同上书,第 278 页。

到要否认作为'感觉的确定性'的运动",问题仅仅是"在于运动的真实性"①。 芝诺之所以否认"运动",是因为他无法"用概念的形式来表达""运动是(时间和空间的)不间断性与(时间和空间的)间断性的统一"②,列宁由此得出一个极其重要的,但却一直未引起人们应有重视的结论:"问题不在于有没有运动,而在于如何在概念的逻辑中表达它。"③那么,为什么人们不能自发地以概念的辩证运动去表达"对象本质自身的矛盾"呢? 对此,列宁在《哲学笔记》中首先论述了思维以概念为中介反映存在的本质特征。

列宁肯定了黑格尔的这种看法:"从来造成困难的总是思维,因为思维把一个对象的实际上联结在一起的各个环节彼此分隔开来考察",并深入地予以发挥:"如果不把不间断的东西割断,不使活生生的东西简单化、粗糙化,不加以割碎,不使之僵化,那么我们就不能想象、表达、测量、描述运动。思维对运动的描述,总是粗糙化、僵化。"④正是由于概念所具有的"隔离性"和"僵化性",当人们以概念去反映事物时,就难以"在现存事物的肯定的理解中,同时包含着它的否定的理解、它的必然灭亡的理解"⑤,就难以从"对象本质自身中的矛盾"去理解和表达事物的"自己运动""自生的发展"。 因此,当人们以概念的"隔离性"和"僵化性"去理解和表达事物,并从而把概念的"隔离性"和"僵化性"对象化给概念所反映的事物,就会否认"对象本质自身中的矛盾",否认对象的"自己运动""飞跃""渐进过程的中断""向对立面的转化"和"自生的发展"。 这就是作为哲学世界观的形而上学的思维方式。

以形而上学的思维方式去把握世界,世界本身的自在的辩证法就"视而不见"了,由此便构成了哲学层面的形而上学与辩证法的两种世界观的对立与斗争。 很显然,这里所说的与形而上学相对待的辩证法,不是世界本身的自在的辩证法,而是作为哲学世界观或理论思维方式的辩证法。 这就是辩证法的自为性或自为形态的辩证法。 因此,辩证法与形而上学的对立,只能是两种世界观理论、两种理论思维方式的对立。

作为自为形态的辩证法理论,它的实质内容是以概念的辩证运动去探寻和表达"对象本质自身中的矛盾"。 列宁认为,黑格尔逻辑学的"真实意

---

①③ 《列宁全集》第 38 卷,第 281 页。
② 同上书,第 283 页。
④ 同上书,第 285 页。
⑤ 马克思:《资本论》第 1 卷,第 2 版跋。

义",就在于"探讨客观世界的运动在概念的运动中的反映"①,因而"总是竭力用唯物主义观点来读黑格尔的著作"②。 在"辩证法是什么?"的题目下,列宁对辩证法的实质内容做出如下的结论:"概念的相互依赖""一切概念的毫无例外的相互依赖""一个概念向另一个概念的转化""一切概念的毫无例外的转化""概念之间对立的相对性""概念之间对立面的同一""每一概念都处在和其余一切概念的一定关系中、一定联系中"③。

列宁关于辩证法的这些论述是非常重要的。 这些论述表明,只有用自为的即概念的辩证法才能反映"对象本质自身中的矛盾";没有概念的辩证法,自在的辩证法对人来说就是"有之非有""存在着的无"。 从这种认识出发,就不难理解,为什么列宁说"辩证法也就是(黑格尔和)马克思主义的认识论"④,"逻辑、辩证法和唯物主义的认识论""是同一个东西"⑤;为什么列宁说"形而上学的唯物主义的根本缺陷就是不能把辩证法应用于反映论,应用于认识的过程和发展"⑥,甚至于提出"聪明的唯心主义比愚蠢的唯物主义更接近于聪明的唯物主义"⑦。

人们往往认为,"事物的辩证法"是客观的、具体的、真实的,而"概念的辩证法"则是主观的、抽象的、玄虚的。 这是一种根本性的误解。 只要认真"反思"就会懂得,没有"概念的辩证法",或者说没有把"事物的辩证法"反映为"概念的辩证法",自在的辩证法又怎样成为人类的认识成果和人类把握世界的理论思维方式呢? 列宁摘录黑格尔的话说:"凡是没有思维和概念的对象,就是一个表象或者甚至只是一个名称;只有在思维和概念的规定中,对象才是它本来的那样。"列宁旁批道:"这是对的!"⑧

概念的辩证法不是抽象的而是具体的。 列宁之所以极其重视黑格尔的概念辩证法,是因为"黑格尔的辩证法是思想史的概括"⑨,"黑格尔是把他的概念、范畴的自己发展和全部哲学史联系起来了"⑩。 列宁由此得出结论:

---

① 《列宁全集》第38卷,第190页。
②④ 同上书,第104页。
③ 同上书,第210页。
⑤ 同上书,第357页。
⑥ 同上书,第411页。
⑦ 同上书,第305页。
⑧ 同上书,第242页。
⑨ 同上书,第355页。
⑩ 同上书,第117页。

"从逻辑的一般概念和范畴的发展与运用的观点出发的思想史——这才是需要的东西！"①

列宁认为，构成辩证法理论的"知识领域"是极为广阔的，其中重要的是"各门科学的历史""儿童智力发展的历史""动物智力发展的历史""语言的历史""心理学""感觉器官的生理学"，等等②。只有深入地概括和总结这些（以及其他的）知识领域，形成具有丰富内涵的概念辩证法，并掌握"运用概念的艺术"，才能够表达和说明"万物之间的世界性的、全面的、活生生的联系"③，并根据"对象本质自身中的矛盾"去解释世界的"自己运动"和"自生的发展"。

区分辩证法的自在性与自为性，并通过学习自为性的辩证法理论，特别是"合理形式"的马克思主义唯物辩证法理论，自觉地反映世界本身的自在的辩证法，从而超越对唯物辩证法的经验层次的、直观反映论的理解，这应当是我们得出的一个基本结论。

四、辩证法的批判性本质

辩证法在本质上是批判的，因此，我们需要从批判性本质去深化对辩证法的理解，并从而深化对辩证法与形而上学的对立与斗争的理解。

"批判"是人类特有的活动方式，主要包括观念形态的精神批判活动和物质形态的实践批判活动。而这两种批判活动的实质，则是以否定的形式实现人与世界、思维与存在的肯定性的统一，也就是在观念中和实践中否定世界的现存状态，又在观念中和实践中构建人所要求的现实。

人类以"批判"的方式去实现人与世界、思维与存在的统一，因而人类的理论思维也需要以"批判"的方式去把握人与世界、思维与存在之间的对立统一关系。辩证法作为一种建立在通晓思维的历史和成就的基础上的理论思维，它既是对人类的"批判"活动的理论表达，又是引导人类的"批判"活动的方法论。因此，辩证法在本质上是批判的。

辩证法的批判本质，集中地表现在它以"批判"的方式去对待"思维和存在的关系问题"。

哲学的基本问题是思维和存在的关系问题，哲学世界观的根本矛盾就是

---

① 《列宁全集》第38卷，第188页。
② 同上书，第399页。
③ 同上书，第154页。

思维与存在之间的矛盾。思维与存在之间的矛盾,首先是表现在,虽然思维和存在"这两个系列的规律在本质上是同一的,但是在表现上是不同的"①。思维是以感性为中介,通过概念的逻辑运动来表达存在的运动规律。因此,思维与存在的统一,并不是思想内容与对象本质的直接的符合,而是思维在概念运动和概念发展中所实现的矛盾的统一,矛盾运动过程中的统一。因此,辩证法的批判本质,首先是表现在反思概念、范畴、命题和由它们的逻辑联结所构成的诸种理论体系能否以及怎样表述经验对象的本质和规律的问题,反思由思维形式、思维规则和思维方法所构成的思维运演的逻辑能否以及怎样描述存在的运动规律的问题。规律的客观性问题,思想的客观性问题,真理的客观性问题,以及在这种客观性问题中所蕴含的概念、语言、逻辑和意义问题,直接地构成辩证法的批判性反思的主要对象。

思维与存在的世界观矛盾,更深刻地表现在,人的思维的最本质最切近的基础,既不是思维本身,也不是与思维相对立的存在,而是把思维和存在现实地联系起来的中介——人的目的性和对象化活动即实践。实践活动既是思维和存在统一的现实基础,又是思维和存在的矛盾无限展开的实质性内容。在人类的实践活动中,蕴含着思维的能动性与对象的现实性、主体的目的性与客体的规律性、人的尺度与物的尺度、认知关系与价值关系等丰富的矛盾关系。人类的实践活动作为历史的展开过程,又蕴含着人作为历史的前提和结果的矛盾、人类文化的正面效应与负面效应的矛盾、认识进程中的真理与谬误的矛盾、人类历史的必然性与偶然性的矛盾、人类思维的至上性与非至上性的矛盾,等等。因此,只有达到对思维和存在关系问题的实践论批判,才能真实地揭示世界观的内在矛盾,并对其做出合理的解释。

关于辩证法的批判本质,马克思说,它在对现存事物的肯定理解中同时包含否定的理解,即对现存事物的必然灭亡的理解;它对每一种既成的形式都是从不断的运动中,因而也是从它的暂时性方面去理解②。而辩证法之所以能够在对世界上的一切事物的肯定理解中同时包含对它的否定理解,之所以能够为人类提供一种对整个世界进行辩证思考的理论思维方式,从根

---

① 参见《马克思恩格斯选集》第4卷,第239页。
② 参见《资本论》第1卷,第2版跋。

本上说，是因为辩证法的批判是对"思维和存在的关系问题"的批判性反思。

思维与存在的对立统一，是人类全部活动的最基本的前提。人类的认知活动、评价活动、审美活动和实践活动，人类所创建的数学、自然科学、思维科学、社会科学和人文科学，就其实质内容而言，都是解决思维与存在的统一问题。只有在对思维和存在的关系的肯定理解中同时包含否定的理解，把思维和存在的统一理解为"不断的运动"过程，才能从根本上把整个自然的、历史的和精神的世界理解为一个过程，才能构成辩证法的理论思维方式。

辩证法在本质上是批判的，并非仅仅是说辩证法具有批判的"功能"，而是说辩证法本身就是关于世界观矛盾的批判性理论，没有这种对世界观矛盾的批判性反思，就没有辩证法理论。

我们还应当看到，作为哲学世界观和方法论的辩证法，它的批判性本质更深刻地表现在，它是哲学自我批判的理论和方法。总结哲学的历史与逻辑，我们会发现，一代又一代的哲学家们所苦苦求索的根本目标，就是在最深刻的层次上把握到人及其思维与世界的内在统一性，并以这种统一性去解释人类经验中的一切事物，以及关于这些事物的全部知识。这种哲学的"统一性原理"，既是哲学反思人类全部思想和行为的立足点和出发点，又构成哲学自我反思、自我批判的对象。辩证法，在其作为哲学世界观的意义上，就是哲学自我反思、自我批判的理论和方法。

哲学是"思想中的时代"，而又寻求对人及其思维与世界相互关系进行终极解释的"统一性原理"，并把自己所承诺的"统一性原理"作为判断、解释和评价一切的根据、标准和尺度，这是哲学自身内在的矛盾性。对此，维也纳学派的领导者 M. 石里克作过颇为精彩的描述。他说："所有的大哲学家都相信，随着他们自己的体系的建立，一个新的思想时代已经到来，至少，他们已发现了最终真理，如果没有这种信念，哲学家几乎不能成就任何事情，例如，当笛卡儿引进了使他成为通常所称'现代哲学之父'的方法时，他就怀着这样的信念；当斯宾诺莎试图把数学方法引进哲学时，也是如此；甚至康德也不例外，在他最伟大著作的序言中，他宣称：从今以后，哲学也能以迄今只有科学所具有的那种可靠性来工作了。他们全都坚信，他们有能力结束哲学的混乱，开辟某种全新的东西，它终将提高哲学思想的价值。"正是针对哲学的这种自期与自诩，石里克颇有见地地指出，"哲学事业的特征是,它总是被迫在起点上重新开始。它从不认为任何事情是理所当然的。它觉得对任何哲学问题的每个解答都不是确定或足够确定的。它觉得要解决这个问题必须从头做起"①。

哲学自身内在的矛盾性,是辩证法的哲学前提批判(或者说自我前提批判)的根据。辩证法正是通过揭示哲学自身的内在矛盾,把形式逻辑、常识和科学所蕴含的世界观矛盾提升为哲学前提的自我批判,在哲学层面上反思理论思维的"不自觉的和无条件的前提"。

辩证法的哲学前提批判具有双重内涵:一是揭露哲学前提的内在矛盾,否定既有的哲学"统一性原理";二是在更高的层次上展现理论思维的内在矛盾,形成表达新时代精神的哲学"统一性原理"。在这种批判活动中,哲学的"统一性原理"既是被否定的对象,又是被重建的对象,因而是否定与重建的辩证统一。

辩证法的哲学前提批判,从其理论内容上看,是不同水平的哲学理论的历史性转换。在辩证法发展史上,古代的本体论追究的辩证法被近代的认识论反省的辩证法所取代,近代的认识论反省的辩证法被德国古典哲学的逻辑学反思的辩证法所取代,德国古典哲学的逻辑学反思的辩证法又被马克思主义的实践论批判的唯物辩证法所取代。这种"取代"并不是简单的"抛弃",而是极为复杂的"扬弃"。首先,后者总是否定了前者的"统一性原理",并且否定了前者据以形成这种"统一性原理"的思维方式,实现了哲学自身的反思层次的跃迁。近代的认识论反省的辩证法,否定了离开思维对存在的关系而直接断言存在的思维方式;德国古典哲学的逻辑学反思的辩证法,否定了离开概念运动而直接断言思维和存在的关系的思维方式;马克思主义的实践论批判的唯物辩证法,否定了离开人类的实践活动及其历史发展而抽象地断言思维和存在的关系的思维方式。唯物辩证法发现了思维与存在对立统一及其历史发展的现实基础,并以人类实践活动的历史发展为基础不断地深化对理论思维前提内在矛盾的认识,因而是具有彻底的批判本质的"合理形式"的辩证法理论。

辩证法的哲学前提批判,从其理论形式上看,是哲学的提问方式的历史性转换。哲学是历史性的思想,哲学史则是思想性的历史。哲学问题总是自我相关、自我缠绕的:一方面是老问题以胚芽的形态蕴含着新问题,研究

---

① M. 石里克:《哲学的未来》,转引自《哲学译丛》1990年第6期。

和回答新问题总要反省老问题；另一方面是新问题以成熟的形态展开老问题，解决老问题有赖于探索新问题。而哲学的老问题与新问题的"同"与"异"则在于，它们是以不同的方式去反思理论思维的前提——思维和存在的关系问题。古代哲学从对象世界提出问题，探寻"万物的统一性"；近代哲学从思维与存在的关系提出问题，探寻"思想的客观性"；德国古典哲学从思维自身的规律提出问题，探寻"思维与存在统一的逻辑"；马克思主义哲学则从"现实的人"出发，探寻人类自身解放的道路。"哲学家们只是用不同的方式解释世界，而问题在于改变世界。"[①]正是从"改变世界"的目标出发，马克思和恩格斯对"现存的一切"进行"无情的批判"，从而锻造了具有彻底批判本质的唯物辩证法。

在辩证法的理论内容和理论形式的历史发展中，实现了对哲学前提的历史性的否定之否定。列宁说："辩证法的特征的本质的东西并不是单纯的否定，并不是徒然的否定……而是作为联系环节、作为发展环节的否定。"[②]辩证法对哲学前提的双重否定，也就是哲学前提的自我重建。辩证法的这种批判与建构的矛盾运动，构成哲学世界观的螺旋式上升，并从而构成对形式逻辑、常识、科学和整个理论思维进行前提批判的历史性发展着的哲学前提。正是在这种否定之否定的矛盾运动中，辩证法理论在愈来愈深刻的层次上展现思维与存在的矛盾关系，从而使人类愈来愈自觉地实现思维与存在、人与世界的统一。

与辩证法的思维方式相反，作为哲学世界观和方法论的"形而上学"，它的本质则在于它的非批判性。

我们知道，"形而上学"这个概念有两种含义，其一是在近似于"哲学"或"世界观"的意义上使用这个概念，其二则是在与"辩证法"相对立的意义上使用的"形而上学"，指的是一种以否认矛盾的观点对待世界的理论思维方式。18世纪末至19世纪初的德国古典哲学的集大成者黑格尔，在他的哲学著作中首先以这种意义使用"形而上学"这个概念，他认为，在以往的"形而上学"理论中，总是把形而上学所寻求的"本体"当作某种永恒不变的东西。他从形而上学的这一特征出发而予以引申，把形而上学作为与辩证法相对立的思维方式。正是在与这种形而上学相对立的意义上，黑格尔提

---

① 《马克思恩格斯选集》第1卷，第19页。
② 《列宁全集》第38卷，第244页。

出,"辩证法是现实世界中一切运动、一切生命、一切事业的推动原则。同样,辩证法又是知识范围内一切真正科学认识的灵魂"①。

马克思主义哲学批判地继承了黑格尔的辩证法思想,在两种发展观、两种思维方式相对立的意义上,具体地阐述了形而上学思维方式的本质、特征和根源。马克思提出,辩证法在对事物的肯定理解中同时包含对它的否定的理解,因而在本质上是批判的、革命的。而形而上学的本质,正如恩格斯所说,它认为"是就是,不是就不是,除此之外,都是鬼话"。形而上学的基本特征,就是在"绝对不相容的对立中思维"。

哲学层面的形而上学理论,或者说,形而上学的理论思维方式,它并不是一般地否认"矛盾"和"发展",而主要是否认思维和存在的矛盾,否认思维和存在的矛盾关系的发展,从而否认哲学世界观的矛盾和发展。

形而上学的思维方式之所以能够在"绝对不相容的对立中思维",之所以能够认为"是就是,不是就不是,除此之外,都是鬼话",是因为它认为思维与存在之间并不是矛盾的统一、发展中的统一,而是直接的统一、不变的统一。

在经验常识中,思维与存在之间并不存在矛盾,因而也更不存在它们之间的矛盾关系的发展。比如,我们说看见了一本书,那就是说,外在于意识的书被反映为意识中的关于书的映象,并被思维的概念规定——书——所把握。在书、书的映象和书的概念之间,达到了直接的统一。再比如,你们说看见了一条奔腾的江河,那就是说,外在于意识的江河被反映为意识中的关于江河的奔流不息的映象,并被思维的概念规定——奔腾的江河——所把握。在奔腾的江河、关于江河的奔流不息的映象以及奔腾的江河的概念之间,也达到了直接的统一。因此,人们在表象意识和经验常识的水平上,虽然可以承认事物之间的外部联系和事物的外部变化,但却否认思维与存在之间存在矛盾。

如果人们在经验常识中发觉思维与存在之间存在矛盾,也把这种矛盾看成是直接的不统一,即发觉概念与对象的不一致。比如公园里新展出的一种动物,虽然人们可以在头脑中形成关于它的映象,却找不到相应的概念去表达它。在这种情况下,人们往往以某种类似的概念去把握对象,如把秃鹫说成是老鹰等等。但是,这种思维与存在的"矛盾",仍然是以"是就是,不

---

① 黑格尔:《小逻辑》,第177页。

是就不是"为其思维方式的。

列宁说,"就本来的意义说,辩证法是研究对象的本质自身中的矛盾"①,它要提供"理解一切现存事物的'自己运动'的钥匙",提供理解"飞跃""渐进过程的中断""向对立面的转化""旧东西的消灭和新东西的产生"的钥匙②。这就真正地发生了思维和存在的矛盾:如果思维不把不间断的东西"割断",不使活生生的东西"简单化""粗陋化",我们就不能"想象""表达""测量""描述"运动③;而如果我们以概念的"隔离性""僵化性"去把握事物,又无法从"对象本质自身中的矛盾"去理解事物的"自己运动""自生的发展",无法在对事物的肯定理解中包含对它的否定的理解。这就是思维与存在之间的矛盾。

这种思维与存在之间的矛盾是历史地发展着的。人类思维对事物运动规律的抽象,并不是简单的、直接的、完全的把握到事物的规律,而是"有条件地近似地把握永恒运动着和发展着的自然界的普遍规律性"④。作为思维与存在矛盾统一的结晶的概念和范畴,只是认识过程的一些"小阶段""阶梯"和"支撑点",而不具有终极性认识的意义。

作为哲学世界观的形而上学,它否认人类认识的过程性,否认概念和范畴的内在否定性。以这样的思维方式去看待思维和存在及其相互关系,思维的内在矛盾性,存在的内在矛盾性,思维和存在之间的内在矛盾性,就统统不见了。特别是,它以这种"是就是,不是就不是"的思维方式去看待理论思维的前提和哲学的"统一性原理",理论思维前提的内在矛盾性,哲学的"统一性原理"的内在矛盾性,也统统不见了。其结果,它就把理论思维的前提批判,变成了对理论思维前提的"不自觉的和无条件的"承诺;把哲学"统一性原理"的自我批判,变成了对哲学"统一性原理"的非批判信仰,以僵死凝固的思维方式去看待思维与存在、人与世界的关系,从而在本质上把世界看成是没有矛盾和发展的存在。因此,从哲学世界观的层面上看,形而上学的根本特征在于,它以非批判的方式去对待哲学自身的前提,把哲学的"统一性原理"视为某种永恒的终极真理。正因如此,全部的旧哲学都以形而上学而告终。

---

① 参见《列宁全集》第55卷,第213页。
② 同上书,第306页。
③ 同上书,第219页。
④ 同上书,第152—153页。

第四节 经验论与唯理论

一、人的感性与理性的矛盾

人类存在的矛盾性，直接地表现为人的感觉经验与理性思维的矛盾，或者更为简洁地说，感性与理性的矛盾。

人类自身的独特存在方式——实践活动——就是感性与理性的矛盾性的集中体现：一方面，实践是人的有目的、有意识的自觉活动；另一方面，实践又是人以自己的感性存在（肉体组织）去改变世界的感性存在的客观物质性活动。在实践活动中，人的感性与理性是不可分割地融为一体的。

以实践活动为基础的人类认识活动，则更为明显的是感性与理性的对立统一：一方面，人要以自己的各种感官去感知外部世界以及人自身的存在，形成关于人和世界及其相互关系的感觉经验；另一方面，人则要以自己的理性思维去把握事物的"本质"和"规律"，形成关于人和世界及其相互关系的规律性认识。

然而，值得我们深思的是，无论是在人的实践活动中，还是在人的认识活动中，人的感性与理性总是处于矛盾状态之中。自觉到这种矛盾，并试图从理论上解释这种矛盾，便构成了哲学中的经验主义与唯理主义的论争，以及试图弥合这种论争的种种哲学努力。

人类的感觉经验，它所把握到的只能是认识对象的种种"现象"；人类的理性思维，它所把握到的则只能是认识对象的内在"本质"。因此便构成了人的感觉经验与理性思维的矛盾：对人的感觉经验来说的"存在"，对人的理性思维来说却只能是"非存在"；反之，对人的理性思维来说的"存在"，对人的感觉经验来说也只能是"非存在"。感性"看不见"本质，理性"看不见"现象，而人却既要"看见"现象，又要"看见"本质，因此，人的感性与理性的矛盾是"无处不在""无时不有"的。

人的感性与理性的矛盾，使人能够把自己的全部对象都视为矛盾性的存在；或者反过来说，人的全部对象能够被视为矛盾性的存在，根源于人的感性与理性的矛盾。理解这个问题，对于理解人与世界、思维与存在之间的关系是十分重要的。

为了理解这个问题，我们仍然需要首先引证马克思恩格斯的论述："凡是有某种关系存在的地方，这种关系都是为我而存在的；动物不对什么东西发生'关系',而且根本没有'关系';对于动物说来,它对他物的关系不是作为关系存在的。"①

世界是一个自然而然的过程,世界上的一切事物都如其所是的那样存在着。因此,对于世界的一切事物自身来说,它并不存在"现象"与"本质"、"个别"与"一般"、"内容"与"形式"、"偶然"与"必然"等的"矛盾"。或者反过来说,事物自身所具有的无限多样的"矛盾",对于事物自身来说,都不是作为"矛盾"而存在的。能够意识到事物的矛盾性存在,是以人的感性与理性的矛盾为前提的。

在人的感性与理性的矛盾中,人的感性所"看到"的,是对象的"个别"的、"偶然"的、"现象"的存在,人的理性所"思想"的,则是对象的"共性"的、"必然"的、"本质"的存在。因此,在人的感性与理性的矛盾中,人的全部对象被"把握"为个别与一般、偶然与必然、现象与本质的矛盾性存在。

古希腊哲学家在寻求"万物的统一性"即"本体"的过程中,就由人的感性与理性的矛盾而形成了两种不同的基本思路:一种是关注经验世界本身的多样统一性,把"本体"视为"万物所由来、万物所复归"的某种感性存在物,因而以感性经验中的多样统一性去解释万物与本原、变体与本体的对立统一关系。这可以说是古代哲学中所蕴含的"经验论"萌芽。另一种思路则是探寻对象世界的现象与本质的逻辑关系,把"本体"视为某种超越经验,却又能被思维所把握的理性存在物,因而以超越的逻辑关系去解释"可见世界"与"可知世界"的关系。这可以说是古代哲学中所蕴含的"唯理论"萌芽。

人的感性与理性的矛盾,不仅表现在对世界的"个别"与"一般"、"偶然"与"必然"、"现象"与"本质"的矛盾性理解之中,而且更为深刻地表现在对人自身的矛盾性理解之中。

在对人与世界相互关系的反省中,古希腊哲学家曾经提出一个著名的命题:"人是万物的尺度。"然而,以人的感性与理性的矛盾为出发点,"人是万物的尺度"这个命题本身便陷入难以解脱的矛盾之中:(1)以人为万物的尺度,那么,这个尺度是人的感觉经验还是人的理性思维?感觉经验中的存在是真实的存在,还是理性思维中的存在是真实的存在?(2)以人为万物的尺

---

① 《马克思恩格斯选集》第1卷,第35页。

度,那么,这个尺度是人的情欲还是人的理智? 人作为人自己的思想和行为的尺度,是以情欲为理智的尺度,还是以理智为情欲的尺度? 人是"跟着感觉走",还是"跟着理性走"? (3)人是自然界长期发展的结果,又是人以自身的劳动创造了自己,因而人既是自然的存在又是超自然的存在,既是感性的存在又是理性的存在,人作为万物的尺度和人自身的尺度,究竟是以人的自然性作为人的超自然性的尺度,还是以人的超自然性作为人的自然性的尺度? 这就是在"人是万物的尺度"这个命题中所蕴含的感性与理性的矛盾。

人的感性与理性的矛盾,又不仅仅是表现在对世界和人自身的矛盾性理解之中,而且还表现在解决感性与理性的矛盾的哲学方法论之中。

人类以实践活动改造世界的前提,是获得关于世界的规律性的认识,并以这种规律性的认识去指导自己的实践活动。 而这种关于世界的规律性认识,既要源于经验,又要超越经验。 那么,人如何在自己的感性与理性的矛盾之中形成这样的认识呢?

西方近代以前的哲学,尚未具体地探讨人的认识如何从经验的个别上升到超验的普遍的问题,而主要是以亚里士多德的演绎逻辑来看待人的思维推理过程。 传统的演绎逻辑,从根本上说,是一种外延逻辑。 这种演绎推理全靠已有概念的普遍性、特殊性、个体性的外延关系,组成大前提、小前提,并从而得出结论命题。 这种演绎推理,既接触不到这些概念的普遍性、特殊性和个体性的形成,也接触不到它们之间在内涵上的内在联系。

传统的三段论推理,是以判断中的各概念之间具有一定的外延关系为基础的。 中词 (M) 既包含着小前提中的主词 (S),而自身又包含在大前提的宾词 (P) 之中。 主词 (S) 和宾词 (P) 对中词 (M) 来说,占着两端的地位,并通过中词 (M) 联系起来。 例如:所有的马都是动物,白马是马,所以白马是动物。 再如:所有的马都不是植物,白马是马,所以白马不是植物。 这是形式逻辑中的关于"遍有"和"皆无"的原理。

对于传统的演绎逻辑,人们可以从两个方面提出十分严重的问题:其一,从概念的外延关系上看,传统的演绎逻辑只是从"普遍"推出"个别",但却无法解决如何从"个别"上升为"普遍"。 而人们的认识的直接目的,却正是要从"个别"上升到"普遍",获得关于普遍必然性的知识。 其二,从人的思想内容上看,传统的演绎逻辑是一种撇开思想内容即概念内涵的纯粹的形式推理,它无法回答人类思想发展的逻辑。 而人的认识的发展过程,却正是思想内容即概念内涵的发展。 因此,随着人类认识的发展,必然要求两种新的"逻辑",即:从"个别"上升为"普遍"的归纳逻辑和关于概念发展的内涵逻辑。而这两种新的逻辑,都深刻地显露了人的感性与理性之间的矛盾。

从"归纳逻辑"看,人的认识由个别上升到一般,实现这一过程的基础是什么?能否把这一过程归结为理性现成地对感觉经验的归纳、概括、抽象的过程?如何理解"理性"在这一过程中的能动性和创造性?如何看待这一过程中的联想、想象和直觉?

从"内涵逻辑"看,概念的内涵由单纯上升到复杂、由抽象上升到具体的过程是怎样的?实现这一过程的基础又是什么?能否把这一过程归结为概念内涵的自我逻辑运动?如何看待"感性"(感性存在和感性活动)在概念内涵发展中的作用?

由此我们可以看到,在"逻辑"的层面上,更为集中和更为深刻地显现了人的感性与理性的矛盾,因而也更为尖锐地构成了哲学中的经验论与唯理论的矛盾和斗争。

二、经验论与唯理论的分歧

在哲学史上,对人的感性与理性的矛盾的哲学反思,形成了经验论与唯理论的分歧与斗争,并因而形成了试图弥合这种分歧与斗争的种种哲学努力。然而,这种经验论与唯理论的分歧与斗争,却总是以新的形式与内容,在新的时代背景中得以展开和深化。应当说,正是这种分歧与斗争的展开与深化,愈来愈深刻地揭示了人的感性存在与理性思维的矛盾,从而也愈来愈深化了人们对自己的感性与理性的矛盾的认识。

关于哲学中的经验论和唯理论及其分歧与斗争,通常是以解释认识过程中的"感性认识"和"理性认识"的相互关系为前提的。通常认为,人的认识始于感性认识,认识的基本过程是从感性认识上升到理性认识;感性认识和理性认识既相互区别又相互联系,理性认识依赖于感性认识,感性认识有待于发展为理性认识,感性认识和理性认识是相互渗透的。

正是从对认识过程中的"感性认识"与"理性认识"的这种理解出发,通常认为,正是"割裂感性认识和理性认识的辩证关系就会走向唯理论和经验论。唯理论否认感性认识的重要性,片面夸大理性认识的作用,认为只有理性认识才是可靠的,它不依赖于感性认识。相反,经验论则否认理性认识的重要性,片面夸大感性认识的作用,认为感性认识无须上升为理性认识。

唯理论和经验论各执一端,但在总体上都是错误的"①。

从比较广泛的意义上说,经验论和唯理论都有其深远的思想渊源。古希腊哲学中的德谟克利特的"影像说"与柏拉图的"回忆说"的对立,中世纪经院哲学中的"唯名论"与"唯实论"的对立,都具有经验论与唯理论的对立与斗争的性质。但是,作为系统的和典型的经验论和唯理论,则是形成于近代哲学的两个发端——培根的经验论哲学和笛卡儿的唯理论哲学。在通行的各种哲学史著作和教材中,认为培根、霍布斯、洛克、贝克莱和休谟是经验主义的主要代表,而笛卡儿、斯宾诺莎、马勒伯朗士、莱布尼兹和沃尔夫则是最主要的唯理主义者。

经验论与唯理论的分歧主要表现在下述几个方面:

第一,关于知识的来源问题。

近代哲学中的唯理论和经验论所争论的"知识的来源"问题,主要是有无"天赋观念"的问题。一般地说,经验论者都主张知识起源于感觉经验而否认"天赋观念",与此相反,唯理论者则否认正确的认识起源于感觉经验而以不同的方式肯定"天赋观念"。

在对认识的来源的理解中,我们既要承认"一切思维和知识的内容都应当起源于感性的经验",又要从"形式"方面探讨思维的固有的能动作用。特别需要指出的是,人的认识不只是要形成关于经验对象的"表象",更重要的是形成关于对象的"普遍必然性"的思想。"普遍必然性"的思想并不是直接地、现成地从感官经验的感性内容中归纳、概括、抽象出来的,而是在认识的来源上就必须肯定思维把握存在的规律即思维的能动作用。在认识的来源问题上,既要超越习以为常的"经验"立场,又要挣脱唯理论者的"天赋观念论",就需要我们唯物地、辩证地理解认识的来源问题。

第二,关于认识的方法或逻辑问题。

经验论和唯理论在认识来源问题上的对立,已经蕴含着关于认识的方法或逻辑的不同理解。这种不同理解,就是在个别与一般问题上的对立:普遍必然性的认识能否从个别的感性经验中形成?

近代经验论的奠基人弗兰西斯·培根从知识起源于经验这一原则出发,形成他的由个别的感性经验上升为普遍必然性认识的"归纳法"。这就是培根的"新工具"。与经验论相反,近代唯理论的奠基人笛卡儿认为,在追求

---

① 李秀林等主编:《辩证唯物主义和历史唯物主义原理》,第262页。

真理的出发点上，必须首先探求出一种无可怀疑的原则，并在这个原则的基础上去形成普遍性的思想。这就是笛卡儿的新的演绎逻辑。

笛卡儿的新的演绎逻辑，已经不是传统的演绎逻辑及其在现代西方数理逻辑中的发展。传统的演绎逻辑是一种外延逻辑，即依靠概念之间的普遍性、特殊性、个体性的外延关系而构成大前提、小前提和推出结论。笛卡儿的演绎逻辑则是思想从单纯上升到复杂、从抽象上升到具体的内涵逻辑。这种关于思想自身发展的内涵逻辑，在德国古典哲学集大成者黑格尔那里，构成了概念辩证发展的关于人类思想运动的逻辑。

在理解培根的经验论的归纳法与笛卡儿的唯理论的内涵逻辑的时候，我们还必须看到，作为近代哲学的两个开端，具有某些不可忽视的共同点：其一，培根创建的归纳法和笛卡儿开拓的内涵逻辑，都是在近代科学的基础上，试图超越传统的演绎逻辑的产物。他们不是彻底否定三段论及其逻辑规则，而是反对把传统的演绎逻辑绝对化和权威化。其二，他们都从破除僵化的概念和偏见出发，力图以新的方法或逻辑去实现思维的创造性。培根关于种族假象、洞穴假象、市场假象和剧场假象的论述，笛卡儿关于清除虚假观念的论述，都是力求防止先入为主的"成见"对人的认识的误导与束缚。

第三，关于认识的可靠性问题，即感觉经验与理性知识何者更为可靠的问题。

经验论和唯理论在近代哲学的发展过程中，逐步地从彻底的两个极端走向肯定感觉经验与理性知识的各自的合理性，但却一直把感性与理性割裂开来。德国古典哲学的奠基人康德，在总结近代哲学的经验论与唯理论的基础上，提出了感性直观与理性思维相结合的原理。他的名言是：思维无感性则空，直观无概念则盲。德国古典哲学的集大成者黑格尔认为，虽然康德强调感性直观与知性思维的"联合"，但在康德那里，"思维、知性仍保持其为一个特殊的东西，感性也仍然是一个特殊的东西，两者只是在外在的、表面的方式下联合着，就像一根绳子把一块木块缠在腿上那样"[①]。黑格尔则在哲学史上第一次提出了感性与思维的辩证统一问题。他要求凭借理性思维的能动性而实现由感性到理性的"飞跃"。然而，真正达到对感性与理性相互关系的辩证理解，并真正超越经验论与唯理论的片面性，则需要从人的实践活动及其历史发展出发去看待人的认识问题。这种实践论的认识论是马克思在

---

① 黑格尔：《哲学史讲演录》第4卷，第271页。

认识论中的革命性变革。

三、表象与思想的矛盾运动

超越经验论和唯理论关于感性与理性的相互关系的片面性理解,十分重要的问题是形成关于表象与思想的矛盾运动的辩证理解。

在认识论中,通常是以"感性"和"理性"来标志认识的机能、形式、过程和阶段等等,如"感性机能"和"理性机能"、"感性形式"和"理性形式"、"感性认识阶段"和"理性认识阶段"。这种以"感性"和"理性"为核心范畴来描述和解释认识论诸种问题的哲学范式,存在着以下亟待探索与回答的问题:(1)认识论中的"感性"和"理性"是指认识的"形式",还是指认识的"内容",抑或认识的形式与内容的统一?(2)认识过程中的"感性"和"理性"是此消彼长、先后发挥作用的,还是始终并存、共同发挥作用的?具体地说,能否把"感性认识阶段"解释为运用"感觉、知觉和表象"去认识,而把"理性认识阶段"解释为运用"概念、判断和推理"去认识?这样的解释如何说明"感性"和"理性"的"相互渗透"?(3)如果以"感性"和"理性"的"相互渗透"去描述和解释认识过程的矛盾运动,应当怎样更为合理地区分认识的不同阶段?(4)"感性"和"理性"是人的纯粹自然的认识机能和认识形式,还是具有社会性、历史性和文化性的认识方式?如何在认识的矛盾运动中体现出认识主体的社会历史性?

列宁曾经提出:"认识是思维对客体的永远的、没有止境的接近。自然界在人的思想中的反映,应当了解为不是'僵死的',不是'抽象的',不是没有运动的,不是没有矛盾的,而是处在运动的永恒过程中,处在矛盾的产生和解决的永恒过程中的。"① 而关于思维向客体接近的矛盾运动,列宁则引证黑格尔的话说:"凡是没有思维和概念的对象,就是一个表象或者甚至只是一个名称;只有在思维和概念的规定中,对象才是它本来的那样。"对此,列宁的评论是:"这是对的!表象和思想,二者的发展,而不是什么别的。"②

以"表象"和"思想"作为描述认识的矛盾运动的核心范畴,首先是因为这对范畴是"感性"和"理性"在人的认识过程中的现实化。作为认识主

---

① 《列宁全集》第38卷,第208页。
② 同上书,第242页。

体的人具有感性和理性,在人的认识活动中,人的感性机能使对象的感性存在变成头脑中的"表象",人的理性机能则使对象的内在规定变成头脑中的"思想"。因此,在人的现实的认识活动中,感性与理性的矛盾就呈现为"表象"与"思想"的矛盾运动;或者也可以反过来说,"表象"与"思想"的矛盾运动,是感性与理性的矛盾在人的现实的认识活动中的体现。

以"表象"和"思想"作为描述认识的矛盾运动的核心范畴,其次是因为这对范畴合理地表述了认识过程中的内容与形式的统一。"表象"既是再现对象的感性形象的方式,又是对象的感性形象在人的头脑中再现的内容,因而它是感性形式与感性内容的统一;同样,"思想"既是以概念、判断、推理等形式去表述对象的内在本质的方式,又是对象的内在本质在人的头脑中再现的内容。认识过程中的"表象"和"思想"的矛盾运动,就不仅仅是认识形式之间的矛盾,而且更主要的是认识内容的矛盾。因此,以"表象"和"思想"为核心范畴去描述认识的矛盾运动,就能够更为合理地阐释人的认识在内容与形式的对立统一中所实现的基本过程。

以"表象"和"思想"作为描述认识的矛盾运动的核心范畴,还因为这有助于从认识主体的社会性、历史性、文化性去阐释全部认识论问题。现实的认识主体是历史文化的存在,因而总是以其已经具有的"表象"和"思想"进入具体的认识活动之中,而不是仅仅以纯粹的"感性"和"理性"的"认识形式"去反映对象。认识过程中的矛盾运动,在一定的意义上,是已有的"表象"和"思想"同新形成的"表象"和"思想"的矛盾运动。因此,离开"表象"和"思想"的矛盾运动,就会以非历史的观点去看待和解释人的认识运动过程。旧唯物主义之所以陷入所谓"直观的"反映论,就在于它以这种非历史的观点去构建其认识论。

以"表象"和"思想"作为描述认识的矛盾运动的核心范畴,还因为这会帮助我们更为合理地构建关于认识发展过程的解释模式。众所周知,通常是以两种模式来解释认识的发展过程:其一是把认识的发展过程解释为"感性认识阶段"和"理性认识阶段";其二是把认识的发展过程解释为"感性具体""理性抽象"和"理性具体"这样三个阶段。这两种解释模式,各有其合理之处。然而,"感性"和"理性"究竟在怎样的矛盾运动中实现认识的深化与发展?怎样才能更为合理地解释"感性"与"理性"的矛盾运动所形成的不同的认识阶段?由于"表象"和"思想"这对范畴所构成的内容与形式的统一,也由于"表象"和"思想"这对范畴所具有的社会历史性,因而以这对范畴来构建关于认识发展过程的解释模式，不仅有助于合理地解释通常的两种解释模式，而且会深化人们对认识发展过程的哲学理解。

在人的现实的认识活动中，"表象"与"思想"的矛盾运动，主要地表现为三个基本阶段：一是思想"把握"表象的矛盾运动，这是认识过程中的"感性具体"的阶段；二是思想"蒸发"表象的矛盾运动，这是认识过程中的"理性抽象"的阶段；三是思想"重组"表象的矛盾运动，这是认识过程中的"理性具体"的阶段。

在"思想把握表象"的矛盾运动中，虽然认识主体是以"概念"去把握表象，但是，这里的"概念"还只是把握表象的"名称"，因而"概念"是围绕"表象"旋转的，由此而形成的认识只是一种"混沌的关于整体的表象"。这就是认识过程中的"感性具体"的阶段。

关于"感性具体"中的表象与思想的矛盾，列宁曾经作过这样的论述："虽然，在一定意义上表象的确是较低级的。实质在于：思维应当把握住运动着的全部'表象'，为此，思维就必须是辩证的。表象比思维更接近于实在吗？又是又不是。表象不能把握整个运动，例如它不能把握秒速为30万公里的运动，而思维则能够把握而且应当把握。"①

列宁的这段论述表明：其一，认识运动的"实质"是思维与表象的矛盾运动；其二，思维能够把握到表象无法把握的整个运动；其三，表象与思维相比，它是以"感性具体"表现实在，因此它既比思维更接近实在，又没有思维更接近实在。因此，认识主体要超越"感性具体"而达到对实在的思维把握，就必须使认识运动进展到"理性抽象"的阶段，并进而达到"理性具体"的阶段。

关于从"感性具体"到"理性抽象"和"理性具体"的矛盾运动，马克思作过这样的描述："具体之所以具体，因为它是许多规定的综合，因而是多样性的统一。因此它在思维中表现为综合的过程，表现为结果，而不是表现为起点，虽然它是现实中的起点，因而也是直观和表象的起点。在第一条道路上，完整的表象蒸发为抽象的规定；在第二条道路上，抽象的规定在思维行程中导致具体的再现。"②

马克思这里所说的"第一条道路"，是由"感性具体"上升为"理性抽

---

① 《列宁全集》第 38 卷，第 246 页。
② 《马克思恩格斯选集》第 2 卷，第 103 页。

象"的过程;这里所说的"第二条道路",则是由"理性抽象"上升到"理性具体"的过程。经过这两条"道路"所实现的,是由"感性具体"而达到"理性具体",因而马克思说"理性具体"是"具体的再现"。这种再现的具体即"理性具体",是"许多规定的综合"和"多样性的统一"。

由"感性具体"上升为"理性抽象"的过程,就其实质内容而言,是把"完整的表象蒸发为抽象的规定"。"感性具体"作为"完整的表象",它既是最"具体"的,又是最"抽象"的。这是因为:一方面,在思维把握表象的"感性具体"阶段,思维围绕着表象旋转,表象为认识主体呈现生动具体的感觉形象,因而是"最具体"的;另一方面,正因为"感性具体"阶段是思维围绕表象旋转,思维用以把握表象的概念还只不过是空洞的"名称",还没有形成关于被表象的对象的任何规定性的认识,因而又是最"抽象"的。

由"完整的表象"而"蒸发"出的"抽象的规定",是关于对象的各种规定性。这些规定性"只能作为一个既与的、具体的、生动的、整体的、抽象片面的关系而存在"①。它们以逻辑范畴的形式表现着对象的各种规定性,并以思维范畴逻辑运动的形式而表现着事物的运动。所以,列宁提出,"当思维从具体的东西上升到抽象的东西时",它不是离开真理,而是"接近真理"。列宁还具体地指出,"物质的抽象,自然规律的抽象,价值的抽象等等,一句话,那一切科学的(正确的、郑重的、不是荒唐的)抽象,都更深刻、更正确、更完全地反映着自然"。由此列宁所得的结论是:"从生动的直观到抽象的思维,并从抽象的思维到实践,这就是认识真理、认识客观实在的辩证的途径。"②

关于"理性的抽象"或"抽象的规定"及其表现形式——"逻辑范畴"和"范畴的逻辑运动",马克思作过这样的论述:"在抽象的最后阶段(因为这里谈的是抽象,而不是分析),一切事物都成为逻辑范畴,这用得着奇怪吗?如果我们抽掉构成某座房屋特性的一切,抽掉建筑这座房屋所用的材料和构成这座房屋特点的形式,结果只剩下一个一般的物体;如果把这一物体的界限也抽去,结果就只有空间了;如果再把这个空间的向度抽去,最后我们就只有同纯粹的数量,即数量的逻辑范畴打交道了,这用得着奇怪吗? 用

---

① 《马克思恩格斯选集》第 2 卷,第 103—104 页。
② 《列宁全集》第 38 卷,第 181 页。

这种方法把每一个物体的一切所谓偶性（有生命的或无生命的，人类的或物类的）抽去，我们就有理由说，在抽象的最后阶段，作为实体的将是一些逻辑范畴。"①马克思还指出："正如我们通过抽象把一切事物变成逻辑范畴一样，我们只要抽去各种各样的运动的一切特征，就可得到抽象形态的运动，纯粹形式上的运动，运动的纯粹逻辑公式。"②

在表象与思维的矛盾中，思维把"完整的表象蒸发为抽象的规定"，从而形成了关于对象的各种规定性的"理性抽象"。但是，由于这种"理性抽象"还"只能作为一个既与的、具体的、生动的、整体的、抽象片面的关系而存在"，因此，还必须使"抽象的规定在思维行程中导致具体的再现"。这个"再现"的具体就是"理性具体"。

马克思说："具体之所以具体，因为它是许多规定的综合，因而是多样性的统一。"③对于这种多样性统一的"理性具体"，马克思从表象与思维的矛盾关系中，做出了深刻的阐述。马克思指出："具体总体作为思维总体、作为思维具体，事实上是思维的、理解的产物；但是，绝不是处于直观和表象之外或凌驾于其上而思维着的、自我产生着的概念的产物，而是把直观和表象加工成概念这一过程的产物。"④

以表象和思想的矛盾运动来表达认识发展过程，凸显了认识运动中的内容与形式的不可分割、认识过程中的感性与理性的相互渗透、认识活动中的历史性与现实性的对立统一，从而形成以"现实的人及其历史发展"为出发点和立足点的关于认识过程的理论模式。

探索认识过程中的表象与思想的矛盾运动，能够深化我们对人的感性与理性的矛盾关系的理解，从而也能够使我们深化对哲学中的经验论与唯理论的派别斗争的认识，并自觉地超越经验论和唯理论对感性与理性相互关系的片面性理解。具体地说，探索表象与思想的矛盾运动，能够使我们形成下述基本认识。

首先，认识过程中的表象与思想的矛盾运动表明，在现实的认识活动中，感性的表象与理性的思维始终处于矛盾的运动过程之中。无论是形成感性具体的思想把握表象的过程，形成理性抽象的思想蒸发表象的过程，还是

---

① 《马克思恩格斯选集》第1卷,第105页。
② 同上书,第106页。
③ 《马克思恩格斯选集》第2卷,第103页。
④ 同上书,第104页。

形成理性具体的思想创造表象的过程，都贯穿着思想与表象的矛盾运动。

在相当长的时期里，为了强调认识来源于感性经验，通行的教科书总是离开现实的认识活动，单纯地从"本原"的意义上去看待感性经验与思想观念的关系，从而把感性与理性割裂开来，以至于使人们误以为感性经验是纯粹的"感性"认识的产物。正是由于这种误解，人们总是感到"经验论"具有某种可理解的合理性，而"唯理论"则使人们感到具有不可理解的荒谬性。

其实，人作为现实的认识主体，他总是某种历史的"结果"，也就是历史文化的产物。在现实的认识活动中，人作为历史文化的产物，从来不是以"白板"式的头脑去反映事物，而是处于"感性"与"理性"、"表象"与"思想"的矛盾运动过程之中。因此，在关于认识（知识）的"来源"的解释中，我们既要在"最终的"或"本原的"意义上肯定一切认识（知识）都来源于感性经验，又要充分说明在"现实的"或"具体的"认识活动中，感性与理性、表象与思想总是处于相互制约、相互规定的矛盾运动之中。

尤为重要的是，必须以感性与理性、表象与思想的矛盾运动去解释"感性认识"和"理性认识"及其相互关系。在通常的解释中，往往把"感性认识"阶段说成是仅仅以"感觉""知觉"和"表象"去把握对象的过程。这其实是一种误解。认识中的"感性认识"阶段，是形成"感性具体"的过程，它同样是思想与表象矛盾运动的过程。认识中的形成"感性具体"的过程之所以是"感性认识"阶段，不是因为这个过程没有"概念、判断、推理"的参与，而是因为这个过程是"思想把握表象"的过程。在这个过程中，概念、判断和推理都是围绕表象旋转的，而没有形成新的或更为深刻的概念、判断和推理。例如，关于"灯"的认识，在认识的感性阶段，我们是以"灯"这个概念，"这是灯"的直言判断，"灯是能发光的，它是灯，所以它能发光"的推理，去把握关于"灯"的感觉、知觉和表象。这表明：一方面，认识的感性阶段离不开概念、判断和推理；另一方面，认识的感性阶段还没有形成新的或更为深刻的概念、判断和推理。因此，我们需要以感性与理性、表象与思想的矛盾运动去看待和解释认识的矛盾运动。

其次，认识过程中感性与理性、表象与思想的矛盾运动，总是经由"感性具体"而达到"理性抽象"和"理性具体"。如何看待"感性具体"与"理性抽象"和"理性具体"的关系，特别是如何看待"感性具体"与"理性抽象"和"理性具体"何者为"真实"的问题，构成经验论与唯理论争论的焦点之一。探讨表象与思想的矛盾运动，能够使我们辩证地理解和解释这些认识论中的重要问题。

从经验常识的角度看，作为经验表象的感性具体是真实可靠的，而作为逻辑范畴的理性抽象和理性具体是真伪莫测的。这是因为，经验表象的感性具体是"看得见"的实实在在的"经验"，而逻辑范畴的理性抽象和理性具体则是"看不见""摸不着"的"超验"的存在。

然而，从理论思维的角度看，作为逻辑范畴的理性抽象和理性具体是真实可靠的，而作为经验表象的感性具体则是变幻莫测的。这是因为，"看得见"的经验表象只不过是"混沌的关于整体的表象"，并没有关于对象的规定性的认识；而"看不见"的理性抽象或理性具体却是关于对象的各种规定性的认识，并在头脑中形成了关于对象的"许多规定的综合"和"多样性的统一"的认识。

这里的重要问题，是对概念（逻辑范畴）与事物、概念运动（逻辑运动）与事物运动的关系的理解。列宁认为，"人的概念就其抽象性、隔离性来说是主观的，可是就整体、过程、总和、趋势、泉源来说却是客观的"①，"概念（认识）在存在中（在直接的现象中）揭露本质（因果律、同一、差别等等）——整个人类认识（全部科学）的真正的一般进程就是如此"②。这就是说，如果从概念的"整体、过程、总和、趋势、泉源"和"一般进程"去理解概念及其与事物的关系，我们就会理解概念的"客观"性或"真实"性。

这里的关键问题，是对认识本质及其意义的理解。人类认识的直接目的，是获得关于对象的"普遍性""本质性""必然性"和"规律性"的认识，从而能够以这种"普遍必然性"的认识去解释千差万别、千变万化的现象，并进而能够依据这种"普遍必然性"的认识"给自己构成世界的客观图画"，"以自己的行动来改变世界"。因此，人的认识必须超越经验表象而达到理性抽象乃至理性具体，才能实现认识的直接目的，并进而使认识的直接目的——普遍必然性的认识——转化为认识的最终目的即改变世界的实践活动。

基于上述认识，我们既不能像经验论那样，以感性具体的真实去否定和

---

① 《列宁全集》第 38 卷，第 223 页。
② 同上书，第 355 页。

排斥理性抽象和理性具体；我们也不能像唯理论那样，把理性抽象和理性具体视为与感性具体无涉的"天赋观念"。

再次，认识过程中的感性与理性、表象与思维的矛盾运动，总是思维向客体的无限的接近和逼近的过程，因此思维与存在的统一是历史的和具体的，而不是绝对的或终极的。

在人们的经验常识中，表象与对象的统一，具有绝对的确定性，即：表象是否与对象相符合？例如，我们表象中的太阳或月亮，是不是对象性存在的太阳或月亮？对此，只能给出或"是"或"否"的绝对确定的回答，而不可能给出某种相对性的回答。然而，人们却往往把符合经验常识的思维方式运用于超验对象的认识，即把或是或否、非此即彼的思维方式运用于对"普遍必然性"的认识，其结果，就把思维向客体的无限的接近和逼近的过程，视为某种绝对确定的统一。这是经验常识的思维方式无法超越的思维错误。

列宁说，"认识向客体的运动从来只能是辩证地进行的：为了更准确地前进而后退"，"相合线和相离线：彼此相接触的圆圈。交错点等于人的和人类历史的实践"①。在表象与思想的矛盾运动中，概念既可能由于其"抽象性""隔离性"而背离现实，又能够在它的"整体"和"趋势"中把握到对象的"普遍必然性"。然而，概念的逻辑运动永远只能是"近似地"把握到对象的"普遍必然性"，而永远不可能"绝对地"把握到对象的"普遍必然性"。因此，对感性与理性、表象与思想的矛盾运动的辩证理解，必须（而且只能）是以对概念的辩证本性的理解为前提。

最后，超越经验论和唯理论对感性与理性关系的片面性理解，从根本上说，是达到对感性与理性、表象与思想的矛盾运动的实践论理解。

人是实践的存在，实践是人的存在方式。人的实践过程，是实现人自身的发展的历史过程。在人的自我发展的历史过程中，人的实践活动的两个尺度——"任何物种的尺度"和人的"内在固有的尺度"——都获得了历史性的发展，使人成为真正的历史的、文化的存在。把人理解为实践的、历史的、文化的存在，这是理解人的认识活动的前提，也是超越经验论和唯理论对感性和理性关系的片面性理解的前提。

经验论和唯理论割裂人的感性与理性，从根本上说，是离开人的实践活动及其历史发展去看待人的认识，特别是离开人的实践性、历史性和文化性

---

① 《列宁全集》第38卷，第310页。

去看待作为认识主体的人,也就是把现实的人变成了某种抽象的经验(经验论)或抽象的理性(唯理论)。从现实的人及其历史发展出发,我们就会以历史文化的视野去看待感性与理性、表象与思想的矛盾运动,把人的认识理解为思维向客体接近和逼近的无限的发展过程。

第五节 科学主义与人本主义

一、科学主义的概念解析

"科学主义"和"人本主义",是在现代哲学中使用频率颇高的两个概念。人们普遍认为,科学主义与人本主义是现代哲学中双峰对峙的两大哲学思潮,并以科学主义与人本主义的演化趋向来描述和预测哲学的跨世纪走向。因此,在对哲学及其派别斗争的理解中,探讨科学主义与人本主义的内涵及其相互关系,是十分必要的。这里,我们首先辨析"科学主义"这个概念。

所谓"科学主义",主要是指近代以来,特别是指19世纪中叶以来逐步盛行起来的一种哲学思潮或哲学运动。近代以来的科学发展及其广泛的技术应用,使一些自然科学家和哲学家认为:"精确"的科学是伟大的,而"思辨"的哲学是渺小的;只有忽视甚至侮辱传统的哲学,才能使科学从"形而上学"中解放出来;只有用实证科学(自然科学)的理论和方法去改造哲学,才能使哲学从传统的"形而上学"变成"科学的哲学"。由此可见,哲学中的科学主义思潮的实质,是改变传统的关于哲学与科学的相互关系的理解,"拒斥"传统意义上的哲学,把哲学变成科学的"副产品"。正因如此,有的学者明确地指出,"科学主义"是一个"贬义词","反对把自然科学看作文化中价值最高部分的哲学家把他们所反对的看法称为'科学主义'(scientism),加以贬斥"[①]。

为了具体地理解"科学主义",我们需要分析"科学主义"与"科学哲学""分析哲学""基础主义"以及"科学精神"的关系。

首先,我们分析"科学主义"与"科学哲学"的关系。

"科学主义"与现代西方的"科学哲学"具有十分密切的复杂关系,但"科学哲学"并不就是"科学主义"。有的学者曾经指出:"事实上,人们是

---

① 参见江天骥:《科学主义和人本主义的关系问题》,《哲学研究》1996年第11期。

在不同意义上使用词组'科学哲学'的。总的说来，对这个词组有广义的和狭义的两种解释。广义上说，即就其本来的涵义来说，'科学哲学'是以科学为研究对象的一个学科，是有关科学的哲学。换句话说，科学哲学是指研究一个领域或一个部门的哲学，这个领域或部门就是科学。科学哲学对科学的方方面面作哲学分析。这种广义的解释是不同哲学派别的哲学家可以接受的。实际上，人们经常把科学哲学作为一门学科来谈论。例如，本格表示：'如果我们说科学哲学，我们指对科学作考察的一个学科：分析科学的种种问题、科学的方法、科学的技巧、科学的逻辑结构、科学的语义构成、科学的一般结果等等'。""但是，只限于对'科学哲学'词组的广义解释就很不够了。欧洲哲学的历史演进给这个术语带来了特殊的意义，使之带有时代的印记。只要不忘考虑哲学史背景，这种特殊的意义便是不能忽视的。""狭义上说的'科学哲学'是指一个哲学运动、一种哲学思潮，与哲学上划分大派别相联系，在哲学史上有渊源关系，在哲学演变中占有一定的地位。这就是指开始于实证主义的科学主义思潮或哲学运动。在苏联把它统称作'英美科学哲学'，在我国叫作'西方科学哲学'，在英国和美国则称为现代科学哲学。很显然，'科学哲学'的狭义解释是加以限制了的一种特定的涵义，它与这个词组的广义解释有着本质的差别。作为一个哲学运动或一种哲学思潮，科学哲学是西方哲学发展一定阶段上和科学相当发展的背景上出现的，是一种历史产物。"

通过上述解释，可以初步地明确"科学主义"与"科学哲学"的关系："广义的"科学哲学，是关于科学的哲学，它本身并不就是"科学主义"；与此相反，"狭义的"科学哲学，即作为一种试图以自然科学的理论和方法来改造哲学的哲学思潮或哲学运动，则是现代哲学中的"科学主义"思潮。

其次，我们分析"科学主义"与"基础主义"的关系。

"科学主义"，在其深层的哲学意义上，应当说是一种"认识论的基础主义"。有的学者曾对近代哲学家勒内·笛卡儿首创的"基础主义"做出这样的概括："（一）科学是唯一的知识、永恒的真理。伦理的、美学的和神学的思想都将被科学的进步所排除。接受传统规范的唯一理由不过是，我们在一切实践领域还没有足够的科学知识的限度内，按照传统规则和基于经验的做法来生活是慎重的。这一点最重要，以下各点可由此直接或间接地推演出来。（二）科学知识的确定性（certainty）在于它以主体中的明白清晰的观念为基础；这是知识的阿基米德点。（二）自然科学之所以是客观实在的正确表象,是由于科学方法的应用,它成了一切知识的标准和范例。(四)当一切知识都成为科学知识之日,就是一切人生问题(包括伦理道德问题)都得到解答之时。(五)所以科学是文化中最有价值的部分。"[1]20世纪以来的"科学主义"思潮的代表人物,并没有完全接受上述观念;但是,由于他们把"科学"作为裁判全部文化的根据、标准和尺度,因此仍然是坚持"认识论的基础主义"。就此而言,我们可以说"基础主义"是"科学主义"的实质,而"科学主义"则是"基础主义"的表现形式。这种理解将有助于深化我们对"科学主义"的本质的理解。

最后,我们分析"科学主义"与"科学精神"的关系。

"科学主义"作为近代以来的一种哲学思潮和哲学运动,有其特定的理论内涵和历史内涵,不能把"科学主义"混同于对"科学"的崇尚和倡导,更不能把它混同于"科学精神"。"科学精神",是对真理的追求并为之奋斗的精神即"求真"的精神,是面对现实探索规律的精神即"求实"的精神,是以科学成果造福人类的精神即"求善"的精神,是促进人的全面发展并实现人与自然的统一的精神即"求美"的精神。这种求真、求实、求善、求美的"科学精神"本身就是一种"人文精神",或者说是"人文精神"的重要组成部分。把具有特定内涵的"科学主义"与人类为真理而斗争的"科学精神"区别开来,批判"科学主义"而弘扬"科学精神",这是我们的应有的基本态度。

二、人本主义的概念解析

在现代哲学中,"人本主义"是与"科学主义"相对待的哲学称谓。一般认为,"人本主义"有三种含义:一是特指14世纪下半期发源于意大利并传播到欧洲其他国家的哲学和文学运动,它构成现代西方文化的一个要素[2];二是专指18世纪末到19世纪初德国古典哲学中的路德维希·费尔巴哈的人本主义哲学;三是泛指承认人的价值和尊严,把人看作万物的尺度,或以人性、人的有限性和人的利益为主题的任何哲学,其中主要是指现代西方哲学中与"科学主义"相对应的,以人的本质、价值、地位等为研究重心的哲学思潮,包括生命哲学、哲学人类学和存在主义等。

---

[1] 江天骥:《科学主义和人本主义的关系问题》,《哲学研究》1996年第11期。
[2] 参见江天骥:《科学主义和人本主义的关系问题》。

在上述"特指"的第一种意义上，人本主义的思想家是力图把人重新纳入自然和历史世界中去，并以这个观点重新解释"人"。"在这个意义上人本主义是造成17世纪科学革命的基本条件之一，因而在一定程度上也是促使'科学主义'诞生的一个条件。17世纪以来的基础主义和19世纪末期以来的自然主义并不反对文艺复兴的人文主义。"①因此，这种"特指"的人本主义，或者说历史上的人本主义运动，是同超自然的信仰主义相对立，而不是同近代以来兴起的"科学主义"相对立。

在上述"特指"的第二种意义上，人本主义就是费尔巴哈的"人本唯物主义"。为了与"庸俗唯物主义"相区别，费尔巴哈把自己在反对宗教神学和黑格尔唯心主义哲学中所建立的哲学称为"人本主义"或"哲学中的人本主义原则"。"实际上，费尔巴哈哲学继承人文主义和启蒙运动关于自然与人的思想，恢复了英法唯物主义的哲学传统，它确认物质第一性，人是自然界长期发展的产物，是从自然转化的有意识有理性的实体，是肉体与灵魂、存在与思维的统一体，并把人和自然作为哲学唯一的最高对象；但和忽视人甚至'敌视人'的英法机械唯物主义又不同，费尔巴哈哲学认为人不是机器，而是感性的对象，人性、人的本质存在于人同自然和人同人的统一之中。人们因此把费尔巴哈哲学称为人本唯物主义。在这个意义上，马克思、恩格斯认为，费尔巴哈比英法机械唯物主义有巨大的优越性"，"但是，人本唯物主义又是脱离社会实践、社会关系来研究人的，不理解人和人的意识的社会本质，把现实的人的特征和属性看作是'单个人所固有的抽象物'，还原为人的自然本性，实际上是把人生物化了。人本唯物主义所理解的人实际上仍是抽象的自然的人，而不是具体的社会的人。在这个意义上，列宁认为，人本唯物主义只是关于唯物主义的不确切的肤浅的表述"②。

在上述的第三种意义即"泛指"的意义上，现代哲学中倡言"以人为本"的哲学，往往均被冠以"人本主义"，甚至把马克思的哲学也归结为"人本主义"哲学。这至少是一种很严重的误解。为了理解现代哲学中的"人本主义"，我们需要辨析"人本主义"与"人道主义"、"马克思主义"和"反科学主义"的关系，还需要具体地了解现代哲学中的"存在主义"思潮。

---

① 参见汪天骥:《科学主义和人本主义的关系问题》。
② 李淮春主编:《马克思主义哲学全书》，第509页。

首先,我们分析"人本主义"与"人道主义"的关系。

"人道主义",通常被解释为"关于人的本质、使命、地位、价值和个性发展等的思潮和理论"。在这个意义上,作为哲学思潮或哲学理论的"人本主义",或内蕴着"人道主义"的思想和原则,或张扬着"人道主义"的口号和旗帜,人们往往在某种程度的同等意义上去使用"人道主义"和"人本主义"这两个概念。就此而言,对"人道主义"的解释,也是某种程度上对"人本主义"的诠释。

通常认为"人道主义作为一种时代思潮和理论,它的产生、发展是与西欧资本主义的产生、发展相适应的。在15世纪新兴资产阶级思想家那里,人道主义的最初形式是人文主义,指文艺复兴的精神,即通过学习和发扬古希腊和古罗马文化,使人的才能得到充分发展。人文主义形式的人道主义者大多为艺术家、作家、思想家和科学家,限于文学艺术领域。它提倡人道反对神道,高扬人性贬抑神性,赞美人的自然性否定一切神授,要求重视人的'个性'、'自由意志'及世俗的享受,冲破封建的宗教束缚,追求人的解放。18世纪法国启蒙思想家将人道主义扩及政治、经济和意识形态的各个领域,提出'自由、平等、博爱'的政治口号,要求建立公正的社会制度,使现实的一切都符合人的理性,成为资产阶级革命的理论前提"①。

其次,我们分析"人本主义"与马克思主义的关系。

显而易见,上述的"人道主义"或"人本主义",与"马克思主义"是有原则性的重大区别的。按照恩格斯的解释,马克思主义哲学是关于"现实的人及其历史发展"的哲学,人在马克思主义哲学中占有极其重要的地位。马克思主义从人的存在方式——实践活动——出发去理解思维与存在、人与世界的相互关系,并以实践观点的思维方式去解决全部哲学问题,以人类自身的解放事业为自己的使命。这表明,马克思主义既以历史主义的态度批判地汲取了人道主义的合理内容,但又以科学社会主义而超越了人道主义。20世纪的"西方马克思主义"以人道主义或人本主义来诠释马克思主义,这从根本上说是不恰当的。

再次,我们分析"人本主义"与"反科学主义"的关系。

作为一种哲学思潮和哲学运动,现代哲学中的"人本主义",是作为

---

① 李淮春主编:《马克思主义哲学全书》,第509—510页。

"反科学主义"的哲学思潮而存在的。20世纪的欧洲大陆哲学,改变了主要以数学、物理学等自然科学知识为对象的研究方式,日益显著地以人以及关于人的人文学科为对象,从而形成了与英美占主导地位的"分析哲学"相抗衡的哲学思潮,即"反科学主义"的哲学思潮。

这种"反科学主义"的"人本主义"思潮,反对把自然科学视为一切文化样式的典范,反对把自然科学的理论和方法供在哲学祭台的中央,要求对"科学"本身的种种预设前提进行批判性反思。特别是在"语言转向"中,欧陆的人本主义哲学反对"科学主义"地对待语言,即反对单纯地强调语言的逻辑性,反对分析哲学把对语言的哲学思考仅仅诉诸概念的确定性、表达的明晰性和意义的可证实性,而要求对语言的"人文主义"理解,即要求考察语词的多义性、表述的隐喻性和意义的可增生性,从而把语言理解为人的存在方式。

最后,我们分析"人本主义"与现代哲学中的"存在主义"思潮的关系。

在现代哲学中,"存在主义"是一种具有典型意义的"人本主义"。存在主义认为,"人"是一种区别于其他所有存在的特殊的存在。德国哲学家海德格尔把这种特殊的存在称为"此在"。海德格尔这样提出问题:"我们应当在哪种存在者身上破解存在的意义?我们应当把哪种存在者作为出发点,好让存在开展出来?"[1]他的回答是:"这种存在者,就是我们自己向来所是的存在者,就是除了其他存在的可能性外还能够发问存在的存在者,我们用此在这个术语来称呼这种存在者。"[2]

作为人本主义的存在主义,它所凸现的是,人的存在与其他一切存在的区别,并从而把人的存在作为哲学理解的真正对象。存在主义认为,人以外的一切存在,都是"本质先于存在",即某种特定的物种的本质预先地规定了该物种的每个个体的存在;与此相反,人的存在则是"存在先于本质",即人在自身的存在过程中构成自己的本质,人是一种不断地超越自己先前之所是的存在。

在存在主义看来,正是人的存在的特殊性,才需要反思人的存在的哲学;而存在主义以前的全部哲学,却总是像对待其他存在一样,不断地追问

---

[1] 海德格尔:《存在与时间》,第9页。
[2] 同上书,第10页。

人的"本质",因此,除存在主义之外的全部哲学都是"本质主义"哲学。存在主义认为,寻求"本质"需要科学的研究方式,反思"存在"则需要哲学的研究方式;要求哲学像科学那样去寻求"本质",必然得出"科学主义"的结论;让哲学反思人的"存在",则是存在主义的或人本主义的哲学。由此可见,在存在主义这里,集中地表现了"科学主义"与"人本主义"在现代哲学中的对立。

三、科学主义与人本主义的对峙与融合

科学主义与人本主义的对立,首先是哲学自我理解的对立,即理解和解释哲学自身的对立。

在科学主义看来,哲学和科学都起源于人类对知识的渴求,都承担着为人类提供普遍性知识的使命,由此便构成了哲学与科学之间的历史地位与作用的演化过程:古代的哲学以"知识总汇"的形式而囊括了全部科学,科学则以萌芽的形式而蕴含于哲学之中;近代的科学纷纷从哲学的母体中独立出来,而哲学则企图以"科学的科学"的姿态而君临于科学之上;现代科学不仅完全获得了自己的独立性,而且承担起不断地提供新的"世界观"或"普遍规律"的职能,因此现代的哲学必须而且只能作为"科学的副产品"即对科学命题进行逻辑分析的方式而存在。

科学主义认为,哲学与科学的这种相互关系的历史转换,既符合哲学史和科学史,也符合哲学与科学的自身发展的逻辑。这是因为,"人类总是倾向于甚至在他们还无法找到正确答案时就做出答案",因此,"当科学解释由于当时的知识不足以获致正确概括而失败时,想象就代替了它,提出了一类朴素类比法的解释来满足要求普遍性的冲动",这样,"普遍性的寻求就被假解释所满足了",而"哲学就是从这个土地上兴起的"①。这表明,"哲学思辨是一种过渡阶段的产物,发生在哲学问题被提出,但还不具备逻辑手段来解答它们的时候";然而,"一种对哲学进行科学研究的方法,不仅现在有,而且一直就有","从这个基础上已出现了一种科学哲学,这种在我们时代的科学里已找到了工具去解决那些早先只是猜测对象的问题",因此,"哲学已从思辨进展而为科学了"②。

---

① 参见赖欣巴哈:《科学哲学的兴起》,第11页。
② 同上书,第3页。

与科学主义相反，人本主义认为，哲学与科学起源于人类的两种不同的渴求，科学寻求的是关于事物的规律，哲学寻求的则是人的自我理解。从哲学史看，古希腊哲学的根本指向就是"认识你自己"。古代哲学对"万物的统一性"的寻求，从根本上说，是以"外投"的形式而寻找"内在"的根据，即通过寻求"万物的统一性"而确立人自身的"安身立命之本"；近代哲学对"意识的统一性"的寻求，则更为明确地从关于世界的思考而转向关于人的思考，"认识论转向"的实质是"主体性转向"；现代哲学以发达的现代科学为前提，把人以外的一切存在都交给科学去进行研究，哲学则专门反思人的存在。

科学主义与人本主义的对立，以对哲学的自我理解的对立为前提，具体地展现为对哲学的研究对象、理论性质和社会功能的不同理解。

在科学主义看来，现代科学为人类提供关于对象世界的各种规律性的认识，现代哲学的研究对象就是科学本身；由于现代哲学以现代科学为基础，所以现代哲学具有双重性质，即：一方面，由于它以科学为基础，因而它也具有科学的性质，另一方面，由于它是对科学的逻辑的、语言的分析，因而它又具有超科学的哲学性质；这种科学化的哲学，不是为人们提供"普遍规律"，而是为人们消解掉传统哲学"制造"的种种"虚假问题"，并为人们"澄清"语言表达的意义，使人们能够"科学地"思考问题和"科学地"生活。

与科学主义相反，人本主义认为，现代科学的发展既为哲学对人的反思提供了重要前提，又为哲学对人的反思提出了迫切要求。在现代人本主义看来，由于现代科学承担了对人以外的全部存在的研究，因而现代哲学能够集中地反思人这种特殊的存在，并从对人的反思出发去重新理解人与世界的关系；同时，由于现代科学技术的发展，造成了"全球问题"和"人的物化问题"，因而现代哲学的根本任务是反思包括科学活动在内的人的全部活动方式，回答现代人类的存在意义问题。从这种基本理解出发，现代人本主义认为，人是哲学的真正对象，关于人的哲学反思与科学具有不同的理论性质，它的主要社会功能是为人的自我认识提供理论前提。

科学主义与人本主义的对立，还表现为对传统哲学的不同的理解与批判。

当代美国哲学家莫尔顿·怀特说，"几乎二十世纪的每一种重要的哲学运动都是以攻击那位思想庞杂而声名赫赫的十九世纪的德国教授的观点开始的,这实际上就是对他加以特别显著的颂扬。我心里指的是黑格尔"①。这是因为,"在黑格尔的博大体系中,以往哲学的全部雏鸡都终于到家栖息了"②。因此,对黑格尔的哲学批判,就是对全部传统哲学的批判;批判黑格尔哲学的不同出发点和不同思路,则凸显了现代哲学中的科学主义与人本主义的对立。

以黑格尔哲学为最高代表的传统哲学的本质特征,可以做出这样的总体性概括,即:哲学家主要是以个人头脑中的思辨活动去追求思维把握和解释世界的全体自由性。把这句话分解开来,包含两层基本含义:一是传统哲学的追求目标——思维把握和解释世界的全体自由性;二是传统哲学的研究方式——哲学家个人头脑中的思辨活动。

从哲学自身发展的逻辑上说,现代哲学产生于传统哲学的批判。而如何批判传统哲学,则同时规定着新哲学所选取的不同的哲学方向与道路。"拒斥形而上学",这是自19世纪30年代以来的实证主义所开始的科学主义思潮的旗帜和出发点,它标志着科学主义思潮对传统哲学的总体态度,也蕴含着科学主义思潮的基本取向。

"拒斥形而上学",这意味着,科学主义思潮所理解的传统哲学的根本弊端,在于它的脱离科学的"思辨性"和"超验性"。在科学主义看来,黑格尔哲学以"绝对理念"的自我运动来描述思维和存在所服从的同一规律,这是一种"狂妄的理性"或"理性的狂妄",即试图超越科学理性而无限地驰骋人类的理性。因此,科学主义从"谦虚的理性"或"理性的谦虚"出发,试图以科学理性来限定人类理性,用科学即自然科学的理论和方法去"改造"哲学,或通过语言的分析去"治疗"哲学,使哲学成为科学的"副产品"。

与"拒斥形而上学"的科学主义思潮不同,人本主义思潮认为,黑格尔的"绝对理念"及其自我认识和自我运动,是一种彻底理性化、逻辑化的"冷酷的理性"或"理性的冷酷",它把人变成了抽象的、冰冷的逻辑。因此,人本主义从"丰富的人性"或"人的丰富性"出发,把它对传统哲学的批判诉诸关于人的生存意义的"人学"。现代的人本主义哲学,在批判以黑格尔哲学为标志的传统哲学的过程中,具体地探讨了自在的存在与自为的存在、理性与非理性、意识与无意识、语言与文化等诸多矛盾关系,在现代意

---

① M.怀特:《分析的时代——二十世纪的哲学家》,第7页。
② H. D. 阿金编著:《思想体系的时代》,王国良、李飞跃译,光明日报出版社1989年,第64页。

义上展开了对人的哲学反思。

在概括地了解科学主义与人本主义对立的同时,我们还应看到现代哲学中这两大思潮的某些共同点及其相互融合的趋向。

现代哲学中的科学主义思潮,是以逻辑实证主义为典型代表的。在现代哲学的发展过程中,逻辑实证主义不仅遭到各种人本主义派别的讨伐,而且也受到了其后的各种科学哲学流派的批判。波普的批判理性主义、库恩的历史主义、拉卡托斯的精致证伪主义、费耶阿本德的认识论的无政府主义等等,从不同的角度、在不同的程度上均"缓和"了对传统哲学的批判,从而也微妙曲折地调整了对哲学本身的看法。波普的批判理性主义不仅"容忍"思辨性的猜测,而且认为科学本身就是通过自由创造的、思辨的、尝试性的猜测与观察和实验的反驳而获得进步的。库恩则以科学家集团所共同遵循的"范式"作为其科学发展历史模型的核心范畴,强调社会文化心理因素在理论选择和科学发展中的作用。至于费耶阿本德,甚至反对科学是按照某种或某些特殊的方式进行的一种理性活动的观点,以至认为现代科学正在扮演与早期欧洲基督教相类似的角色。这种"内部造反",不能不说是对极端的"科学主义"的一种惩罚。

应当特别指出的是,面对现代科学及其技术应用的迅猛发展,在当代哲学中正在兴起"对科学的人文主义理解"的思潮。这种思潮认为,科学作为人类的一种活动方式,科学理论作为人类这种活动方式的结果,它同人类自身一样,是一种历史性的存在,而不是某种超越于人类之外或凌驾于人类之上的独立自主的实体。科学的认识方式和方法论原则,并不具有永恒的中立性,而总是蕴含着人类的历史性的概念框架、解释原则和价值观念。对于人类的多姿多彩的文化样式来说,科学并不具有普遍的可公度性。因此,需要从人文主义的视野去理解科学,并在对科学的人文主义理解中,消弭科学主义与人本主义的对峙。

在《分析的时代——二十世纪的哲学家》一书的结尾,莫尔顿·怀特曾感慨万千地说:"只要我们把哲学看成是各部分截然隔开的学科,在那里有感动我们的萨特尔,有为我们做实证工作的卡尔纳普,那么我就必然看到使哲学界分裂的不只是不协调,而是更加令人沮丧的东西,那就是哲学家们完全缺乏能力和方法达到相互之间的了解。"[①]他提出,"最重要的是把二十世纪

---

① M.怀特:《分析的时代——二十世纪的哲学家》,第244页。

哲学的两个对立要素重新统一起来，即用那些主要是大陆传统中的高瞻远瞩、明察洞见和比较人道的与有文化修养的事宜来补足最近英、美传统中分析派的、实用主义的和语言学派所关心的事情"[1]。他还充满信心地说："当我们一旦弄清楚学科之间没有明确的分界线，而且没有一门学科可以称得起在认识分类表中占有一个唯我独尊的位置时，当我们弄清楚了人类各种经验的形式也和认识同样重要时：只有到那个时候才算打通最广义的、关于人的哲学研究的道路。"[2]

四、科学主义和人本主义的社会历史观

现代哲学中的科学主义和人本主义，虽然表现为许多方面的对立，但却具有某些深层的一致性。这主要是体现在它们对社会历史的理解之中。

传统哲学以追求思维把握和解释世界的全体自由性为目标，把哲学的价值定位为提供人类存在的"安身立命之本"或"最高的支撑点"。这种深层的哲学观念之所以能够得以成立，是因为传统哲学总是把人类社会的历史归结为思想的历史，把历史发展的动力归结为理性的力量，把社会历史的进步归结为理性的胜利。这表明了传统哲学的对人类理性的鲸吞宇宙的期待，对真善美的雄心勃勃的追求，对人类实现自身崇高的满怀激情的确信。

然而，现代哲学中的科学主义思潮和人本主义思潮，都否认理性的权威性、确定性和统一性，都力图动摇人类生存的合理性、必然性和规律性信念。与追求人类"最高支撑点"的传统哲学相比，现代哲学中的两大思潮从对人类理性的鲸吞宇宙的幻想，变成了对人类理性的深感忧虑的怀疑；从对人类未来的满怀激情的憧憬，变成了对人类未来的惴惴不安的恐惧；从对真善美的雄心勃勃的追求，变成了对真善美的黯然失色的叹息。失掉对人类前景的确信，否认历史的真正的进步，张扬真理的多元主义，坚持价值的相对主义，构成了现代哲学中这两大思潮的共同的基本观念。

现代哲学中的人本主义思潮认为，黑格尔的"绝对理念"即"无人身的理性"把人的情感、意志、想象、个性等人的全部丰富性都异化给了非人的、超人的思维，因而这样的理性是"冷酷的"，是敌视个人存在的；黑格尔以这种"冷酷的理性"作为历史统一性的基础、历史必然性的逻辑和历史进

---

[1] M.怀特：《分析的时代——二十世纪的哲学家》，第244页。
[2] 同上书，第243页。

步性的根据,不仅是纯粹的虚构,是与人的生存状态相悖谬的,而且是对人的生存价值的否定。

人本主义思潮的基本观点是:个人作为一次性的存在,具有不可重复性,对于个人的不可逃避的归宿——死亡——而言,人生总是荒谬的;人作为一种独特的自为性的存在,具有不可规定性,对于除人之外的全部的自在存在——世界——而言,人生又是自主的;荒谬的人生是"无意义的",自主的人生则是"有价值的";因此,人不应该寻求终极的意义(包括历史的必然性),而应该努力实现自身的价值。

这样,人类生活的必然性信念,历史发展的规律性信念,都在人本主义思潮中隐退了;非理性的和相对主义的价值观和历史观,构成了现代西方人本主义思潮的基调。显而易见,在对传统哲学的理性进步的历史观的批判中,现代西方人本主义思潮不仅否定传统哲学以理性的实现来解释历史的进步,而且否定了历史的统一性、必然性和进步性。

与人本主义思潮一样,科学主义思潮也是从批判黑格尔的"无人身的理性"出发,并通过这种批判确立了相对主义的价值观和历史观。而科学主义思潮的突出特征则在于,它立足于"谦虚的理性"去讨论"狂妄的理性",把对理性的批判具体化为对哲学以及科学的批判。这种批判是对理性的挑战,也是对理性进步的历史观的挑战。这鲜明地表达了现代西方科学主义思潮与马克思主义哲学对社会历史的两种不同理解。

《哲学通论·第七章 哲学的派别冲突》 数字化教学支持资源

一、孙正聿老师视频精品课(五讲)(请扫码观看)

二、本章拓展资源(请扫码观看)
1.《哲学的基本问题和基本派别》
2.《历史唯物主义的真实意义》

3.《〈谈谈辩证法问题〉导读》

本章思考题

1. 怎样理解哲学的派别性与层次性之间的关系?
2. 试用哲学的派别性与层次性分析唯物主义与唯心主义的斗争。
3. 怎样理解辩证法的自在性与自为性?
4. 简要分析人的感性与理性的矛盾,并以表象与思想的矛盾运动描述认识过程。
5. 什么是科学主义和人本主义? 对这两大思潮做出简要的评论。

第八章 哲学的历史演进

哲学是历史性的思想,哲学史则是思想性的历史。哲学与哲学史是密不可分的。这正如恩格斯所说,真正的哲学必须是"一种建立在通晓思维的历史和成就的基础上的理论思维"①。了解哲学的演进历程和发展规律,探索哲学历史性转换的时代内容和理论内涵,对于历史地追问和回答"哲学究竟是什么"这个根本问题,对于深入理解哲学的思维方式和生活基础、哲学的主要问题和派别斗争,都是十分重要的。

第一节 哲学历史演进的多重透视

一、哲学发展史的含义

哲学的历史有其特殊的演进历程和发展规律。人们通常把哲学区分为"古代哲学""近代哲学"和"现代哲学",这意味着,哲学在"古代""近代"和"现代"发生了重大的历史性变化。如何看待这种变化,直接关系到如何理解哲学的"发展"。

"发展"是一个"具体的概念",这是黑格尔关于哲学发展史的一个重要思想。黑格尔认为,哲学的"具体"的运动,"乃是一系列的发展,并非像一条直线抽象地向着无穷发展,必须认作像一个圆圈那样,乃是回复到自身的发展。这个圆圈又是许多圆圈所构成;而那整体乃是许多自己回复到自己的发展过程所构成的"②。对此,列宁在《哲学笔记》中予以高度评价。列宁写道,"把哲学史比做圆圈",这是"一个非常深刻而确切的比喻!每一种思想=整个人类思想发展的大圆圈(螺旋)上的一个圆圈"③。

关于哲学研究和哲学史研究,黑格尔还从上述思想出发,提出了一个最

---

① 《马克思恩格斯选集》第3卷,第533页。
② 同上书,第31—32页。
③ 参见《列宁全集》第38卷,第271页。

重要的方法论原则,即逻辑与历史相统一的原则。黑格尔说:"历史上的那些哲学系统的次序,与理念里的那些概念规定的逻辑推演的次序是相同的。我认为:如果我们能够对哲学史里面出现的各个系统的基本概念,完全剥掉它们的外在形态和特殊应用,我们就可以得到理念自身发展的各个不同的阶段的逻辑概念了。反之,如果掌握了逻辑的进程,我们亦可从它里面的各主要环节得到历史现象的进程。"①毫无疑问,在黑格尔的逻辑与历史相统一的思想中,是要求"历史"屈从他的"逻辑",因此,马克思批评说:"黑格尔认为,世界上过去发生的一切和现在还在发生的一切,就是他自己的思维中发生的一切。因此,历史的哲学仅仅是哲学的历史,即他自己的哲学的历史。""他以为他是在通过思想的运动建设世界;其实,他只是根据自己的绝对方法把所有人们头脑中的思想加以系统的改组和排列而已。"②但同时,马克思又充分地肯定了历史与逻辑相统一的方法论原则,并运用这一方法论原则去看待哲学与哲学史的关系。

在黑格尔的关于哲学发展史的论述中,还提出了哲学的"主导原则"与哲学史的关系问题。他认为,历史上的每种哲学都有其自身的"原则","每一原则在一定时间内都曾经是主导原则。当整个世界观皆据此唯一原则来解释时,——这就叫作哲学系统"③。黑格尔认为,"每一哲学曾经是,而且仍是必然的,因此没有任何哲学曾消灭了,而所在各派哲学作为全体的诸环节都肯定地保存在哲学里","那最新的哲学就是所有各先行原则的结果,所以没有任何哲学是完全被推翻的。那被推翻了的并不是这个哲学的原则,而只不过是这个原则的绝对性、究竟至上性"④。

在这里,黑格尔突出强调的是,哲学之所以是发展的,是因为每一种哲学"原则"都具有二重性,即:一方面,每一种哲学原则的"绝对性""究竟至上性"都会被"推翻";另一方面,每一种哲学"原则"本身都会作为"环节"而"保存"在哲学中。如果对比当代科学哲学家托马斯·库恩关于科学史的"范式"转换思想,我们还是会感受到黑格尔的辩证智慧。

在库恩看来,科学的历史是科学"范式"转换的历史,而科学"范式"之间具有"不可通约性",这种观点起码是弱化了"发展"的真实性,并容易

---

① 黑格尔:《哲学史讲演录》第1卷,第34页。
② 《马克思恩格斯选集》第1卷,第108页。
③ 黑格尔:《哲学史讲演录》第1卷,第41页。
④ 同上书,第40页。

导致相对主义的结论;但在黑格尔看来,哲学的历史是哲学"原则"被"扬弃"的历史,每种哲学原则都作为哲学自身发展的环节而保存在哲学之中,这种观点确认了哲学的历史性发展,拒绝了相对主义的结论。

毫无疑问,我们需要批判地考察黑格尔的哲学思想。但是,在理解哲学的"发展"的含义时,我们不应忽视黑格尔的哲学史思想所提供的透视角度。

二、从思维和存在的关系问题透视哲学史

哲学的历史演进,是同哲学基本问题——思维和存在的关系问题——的历史性变化密不可分的。恩格斯在提出"全部哲学,特别是近代哲学的重大的基本问题,是思维和存在的关系问题"①之后,紧接着就分别论述了"思维和存在的关系问题"在"远古时代""中世纪"和"近代"的不同状况。结合恩格斯关于哲学基本问题历史演化的论述去反观哲学史,能够更为具体地深化我们对哲学的"发展"的理解。

恩格斯提出,在"远古时代",人们已经"不得不思考这种灵魂对外部世界的关系",并产生了"灵魂不死的观念",因此,"思维对存在、精神对自然界的关系问题,全部哲学的最高问题,像一切宗教一样,其根源在于蒙昧时代的狭隘而愚昧的观念"②。而在"中世纪"的"经院哲学"中,哲学的基本问题则是以这种形式提出来的,即:"世界是神创造的呢,还是从来就有的?"③

在概述了哲学基本问题在"远古时代"和"中世纪"的状况之后,恩格斯集中地论述了近代哲学与哲学基本问题的关系。恩格斯指出,思维和存在的关系问题,"只是在欧洲人从基督教中世纪的长期冬眠中觉醒以后,才被十分清楚地提了出来,才获得了它的完全的意义"④。

一般认为,在西方哲学的发展史上,出现了两次大的转向,第一次是从古代哲学到近代哲学的"认识论转向",第二次是从近代哲学到现代哲学的"实践转向"和"语言转向"。这两次"转向",就其理论内涵而言,都是转换了对"思维和存在的关系"的理解。

当代科学哲学家卡尔·波普曾提出"世界3"理论。他把物理自然世界

---

① 《马克思恩格斯选集》第4卷,第219页。
②③④ 同上书,第220页。

称为"世界1",把人的精神世界称为"世界2",而把语言文化所构成的世界称为"世界3"。借用波普的这种划分方式,我们可以比较简洁地说明哲学的"古代""近代"和"现代"三种基本形态的本质特征。这就是:所谓"古代"哲学,其实质是离开"世界2"对"世界1"的关系,即离开"思维"对"存在"的关系,而单纯地追问和直接地断言"世界1"(存在);所谓"近代"哲学,其实质是从"世界2"对"世界1"的关系,也就是从"思维"对"存在"的关系出发,去追究二者的"关系问题";所谓"现代"哲学,其实质则是从"世界3"出发去探寻"世界2"与"世界1"的关系,也就是从"语言文化"出发去探寻"思维"与"存在"的关系。

在对哲学的"古代""近代"和"现代"三种基本形态做出上述说明之后,我们就能够较为深刻地理解哲学发展的思想内涵了。

古代哲学,它离开对人类意识及其与世界相互关系的认识论反省,单纯地从对象世界本身去寻求世界的统一性,并直接地断言世界本身,而没有自觉到在这种断言中所蕴含的"思维与存在的关系问题"。因此,哲学的"古代"含义,是指尚未自觉地提出哲学基本问题而直接地寻求和断言世界本身的哲学理论形态。

近代哲学,它之所以被称为"认识论转向",是因为它以反省人类意识及其与世界的相互关系为出发点,在"思维和存在的关系"中寻求二者的统一性。在这种认识论反省中,"思维和存在的关系问题"被"明确地提了出来",并使之获得了"完全的意义"。18世纪末到19世纪初的德国古典哲学,又把这种"认识论转向"发展为对"思维和存在的关系问题"的逻辑学反思,即以概念辩证运动的形式去描述思维和存在的规律层面上的统一。因此,哲学的"近代"涵义,是指自觉地提出哲学基本问题并从而寻求思维规律与存在规律统一的哲学理论形态。

现代哲学,它之所以被称为"实践转向"和"语言转向",是因为它超越了近代认识论转向的主观与客观的二元对立,从思维与存在统一的现实基础(实践)或文化中介(语言)出发,去回答和解决思维和存在的关系问题。马克思的"实践转向",以人的现实的存在方式——实践活动及其历史发展——为基础去解决思维与存在、人与世界之间的关系问题;现代西方哲学的"语言转向",则是以人类历史文化的"水库"——语言——为出发点去反省思维与存在、人与世界之间的关系问题。因此,哲学的"现代"涵义,是指以人的历史性存在为中介去回答和解决哲学基本问题的哲学理论形态。它与传统哲学（包括古代哲学和近代哲学）的根本区别，在于传统哲学总是以"超历史"的方式去解决哲学问题，而现代哲学则是以"历史的"方式去提出和回答哲学问题。

在哲学的"古代""近代"和"现代"的理论形态的历史转换中，实现了哲学的提问方式和理论内涵的历史性发展。古代哲学提出"万物的统一性"问题，这既意味着人类试图以某种最深层的统一性的存在来确定人类生活意义的最高支撑点，又意味着人类尚未达到从思维对存在的关系去反省人类生活的意义。因此，这种哲学实质是表征着人类从自在走向自为的过程。近代哲学提出"意识的统一性"问题，这既意味着人类以反省的认识去寻求人类生活的意义，又意味着人类是以超历史的即抽象的观念去看待存在的意义。这种哲学表征着人类受"抽象"统治的自我意识。现代哲学提出"实践的统一性"以及科学、语言、文化等的统一性问题，这既意味着人类从历史的即现实的观念去看待存在的意义，也意味着人类在多元文化中的意义的冲突与危机。这种哲学表征着人类的理论理性与实践理性相融合的自我意识。

三、从人类存在的历史形态透视哲学史

哲学作为理论形态的人类自我意识，它的理论形态的历史演进，直接地取决于人类关于自身存在的自我意识的历史性变化；而人类关于自身存在的自我意识的历史性变化，则深层地取决于人类存在的历史形态的转换。因此，哲学史，归根到底是理论形态的人类发展史；每个时代的哲学，则归根到底是"思想中所把握到的时代"，是"自己时代精神的精华"。

关于人类存在的历史形态，马克思从宏观的历史视野，做出了如下的总体概括："人的依赖关系（起初完全是自然发生的），是最初的社会形态，在这种形态下，人的生产能力只是在狭窄的范围和孤立的地点发展的。以物的依赖性为基础的人的独立性是第二大形态，在这种形态下，才形成普遍的社会物质交往，全面的关系，多方面的需求以及全面的能力体系。建立在个人全面发展和他们共同的社会生产能力成为他们的社会财富这一基础上的自由个性，是第三阶段，第二阶段为第三阶段创造条件。"[①]概括地说，人类存在的三大历史形态是：人的依赖关系；以物的依赖性为基础的人的独立性；以

---

① 《马克思恩格斯全集》第46卷(上)，第104页。

个人全面发展为基础的自由个性。

在"人的依赖关系"的历史形态中,个人依附于群体,个人不具有独立性,只不过是"一定的狭隘人群的附属物"。 在"以物的依赖性为基础的人的独立性"的历史形态中,个人摆脱了人身依附关系,而获得了独立性,但这种"独立性"却只能是"以物的依赖性为基础"的。 人依赖于物,人受物的统治,人与人的关系受制于物与物的关系。 只有超越"以物的依赖性为基础的人的独立性",才能实现"建立在个人全面发展和他们共同的社会生产能力成为他们的社会财富这一基础上的自由个性"。 这就是人类存在的三大历史形态的基本特征。

人类存在的三大历史形态,是人类存在方式的历史规定性。 这种历史的规定性,集中地表现为"自然经济""市场经济"和社会生产力高度发达基础上的"产品经济"。 分析人类存在的历史规定性,有助于我们透视哲学历史性转换的理论内涵。

所谓"自然经济",就是在生产力水平低下或较为低下的情况下的"人的依赖性"或"人对人的依附性"的人的存在方式。 在"自然经济"的形态下,"人的生产能力只是在狭窄的范围内和孤立的地点上发展着"。 由于生产力水平低下或较为低下所造成的"人对人的依附性",从人的存在方式上看,"自然经济"的特点是经济生活的禁欲主义、文化生活的蒙昧主义和政治生活的专制主义的"三位一体"。 经济生活的禁欲主义既需要文化生活的蒙昧主义,更需要政治生活的专制主义。 自然经济的人的存在方式,从本质上看,就是这种禁欲主义、蒙昧主义和专制主义"三位一体"的"人对人的依附性"的存在方式。

按照马克思的观点,超越自然经济的市场经济,实现了人的存在方式由"人对人的依附性"到"以物的依赖性为基础的人的独立性"的历史性转变。 马克思提出,在这种"以物的依赖性为基础的人的独立性"的存在方式中,"才形成普遍的社会物质交换,全面的关系,多方面的需求以及全面的能力的体系"①。

如果我们可以像上文那样把"自然经济"的特征概括为经济生活的禁欲主义、文化生活的蒙昧主义和政治生活的专制主义,那么,在与"自然经济"相比较的意义上,我们可以对"市场经济"的特征做出如下的概括:经

---

① 《马克思恩格斯全集》第46卷(上),第104页。

济生活的反对禁欲主义而要求现实幸福，文化生活的反对蒙昧主义而要求理性自由，政治生活的反对专制主义而要求天赋人权。"市场经济"的这种要求的理论表达，则构成人们所熟知的著名的哲学命题，这就是："我欲故我在"（要求现实幸福）；"我思故我在"（要求理性自由）；"我生而为人"（要求天赋人权）。

如果我们更深入一步地从人的思维方式、价值观念和行为方式等人的存在方式的视角去透视"市场经济"，那么，我们又可以对"市场经济"的特征做出更为实质性的概括。这就是：功利主义的价值态度（以功利原则为价值核心）；工具理性的思维方式（以科学思维为合理性）；民主法制的社会体制（市场经济即法制经济）。

市场经济按照自己的要求去塑造全部的社会生活，从而也就塑造了人的新的存在方式（人在市场经济中的存在方式）。对于人的这种存在方式的本质与特征，马克思做出了最为简洁、精辟的理论把握与概括，这就是："以物的依赖性为基础的人的独立性。"

马克思的概括，深刻地揭示了市场经济以及与之相适应的人的存在方式的二重性：一方面，与自然经济相比，市场经济使人的存在方式由"人对人的依附性"转变为"人的独立性"；另一方面，市场经济中的"人的独立性"，只能是"以物的依赖性为基础"，因此它所实现的由"人对人的依附性"到"人的独立性"的转变，只是由"人的依赖关系"转变为"物的依赖关系"。正是由于市场经济以及与之相适应的人的存在方式的二重性，所以马克思既充分肯定市场经济较之自然经济的巨大的历史进步性，又深刻地揭露市场经济的内在矛盾，并指出超越市场经济的人的第三大存在状态——"建立在个人全面发展和他们共同的社会生产能力成为他们的社会财富这一基础上的自由个性"[①]。

由自然经济转向市场经济的过程，特别是市场经济自身的发展过程，就其所实现的社会进步过程而言，就是社会和人的现代化过程。市场经济与现代化是密不可分的。因此，对市场经济的剖析和对现代化的透视，可以说是相辅相成的。为了深刻认识和理解市场经济的二重性，我们需要透视"现代化"。

现代化，既是一个前所未有的、迅猛发展的自然人化过程——以现代的

---

① 参见《马克思恩格斯全集》第46卷（上），第104页。

科学技术征服自然的过程;又是一个前所未有的、急速实现的个体社会化过程——以等价交换的原则实现人的全部社会关系的过程。由此,在现代化的进程中便愈益明显地凸显了两个方面的尖锐矛盾:一是现代科学技术的迅猛发展与日益严峻的"全球问题"的矛盾,二是人的生存方式的现代化与"人的物化"(或者说"异化")状态的矛盾。

现代化所实现的空前的自然人化过程,为人类的生存和发展创造了前所未有的物质财富,但同时又造成了包括人口膨胀、环境污染、生态失衡、粮食紧张、能源危机以及核战争威胁等在内的"全球问题"。而市场经济所实现的"以物的依赖性为基础的人的独立性",既挺立了个人的主体性和独立性,增强了人的主体自我意识,形成了某种人的自我实现的条件,又造成了"抹去一切职业的灵光","把一切都沉浸到金钱的冰水当中去",也就是使人"物化"的生存状态。这就是当代的人与自然、人与社会的双重性矛盾所构成的"现代化问题"。

美国哈佛大学教授丹尼尔·贝尔曾提出一种关于划分社会发展阶段的理论,即把社会发展划分为三个阶段:前现代化(农业社会)、现代化(工业社会)和后现代化(信息社会)。

在所谓前现代化社会中,主要特征是社会生活以家庭为中心,人际关系直接密切,社会组织结构简单,风俗、道德、习惯势力大,人们行为模式固定单一,所要解决的问题是经济上的工业化和思想上的启蒙。

现代化社会是伴随工业化和机械化而来的所有社会发展,包括:开放社会阶级之间的界限和增加社会流动,教育的发展,公民权的扩大,社会服务的发展,等等。同时社会分工复杂,社会流动频繁,人际关系肤浅、间接、局限而短暂,家庭不稳定,个人常常感到紧张、压抑、忧虑和孤独。

后现代化社会中知识工业占统治地位,从事脑力劳动的人是社会基础和领导层,所从事的信息处理已超越了国界,国家乃至家庭的界限进一步模糊,所要解决的主要问题包括人口膨胀、环境污染、生态失衡、能源紧张等在内的"全球问题"[1]。

这种现代化的双重性矛盾的出现,形成了世界性的哲学层面的现代化思潮与反现代化思潮的尖锐矛盾。作为反现代化思潮,一是表现为发展中国家的以道德理想主义批判发达国家中的"物欲横流",一是表现为发达国家的

---

[1] 参见丹尼尔·贝尔:《后工业社会的来临》,高铦译,商务印书馆,1984年。

以文化保守主义所进行的现代化反省。风靡全球的丹尼尔·贝尔的《资本主义文化矛盾》、马尔库塞的《单向度的人》和艾恺的《世界范围内的反现代化思潮》，即是反映这种尖锐矛盾的代表作。作为现代西方哲学的现代化思潮，则把现代化所实现的自然的人化即自然的隐退，视为哲学一向所寻求的绝对性、确定性和终极性的消解。真理观的多元论，价值观的相对论，历史观的非决定论，构成了现代西方哲学的主导性解释原则。由此便形成了当代哲学的形上与形下、科学主义与人本主义、理想主义与实用主义、道德主义与功利主义、终极关怀与"消解哲学"的尖锐冲突[①]。

从人类存在的三大历史形态去透视哲学史，会有助于我们对哲学的古代形态、近代形态和现代形态的理解，也会有助于我们探索和展望哲学的未来发展趋向。

四、从哲学寻求崇高的进程透视哲学史

哲学的历史是寻求崇高的历史。在人类历史的精神坐标上，"崇高"与"渺小"一向是对立的两极："崇高"象征着真善美，"渺小"则意味着假恶丑。追求崇高的理想，献身崇高的事业，完善崇高的人格，臻于崇高的境界，一向被视为人生的最大的意义和最高的价值。哲学作为理论形态的人类自我意识，即以理论的形态所表达的人类关于自身的意义与价值的自我意识，它一向是以阐扬崇高和贬抑渺小作为自己的追求目标和理论使命。无论是从先秦到明清的中国传统哲学，还是从古希腊罗马到近代欧洲的西方传统哲学，无不把象征真善美的崇高作为哲学理性的真谛。

然而，值得深思的是，哲学作为"思想中所把握到的时代"，无论是中国传统哲学还是西方传统哲学，在建构人类生活精神坐标的进程中，既历史地践履着对崇高的追求，又非历史地把崇高异化为某种超历史的存在。崇高的追求与崇高的异化，构成了整个传统哲学的最深层次的内在矛盾。而从整个哲学史来看，哲学正是在追求崇高和"消解"崇高的异化的过程中发展的。这就是哲学的追求和确立崇高、批判和消解崇高的异化、重新寻求和确立崇高的否定之否定的辩证法。

在论述哲学的反宗教的历史任务时，马克思曾对宗教的本质做出这样的概括："人创造了宗教，而不是宗教创造了人。就是说，宗教是那些还没有

---

① 参见孙正聿：《崇高的位置》，吉林人民出版社，1997年，第146—151页。

获得自己或是再度丧失了自己的人的自我意识和自我感觉。"①马克思认为，"宗教把人的本质变成了幻想的现实性，因为人的本质没有真实的现实性。因此，反宗教的斗争间接地也就是反对以宗教为精神慰藉的那个世界的斗争"②。因此马克思提出，"彼岸世界的真理消逝以后，历史的任务就是确立此岸世界的真理。人的自我异化的神圣形象被揭穿以后，揭露非神圣形象中的自我异化，就成了为历史服务的哲学的迫切任务。于是对天国的批判就变成对尘世的批判，对宗教的批判就变成对法的批判，对神学的批判就变成对政治的批判"③。

在这里，马克思为我们反思哲学的历史演进，提供了一个极其重要的透视角度。这就是：近代以前的哲学，特别是中世纪哲学，是一个塑造"神圣形象"的过程；近代哲学本身，则是一个消解"神圣形象"，并以种种"非神圣形象"取而代之的过程；一个半世纪以来的现代哲学，则是在消解"神圣形象"的基础上，进而消解诸种"非神圣形象"的过程。从哲学寻求崇高和消解被异化了的崇高的双重过程去透视哲学史，将深化我们对哲学"发展"的理论内涵的理解。

传统哲学对崇高的追求，具有这样的根本性特征，即：以崇高与渺小的绝对两极对立为前提，以确立崇高的某种终极性存在为目标，以自身的理论形态作为崇高的终极实现自期自许。传统哲学的这种根本性特征，集中地表现为传统哲学的提问方式。传统哲学向自己提出的问题是：什么是绝对之真、至上之善和最高之美？在传统哲学看来，只有当哲学为人类揭示出这种绝对之真、至上之善和最高之美，并且人类按照这种绝对之真、至上之善和最高之美来裁判和实践自己的全部生活，人类才能够崇高起来。这样，传统哲学就把对崇高的挚爱与追求，变成种种亘古不变的哲学理念，把崇高的历史性内涵异化为统治人的思想与行为的种种僵化的教条和崇拜的偶像。由此便造成了传统哲学的崇高的追求与异化的崇高的内在矛盾。

中国传统哲学，一向是以"为天地立心，为生民立命"为己任，以"究天人之际，通古今之变"为内容，以"修齐治平""内圣外王"为门径，去建构人类生活的精神坐标和确立人类生活的"安身立命"之本。中国传统哲学对崇高的追求，真可谓百折不挠，一以贯之。然而，在"存天理，灭人欲"

---

①② 《马克思恩格斯选集》第1卷，第1页。
③ 同上书，第2页。

"君子喻于义，小人喻于利""君为臣纲，父为子纲"以及"法先王之法""以孔子之是非为是非"的告诫与"纲常"中，我们不仅可以看到非此即彼、两极对立的绝对化的思维方式和价值观念，而且可以看到由此所造成的崇高的异化：崇高被异化为代表"国家""社稷"的"君主"；崇高被异化为代表"人性""人格"的"圣贤"；崇高被异化为代表"经典""文本"的"儒学"；崇高被异化为代表"伦理""道德"的"纲常"……

崇高在中国传统哲学中的异化，主要表现为"君权""经典""纲常"等伦理关系的神圣化；崇高在西方传统哲学中的异化，则主要表现为"本体""共相""逻辑"等认知关系的神圣化。"上帝"作为被异化了的崇高——人的全部思想与行为的最高规范和最高裁判——只不过是被神圣化了的"本体""共相"或"逻辑"。

崇高的异化，首先是集中地表现为在宗教中的异化，即崇高被异化为"神圣形象"的"上帝"。因此马克思提出，"对宗教的批判是其他一切批判的前提"，"反宗教的斗争间接地也就是反对以宗教为精神慰藉的那个世界的斗争"①。马克思同时指出，在人的自我异化的"神圣形象"被揭穿以后，揭穿"非神圣形象"中的自我异化，即揭穿人在"尘世"中的"法""政治"等"非神圣形象"中的自我异化，就成了现代哲学的历史任务。

如果我们把哲学的塑造"神圣形象"、消解"神圣形象"和消解"非神圣形象"的发展过程，同马克思的关于人的存在形态的"人的依赖关系""以物的依赖性为基础的人的独立性"和以"个人全面发展"为基础的"自由个性"的发展进程联系起来，就会更为深切地理解哲学在寻求崇高的过程中所实现的对人类存在的自我意识的理论把握。

在"人的依赖关系"中，个体对崇高的追求，就是对群体的崇拜，被崇拜的群体则被异化为超人的"神圣形象"（从图腾到上帝）。这样，作为理论形态的人类自我意识的哲学，它对崇高的寻求和异化，就表现为以"人的依赖关系"为基础的对"神圣形象"的崇拜。

在"以物的依赖性为基础的人的独立性"的历史形态中，人对人的依赖变成了人对物的依赖，因此，人对"神"的崇拜也变成了人对"物"的崇拜，崇高在"神圣形象"中的异化也变成了在"非神圣形象"中的异化。

正因如此，哲学的历史进程，就由塑造"神圣形象"而演进为消解"神

---

① 《马克思恩格斯选集》第 1 卷,第 1 页。

圣形象"，又由消解"神圣形象"而演进为消解"非神圣形象"。哲学的这个演进过程，正是理论地表征着人类社会从人对人的依赖性走向人对物的依赖性，并进而改变人对物的依赖性的历史进程。然而，20世纪的哲学理性在消解"非神圣形象"的过程中，又承受着失落了"崇高"的种种精神困倦，因此，当代哲学正在重新确立"崇高"位置的理论反思中实现自己的发展。

第二节 哲学历史演进的基本特征

一、自我追问和自我扬弃的历史

哲学的历史，既是自我追问和自我理解的历史，也是自我批判和自我否定的历史。哲学是在自我追问和自我扬弃中实现自身的发展。

哲学的最引人注目和发人深省的突出特征，在于它的坚忍不拔的自我追问："哲学究竟是什么？"而正是由于对这个问题总是做出迥然有别或截然不同的回答，因而哲学史就成了哲学自我追问的历史。正视哲学的自我追问及其自我理解的非一致性，能够启发我们提出下述问题：(1)哲学自我追问的深层根源是什么？(2)哲学自我理解的非一致性的根源又是什么？(3)哲学的自我追问及其自我理解的非一致性，与哲学自身的历史和逻辑的进程是何关系？

哲学作为理论化、系统化的世界观，它是通过哲学家思维着的头脑所建构的、规范人们如何解释和变革人与世界相互关系的理论形态的思维方式。人的存在方式以及由此所决定的人与世界之间的特殊关系，决定着哲学把握世界的特殊方式。因此，我们首先需要从人的存在方式及其所决定的人与世界的相互关系，去反观哲学的自我追问。

人是实践性的存在，实践是人的存在方式，人类存在的全部矛盾以及人与世界相互关系的全部矛盾，都根源于人类的实践活动。实践活动的目的性与对象性、理想性与现实性的矛盾，使人与世界之间构成了一种独特的否定性的统一关系，即人类在实践活动中以否定世界现存状态的方式而实现与世界的统一。这是人类所特有的与世界的相互关系。

人类对世界的否定性统一关系，使人类和人的世界永远处于未完成的开放状态，即处于自我塑造和自我发展的过程中。人类自身的创造性、开放性和未完成性，使人对自身的认识永远处于未完成的过程之中，即人永远处于自我追问的过程中。哲学作为人类关于自身存在的自我意识理论，人对自身的永远的自我追问，理论地表现为哲学对自身——理论形态的人类自我意识——的追问。哲学对自身的追问，理论地表现和深化了人类对自身的追问。因此，哲学的历史演进，突出地表现为哲学的自我追问的深化过程。

人类的实践活动构成了人与世界之间的无限丰富的矛盾关系。这其中，最重要的是人对现实的依赖性与对现实的超越性的矛盾关系，人类的感性存在与理性追求的矛盾关系，人类存在的有限性与人类理想的无限性的矛盾关系，等等。在对这些矛盾关系的理解中，突出或强调某一方面，都会从特定的角度、特定的侧面去解释人与世界的相互关系，并从而构成某种特定的哲学理论。哲学自我理解的非一致性，正是理论地表征着人类对自身理解的非一致性；或者反过来说，正是由于实践活动内在矛盾所构成的人类对自身理解的非一致性，深层地决定着哲学自我理解的非一致性。

哲学自我理解的非一致性，集中地表现为两个方面：一是各种各样的哲学派别之间的冲突与斗争，二是哲学历史演进过程中的理论形态的自我扬弃。

人们在哲学史中所看到的，总是各种各样的哲学派别之间的无尽无休的冲突与斗争。这种派别冲突与斗争的存在，表明了哲学自我理解的非一致性；而这种派别冲突与斗争的深化，则表明哲学在自我理解的非一致性中实现自身的发展。例如，哲学中的经验论与唯理论的冲突，根源于人的感性与理性的矛盾，即：对人的感性来说的存在（现象），对人的理性来说永远是非存在（理性"看不见"现象）；对人的理性来说的存在（本质），对人的感性来说永远是非存在（感性"看不见"本质）。这种感性与理性的矛盾，贯穿于人类存在的始终。作为这种感性与理性的矛盾的理论表现，在哲学史中始终存在着经验论与唯理论的冲突以及试图解决这种矛盾与冲突的种种哲学努力。然而，正如哲学史所表明的，在古代哲学中，这种经验论与唯理论所表现的感性与理性的矛盾，还以对象世界自身矛盾的形式出现，如巴门尼德的"存在"与"非存在"、柏拉图的"理念世界"与"影像世界"，等等。在中世纪的经院哲学中，这种感性与理性的矛盾，表现为哲学中的"唯名论"与"唯实论"的冲突与斗争。在近代哲学中，这种感性与理性的矛盾，则是以思维与存在的二元对立为前提，构成了典型形态的"经验论"与"唯理论"的冲突与斗争。在现代哲学中，这种感性与理性的矛盾，又在"物理实在"与"科学实在"、"语言"与"存在"等的冲突中得以深化。这表明，哲学正是在自我理解的非一致性中、在各种各样的派别冲突中，实现了自身的发展。

　　人们在哲学史中，更会看到哲学理论形态的自我扬弃。哲学史上的任何一种哲学理论形态，都凝聚着哲学家所捕捉到的该时代人类对人与世界相互关系的自我意识，都贯穿着哲学家用以观察和说明人与世界相互关系的基本立足点和出发点，都体现着哲学家用来解决全部哲学问题，建构哲学范畴体系的独特的解释原则和方法论。正是因为每个时代的哲学家都要建立自己的独特的解释原则，并以此去解决他所面对的全部哲学问题，所以"所有的大哲学家都相信，随着他们自己的体系的建立，一个新的思想时代已经到来，至少，他们已发现了最终真理。如果没有这种信念，哲学家几乎不能成就任何事情"。"他们全都坚信，他们有能力结束哲学的混乱，开辟某种全新的东西，它终将提高哲学思想的价值。"①然而，正因为每个时代的哲学家都只能是以自己所建立的独特解释原则去解决他所面对的全部哲学问题，他的这种解释原则总是具有不可逃避的历史局限性，因此"哲学事业的特征是，它总是被迫在起点上重新开始。它从不认为任何事情是理所当然的。它觉得对任何哲学问题的每个解答都不是确定或足够确定的。它觉得要解决这个问题必须从头做起"②。因此，哲学总是在自我理解的非一致性中、在哲学理论形态的自我扬弃中实现自身的发展。

二、哲学问题自我相关和哲学原则解释循环的超越

　　哲学史是哲学问题自我扬弃的过程，因此，哲学问题总是表现出自我相关和自我缠绕的特点，即："老"问题总是以胚芽的形态蕴含着"新"问题，研究和回答"新"问题总是要反省"老"问题，以致"老"问题"青春永驻"，"新"问题又是以成熟的形态展开了"老"问题，解决"老"问题总是有赖于探索"新"问题。这就是哲学问题的自我相关和自我缠绕。

　　哲学问题的自我相关和自我缠绕，深层地表现为哲学的解释原则的自我循环，即：哲学作为世界观理论，它在每个历史时代的各种文化样式中，总是充当解释和评价一切的根据、标准和尺度；因此，没有任何别的文化样式来充当解释哲学的根据、标准和尺度，哲学解释只能是自我解释，这就是哲学原则的解释循环问题。它在深层决定了哲学问题的自我相关和自我缠绕，

---

①② M. 石里克：《哲学的未来》，转引自《哲学译丛》1990年第6期，第1页。

即：哲学解释是自我相关的，它必须通过自我的反思与批判，来实现自身的发展。而这种哲学对自身解释原则的批判，也就是哲学问题自我相关和哲学原则解释循环的超越。对此，当代哲学家艾耶尔提出："哲学的进步不在于任何古老问题的消失，也不在于那些有冲突的派别中一方或一方的优势增长，而在于提出各种问题的方式的变化，以及对解释问题的特点不断增长的一致性程度。"①

哲学问题自我相关和哲学原则解释循环的超越，首先是在不同时代的哲学理论的历史性转换中实现的。从哲学史上看，古代的本体论追究的哲学被近代的认识论反省的哲学所取代，近代的认识论反省的哲学又被德国古典哲学的逻辑学反思的哲学所取代，德国古典哲学又被马克思主义哲学和现代西方哲学所取代，这就是哲学解释原则的自我超越。

哲学解释原则的自我超越并不是简单地抛弃先前的哲学解释原则，而是极为复杂的"扬弃"关系。首先，新的哲学解释原则总是否定了先前的哲学原则，并且否定了先前的解释原则得以形成的思维方式，实现了哲学自身的反思层次的跃迁。例如，近代哲学的解释原则，是从思维对存在的关系出发去提出和回答全部的哲学问题。它否定了先前的哲学离开思维对存在的关系而直接断言存在的解释原则，也否定了据以形成这种解释原则的非反思的思维方式。这样，近代哲学就使哲学进入到自觉的反思的逻辑层次。但是，这种哲学自身反思层次的跃迁，并不是抛弃了哲学对"存在"的追问，而是使这种追问自觉地提升到"思维和存在的关系问题"中来实现。因此，哲学解释循环的自我超越是一个"扬弃"的过程。

哲学问题自我相关和哲学原则解释循环的超越，又是在哲学的提问方式的历史性转换中实现的。哲学问题的人类性，决定了哲学的新、老问题的自我相关和自我缠绕；而哲学中的新问题与老问题的自我相关中的"内在差别"，则在于它们是以不同的方式去提出哲学问题。例如，古代哲学从"世界本身"提出问题，因而它探寻和回答"万物的统一性"问题；近代哲学从"思维和存在的关系"提出问题，因而它探寻和回答"思想的客观性"问题；马克思主义哲学从"现实的人及其历史发展"出发，因而它探寻和回答"人类解放"的问题；现代西方哲学从"历史文化的水库"即"语言"出发，因而它探寻和回答"文化的多样统一性"问题。而作为现代哲学与传统

---

① 艾耶尔：《二十世纪哲学》，第19页。

哲学的根本区别，则在于传统哲学总是以超历史的"两极对立"的方式提出问题，追究终极之真、至上之善和最高之美。与此相反，现代哲学则以历史的、中介化的思维方式提出问题，把哲学所追求的真善美视为一种相对的绝对性——自己时代的绝对和历史过程的相对。这样，现代哲学就把人类对自身存在的"最高支撑点"的探索，由传统哲学对终极真善美的占有，改变为自己时代水平的相对性理解和历史性的不懈追求。

哲学问题的自我相关和哲学原则的解释循环，深深地植根于哲学自身的本性，这就是，哲学虽然具有时代性的内容、民族性的形式和个体性的风格，但它却蕴含着人类性的问题。哲学问题的人类性，是哲学问题的自我相关和哲学原则的解释循环的深层根据。

哲学始终要求探索和回答人类性问题，因而它的问题永远是自我相关的；哲学的解释原则，始终是对人与世界关系的根本性解释，因而它只能在自我超越中来达到对人与世界相互关系的新的理解。马克思说："凡是把理论导致神秘主义方面去的神秘东西，都能在人的实践中以及对这个实践的理解中得到合理的解决。"①从哲学理论与人类生活的统一中去理解哲学历史演进，就会深切地把握到哲学发展的历史与逻辑的统一。

第三节　哲学的现代革命和当代趋向

一、"实践转向"和马克思的哲学革命

20世纪80年代以来，人们常常把马克思在哲学史上所实现的哲学革命称作"实践转向"。这种"实践转向"，既是以人的存在方式（实践）为中介去解决近代哲学的主—客二元对立，更是从人的实践活动及其历史发展出发去寻求人类解放的道路。因此，这种"实践转向"的真实意义，深刻地凝聚在铭刻在马克思的墓碑上的这句名言之中："哲学家们只是用不同的方式解释世界，而问题在于改变世界。"②

卡尔·马克思写于1845年春的《关于费尔巴哈的提纲》，被恩格斯称作"包含着新世界观的天才萌芽的第一个文件"③。正是在这个极其珍贵的文件中，凝聚着马克思对全部哲学史的高度概括性总结，熔铸着马克思对哲学

---

① 《马克思恩格斯选集》第1卷,第18页。
② 同上书,第19页。
③ 《马克思恩格斯选集》第4卷,第208—209页。

本身的深切反思，表达了马克思对全部旧哲学的根本性批评，显露出马克思的哲学革命的标志性特征——"实践转向"。

马克思的"实践转向"的哲学论纲，是从批判全部旧哲学出发的。马克思说："从前的一切唯物主义——包括费尔巴哈的唯物主义——的主要缺点是：对事物、现实、感性，只是从客体的或者直观的形式去理解，而不是把它们当作人的感性活动，当作实践去理解，不是从主观方面去理解。所以，结果竟是这样，和唯物主义相反，唯心主义却发展了能动的方面，但只是抽象地发展了，因为唯心主义当然是不知道真正现实的、感性的活动本身的。"①

在这段简洁精辟的文字中，马克思既尖锐地指出了旧唯物主义的"主要缺点"，又深刻地揭露了唯心主义"抽象地发展了"能动的方面的本质。而这二者的共同之处，则在于它们都不懂得"革命的""实践批判的"意义。因此，马克思从人的实践活动及其历史发展出发，去批判全部旧哲学和开拓现代意义的新哲学。

马克思的"实践转向"，首先是以实践的唯物主义回答了哲学的基本问题——思维和存在的关系问题。在其直接性上，就是回答和解决了德国古典哲学所遗留的问题。

在黑格尔看来，思维和存在的关系问题，就是以概念自身为中介的"无人身的理性"与其"逻辑规定"的关系。费尔巴哈则认为，"要理解思维和存在、精神和物质、人和自然界的统一，不应该从观念出发，而应该从有感觉的人和自然界出发；精神应能在物质中找到自己的位置，而物质在精神中却找不到自己的位置；人及其思维、感觉和需要应是这种统一的有机反映"②。这样，费尔巴哈就把思维和存在的关系当作"抽象的个人"与其"感性的直观"的关系。而在马克思所实现的"实践转向"中，思维和存在的关系问题，则是"现实的人"以"感性的活动"为基础的与"现实的世界"的关系问题。

所谓"现实的人"，就是从事实践活动并在实践活动中发展自身的人；"感性的活动"，就是这种"现实的人"所进行的社会实践活动；"现实的世界"，则是"现实的人"的"感性的活动"的对象。这样，贯穿于全部哲学

---

① 《马克思恩格斯选集》第 1 卷，第 16 页。
② 参见科尔纽：《马克思的思想起源》，第 57 页。

史并在近代哲学中被明确地提了出来的哲学的基本问题,就在马克思的"实践转向"中获得了现实性:思维和存在的关系,就是以实践为基础的人与世界之间的、历史地发展着的关系;思维和存在的关系问题,就是以实践为基础的人与世界之间的、历史地发展着的关系问题。

思维和存在的关系问题的最切近最本质的基础是人类自己的实践活动。人类自己的实践活动是一个辩证的、历史的发展过程,思维和存在的关系问题所蕴含的全部矛盾关系,都植根于人类的存在方式——实践活动——的辩证本性,都展开在人的实践活动的历史发展过程中。因此,只有从现实的人及其历史发展出发,达到对哲学基本问题的实践性理解,才能合理地提出和回答思维和存在的关系问题。

马克思的"实践转向",又以实践观点的思维方式实现了哲学的世界观、认识论和方法论的统一。

以实践论的观点去看待思维和存在的关系问题,我们就会懂得,在人类自己的实践活动及其历史发展的过程中,思维反映存在而又创造存在、思维肯定存在而又否定存在,从而使思维与存在的统一实现为动态中的统一、发展中的统一。因此,哲学自身也是动态的而不是静止的、发展的而不是凝固的世界观、认识论和方法论的统一。

在马克思的"实践转向"中,既是以存在对思维的本原性的唯物主义为基础去解释思维和存在的相互关系的发展,又是以思维对存在的能动性的辩证法为内容去解释思维和存在的历史的统一。正是由于马克思主义哲学在哲学基本问题上实现了唯物论基础与辩证法内容的统一,它才成为科学的世界观、认识论和方法论。

马克思的"实践转向",还以实践自身的矛盾性为基础,深刻地揭示了现实世界的二重化、人类自身的二重性和社会历史的二象性,从而真正地建立了恩格斯所说的"关于现实的人及其历史发展"的哲学理论。这就是马克思在哲学史上所实现的伟大变革。

从实践的观点去看待人及其与世界的关系,我们就会发现,人类是在自己的实践活动中,首先是在自己的生产劳动中,把自身提升为认识世界和改造世界的主体,从而把整个自然界(包括人自身的自然)变成认识和改造的对象即客体。这样,人类的实践活动就否定了世界的单纯的自在性,而使之变成"人化了的自然""属人的自然",变成人类生活的历史文化的世界。这就是由于人类实践活动所造成的现实世界的二重化,即自在世界与自为世界、自然世界与属人世界、客观世界与主观世界的分裂与对立。同时，又正是在人类的实践活动及其历史发展的过程中，人类不断地使自己的目的、理想和要求转化为现实，使世界变成自己所憧憬的世界，即实现被实践活动二重化的世界的新的统一。

从实践的观点去看待人及其与世界的关系，我们还会发现，实践活动不仅造成了现实世界的二重化，也造成了人类自身的二重性。人类作为物质世界链条上的特定环节，是自在的或自然的存在；人类作为认识世界和改造世界的主体，则是自为的或自觉的存在。这就是人类自身的二重性。在实践活动中，人以自身的"物质自然""感性存在"，并通过"感性活动"的中介，去改变"感性存在"的世界。但是，无论是人的"感性存在"、人的"感性活动"，还是这"感性活动"的对象，又都是人类自己实践活动的产物。这又是人对自然的"超越性"。正是从实践的观点去看待人及其与世界的关系，马克思合理地揭示了现实的人及其历史发展的规律。

从实践的观点去看待人及其与世界的关系，特别重要的是解决了社会历史的二象性问题。人是社会历史的主体，"历史不过是追求着自己的目的的人的活动而已"①。然而，人们创造历史的活动又不是随心所欲的，不是在他们选定的条件下进行的，因此历史又表现为不以人们的主观意志为转移的历史过程，表现为制约和规范人们的创造活动的历史规律。那么，到底是人的活动决定历史，还是历史决定人的活动？或者通俗些说，到底是英雄造时势，还是时势造英雄？正是在社会历史的二象性问题上，不仅是唯心主义哲学，而且包括全部旧唯物主义哲学，都陷入了无法解脱的"二律背反"，并做出了唯心主义历史观的回答。这正如马克思和恩格斯所说："当费尔巴哈是一个唯物主义者的时候，历史在他的视野之外；当他去探讨历史的时候，他绝不是一个唯物主义者。在他那里，唯物主义和历史是彼此完全脱离的。"②而正是在旧唯物主义陷入"二律背反"并由此而导向历史唯心主义的地方，马克思以实践的观点做出了历史唯物主义的回答，并为整个现代哲学开拓了正确的发展道路。

马克思从人类的现实存在及其历史发展出发，提出"人的存在是有机生命所经历的前一个过程的结果。只是在这个过程的一定阶段上，人才成为

---

① 《马克思恩格斯全集》第 2 卷，第 113 页。
② 《马克思恩格斯选集》第 1 卷，第 50 页。

人。但是一旦人已经存在，人，作为人类历史的经常前提，也是人类历史的经常的产物和结果，而人只有作为自己本身的产物和结果才成为前提"①。在这里，马克思正是针对困扰着哲学家们的历史观的"二律背反"，深刻地阐发了人作为历史的前提和结果的辩证关系。

人作为"历史的经常前提"，总是"前一个过程的结果"，他们的历史活动总是决定于在他们以前已经存在、不是由他们创立而是由前一代人创立的历史条件。因此，人们的历史活动并不是"随心所欲"的，人们的历史活动的结果表现为不以人们的意志为转移的历史发展规律。人作为"人类历史的经常的产物和结果"，获得了创造历史的现实条件和现实力量，并凭借这种现实条件和现实力量去改变自己和自己的生存环境，实现社会历史的进步，为自己的下一代创造新的历史条件。因此，人们又是自己创造自己的历史，历史就是追求自己的目的的人的活动过程。现实的人既是历史的前提又是历史的结果。他作为历史的结果构成新的历史前提，他作为历史的前提又构成新的历史结果。人作为历史的前提与结果的辩证运动，就是人及其历史的辩证法。

马克思从人的历史发展出发，提出了人类存在的三种历史形态的学说，指出人类由"人的依赖关系"到"以物的依赖性为基础的人的独立性"再到"自由个性"的发展进程。从马克思的"关于现实的人及其历史发展"的哲学理论出发，我们不仅在实践的基础上合理地提出和回答了思维和存在的关系问题，而且能够在实践的基础上合理地提出和回答哲学一向所追求的崇高的问题。

卡尔·马克思和弗里德里希·恩格斯是人类的骄傲。他们终生恪守的"始终如一"的目标，是"为全人类而工作"。他们为之奋斗终生的崇高目标是人类自身的解放，他们所创造的马克思主义是关于人类自身解放的学说。他们不仅炽烈而执着地坚守人类及其哲学对崇高的追求，而且把崇高的实现作为其毕生的事业以及哲学探索的立足点和出发点。追求和实现崇高，在最深刻的层次上构成了马克思和恩格斯对整个传统哲学的批判继承关系，也在最深刻的层次上构成了他们为现代哲学开拓的正确道路。

马克思所追求的把崇高变成人的现实的历史形态，就是实现每个人的"全面发展"。由此，我们可以对崇高的追求、异化与实现做出这样的解

---

① 《马克思恩格斯全集》第26卷，第545页。

释；崇高的追求，就是对人自身的全面发展的追求；崇高的异化，就是把人对自身全面发展的追求变成对各种非人的"神圣形象"或"非神圣形象"的崇拜；崇高的实现，就是在消解崇高的异化形态的过程中实现人自身的全面发展。因此，人类及其哲学追求崇高的过程，就是消解崇高的异化形态的过程；消解崇高的异化形态的过程，也必须是追求和实现崇高的过程。追求崇高和消解崇高异化形态的统一，就是崇高的历史重构，也就是人自身的历史发展。因此，人类及其哲学必须坚韧不拔地承担起双重的使命：在坚守哲学对崇高的现实的追求中消解崇高的异化，在消解崇高的异化中坚守哲学对崇高的现实的追求。

二、"语言转向"与现代西方哲学

19世纪中叶以来的现代西方哲学，在近代哲学所实现的"认识论转向"的基础上，实现了人们通常所说的"语言转向"。

近代哲学的"认识论转向"，是要求哲学家在建立关于"世界"的理论之前，必须先有关于"意识"的理论，"没有认识论的本体论为无效"；现代哲学的"语言转向"，则是要求哲学家在建立关于"意识"和"世界"及其相互关系的理论之前，必须先有关于"语言"的理论，"没有语言学的认识论和本体论为无效"。

关于现代西方哲学"语言转向"的根据与意义，我们可以做出如下四个方面的分析：

第一，现代西方哲学之所以高度重视从哲学上研究语言，首先是因为，它们形成了这样的一种基本认识：虽然世界在人的意识之外（世界不依赖于人的意识而存在），但世界却在人的语言之中（人只能在语言中表述世界）；语言既是人类存在的消极界限（语言之外的世界对人来说只能是存在着的无），又是人类存在的积极界限（世界在语言中使自己成为对人来说的真正的存在）；正是在语言中才凝聚着自然与精神、客观与主观、存在与思维、真与善等的深刻矛盾，才积淀着人类思维和全部文化的历史成果（语言是历史文化的"水库"）。因此，它要求从语言出发去反省人与世界的关系。

这种"语言转向"的出发点表明，它是以"倒退"的形式而推进了哲学的自我认识。"古代"哲学离开对人类意识的反省，直接地从认识对象出发去寻求"万物的统一性"，因此它所能达到的只是素朴的实在论或"野蛮"的理念论，即把"万物的统一性"归结为德谟克利特的"原子"或柏拉图的

"理念"。"近代"哲学从古代哲学的直接地断言"万物的统一性"而"倒退"回对人类意识的认识论反省,从思维与存在的二元对立中去寻求二者的统一性即追究"思想的客观性",因此,近代哲学以"倒退"的形式而自觉地提出了哲学的基本问题——思维和存在的关系问题,从而实现了哲学发展史上的"认识论转向"。"现代"哲学则又把近代哲学的认识论反省"倒退"到对人类语言的"分析"或"解释",从人类文化的多样统一性去寻求人的自我理解,因此,现代哲学是以"倒退"的形式把思维和存在相统一的诸种中介环节凸现出来,在语言的批判中深化对人的存在及其与世界的相互关系的理解。

第二,现代西方哲学之所以高度重视从哲学上研究语言,这还是因为,他们试图通过对语言的反省而"治疗"传统哲学。在20世纪初,许多著名的现代西方哲学家如罗素、维特根斯坦、石里克、卡尔纳普等就明确地提出,哲学问题从根本上说是语言问题。他们的见解可以大致归纳如下:其一,在"本原"的意义上,哲学并不提供知识或理论,而只是"分析"和"澄清"人们表达的含义。他们认为,苏格拉底的"诘问法"为后世一切真正的哲学树立了榜样,即追究语言的含义的榜样。其二,古往今来的思辨哲学家们制造了种种无法解决的哲学问题,原因就在于他们"错误地使用语言"。其三,由于现代逻辑的发展,人们已经能够正确地把握语言的本质和结构,从而能够厘清由于"误用语言"而产生的"形而上学困惑"[①]。在这种概括中,比较明确地表达了现代哲学语言转向所要回答和解决的三个主要问题:哲学是什么;传统哲学的误区何在;现代哲学转向的根据。

第三,现代西方哲学之所以高度重视从哲学上研究语言,这还是因为,他们不仅从批判传统哲学和实现"哲学科学化"的视角去看待哲学中的"语言转向",而且愈来愈深切地从"文化批判"和"人文研究"的视角去看待哲学中的"语言转向"。现代的哲学解释学认为,人类运用语言来理解世界和表达人类对世界的理解,反过来看,语言又是对人的理解方式和理解程度的表达。因此,对于语言的分析,就不仅仅是分析人所理解的世界,而且首先是分析人对世界的理解。这后一种分析,就是对理解的理解。正是从这种认识出发,哲学解释学给自己提出的任务是,在谈论人如何理解世界和人如何理解自己之前,必须首先考察理解本身和理解的可能性条件。

[①] 参见徐友渔:《评"哲学中的语言转向"》,载《哲学研究》1991年第7期。

理解的前提是历史给予人的延续历史的能力。马克思曾经指出，人们并不是随心所欲地创造历史，并不是在他们自己选定的条件下创造，而是在直接碰到的、既定的、从过去承继下来的条件下创造①。在这里，我们需要强调地指出的是，在马克思所说的"从过去承继下来的条件"中，既包括物质条件和一般文化条件，也包括解释学所说的"前理解"的条件。"前理解"即是理解的前提。

语言保存着历史的文化积淀，历史的文化积淀由语言去占有个人。使用语言，就是理解历史文化、理解历史和理解人自身过程的发生。语言的历史变化，规定着人的"前理解"，因而也就体现着人的历史性变化和规范着人的历史性发展。人从属于历史，也就是从属于语言；人只有从属于语言，才能实现自我理解和相互理解。由此，哲学解释学提出了一种新颖的看法，即：人创造了语言，但人却从属于语言；人创造的不是一种工具，而是人自己的存在方式。②从这种角度看，就不是人在使用语言，而是语言构成人的存在。海德格尔所说的"语言是存在的寓所"，伽达默尔所说的"能理解的存在就是语言"，等等，都是对这种观点的不同形式的表达。

语言，通过语言而实现的人的自我理解和相互理解，构成人类存在的"意义世界"。卡西尔曾说过，语言的"具有决定意义的特征并不是它的物理特性而是它的逻辑特性。从物理上讲，语词可以被说成是软弱无力的；但是从逻辑上讲，它被提到了更高的甚至最高的地位：逻各斯成为宇宙的原则，并且也成了人类知识的首要原则"；"在这个人类世界中，言语的能力占据了中心的地位。因此，要理解宇宙的'意义'，我们就必须理解言语的意义"③。哲学解释学则进一步提出，由语言构成的历史与现实之间、"历史视野"与"个人视野"之间，时时存在一种"张力"，人既在历史中接受又在历史中更新理解的方式。历史文化对个人的占有与个人主体意识活动的统一，既构成理解方式的更新即历史的发展，也构成历史发展中的"合法的偏见"。这样，哲学解释学就在它自己的理论框架中，赋予"理解"自己发展的一种内在的动力——语言是历史文化的内在否定性。

第四，现代西方哲学之所以高度重视从哲学上研究语言，这还是因为，"语言"与"观念"相比，具有更为广阔和深切的哲学反思价值。

---

① 参见《马克思恩格斯选集》第1卷，第603页。
② 参见殷鼎：《理解的命运》，第268页。
③ 卡西尔：《人论》，第143页。

近代哲学的"认识论转向",是从"观念"出发去反省"观念"与"存在"的关系,因此,"观念"是近代哲学研究的重心和出发点。在这个意义上,近代哲学的"认识论转向",也可以称作"观念论转向"。与近代哲学不同,现代哲学的"语言转向",是从"语言"出发去透视"观念"与"存在"的关系,"语言"是现代哲学研究的重心和出发点。对比"观念"和"语言",我们可以发现,对"语言"的分析或解释,具有更为广阔和深切的哲学反思价值:

(1) 观念的内在性与语言的可表达性。观念必须以语言的形式而确定为思想,因此可以说"语言是思想的寓所"。

(2) 观念的主观性与语言的客观性。观念以语言的方式而实现对世界的把握、理解和描述,因此又可以说"语言是世界的寓所"。

(3) 观念的一极性与语言的中介性。在观念与存在的关系中,观念和存在各是对立的一极,语言则是消解观念与存在的二元对立,实现观念与存在的统一的中介,因此也可以说"语言是思想与世界相统一的寓所"。

(4) 观念的当下性与语言的历史性。观念必须以语言(文字)的方式实现其社会遗传,并从而积淀为"文化",因此又可以说"语言是历史文化的水库"。

(5) 观念的私人性与语言的公共性。观念必须以语言的方式而实现主体间的思想交流,因此可以说语言是交往实践的中介。

(6) 观念形式的单一性与语言形式的多样性。语言形式是丰富多彩的,它表现为日常语言、艺术语言、科学语言,等等,从而实现观念以语言形式的多样性而达到对世界的丰富性的把握。

(7) 观念的非批判性与语言的可批判性。语言作为观念的客观载体,它构成思想批判的对象,从而使观念以语言为中介而实现其自我批判。

(8) 观念的自然性与语言的超自然性。观念作为心理过程,它的超自然性(社会性)是以自然性过程表现出来的。语言则不仅以符号化的方式实现其超自然性,而且以其"客观知识"的存在方式而构成逻辑分析的基础。

(9) 观念的非自主性与语言的自主性。观念自身无法实现其社会遗传,因而也无法实现其自主发展。语言作为历史文化的"水库",它的演化与发展具有某种"不以人的主观意志为转移"的自主性,并因而构成人与社会发展的重要前提。

由近代哲学的"观念论"转向现代哲学的"语言学",这并非仅仅是某种"逻辑"的结果,从根本上说,这种"转向"是理论地表征了人的存在方式的变革。从哲学形态上看,"观念"与"语言"何者成为人的存在方式的理论表征,是表现了人的存在方式的划时代性的变革:

(1) "观念"体现的是个体理性把握世界的英雄主义时代,"语言"则体现的是社会理性把握世界的英雄主义时代的隐退。这是因为,以公共性的"语言"表征人的存在方式,意味着社会理性的普遍化,它代替了"观念"所表征的某些"英雄人物"对理性的垄断与统治。

(2) "观念"体现的是个人私德维系社会的精英社会,"语言"则体现的是社会公德维系社会的公民社会。这是因为,历史性和公共性的"语言"表征的人的存在方式,意味着社会公德的普及化,它代替了以"观念"所表征的某些"精英人物"的私德的表率作用。

(3) "观念"体现的是个体的审美愉悦的精英文化,"语言"则体现的是社会的审美共享的大众文化。这是因为,"语言"所表征的人的存在方式,是主体间性的普遍化和多样性,它代替了以"观念"所表征的某些"精英文化"的文化垄断。

(4) "观念"体现的是交往的私人性的封闭社会,"语言"体现的则是交往的世界性的开放社会。这是因为,"语言"所表征的人的存在方式,是主体间的开放性的广泛交流与沟通,它代替了以"观念"所表征的狭隘的交流空间。

(5) "观念"体现的是主体占有文化的教育的有限性,"语言"体现的则是文化占有主体的教育的普及性。这是因为,"语言"所表征的人的存在方式,是人被历史文化的"水库"所占有,而这种"占有"的前提则是教育的普及,它代替了以"观念"所表征的有限的教育及其对主体的占有。

(6) "观念"体现的是客体给予意义的对"思想的客观性"的寻求,"语言"则体现的是主体创造意义的对"人的世界的丰富性"的寻求。这深刻地表现了近代哲学与现代哲学的重大区别。在"观念论"中,"意义"是客体给予主体的,因此近代的观念论的根本问题是寻求"思想的客观性"。在"语言转向"中,"意义"离不开主体的创造活动,因此现代哲学诉诸人的存在方式及其所创造的人与世界之间的丰富关系。

(7) "观念"体现的是"人类征服自然"的"实践意志的扩张","语言"则体现的是"人与自然的和谐"的"实践意志的反省"。近代哲学的"观念论",它的突出特征是张扬人的理性的能动性,表现了人类征服自然的欲望与能力。"语言"所表征的人的存在方式,则是以对语言的批判性反思而反省人与世界的关系、反省人类实践的结果，从而促进人类的新的世界观的形成。

在现代哲学的"语言转向"中，人类存在的矛盾性以"语言"为载体而获得深刻的揭示。

(1) 语言的社会性与言语的个体性的矛盾，使社会与个人、传统与现实、共性与个性的矛盾获得了具体内容。

"语言"表述的是外在于个人的社会性存在，它作为制约人的存在的"制度"而存在，作为人的存在的"规则"而存在。在这个意义上，是"语言"占有个人，个人是历史的"结果"。"言语"表述的是历史性存在的个人的语言实践，它作为个人的物理的、生理的和心理的统一性活动而存在，作为个人活动而存在。在这个意义上，是个人占有"语言"，言语是语言的现实。

在语言与言语的关系中，语言的共时性与言语的历时性、语言的结构性与言语的事件性、语言的形式性与言语的实质性、语言的系统性与言语的过程性、语言的规则性与言语的事实性、语言的齐一性与言语的多样性、语言的内在性与言语的外在性、语言的自主性与言语的受制性、语言的潜在性与言语的现实性、语言的静态性与言语的动态性等关系，为深切反思人的存在方式提供了丰富的理论内容。

(2) 语言的存在与功能的关系，是现代哲学理解人类存在和人的世界的多样统一性的重要出发点。

人们通常把语言视为交流的"工具"，而不是把语言视为人的存在方式，因而总是离开人的存在方式去看待语言。在现代哲学的"语言转向"中，特别是在欧陆哲学的"语言转向"中，则突出地探讨了语言与历史文化的关系、语言与人的思想方式和行为方式的关系，语言与人类文化的多样性和统一性的关系。

(3) 语言的逻辑性与人文性的关系，是现代哲学中的科学主义与人本主义"双峰对峙"的重要根源，也是它们相互融合的重要基础。

现代哲学中的科学主义思潮与人本主义思潮的冲突，直接地聚焦于对"语言"的理解。科学主义思潮强调语言的逻辑特性，因而要求语义的单义性、概念的确定性和意义的可证实性；与此相反，人本主义思潮则强调语言的人文性，因而突出语义的隐喻性、概念的非确定性和意义的可增生性。对语言的逻辑性与人文性的辩证理解，在一定的意义上，是实现科学主义思潮与人本主义思潮合流的前提，也是实现对人的"理性"与"非理性"、"逻辑"与"直觉"、"意识"与"无意识"等辩证理解的前提。

在现代哲学的"语言转向"中，科学哲学把自然与精神的抽象对立扬弃为"科学世界"中的思想与实在的统一；文化哲学则把科学世界中的人性实现扩展成人性活动的圆周，构成扬弃人与自然抽象对立的"文化世界"；哲学解释学进而从历史文化对个人的占有出发，以理解作为人的存在方式而提出"意义世界"。可见，现代哲学在其发展进程中愈来愈深入而具体地显现了人类存在的三重时—空世界：人作为自然存在物，同其他存在物一样生存于"自然世界"；人作为超越自然的社会存在物，生活于自身所创造的"文化世界"；人作为社会—文化存在物，既被历史文化所占有，又在自己的历史活动中展现新的可能性，因而生活于历史与个人相融合的"意义世界"。这表明，人类不是以自己的自然存在而是以自己的历史活动所创造的社会存在为中介，而构成与世界的对立统一关系。现代哲学的根本特征，就在于以人类的社会存在为中介而扬弃了自然与精神、客观与主观的抽象对立，并把社会存在本身作为哲学所追寻的本体。

在探讨马克思主义哲学的"实践转向"和现代西方哲学的"语言转向"的基础上，我们有必要在对二者的比较分析中探讨现代哲学的变革，以及马克思主义哲学与现代西方哲学的相互关系。对比现代哲学的"实践转向"与"语言转向"，我们既可以正视现代哲学所显示的广泛而深刻的一致性，又能够把握现代哲学所存在的重大分歧和尖锐斗争，在当代的水平上坚持和发展马克思主义哲学。

以人的历史活动为中介而探索人与世界的关系问题，这是整个现代哲学的共同特征。但是，人的历史活动是以多种多样的中介环节而构成人与世界的对立统一关系的。从语言、科学、艺术、宗教、伦理等中介环节出发，都可以构成某种统一性原理去说明人与世界的统一。然而，正是由于现代西方哲学的各流派分别抓住某一环节并加以片面地夸大，才使之成为现代的唯心主义哲学。马克思的实践辩证法理论，则不仅把人与世界对立统一的诸种关系扬弃为人类实践活动的内在环节，而且揭示了人类最基本的实践活动——物质生产活动——在人与世界关系中的基础地位。它以物质生产活动为基础去说明科学、文化、艺术、宗教和语言的历史，说明由它们的交互作用而构成的人类历史存在的进步性、局限性和正在展开的可能性，从而为人类找到了真正的安身立命之本。

马克思的哲学理论与现代西方哲学各种派别的这种重大分歧不是偶然

的。哲学家"以何为本",首先取决于哲学家"以谁为主"。"本体"问题是同"主体"问题密不可分的。现代西方科学哲学,从本质上看,是把科学家视为认识和改造世界的主体,所以它以科学家的科学活动及其成果为本体;现代西方文化哲学,从本质上看,是以较为宽泛的人文学者为主体,所以它以广义的文化活动及其成果为本体;而马克思主义哲学则以"社会化了的人类"或"人类的社会化"为主体,所以它以物质生产活动为基础的全部人类实践活动及其历史成果为本体。显然,马克思所理解的主体和本体,实质上是以扬弃的形态容纳了现代西方哲学的主体和本体。因此,我们应当从两个角度去理解马克思主义哲学与现代西方哲学的关系:一方面,如实地把现代西方哲学的研究成果视为马克思实践哲学的题中应有之义,自觉地使之转化和升华为实践哲学的具体内容;另一方面,则自觉地坚持马克思所开辟的哲学道路,用马克思的哲学理论去批判现代西方哲学由片面夸大实践活动的某个环节而导致的错误倾向。这样,我们就能够以马克思的"实践转向"为基础,汲取"语言转向"的理论成果,推进现代哲学的发展。

三、现代哲学中的"后现代主义"思潮

20世纪80年代以来,在现代西方哲学的演进过程中,出现了被称为"后现代主义"(postmodernism)的哲学思潮。这种哲学思潮,是作为当代西方社会特别是思想文化领域的后现代主义思潮的重要方面或重要内容而出现的。

对于"后现代主义"这个时髦话题,有的学者曾经尖锐地发问:"后什么现代,而且主义?"这问得确实不错:究竟什么是"后现代"?它到底是一种什么"主义"?在现代哲学的历史演进中它扮演的是怎样的"角色"?这种思潮与哲学的未来走向是何关系?

从字面上看,"后现代"当然就是"现代之后"。不仅如此,80年代风靡全球的几部著作——如托夫勒的《第三次浪潮》、奈斯比特的《大趋势》和丹尼尔·贝尔的《后工业社会》——也的确是为人们描绘了"现代之后"的"后现代"。然而,作为一种理论思潮的"后现代主义",它并不是产生于"现代之后",而是形成于"现代之中"。它并不是呼唤或预测"现代之后"的"后现代",而是反思和批判盛行于"现代之中"的"现代主义"。因此,当代思想家所论述的"后现代",主要并不是指历史中的一个时代,而是指对待"现代主义"的一种态度,即反"现代主义"的态度。

"后现代主义"所批判的"现代主义",就是"现代社会"和"现代人"的"主义"。它把"现代社会""现代人"及其所实现的"现代化"和"现代性"作为反思的对象,从而对"现代主义"进行前提批判。

这种"后现代主义"思潮的出现绝非偶然。从历史的角度看,"现代社会"是相对于"传统社会"而言的。传统社会是以自然经济为基础的社会,现代社会则是以市场经济为基础的社会。在自然经济的条件下,由于生产力水平的低下、科学技术的不发达以及与此相适应的人的社会关系的等级化,"传统主义"在本质上是经济生活的禁欲主义、精神生活的蒙昧主义和政治生活的专制主义的"三位一体"。

以市场经济为基础的现代社会,在市场机制的作用下,以传统社会无法想象的广度和深度推进了生产力水平的提高、促进了科学技术的发展并改变了人们的社会关系。"现代主义"作为"传统主义"的历史性超越,它在经济生活中反对禁欲主义而要求现实幸福,它在精神生活中反对蒙昧主义而崇拜理性权威,它在政治生活中反对专制主义而诉诸法治建设。功利主义的价值态度、理性主义的思维方式和法治主义的政治思想,构成了以市场经济为基础的"现代主义"的新的"三位一体"。而从人的历史发展形态上看,以自然经济为基础的"传统主义"是理论地表达了马克思所说的"人的依附性",以市场经济为基础的"现代主义"则是理论地表达了马克思所说的"以物的依赖性为基础的人的独立性"。

毫无疑问,相对于"传统社会"和"传统主义","现代社会"及其"现代主义"是一种巨大的历史进步。然而,同样不容否认的是,建立在对"物的依赖性"的基础上的"人的独立性",并不是真实的、普遍的"人的独立性",以市场经济为基础的"现代社会",并不是实现每个人的全面自由发展的"乐土"。马克思的资本主义批判的科学社会主义理论,正是从经济、政治、文化和思想等方面深刻地揭露了资本主义的"现代社会"的种种矛盾及其内在的否定性,并深刻地阐述和论证了以社会主义的"现代社会"去取代资本主义的"现代社会"的历史必然性。在这个意义上,马克思的学说是迄今为止最深刻的"现代主义"批判理论。也正因如此,许多被称为"后现代主义"的代表人物,如马尔库塞和哈贝马斯,福克和德里达,各以不同的方式去"引申"和"发挥"马克思的某些思想,去批判"现代主义"和构建其"后现代主义"理论。

"现代性"所造成的"全球问题"和"人的物化"的双重性矛盾,形成了世界性的哲学层面的"现代主义批判"。这种批判所要解决的主要问题，是现代社会中的个人自由与社会的模式化之间的矛盾。就此而言，"后现代主义"的"现代主义批判"，仍然是消解"人在非神圣形象中的自我异化"。

从哲学演进的逻辑上看，近代以前的哲学可以称之为"信仰的时代"即形成和确立"神圣形象"（上帝）的时代；近代哲学本身则可以称为"理性的时代"即消解"神圣形象"（上帝）的时代；近代之后的现代哲学则是一个建构与消解"非神圣形象"的双重性过程，即，它一面是建构诸种"非神圣形象"去取代原来的"神圣形象"（如以"哲学"取代"神学"），它另一面又在消解自己所建构的"非神圣形象"（如对"哲学"和"科学"的批判性反思）；现代哲学中的"后现代主义"思潮，它的突出特征，就在于它把消解"非神圣形象"作为根本的甚至是唯一的哲学使命。

具体地说，作为"后神学文化"的近代以来的哲学，其根本的时代内涵是消解人在超历史的"神圣形象"中的自我异化，把异化给"上帝"的人的本质归还给人本身。这就是所谓"人的发现"。然而，这种"发现"的结果，却是用对各种"非神圣形象"（哲学、科学、理性等）的崇拜去代替对"神圣形象"（上帝）的崇拜，因而仍然是以某种超历史的和非人的存在去解释和规范人的存在。现代西方哲学认为，在这种所谓"后神学文化"即"哲学文化"中，仍然是各种形式的柏拉图主义或黑格尔主义、表象主义或基础主义、本质主义或逻辑中心主义在规范人的存在，仍然是把个人视为某种"本体"或"共相"或"本质"或"意义"的模仿者或相似物，因而必须消解以普遍性淹没个体性的"哲学"。在这个以"哲学"为对象的"消解"运动中，反表象主义、反本质主义、反中心主义、反根源主义和反基础主义，构成了"消解"的基本内容。分析这种"消解"的方式与内容，就可以具体地和深入地理解所谓的"后现代主义"哲学思潮。

所谓"反表象主义"，就是消解主体与客体的认识的二元对立，也就是消解哲学所追求的"思想客观性"。后现代主义的重要代表人物之一理查德·罗蒂说："作为一门学科的哲学，把自己看成是对由科学、道德、艺术或宗教所提出的知识主张加以认可或揭穿的企图"，而它之所以能够把自己视为这种裁判其他学科的特殊的文化样式，是因为"它企图根据它对知识和心灵的性质的特殊理解来完成这一工作"[①]。罗蒂认为，正因为人们通常是把

---

① 理查德·罗蒂：《哲学和自然之镜》，第1页。

全部知识都视为"标准地再现心以外的事物",而同时又把哲学视为"一门有关再现表象的一般理论",所以才把哲学当作所谓的"一级真理"[①]。正是从这样的基本认识出发,后现代主义的哲学批判,首先地和集中地表现为"反表象主义"。

从"反表象主义"出发,后现代主义激烈地反本质主义、反中心主义、反根源主义和反基础主义。具体地,我们可以做出如下的总结概括:所谓反本质主义,就是消解现象与本质的逻辑二元对立,亦即消解哲学所追求的超验的"本体";所谓反中心主义,就是消解中心与边缘的结构二元对立,亦即消解哲学所追求的"全体的自由性";所谓反根源主义,就是消解本原与派生的历史二元对立,亦即消解哲学所追求的"发展的规律性";所谓反基础主义,就是消解深层与表层的文化二元对立,亦即消解"知识分类表"或"自然等级秩序"对哲学的"诱惑"。

在这种"后现代主义"思潮中,罗蒂试图以"多元"代替"基础",福克试图以"断层"取消"根源",德里达试图以"边缘"颠覆"中心",其真实的意义与价值,在于这种"后现代主义"哲学思潮理论地表征着当代人类的自相矛盾的自我意识,这就是:挺立个人的独立性和文化的多样性,与崇高感的失落和生存意义的危机的自相矛盾的自我意识。

"后现代主义"对"哲学"的"消解",从根本上说,是把"哲学"作为"普遍性""规律性""必然性""根源性""基础性""统一性"以及"崇高"的代名词,因而试图通过对"哲学"的"消解",而实现对一切"非神圣形象"的"消解",即:消解普遍对个别的规范,现实对根源的依赖,必然对偶然的支配,规律对创造的制约,统一对选择的排斥,崇高对渺小的蔑视等,重构甚至是倒置普遍与个别、现实与根源、必然与偶然、规律与创造、统一与选择、崇高与渺小的关系。这是现代西方哲学"消解哲学"的实质。

这种后现代主义思潮,它的自我期待是"消解"规范人的存在的一切"超历史"的或"非人的"存在,是"消解"一切已有的或可能的表征崇高的"神圣形象"和"非神圣形象"。这正如罗蒂所说,在他所理解的"后哲学文化"中,"除了我们自己放在那里的东西以外,在我们内部没有更深刻的东西;除了我们在建立一个规矩过程中建立的标准以外,没有任何别的标准;除了祈求这样的标准的合理性准则以外,没有任何其他准则;除了服从

[①] 理查德·罗蒂:《哲学和自然之镜》,第1页。

我们自己约定的证明以外,没有任何严格证明"①。

这种"后现代主义"思潮,根源于现代的发达工业社会,又理论地表征着这个社会的现实及其自我否定。当代的发达工业社会,在市场经济、科技文明和大众文化的交互作用中,创造了一个前所未有的"人造物的世界"。"现代性的酸"使一切神圣的事物都失去了原来笼罩着的灵光。两极对立模式的消解,英雄主义时代的隐退,高层精英文化的失落和理性主义权威的弱化,使得一向是以崇高化身自期自诩的"哲学",变成了"往昔时代旧理想的隐退了的光辉"(宾克莱语)。就此而言,以消解"哲学"及其所表征的"崇高"为目标的现代西方哲学,不过是"哲学"被遗弃的理论表征。

20世纪的发达工业社会,既以"现代性的酸"消解掉一向被视为神圣事物的灵光,又以市场经济的规则构建出"非神圣形象"的社会模式化,并使人成为马尔库塞所说的失去了否定性、批判性和超越性的向度的"单向度的人"。马尔库塞认为,这种所谓"单向度的人"不仅不再有能力去追求,甚至也不再有能力去想象与现实生活不同的另一种生活。因此,马尔库塞把现代发达工业社会称作"新型的极权主义社会"。由于失去了对崇高的追求并从而也失去了选择的标准,试图挣脱"单向度"的人,也只不过是"没有目标而造反,没有纲领而拒绝,没有未来应当如何的理想而不接受当前的现状"②。就此而言,以消解"哲学"及其所表征的"崇高"为目标的现代西方哲学,又不仅是"哲学"被遗弃的理论表征,而且是理论地表征着"哲学"被遗弃的迷惘与困倦。这种精神状况,可以称之为失落了崇高的"生命中不能承受之轻",也可以称之为没有标准的选择的"存在主义的焦虑"。由此我们也可以对这种后现代主义哲学思潮作出这样的概括和评价:这种"消解"的意义是明显的,因为它在哲学层面上挺立了个人的独立性、文化的多样性和选择的合理性;这种"消解"的困境也是明显的,因为它蔑视和侮辱了人类生活精神坐标的支撑点,否弃了人类对崇高的追求和人类实现崇高的理想。正视这种理论困境,可以引发对未来哲学走向的总体展望:重新寻求和确立崇高在人类生活精神坐标上的位置。

四、当代中国的哲学主流

1978年以来,在改革开放的进程中,中国的经济生活、政治生活、文化

---

① 理查德·罗蒂:《后哲学文化》,第21页。
② 参见宾克莱:《理想的冲突——西方社会中变化着的价值观念》,第47页。

生活和整个社会生活,发生了举世瞩目的重大变革。作为这种重大变革的理论表征,当代中国的哲学已经和正在经历着自身的变革。

当代中国的哲学改革,首先是在哲学原理内部形成了以变革通行几十年的哲学教科书体系为基本指向和主要任务的哲学改革的潮流。这场哲学改革的出发点和归宿,是重新理解和重新建构马克思主义哲学体系。这场哲学改革的理论重点,是以实践为核心范畴,重新理解人与世界、思维与存在、主体与客体、主观性与客观性、自由与必然、历史规律与人的历史活动等哲学所探索的一系列重大的关系问题,并以这些重新理解的重大关系为基础去重构马克思主义哲学体系。这场哲学改革的现实基础,在于当代人类的社会实践,特别是当代中国改革开放的社会实践,已经和正在变革人们的思维方式、价值观念和审美意识,它要求哲学理论地表征这种时代性的变革,并理想性地塑造和引导这种时代性的变革。

哲学作为"思想中的时代",它必须以时代性的内容去推进自己的发展。人类社会实践的时代性变革,总是使作为观念形态的哲学理论与人类的现实存在处于某种矛盾之中,现实总是要求并迫使理论更新自己的内容和形式,以适应和引导人类新的社会实践活动。因此便决定了包括哲学在内的各种理论模式的自我扬弃。中华人民共和国成立以来通行了几十年的哲学原理教科书体系,在中国的整个社会生活中曾经占有重要地位并发挥了重大作用。但是,在改革开放的进程中,人们越来越清醒地意识到了这种教科书体系所存在的问题。

20世纪80年代的哲学改革,从其根本的指向性上看,是以新的教科书体系取代旧的教科书体系,也就是重构教科书体系。进入20世纪90年代的中国哲学界,则在理论探索中出现了较为明显的转向。这突出地表现在,不是以争论教科书的利弊得失和如何重构教科书体系为研究的出发点,而是把教科书作为某种退入背景的理论框架,从现实生活或现代哲学中提出问题,并且注重提问方式的转换。仅就哲学原理界来看,近年来比较集中地提出和探讨了哲学的人文学基础问题,理想主义与功利主义的关系问题,效率与公平的关系问题,真理与价值的关系问题,实践理解论问题,交往实践和语言的实践基础问题,现代化与反现代化问题,社会认识论问题和人类活动论问题,等等。这些源于现代社会生活的哲学问题,不断地开拓了哲学基本理论研究的新领域,从而为马克思主义哲学的当代研究注入了生机和活力。

在20世纪80年代以前,哲学的各个学科处于界限分明、壁垒森严、互不介入的状态。在80年代反思教科书的哲学改革过程中，这种状况虽有所改变，但仍然是以各自的"研究领域"为对象。进入90年代，某些共同的"问题"开始成为哲学研究的出发点，从而形成了一种双向融合的趋向：一是哲学原理在探索现代社会生活和现代哲学提出的重大理论问题的过程中，显著地拓宽了自己的研究视野和背景知识，不仅注重于史论结合，以及哲学原理与具体科学的结合，而且注重于从文化哲学、科学哲学、语言哲学、逻辑哲学以及伦理学、心理学、宗教学、逻辑学和美学等多重视角去讨论问题，并且融注了这些学科的研究成果，从而改变了哲学原理的研究方式和自身形象；二是哲学史和哲学的各个分支学科强化了自身的"原理意识"，在探索某些共同问题的过程中，力求在"原理"的意义上形成某种哲学思想。这在中国哲学和西方哲学的研究领域中，以中西哲学比较研究的方式，表现得尤为突出。

在突破哲学各分支学科壁垒森严的进程中，当代中国的哲学研究还出现了"专门化"的趋向。这主要是表现在：一是注重研究人类文化的某个成分或某个侧面，并从这种研究中寻求当代哲学的生长点。这种研究趋向的突出特征，是在汲取现代西方哲学积极成果的基础上，通过对语言、逻辑、观念、科学、技术、艺术、宗教、伦理、政治、法律、经济等的哲学探索，形成马克思主义的语言哲学、逻辑哲学、科学哲学、艺术哲学、政治哲学、经济哲学和法哲学，等等；二是注重研究现代哲学的各种流派及其所提供的方法论，其中主要是深化了对胡塞尔的现象学、索绪尔的结构主义、海德格尔的存在主义、维特根斯坦的日常语言分析、伽达默尔的解释学、罗蒂的新实用主义和德里达的解构主义的研究。哲学研究的"专门化"，强化了哲学研究的职业化和技术化，从而突出了各种"具体问题"在哲学研究中的地位。这种"专门化哲学"的兴起，为中国哲学界走出简单、抽象、空洞的哲学论争，在坚实的哲学研究的基础上形成更富于创造性和启发性的世界观理论，提供了必要的理论准备。

关于当代中国哲学的发展历程，我曾经分别以三个基本命题予以概括，这就是：20世纪80年代的"从两极到中介"；20世纪90年代的"从体系到问题"；21世纪的"从层级到顺序"。所谓"从两极到中介"，就是在当代中国的解放思想的过程中，哲学研究从两极对立的思维方式当中解放出来，从唯上唯书的研究方式当中解放出来，从僵死枯燥的话语方式当中解放出来，从而以哲学自身的思想解放而推进了整个社会的解放思想。所谓"从体系到问题"，则是在当代中国改革开放不断深化的背景下，哲学研究的出发点不再是构建某种统一的叙述体系,而是从现实生活和现代哲学出发,以对"哲学"自身的反思为聚焦点,深入地研究关乎人类存在和发展的重大理论问题和实践问题。所谓"从层级到顺序",就是在当代中国建设社会主义市场经济的过程中,哲学研究的立足点不再是寻求某种"深层"的统一性去规范"表层"的多样性,而是致力于在"顺序性"的选择中,实现对现实生活的合理的"安排"。确立以人为本,全面、协调、可持续的发展观,就是这种顺序性选择的当代哲学思想的生动体现。

人类的历史是进步和发展的历史,人类的哲学是历史地进步和发展的哲学,因此,只有塑造和引导新的时代精神的哲学才是真正的"时代精神的精华",才能历史地为人类提供"最高的支撑点",才能把人类不断地推进到更为崇高的境界。这就是哲学发展的历史与逻辑。

《哲学通论·第八章 哲学的历史演进》 数字化教学支持资源

一、孙正聿老师视频精品课(五讲)(请扫码观看)

二、本章拓展资源(请扫码观看)
1. 《"哲学就是哲学史"的涵义与意义》
2. 《哲学的形而上学历险》
3. 《当代中国哲学的主体性与原创性》

本章思考题

1. 哲学的"古代""近代"与"现代"的划分标准是什么?
2. 试从人类存在的历史形态分析哲学的历史演进。
3. 怎样理解哲学的时代性、民族性、个体性与人类性的关系? 为什么说哲学既是时代精神的理论表征,又是对新的时代精神的塑造与引导?
4. "现代哲学"与"传统哲学"的根本区别在哪里?
5. 为什么说马克思主义哲学的产生是哲学史上的伟大革命?

第九章　哲学的修养与创造

哲学，它不是抽象的名词、枯燥的条文和现成的结论，而是人类思想的批判性的反思的维度、理想性的创造的维度。它要激发而不是抑制人们的想象力、创造力和批判力，它要冲击而不是强化人类思维中的惰性、保守性和凝固性，它要推进而不是遏制人们的主体意识、反思态度和创造精神。学习哲学，需要高举远慕的心态，慎思明辨的理性，体会真切的情感，执着专注的意志和洒脱通达的境界，需要不断地激发自己的理论兴趣，拓宽自己的理论视野，撞击自己的理论思维和提升自己的理论境界。

第一节　哲学的品格

哲学是一种学养，是一种"以学术培养品格"，"以真理指导行为"的努力①。哲学对人的品格的培养，首先是同哲学自身的品格息息相关的。哲学的品格，主要包括"向上的兼容性""时代的容涵性""理论的系统性"和"思想的开放性"，因而真正的哲学具有深厚的历史感、强烈的现实感、巨大的逻辑感和博大的境界感，并从而使人通过哲学的学习增强自己的理论思维能力和提高自己的整体教养水平。

一、向上的兼容性：深厚的历史感

任何一种真正的哲学理论，都是人类认识史的结晶，都积淀着人类智慧的理论成果。哲学发展的最基本的逻辑，就在于哲学是一种历史性的思想，而哲学史则是思想性的历史，因此，哲学问题总是自我相关、自我缠绕的，即：哲学中的"老问题"以胚芽的形态蕴含着新问题，哲学中的"新问题"则是以成熟的形态展开了老问题。正是这种新、老问题的自我相关和自我缠绕，使哲学史构成了一系列螺旋式上升的圆圈，并要求每个时代的哲学都必

---

① 参见贺麟:《哲学与哲学史论文集》，商务印书馆，1990年，第120页。

须具有"向上的兼容性"。

所谓"向上的兼容性",就是每个时代的哲学都必须以巨大的历史尺度去批判地考察全部哲学史,吸收哲学史的全部积极成果,揭露先前哲学所蕴含的内在矛盾,发现先前哲学所遇到的真实的理论困难,从而以解决这种理论困难的方式去推进哲学的发展。

总结全部哲学史,我们会深切地感受到哲学的这种"向上的兼容性",以及哲学由此而获得的"深厚的历史感"。在《谈谈辩证法问题》一文中,列宁曾以描述哲学上的"圆圈"的方式,刻画了哲学的这种向上的兼容性。列宁所描述的三个"圆圈"是:古代,从德谟克利特到柏拉图以及赫拉克利特的辩证法;文艺复兴时代,笛卡儿到伽桑狄(斯宾诺莎);近代,霍尔巴赫到黑格尔(经过贝克莱、休谟、康德),以及从黑格尔经过费尔巴哈到马克思①。

哲学上的"一串圆圈",表现的是哲学的批判继承关系,也就是由哲学的新问题与老问题的自我相关和自我缠绕所决定的"向上兼容"的关系。这种"向上兼容"的关系,从总体上看,是以历史时代为序的,但并不是刻板地"以人物的年代先后为顺序"②。哲学是经由哲学家思维着的头脑创造出来的理论。每种哲学的理论水平,都与哲学家对人类认识史(首先是哲学发展史)的总结息息相关,与哲学家发现和解决先前哲学所遇到的理论困难的能力密切相关。因此,哲学发展史上的"一串圆圈",并不是刻板地以人物的年代先后为序,而是哲学发展史意义上的"圆圈",与哲学历史上的人物的"年代"有一定的"误差"。这恰好表明,哲学的"向上的兼容性"或"深厚的历史感",是哲学的极为重要的品格。

恩格斯曾经提出,黑格尔哲学的理论力量,在于它的"巨大的历史感"。读一读黑格尔的《精神现象学》《哲学史讲演录》与《逻辑学》,我们不能不折服于一种历史性的思想与思想性的历史的相互辉映的理论征服力量。在黑格尔哲学中,尽管有许多"猜测"的甚至是"神秘"的东西,但是,这种由"史论结合"所形成的理论力量,却是发人深省的。正是在系统总结和深刻反思包括黑格尔哲学在内的人类思想史的基础上,恩格斯明确地指出,所谓"辩证哲学",就是一种"建立在通晓思维的历史和成就的基础

---

①② 参见《列宁全集》第38卷,第411页。

上的理论思维"①。

在《黑格尔〈逻辑学〉一书摘要》中，列宁曾经提出这样一个意义重大的理论问题，即：为什么"普遍运动和变化的思想"，在"未被应用于生命和社会以前"，就在黑格尔的《逻辑学》中"被猜测到了"②？这就是说，为什么自觉形态的辩证法理论不是首先从生命自然领域和社会历史领域中总结出来，而是首先由研究概念逻辑运动的黑格尔把世界理解和描述为一个过程？这个问题的确是发人深省的。

在论述黑格尔哲学时，恩格斯曾经一再强调地指出，黑格尔的辩证法理论是以最宏伟的形式总结了全部哲学发展，是二千五百年来的哲学发展所达到的成果，黑格尔的每个范畴都是哲学史上的一个阶段。同样，列宁也强调地指出，黑格尔的辩证法是思想史的概括，黑格尔在哲学中着重地探索辩证的东西，黑格尔是把他的概念、范畴的自己发展和全部哲学史联系起来了。这就十分清楚地告诉人们，黑格尔之所以能够在人类认识史上第一个创立自觉形态的辩证法理论，就在于这个理论本身是全部人类认识史的成果，是从人类认识史的总结中产生出来的。简洁地说，就在于它是恩格斯所说的"建立在通晓思维的历史和成就的基础上的理论思维"。

通晓思维的历史和成就，这不仅使哲学自身获得了深厚的历史感，而且也为哲学的现实感、逻辑感和境界感奠定了坚实基础。

哲学作为"思想中所把握到的时代"或"时代精神的精华"，它所把握到的"现实"，并不是对"实存"的各种事例的罗列或关于"实存"的各种统计数据的堆积，而是以"通晓思维的历史和成就的理论思维"去把握现实、观照现实、透视现实，使现实在哲学理论中再现为马克思所说的"许多规定的综合"和"多样性的统一"的"理论具体"。哲学的"历史感"规范着它在何种程度上洞察到现实的本质与趋势，因此，离开"历史感"的所谓的"现实感"，只能是一种外在的、浅薄的、时髦的赝品，那样的"哲学"只能制造某种"明星"式的"轰动效应"，而无法构成"思想中的时代"。

哲学的逻辑感，是以"历史与逻辑的统一"为前提的，是以"由抽象上升到具体"的形式体现的。在理论体系的范畴逻辑关系中，"比较简单的范畴可以表现一个比较不发展的整体的处于支配地位的关系，或者可以表现一

---

① 参见《马克思恩格斯选集》第3卷，第533页。
② 参见《列宁全集》第38卷，第147页。

个比较发展的整体的从属关系,后面这些关系,在整体向着以一个比较具体的范畴表现出来的方面发展之前,在历史上已经存在。 在这个限度内,从最简单上升到复杂这个抽象思维的进程符合现实的历史过程。"①这表明,只有历史与逻辑的统一,才能实现合乎逻辑的范畴运演,才会使理论获得应有的逻辑力量。 由此我们可以懂得,之所以有许多"体系化"的哲学理论并没有相应的"逻辑感",首先就是因为它缺乏真实的、深厚的"历史感"。

在提出"辩证哲学"是"一种建立在通晓思维的历史和成就的基础上的理论思维"的同时,恩格斯曾尖锐地批评了"坏的时髦哲学"。 恩格斯说,"官方的黑格尔学派从老师的辩证法中只学会搬弄最简单的技巧,拿来到处应用,而且常常笨拙得可笑。 在他们看来,黑格尔的全部遗产不过是可以用来套在任何论题上的刻板公式,不过是可以用来在缺乏思想和实证知识的时候及时搪塞一下的词汇语录"②。 这就是说,那种缺少"向上兼容性"即缺少"深厚的历史感"的哲学,由于它不懂得"思维的历史和成就",因而它必然会堕落成为教条主义的东西。 恩格斯对这种"坏的时髦哲学"的批评,是值得每个学习和研究哲学的人深长思之的。

二、时代的容涵性:强烈的现实感

哲学从来不是超然于世界之外的玄思和遐想,而是"思想中所把握到的时代",或者更简洁地说,是"思想中的现实"。 这就是哲学所具有的"时代的容涵性"和"强烈的现实感"。

哲学是"思想中的现实",这个命题具有两层含义:其一,任何一种真正的哲学都具有时代性的内容,而不是纯粹的思辨的产物;其二,任何一种真正的哲学又都是以"思想"即"理论"的方式所把握到的"现实",而不是简单的关于"现实"的"表象"。 这两方面的含义,对于理解和把握"哲学是思想中的现实"这个命题都是至关重要的,或者说,这两方面的含义,对于理解和把握"哲学是思想中的现实"这个命题是缺一不可的。

具体地说,"哲学是思想中的现实"的第一层含义,表明了哲学与现实的不可割裂的密切关系,因此,人们只有从时代的历史性特征及其历史性转换出发,才能理解哲学的理论内容及其历史演化;"哲学是思想中的现实"的第

---

① 《马克思恩格斯选集》第 2 卷,第 105 页。
② 同上书,第 119 页。

二层含义,则是表明了哲学与现实之间的关系的特殊性,即:哲学家以理论的形式所表现的现实,蕴含着哲学家用以观察和解释现实的概念框架和解释原则,因此现实在哲学理论中会得到不同的表现和解释。正是这第二层含义,为哲学的实际状况做出了必要的理论解释。这就是,为什么同一时代的哲学会有迥然有别或截然相反的理论观点。

美国出版的"导师哲学家丛刊",曾以下列标题来表征中世纪以来的各个时代的哲学:"信仰的时代"(中世纪哲学),"冒险的时代"(文艺复兴时期的哲学),"理性的时代"(17世纪的哲学),"启蒙的时代"(18世纪的哲学),"思想体系的时代"(19世纪的哲学),"分析的时代"(20世纪的哲学)。不管这种概括恰当与否,但它确实显示了哲学的这种最基本的品格,即:哲学是"思想中的时代",它具有"时代的容涵性"和"强烈的现实感"。

任何一种真正的哲学,无论它在表现形式上是多么抽象或思辨,它都具有这种"时代的容涵性"。在评论黑格尔的思辨哲学时,马克思提出,这个思辨的哲学体系有三个因素:第一个因素是形而上学地改了装的、脱离了人的自然;第二个因素是形而上学地改了装的、脱离了自然的精神;第三个因素是形而上学地改了装的以上两个因素的统一,即现实的人和现实的人类①。由此马克思提出,去掉这种"形而上学地改了装的"思辨性和神秘性,黑格尔哲学在其现实性上,就是这样三个因素:作为人自身和人的对象的"自然";以自然为基础的人的"精神";作为这两者统一的"现实的人"和"现实的人类"。

马克思对黑格尔思辨哲学的批判性揭示,显露了这种思辨哲学与现实的真实联系。那么,黑格尔为什么把现实的"自然""精神"和"人"都神秘化地描绘为"绝对理念"即"无人身的理性"的自我运动呢?这是黑格尔的超然于世界之外的"玄思"和"遐想"吗?对于这个问题的回答,马克思更为深刻地揭示了黑格尔思辨哲学的本质,也更为深刻地揭示了理论与现实的关系。马克思指出,黑格尔是以最抽象的形式表达了最现实的人类状况:"个人现在受抽象统治,而他们以前是互相依赖的。但是,抽象或观念,无非是那些统治个人的物质关系的理论表现。"②这就是说,黑格尔的"抽象",既不是他个人的"偏爱",也不是他个人的"编造",而是根源于理论

---

① 参见《马克思恩格斯全集》第2卷,第177页。
② 《马克思恩格斯全集》第46卷(上),第111页。

所表达的现实——现实被"抽象"所统治。在这个意义上,黑格尔的思辨哲学就不是远离了现实,恰恰相反,它是以"抽象"的理论形式而真实地表达了受"抽象"统治的现实。

进一步问:黑格尔的"抽象或观念"所表达的"统治个人的物质关系"究竟是什么? 马克思说:"我的研究得出这样一个结论:法的关系像国家的形式一样,既不能从它们本身来理解,也不能从所谓人类精神的一般发展来理解,相反,它们根源于物质的生活关系,这种物质的生活关系的总和,黑格尔按照十八世纪的英国人和法国人的先例,称之为'市民社会',而对市民社会的解剖应该到政治经济学中去寻找。"①因此,马克思把自己的哲学批判诉诸政治经济学批判,并在政治经济学批判中更为深刻地揭示黑格尔哲学与现实的关系。

在这种哲学—政治经济学批判中,马克思曾以一个生动而犀利的论断来揭示理论所表达的现实和现实所产生的理论的相互关系。马克思说:"如果说有一个英国人把人变成帽子,那么,有一个德国人就把帽子变成了观念。这个英国人就是李嘉图……这个德国人就是黑格尔。"②英国古典经济学家李嘉图在他的政治经济学理论中,用物和物的关系掩盖了人和人的关系;德国古典哲学家黑格尔在他的思辨哲学中,则把物和物的关系、人和物的关系、人和人的关系全都神秘化地抽象为观念与观念之间的关系。这样,所有的现实关系,都变成了黑格尔的"纯粹的、永恒的、无人身的理性"的自我运动。正因如此,马克思把自己的理论批判首先指向黑格尔的思辨哲学,使现实的关系从抽象的观念中显现出来,又从哲学批判转向政治经济学批判,使人与人的关系从物与物的关系中显现出来。

那么,在李嘉图的"帽子"和黑格尔的"观念"中所掩盖的现实关系究竟是什么? 马克思认为,黑格尔以抽象的观念普遍性所表达的"统治个人的物质关系"的普遍性,就是"资本"与"劳动"的关系。在资本主义社会里,"资本"具有独立性和个性,而活动着的个人却丧失了独立性和个性。这表现在:一方面,资本家只不过是人格化的资本,他的灵魂就是资本的灵魂;另一方面,不仅特殊的部分劳动被分配在不同个人之间,而且个人已被转化成了某种部分劳动的自动机器。"资本"具有独立性和个性,它统治着整

---

① 《马克思恩格斯选集》第 2 卷,第 82 页。
② 《马克思恩格斯选集》第 1 卷,第 103 页。

个的现实,这是资本主义社会的最现实的普遍性,也是现实受"抽象"(资本)的统治的最普遍的现实。

马克思的精辟分析表明,黑格尔的"抽象"并不是超然于现实之外的玄思和遐想,而是一种深刻的思想中的现实——以"抽象"的理论表达了个人受"抽象"统治的现实。"抽象"对理论的统治根源于统治现实的"抽象"。

如果我们把黑格尔以"抽象"的理论所表达的个人受"抽象"统治的现实,同马克思对黑格尔的"抽象"的批判加以对比,我们就会懂得,哲学作为"思想中的现实",它不仅是理论地表征着现实,而且表现着哲学家对现实的不同理解与要求。 作为无产阶级革命理论的马克思主义哲学,不仅承认个人受"抽象"统治的现实,而且要求把人从"抽象"的统治中解放出来,也就是从"物"的普遍统治中解放出来,从"资本"的普遍统治中解放出来,把"资本"的独立性和个性变为人自己的独立性和个性。 因此,马克思对黑格尔的理论形式的"抽象"的批判,就是批判产生这种理论的统治现实的"抽象"。

"现实"是充满矛盾的过程,表征现实的哲学理论也具有相互冲突的内容和形式。 而评价一种哲学理论的时候,则既要看它在何种程度上表征了现实,又要看它对现实提出了怎样的理解与要求。 作为"法国革命的德国理论",黑格尔哲学的产生既有其历史的合理性,更蕴含着内在的否定性。 这是历史本身的辩证法,也是由历史所决定的哲学理论的辩证法。

哲学作为"思想中的时代",它的"现实感"并不是"表象"或"再现"现实,而在于它对时代的整体性的把握、批判性的反思和理想性的引导。

哲学作为世界观理论,它同现实之间是有"间距"的。 全部理论特别是哲学理论与现实之间具有并保持一定的"间距",这是全部理论特别是哲学理论得以产生、发展和对现实发挥作用的基本前提。 正是由于这种"间距",哲学才能使人超越感觉的杂多性、表象的流变性、情感的狭隘性和意愿的主观性,才能全面地反映现实,深层地透视现实,理性地解释现实,理想地引导现实,理智地反观现实,才能实现"思想中所把握到的时代",才能成为"时代精神的精华"。

当代著名哲学家伽达默尔曾经提出,"一切实践的最终含义就是超越实践本身"[①]。 这个论断是意味深长的,值得深思的。 实践活动作为追求自己的

[①] 伽达默尔:《赞美理论——伽达默尔选集》,上海三联书店,1988年,第46页。

目的的人类历史过程,人类的历史发展过程也就是实践活动的自我超越,即历史地否定已有的实践方式、实践经验和实践成果,又历史地创造新的实践方式、实践经验和实践成果。在实践自我超越的历史过程中,理论首先是作为实践活动中的新的世界图景、思维方式、价值观念和目的性要求而构成实践活动的内在否定性。这种内在否定性就是理论对实践的理想性引导。正因如此,伽达默尔又说,"理论就是实践的反义词"①。

理论作为实践的"反义词",并不仅仅在于理论的"观念性"和实践性的"物质性",更在于理论的"理想性"和实践的"现实性"。人是现实性的存在,但人又总是不满足于自己存在的现实,而总是要求把现实变成更加理想的现实。理论正是以其理想性的世界图景和理想性的目的性要求而超越实践,并促进实践的自我超越。

理论对现实的超越,还在于它以自身与现实的"间距性"而批判性地反思实践活动和规范性地矫正实践活动。人类的任何一种实践活动都具有"二律背反"的性质,并因而表现出正、负"双重效应"。无论是当代人类所面对的"全球问题",还是市场经济所形成的"以物的依赖性为基础的人的独立性",都显著地表现出了实践活动的二重性。因此,实践需要理论的"反驳",即理论地批判反思实践活动并促进实践活动的自我超越。

三、理论的系统性:巨大的逻辑感

任何一种真正的哲学理论,都表现为概念发展的有机组织,因此,理论的深厚的历史感和强烈的现实感,都实现在它的逻辑化的概念展开过程之中。哲学的力量,是一种理论的逻辑力量,一种理论的说服力量,一种撞击人的理论思维的力量。"逻辑感",是哲学的最为基本的重要品格。

哲学的逻辑力量,首先是一种撞击人的理论思维的力量。人类思维面对千差万别、千变万化的世界,总是力图在最深刻的层次上把握到世界的统一性,并以此去解释世界上的全部现象。宇宙之谜,历史之谜,人生之谜,对于具有理论思维能力和求知渴望的人类来说,是一种巨大的、不可遏止的精神上的诱惑和智力上的挑战。面对这种种的诱惑和挑战,人类以思维的逻辑去揭开笼罩着自然、历史和人生的层层面纱,并以思维的逻辑去展现自然、历史和人生的本质与规律。古希腊哲学家亚里士多德说,"求知是人类的本

---

① 伽达默尔:《赞美理论》,第21页。

性","古今来人们开始哲理探索,都应起于对自然万物的惊异"①。 哲学的逻辑,是智力探险的逻辑,思维撞击的逻辑,理性创造的逻辑,它对人类智力具有巨大的吸引力。

哲学的逻辑力量,又是一种人类理性自我反省的力量,理论思维自我批判的力量。"批判",是人类特有的活动方式。 人类既以"实践批判"的方式现实地否定世界的现存状态,从而把世界变成自己所要求的现实,又以"精神批判"的方式在观念上否定世界的现存状态,为实践批判提供理想性图景和目的性要求。 而"哲学批判",则是对"实践批判"和"精神批判"的出发点——这两种批判活动得以进行的根据、标准和尺度——的批判。 这样的批判,是对人类的全部活动——实践活动和认识活动——的"前提"批判。在哲学的"前提批判"中,人类的思维方式、价值观念、审美意识和整个生活方式都被改变了。

哲学的"前提批判",或者说,哲学对"前提"的"批判",是一种寻求、揭示和批判地反思人类全部活动的"前提"的逻辑,是一种把隐匿在思想之中的"看不见的手"揭露出来并予以批判的逻辑。 这种"前提批判"的逻辑,具有巨大的逻辑震撼力量。 在布莱恩·麦基主编的《思想家——当代哲学的创造者们》一书中,曾经这样描述哲学和哲学家的特征与使命:"如果不对假定的前提进行检验,将它们束之高阁,社会就会陷入僵化,信仰就会变成教条,想象就会变得呆滞,智慧就会陷入贫乏。 社会如果躺在无人质疑的教条的温床上睡大觉,就有可能会渐渐烂掉。 要激励想象,运用智慧,防止精神生活陷入贫瘠,要使对真理的追求(或者对正义的追求,对自我实现的追求)持之以恒,就必须对假设质疑,向前提挑战,至少应做到足以推动社会前进的水平。 人类和人类思想的进步部分是反叛的结果,子革父命,至少是革去了父辈的信条,而达成新的信仰。 这正是发展、进步赖以存在的基础。 在这一过程中,那些提出上述恼人的问题并对问题的答案抱有强烈好奇心的人,发挥着绝对的核心作用。 这种人在任何一个社会中通常都不多见。当他们系统从事这种活动并使用同样可以受到别人批判检验的合理方法时,他们便被称之为哲学家了。"②

我国当代哲学家贺麟先生说,"哲学家贵在高明"。 哲学家的"高明"之

---

① 亚里士多德:《形而上学》,第1页,第5页。
② 布莱恩·麦基编:《思想家——当代哲学的创造者们》,第4页。

处，在于他追究生活信念的前提，探索各种知识的根据，反思历史进步的标准，审讯评价真善美的尺度。哲学反对人们对流行的思维方式、生活态度、科学概念、逻辑规则采取现成接受的态度，反对人们躺在无人质疑的温床上睡大觉。"向前提挑战"，这是哲学家的"爱智"，也是哲学家的"高明"。镌刻在人类思想史上的苏格拉底式的机智，亚里士多德式的渊博，笛卡儿式的怀疑，康德式的批判，黑格尔式的深刻，尼采式的苦痛，弗雷格式的明晰，维特根斯坦式的锐利，卡西尔式的通达，海德格尔式的深沉，哪一个不是在执着的自我反思中对常识、科学和哲学的前提挑战？哪一个不是在睿智的前提批判中表达出各自时代的人类对自己的生存状况、焦虑与期待的自我意识？正是这种"前提批判"的逻辑力量，实现了哲学推进人类文明的历史作用。

哲学的逻辑力量，还是一种人类思想构建自己、否定自己和发展自己的力量。古希腊哲人苏格拉底、柏拉图和亚里士多德，曾经分别地探寻概念的定义、概念的意义和思维的形式逻辑。培根、笛卡儿以来的近代哲人则以人类理性自我反省的方式去开拓施展理论力量的广阔道路。在康德、费希特、谢林和黑格尔的德国古典哲学中，则以批判地反省形式逻辑的"同一律"为出发点，深化和发展了笛卡儿所开创的"内涵逻辑"，并在黑格尔的哲学中，形成了人类思想运动的逻辑——概念发展的辩证法。

在《黑格尔〈逻辑学〉一书摘要》中，列宁曾经做过这样的对比："在旧逻辑中，没有过渡，没有发展（概念的和思维的），没有各部分之间的'内在的必然的联系'，也没有某些部分向另一些部分的'过渡'"[1]；而"黑格尔则要求这样的逻辑：其中形式是富有内容的形式，是活生生的实在的内容的形式，是和内容不可分离地联系着的形式"[2]。因此，列宁非常重视黑格尔关于"只有沿着这条自己构成自己的道路……哲学才能成为客观的、论证的科学"的看法，提出"'自己构成自己的道路'＝真正的认识的、不断认识的、从不知到知的运动的道路（据我看来，这就是关键所在）"[3]。

概念自我运动、自我发展、"自己构成自己"的根据何在？就在于以人类文明为内涵的概念自身的内在否定性。这种内在的否定性，在思维自己构成自己的进程中，表现为双重的否定性：一方面，思维不断地否定自己的虚无性，使自己获得越来越具体、越来越丰富的规定性，这就是思维自己建构

---

[1] 《列宁全集》第55卷，第81页。

[2] 同上书，第77页。

[3] 同上书，第73页。

自己的过程;另一方面,思维又不断地反思、批判、否定自己所获得的规定性,从而在更深刻的层次上重新构成自己的规定性,这又是思维自己反思自己的过程。

思维在这种双重否定的运动中,既表现为思维规定的不断丰富,实现内容上的不断充实,又表现为思想力度的不断深化,实现逻辑上的层次跃迁。这就是人类思维运动的建构性与反思性、规定性与批判性、渐进性与飞跃性的辩证统一。

哲学所展现的人类思想运动的逻辑,在马克思的理论巨著《资本论》中获得了征服人心的逻辑力量。列宁说,马克思的《资本论》是一部把"逻辑、辩证法和唯物主义的认识论""都应用于同一门科学"的"大写字母"的"逻辑"①。在这部"大写的逻辑"中,我们能够真正地感受到"由抽象上升到具体"的逻辑力量。马克思说,思维的运动遵循着相互联系的两条道路,"在第一条道路上,完整的表象蒸发为抽象的规定;在第二条道路上,抽象的规定在思维行程中导致具体的再现"②。第一条道路的任务是从纷繁复杂、光怪陆离、混沌模糊的现象中抽象出简单明确、层次清晰的抽象规定,把握住复杂事物的种种基本关系;第二条道路的任务则是把这些抽象规定重组为思维的整体,造成概念发展的逻辑体系,把研究对象的整体在思维规定的"多样性统一"与"许多规定的综合"中再现出来。正是得心应手地驾驭这个思维的逻辑,马克思首先是把资本主义作为"混沌的表象"予以科学地"蒸发",抽象出它的各个侧面、各个层次的"规定性";然后又以高屋建瓴的系统思想,从全部规定性中找出最基本、最简单的规定性——包含资本主义全部矛盾"胚芽"的"商品"——将其凝结为科学范畴,确定为整个理论体系的逻辑起点;之后,再展开"商品"所蕴含的全部矛盾,循序而进,层层递进,使概念的规定性越来越丰富、越来越具体,直至达到资本主义"在思维具体中的再现"。这就是人们所看到的《资本论》的一、二、三卷:资本的直接生产过程;资本的流通过程;资本生产的总过程,即资本的生产过程与流通过程的统一。

现代结构主义语言学大师索绪尔的《普通语言学教程》,之所以对后世产生巨大而深远的影响,不仅在于它是现代语言学的奠基之作,也不仅在于

---

① 《列宁全集》第38卷,第357页。
② 《马克思恩格斯选集》第2卷,第103页。

它是结构主义理论与方法的典范之作,而且在于它具有撞击人的理论思维的强烈的逻辑之美。 在这部著作中,我们同样可以看到"由抽象到具体"的成对范畴的自我展开:语言与言语;共时性与历时性;结构性与事件性;静态性与动态性;潜在性与现实性;能指与所指;聚类与组合;约定性与任意性……科学理论的简单性与和谐性,科学理论的结构美与描述美,在这部语言学著作中都得到了充分的展现。

哲学的逻辑力量,从根本上说,是取决于它的彻底性程度。 这正如马克思所说:"批判的武器当然不能代替武器的批判,物质力量只能用物质力量来摧毁;但是理论一经掌握群众,也会变成物质力量。 理论只要说服人,就能掌握群众;而理论只要彻底,就能说服人。 所谓彻底,就是抓住事物的根本。 但人的根本就是人本身。"①

哲学是关于人类存在的自我意识的理论,或者说,哲学是理论形态的人类自我意识。 任何一种哲学理论,都表征着人类关于自身存在的自我意识,都表达着哲学家对人的存在及其与世界相互关系的理解。 然而,整个传统哲学总是离开"现实的人及其历史发展",去论证思维和存在的关系问题,因此,总是以这种方式或那种方式把"人"抽象化。 这样的哲学理论,当然无法形成理论的"彻底性",因而也不可能形成真正巨大的"说服人"的逻辑力量。 马克思主义哲学的理论力量,从根本上说,就在于它从"现实的人及其历史发展"出发,以自己的概念发展体系展现的人与世界之间的关系,并从而揭示和论证了人类争取自身解放的道路。

哲学理论的逻辑感,是以概念发展的有机组织实现的,这正如黑格尔所说,哲学的理论体系应该是"全体的自由性"与"各个环节的必然性"的统一,而不能是所谓的"散漫的整体性"。 在许多体系化的哲学中,我们经常看到的是,概念、范畴、原理的简单罗列或任意拼凑,而缺少内在的"逻辑"。 从形式上看,这些"体系"有章、有节、有目,有纵、有横、有合,方方面面,林林总总,似乎完整无缺;从内容上看,这些"体系"的概念、范畴和原理却缺乏内在的有机联系,缺乏由浅到深的概念发展,缺乏撞击人的理论思维的逻辑力量。 只有超越这种"散漫的整体性",实现以"各个环节的必然性"为基础的"全体的自由性",才有哲学理论的巨大的逻辑感和征服人心的逻辑力量。

---

① 《马克思恩格斯选集》第 1 卷,第 9 页。

四、思想的开放性：博大的境界感

人们经常说，哲学是一门寻根究底、追根溯源的学问。这种永无止境的求索，这种思想的永远的开放性，构成了哲学的博大的境界感。

哲学思想的开放性，首先是由哲学思维的反思性质所决定的，并突出地表现为哲学的反思过程。哲学是人类思想的反思的维度，它不是具体地去实现思维和存在的统一，而是把常识、科学、艺术等所实现的思维与存在相统一的认识成果，作为再思想、再认识的对象。不仅如此，作为前提批判的哲学反思，它总是不断地追究思想构成自己的诸种前提，批判地反思蕴含在思想之中的思维方式、价值观念和审美意识，等等。这种指向思想前提的批判是无尽无休的，因而哲学思想自身是无限开放的。例如，哲学对"一"的寻求，就是对"前提"的无限的追问：古代哲学所寻求的是"万物的统一性"；近代哲学则认为，离开思维对存在的关系而直接断言"万物的统一性"，是一种哲学的"独断论"，必须以"意识的统一性"问题为前提，才能回答"世界的统一性"问题；现代哲学则认为，无论是追究"万物的统一性"，还是寻求"意识的统一性"，都没有找到思维和存在统一的中介，因而整个传统哲学对"一"的寻求都是抽象的，必须从思维和存在统一的基础（实践）或思维和存在统一的中介（语言）出发，才能深切地理解和把握哲学所寻求的"一"。

哲学思想的开放性，又是由哲学理论的理想性决定的。人类的实践活动具有无限的指向性。人类总是不满足于现实的存在，而力图把现实变为更加理想的现实。基于人类实践本性的哲学思维，总是竭力在最深刻的层次上或最彻底的意义上把握世界、解释世界和确认人在世界中的地位与价值。因此，哲学总是寻求"天人合一""知行合一""情景合一"的理想境界，总是试图"为天地立心，为生民立命"，总是渴求自己成为人类的"安身立命之本"。正是这种永无止境的理想性追求，使得哲学思想具有无限的开放性，并使哲学获得了最为博大的境界感。

哲学思想的开放性，与哲学自身的特性和功能是密切相关的。关于哲学，恩格斯曾经强调它的培养和训练人的理论思维的功能。恩格斯说，理论思维作为一种"天赋的能力"，是"必须加以发展和锻炼"的，"而为了进行这种锻炼，除了学习以往的哲学，直到现在还没有别的手段"[1]。这是因

---

[1] 参见《马克思恩格斯选集》第3卷，第465页。

为,哲学本身是"一种建立在通晓思维的历史和成就的基础上的理论思维"。哲学的本性与功能表明,每个时代的哲学都必须具有双向的开放性:既向整个的哲学史开放,以使自己"通晓思维的历史和成就";又向哲学的未来开放,以使自己获得新的理论内容和理论形式。

关于哲学的特性与功能,我国当代哲学家贺麟先生提出,"尤其我们须知,哲学重在思想的训练和理智的活动,重研究、怀疑、讨论、辩难、探求思索的过程,而不一定重在问题的根本解决和所得的结果。犹如我们习体操,或爬山旅行,我们重在体育活动的过程和身体的锻炼,而不重实际的收获和问题的解决。在这意义下,哲学也是只问耕耘(思想研究)不问收获(得出结论、结果)的。哲学家只是'爱智者',追求真理的人,而不是'智者',自命已经有了智慧、得到真理的人"①。与此同时,贺麟先生还告诫说,如果一个哲学家自命有了"定论",则他便会"陷于独断而不虚怀求进益"。他举例说,"汉武帝认孔子的学说为定论,尊崇儒术,罢黜百家,其妨害思想自由,学术进步和政治民主的恶影响,真是难于计量。西洋在中世纪,教会方面认亚里士多德的学说为定论,违反亚氏思想的人,有被迫害、被处死的危险,其对思想自由、学术进步和政治民主妨害更大"②。贺麟先生说,他之所以强调"哲学无定论","目的在注重哲学的自由和创新方面。并不是说哲学里纷乱如麻,使人无所适从。更不是说,学哲学的人,可以信口开河,胡言乱说,漫无是非真伪标准。哲学有其神圣的使命、完整的领域、森严的律令、谨严的方法,亦有其公认的标准和典型的权威。这种种特点都是使得哲学成为一专门学问的条件。说哲学上没有定论可,说哲学上任何定论都可以批评反对更可,但说整个哲学史只是庞杂的思想的记载,漫无头绪却不可。因为如果加以贯通的整理,我们就可看出哲学史上的派别和论辩,皆是脉络分别,源流清楚。如众山之有主峰,如众流之汇归于海,使人感觉到哲学上派别之多,思想之杂,而仍不违背于'道一而已','真理只有一个'的根本原则"③。

哲学思想的开放性,更深层地源于哲学自身发展的逻辑——哲学的自我追问、自我批判和自我超越。哲学的最为显著的特征,就在于人们"对于它

---

①② 贺麟:《文化与人生》,第 275 页。
③ 同上书,第 276 页。

的本质,对于它应该完成和能够完成的任务,有许多大不相同的看法"①,因而哲学总是不断地进行自我追问:哲学究竟是什么? 有的学者提出,在哲学研究中,人们首先要回答的是哲学的元问题,即"什么是哲学"的问题;而一旦回答了这个问题,人们也就从抽象的、单一的哲学中"下降到某种具体类型的哲学中";哲学家们正是通过对"什么是哲学"这个元问题的解答,"自觉地或不自觉地创立了某种类型的哲学或使自己的思想从属于某种类型的哲学"②。

在哲学家关于"什么是哲学"的追问中,历史地构成了各种"类型"的哲学;历史上的每一种"类型"的哲学,又在新的哲学自我追问中,遭到无情的批判,从而实现了哲学思想的历史性的自我超越。 这就是哲学思想的无限的开放性,也是由哲学思想的开放性所构成的哲学的博大的境界感。

第二节　哲学思维的训练

学习和研究哲学的过程,是培养和训练哲学思维的过程。 哲学思维的培养与训练,会使人们形成哲学的求真态度,哲学的反思取向,哲学的批判精神,哲学的创新意识,哲学的分析方式,哲学的渗透能力和哲学的辩证智慧。

一、哲学的求真态度

哲学要"以学术培养品格"和"以真理指导行为",首要的就是一种求真的态度,即真实的研究,真诚的探索和真切的思考。

哲学的求真,是以"三个面向"为基础的。 这就是:面向"本文",面向"现实",面向"自我",在"三个面向"的聚焦点上进行真实的研究、真诚的探索和真切的思考。

一是"面向本文"

哲学理论,是经由哲学家思维着的头脑所创建的关于人与世界相互关系的概念逻辑体系。 每种哲学理论,都凝聚着哲学家所捕捉到的该时代人类对人与世界相互关系的自我意识,都贯穿着哲学家用以观察和说明人与世界相

---

① 参见黑格尔:《哲学史讲演录》第 1 卷,第 5 页。
② 参见俞吾金:《关于哲学基本问题的再认识》,《北京大学学报》1997 年第 2 期。

互关系的基本立足点和出发点，都体现着哲学家用以解决全部哲学问题，建构哲学范畴体系的独特的解释原则和方法论，都在不同的程度上或不同的水平上或不同的侧面上体现着该时代的时代精神。离开古今中外的哲学家所提供的汗牛充栋的哲学"本文"，仅凭个人的"思辨"或"体悟"去苦思冥想，是不可能形成"建立在通晓思维的历史和成就的基础上的理论思维"的。

关于哲学"本文"的重要性，我们有必要体会一下恩格斯曾经作过的一段评论。恩格斯说，由于"对哲学史的不熟悉"，"在哲学中几百年前就已经提出了的、早已在哲学上被废弃了的命题，常常在研究理论的自然科学家那里作为全新的智慧出现，而且在一个时候甚至成为时髦的东西"①。恩格斯所批评的这种情况，真可以说比比皆是。由于缺乏面向"本文"的长期努力，许多人苦思冥想出来的"哲学创见"，恰恰是"早已在哲学上被废弃了的命题"。

在阅读"本文"的过程中，人们会发现，对于同一"本文"，会产生迥然有别甚至是截然相反的理解。这是因为，不仅"观察渗透理论"，而且"阅读"也是"渗透理论"的。人们并不是以"空白"的头脑去接受"本文"，而是以已经占有的理论去理解和解释"本文"，因而人们会对"本文"做出不同的理解和解释。

对于哲学"本文"的不同理解和解释，最为直接的是取决于阅读者的"通晓思维的历史和成就"的程度或水平。阅读者的"背景知识"越宽厚，"参照系统"越丰富，他对"本文"的理解就越全面、越深刻。反之，则会偏狭地或浅薄地对待哲学"本文"。这恰好表明，哲学的求真态度，首先必须是认认真真地、踏踏实实地"面向本文"。

二是"面向现实"

哲学是"思想中的时代"，是"时代精神的精华"。任何真正的哲学理论，总是以理论的方式表征着自己的时代，因而也必须首先以理论的方式去面向现实。

以理论的方式面向现实，这既是强调哲学必须面向现实，又是强调哲学必须用自己的方式——理论的方式——去面向现实。这二者是不可分割的。由于人们常常以两极对立的思维方式去理解哲学与现实的关系，所以在哲学"面向现实"的问题上，常常陷入两种"误区"：一是把"哲学"当作某种不

---

① 《马克思恩格斯选集》第3卷，第466页。

变的"原理"和抽象的"教条",以教条主义的方式去"应用"哲学,即用既定的理论模式去回答和解决各种现实问题;二是把"现实"中的某些具体问题(而不是具有时代意义的问题)作为哲学研究的出发点,使哲学思考沉湎于琐屑细小的各种事件的纠缠之中。由此所造成的后果是严重的。许多人苦于哲学理论无法直接地、具体地解决各种现实问题,因而或者放弃哲学面对现实的责任而去追求所谓的"纯学术",或者放弃对哲学的理论研究而去搞哲学的"对号入座"。

哲学所面向的现实,是时代的现实,是每个时代的人类关于自身存在的自我意识。然而,只要我们面对这样的现实,就会发现,每个时代都存在着极为错综复杂的各种各样的矛盾的现象与趋势,每个时代的人类自我意识也都处于纷繁复杂的矛盾状态,每个时代的是非、利害、福祸、毁誉、荣辱、进退,总是纷至沓来,扑朔迷离。这就要求面向现实的哲学,既要具有深厚的历史感,又要同现实保持"间距"。

具有理论力量的哲学,总是形成于两个基本向度的统一,即"向上的兼容性"与"时代的容涵性"。"向上的兼容性",是以巨大的历史尺度和恢弘的历史内容去观照哲学所面向的现实;"时代的容涵性",则是以敏锐的洞察力审度时代的种种矛盾,理论地再现时代的本质及其发展趋势。哲学的历史感规范着自己在何种程度上洞察到现实的本质和趋势,哲学的现实感则规范着自己在何种程度上实现自己。哲学的历史感由于其现实感而获得把握和表征时代的意义,哲学的现实感则由于其历史感而获得把握和表征时代的力度。离开历史感的所谓现实感,只能是一种外在的、浅薄的、时髦的赝品,同样地,离开现实感的所谓历史感,也只能是一种繁琐的、经院的、教条的说教,它只能作为学究式的自我欣赏,也不能构成"思想中的时代"和"时代精神的精华"。

三是"面向自我"

哲学是人类自我意识的时代水平的理论表达,即以理论形态所表达的人类关于自身存在的自我意识。任何真正的创造性的哲学理论,都是哲学家在"通晓思维的历史和成就"的基础上,以其独特的心灵体验、独立的反思意识和独到的理论解释,去表达自己时代的人类的自我意识,去建构"思想中所把握到的时代",为人类揭示新的理想境界和展现新的可能世界,也就是塑造和引导新的时代精神。这表明,哲学创造与哲学家的自我实现是融为一体的,创造哲学的哲学家必须具有炽烈而执着的主体自我意识。

阅读哲学"本文",人们会深切地感受到,哲学理论从来不是一种冷冰冰的逻辑,而是熔铸着哲学家的理想、信念和情操,并表现为特定的思维方式、价值观念和审美情趣。在马克思主义哲学中,熔铸着它的创始人及其后继者的崇高理想、坚定信念和深厚教养,因而具有一种气势恢宏、博大精深、睿智通达的理论境界。哲学,是以时代性的内容、民族性的形式和个体性的风格去求索人类性的问题;没有个性的哲学,既不会有理论的独创性,也不会有理论的征服力量。

在相当长的时期里,由于把通行的哲学教科书当作唯一的"哲学原理",以至研究哲学的人不是以展示新的世界和提示新的理想为己任,而是以既定理论的解释者和"客观真理"的占有者自居;不是把哲学研究理解为以自我实现的形式去表征当代人类的自我意识,而是把哲学研究视为丢弃自我并宣示与我无关的"客观真理"的过程。哲学研究者丢弃了自我的独特的心灵体验、独立的反思意识和独到的理论解释,就丢弃了哲学的炽烈的"爱智"精神,当然也就无法形成具有创造性的哲学理论。

由于哲学的研究与教学丢弃了"自我",这样的"研究成果"和教学内容也就失去了激动人心和征服人心的理论魅力,并造成了哲学理论课教学中的"板""散""浅":"板",就是把理论当作现成的结论,板起面孔,以宣示"客观真理"的姿态去解说"教科书"的内容;"散",就是把理论当作枯燥的条文,归纳概括,以"原理加实例"的方式去讲解哲学;"浅",就是把理论当作进行说教的材料,回避理论自身的难点和现实向理论提出的问题,照本宣科地讲授理论。

这种"无我"的哲学,既不能激发人们的理论兴趣,更不能撞击人们的理论思维。而"有我"的哲学,则必须进行艰难的哲学探索。它是哲学家的"爱智之忱"的结果。它熔铸着哲学家对人类的存在状况、焦虑和期待的真切的感受、体验、领悟和反思,而绝不是个人的空疏虚幻的玄想和聪明智巧的卖弄。它需要的是呕心沥血的思考和愈挫愈奋的探索,而不是追赶时尚的炫耀和随波逐流的赝品。

在题为《探索的动机》的演讲中,科学巨匠爱因斯坦(Albert Einstein, 1879—1955)曾把科学研究的人分为三类:第一种人是为了娱乐,也就是为了精神上的快感,显示自己的智力和才能。他们对科学的爱好,就像运动员喜欢表现自己的技艺一样。第二种人是为达到纯粹功利的目的,也就是为了使个人的生活得到某种改善。他们对科学的研究,只不过是一种谋生的手段。第三种人则是渴望用最适应的方式画出一个简化的,容易理解的世界图景,揭示宇宙的奥秘,解答各种世界之谜。他们的科学探索,既不是显示个人的智力和才能,也不是为了纯粹的功利目的,而是一种"抑制不住的渴望"[①]。作为"真有见者"的哲学家,他的"抑制不住的渴望",是对人类的生存与发展的趋势的关切与思考。因此,哲学家的主体自我意识,主要包括两个方面:一是哲学家作为社会的自我意识所具有的对现实和理论进行否定性思维的忧患意识和对象批判意识,二是哲学家作为个人的自我意识所具有的对个人占有的理论进行否定性思维的创新意识和自我批判意识。正是这种强烈的主体自我意识,促使哲学家百折不挠地以其创造性的哲学思考去塑造和引导新的时代精神。

创造哲学需要炽烈而执着的主体自我意识,学习和研究哲学同样需要这样的主体自我意识。只有"面向自我",才能深切地理解"本文"和"现实",才能在自我的独立反思中激发浓厚的理论兴趣,才能在自我的独立反思中撞击自己的理论思维,不断地提高自己的理论思维能力和提升自己的哲学理论境界。

二、哲学的反思取向

学习和研究哲学,并不是一般地"面向本文""面向现实"和"面向自我",而是在自觉的反思取向中实现这种"三面向"。因此,只有培养和训练自觉的反思取向,才能在"三面向"中提高理论思维能力和提升哲学理论境界。

哲学的反思取向,就是自觉地从反思的维度去看待全部哲学问题。例如,在哲学与常识和科学的关系中,哲学不是常识的变形,也不是科学的延伸,而是对常识和科学的超越。哲学的超越,就是向常识和科学的"前提"不断地提出挑战。常识和科学,为人类提供各种"是什么"的知识和各种"怎么办"的行为规范。哲学的反思取向,就是对常识和科学据以形成其"是什么"和"怎么办"的前提提出质疑和挑战。因此,培养和训练哲学的反思取向,从根本上说,就是锻炼追究"前提"和批判"前提"的能力。

哲学的追究和批判"前提"的反思取向,首先是注重于对"自明性"的追究与批判。这具体地表现在对人们所"熟知"的各种最基本的概念的意义

---

① 参见《爱因斯坦文集》第一卷,许良英、范岱年译,商务印书馆,1994年,第100—101页。

的追问。黑格尔说,"哲学的特点,就在于研究一般人平时所自以为很熟悉的东西。一般人在日常生活中,不知不觉间曾经运用并应用来帮助他生活的东西,恰好就是他所不真知的,如果他没有哲学的修养的话"①。例如,学习和研究哲学的人,都需要追问"哲学是什么"。在这种追问中,我们就会发现,通行的关于"哲学"的基本理解,都是以区分"哲学"与"科学"的"普遍性"程度为前提的,即:"哲学"是以"整个世界"为对象,并以"最普遍规律"为理论内容;而"科学"则以"具体领域"为对象,并以"特殊规律"为理论内容。由此我们就可以对这个"前提"本身进行追问:以"普遍性"程度来区分"哲学"与"科学",哲学是否就成了具有最大普遍性的"科学"?如果是这样,哲学与科学是否还是人类把握世界的两种不同的"基本方式"?"哲学"还有什么独立存在的根据?进一步看,如果承认人类是以包括科学、艺术、伦理、宗教和哲学等不同的"基本方式"把握世界,那么,能否仅仅从哲学与科学的二者关系中去规定哲学?在对基本概念的反思中,不仅能够获得对概念的新的理解,而且能够培养和训练人的哲学反思的能力。

哲学的追究和批判"前提"的反思取向,还注重于对基本理论的追究与反省。例如,在关于"哲学的思维方式"的论述中,我们曾经专门地分析过"哲学基本问题"。针对关于哲学基本问题的通常解释,我们以恩格斯的论述为基础,追究和反省了一系列问题:为什么"思维和存在的关系问题"是"哲学的基本问题"?哲学是把"思维"和"存在"作为自己的研究对象,还是专门研究"思维和存在"的"关系问题"?能否简单地把"思维和存在的关系问题"归结为"精神和物质的关系问题"?恩格斯为什么特别强调"思维和存在的关系问题"只是在近代才被"明确地提了出来"并使之获得了"完全的意义"?为什么恩格斯说"唯物主义"和"唯心主义"这两个概念只能在"精神"和"自然界"谁为"本原"的意义上使用,否则就会造成思想的"混乱"?我们应当怎样在当代的水平上重新理解和阐述"哲学基本问题"?在对关于"哲学基本问题"的通常解释的追究与反省中,我们就会展开对唯物主义与唯心主义、经验论与唯理论、科学主义与人本主义、理性主义与非理性主义等各种哲学问题的系统性的前提批判。

哲学的追究和批判"前提"的反思取向,还注重于对哲学所表征的"时

---

① 黑格尔:《哲学史讲演录》,第25页。

代精神"的追究与反省。任何时代的"时代精神",主要都表现为三种基本的存在方式:一是人类把握世界的各种方式所创造的具有时代内涵的人的生活世界的意义,二是各个时代的普遍性的关于人的生活世界的意义的个体自我意识,三是各个时代的理论形态的关于人的生活世界的意义的社会自我意识。这里所说的"时代精神"的第三种存在方式,可以称之为"时代精神的精华",也就是"哲学"。由此可见,哲学作为"时代精神的精华",它形成于对"时代精神"的前两种存在方式的追究与反省。

人类以自己的把握世界的全部方式,去创造人自己的"生活世界";而这种创造活动的结晶——人的生活世界的"意义",却像经过三棱镜的太阳光,被分解为各种各样的"颜色","意义"的"普照光"反而黯然失色了。哲学作为"意义"的社会自我意识,作为"时代精神"的"精华",它的反思取向,就在于把人类以各种方式所创造的"意义","聚焦"为照亮人的生活世界的"普照光"。

哲学在反思人类以各种方式所创造的具有时代性内涵的生活世界的"意义"的同时,还注重于反思各个时代的普遍性的关于"意义"的个体自我意识。个体性的关于生活"意义"的自我意识,虽然在其直接性上呈现出光怪陆离的差别性和难以捕捉的任意性,但在其深层则烙印着"意义"的社会自我意识的普遍性和规范性。这主要表现在,"意义"的个体自我意识总是具有社会内容、社会性质和社会形式。哲学的反思取向,就在于它追究蕴含在"意义"的个体自我意识之中的这种普遍性和规范性,使之结晶和升华为"时代精神的精华"。

三、哲学的批判精神

哲学在本质上是批判的。学习和研究哲学的过程,是形成哲学的批判精神的过程,也是运用哲学进行批判的过程。

哲学是人类思想的反思的维度。哲学的反思特性决定了它的批判本质和批判精神,即:反思要求批判地揭示和对待人类已经形成的全部思想,以及蕴含在这些思想之中的各种各样的"前提"。德国古典哲学的奠基人康德,把他的三部哲学巨著分别称为《纯粹理性批判》《实践理性批判》和《判断力批判》,可以说是恰当地体现了以哲学反思为根据的哲学的批判本质和批判精神。

哲学的批判精神,是一种"清理地基"的渴望与要求。人类文化的各种样式,都有构成其自身的根据,也有评价其自身的标准,还有规范其自身的尺度。 各种文化样式构成其自身的根据、标准和尺度,可以说是各种文化"大厦"得以构建的"地基"。 哲学的批判,就是批判地反思这些作为"地基"的根据、标准和尺度,进行"清理地基"的工作。 这种"地基"的"清理"工作是无尽无休的。 这是因为,"辩证法在对现存事物的肯定的理解中同时包含对现存事物的否定的理解,即对现存事物的必然灭亡的理解;辩证法对每一种既成的形式都是从不断的运动中,因而也是从它的暂时性方面去理解;辩证法不崇拜任何东西,按其本质来说,它是批判的和革命的"①。 它要在这种无穷无尽的"清理地基"的工作中,使人类文明奠定在更为坚实的基础之上。

哲学的批判精神,是一种"发现问题"和"提出问题"的精神。 这种精神,对于促进哲学的发展是至关重要的。

贺麟先生说,他把哲学家分为两类,"一类是善于发问题的哲学家,一类是善于答问题的哲学家。 发问题的哲学家,喜欢批评、怀疑,反对旧传统,提出新问题、新方法,指出新方向,大都是开风气、创学派的哲学家。 西洋哲学史上的苏格拉底、笛卡儿、洛克、休谟都可说是属于此类。 我们虽不能说他们在哲学思想上没有得到肯定的结论,然而他们的思想特富于暗示性、启发性,有待后人的讨论、补充、发挥、解释处特多。 答问题的哲学家,大都善于综合融会,折中各派而求其至当,集各派的大成而创立博大的体系,使人有百川归海,叹为观止到顶点之感。 如亚里士多德可说是答复苏格拉底、柏拉图的问题的哲学家,斯宾诺莎是答复笛卡儿的问题的哲学家,黑格尔是答复康德的问题的哲学家,唯有康德的地位比较特殊:他一方面答复休谟的问题,一方面又提出新问题给费希特、黑格尔等人来答复。 发问题的哲学家注重怀疑批评,自身就不愿意执着什么定论。 答问题的哲学家好像是有了定论,但亦大都只承认折中众说,集其大成,而不敢以独创独断自居。 总之,在哲学领域内,不论有无定论,都是富于自由空气的"②。

还有的学者也提出,"哲学作为人类文化的最核心的部分拥有巨大的精神力量:一方面,通过对某种确定性的追求,哲学能构建成严谨的思想体系,对人类的精神生活产生巨大的影响;另一方面,哲学又能通过批判、怀疑和

---

① 《马克思恩格斯选集》第 2 卷,第 218 页。
② 贺麟:《文化与人生》,第 275—276 页。

反思的方式,使以前建构起来的、已经统治人类思想很久的哲学体系乃至整个文化传统处于解体之中",他还认为,"就当前的哲学研究说来,我们更应该关注的是哲学的解构功能,因为我们正处在一个急剧转型的社会中,需要对传统的哲学观念和以走马灯的方式涌进来的形形色色的哲学思潮进行认真的反思、批评和清理。不做好这方面的工作,当代中国哲学的建设就是一句空话"①。

哲学的批判精神,是一种"带有敬意的批判"。哲学史上的任何有价值的哲学理论,都可以说是一种"合法的偏见"——它既有历史的合理性,又具有内在的否定性。任何一种真正需要批判的哲学,都是具有某种哲学史地位的哲学。莫尔顿·怀特在《分析的时代》一开头就提出,几乎20世纪的每一种重要的哲学运动都是以批判黑格尔哲学开始的,而这正是对黑格尔"加以特别显著的颂扬",因为他不仅影响了"当今世界最盛行的三大哲学"的创始人,而且还支配了各种"技术哲学运动"的奠基人②。哲学是人类的艰难而曲折的自我认识的历史。每个时代的哲学的永恒魅力,并不在于它为人类的知识宝库增添了多少财富,而在于它适应历史的发展和时代的要求,以敏锐的洞察力发现人类存在和人类理性面对的巨大困难,以深刻的哲学批判去寻求新的思维方式和价值观念,为人类提供自己时代的"安身立命之本"或"最高的支撑点",并为人类的进一步发展提示新的道路。因此,对于以往的哲学,既要揭示它的内在矛盾而予以深刻的批判,同时,又要充分理解它的历史合理性而予以"带有敬意的批判"。

四、哲学的创新意识

哲学是经由哲学家思维着的头脑所创造出来的理论。没有创造性的哲学家,就没有创新的哲学。

哲学创造,从根本上说,就是哲学家从新的视角、以新的方式、用新的综合为人类展现新的世界,提示新的理想。因此,哲学创造内含着以否定性的思维去对待人类的现实,揭示现实所蕴含的多种可能性;以否定性的思维去检讨各种理论的前提,揭示理论前提的多种可能性;在现实与理论多种可能性的某种交错点上,揭示人与世界之间的新的意义,提示可供人们反省和

---

① 俞吾金:《哲学史:绝对主义与相对主义互动的历史》,《新华文摘》1997年第3期。
② 参见 M.怀特:《分析的时代——二十世纪的哲学家》,第7页。

选择的新的理想。

理论同历史一样，都是以片面性的形式而实现自身发展的，都不可避免地具有时代的局限性。任何理论又都是经由理论家的头脑所创造出来，因而又不可避免地具有理论家自身的局限性。因此，评价一种理论，并不在于它是否具有"片面性""局限性"，而在于它是否具有独创性、深刻性和启发性。如果把哲学理论设想成毫无片面性和局限性的绝对真理，并以"绝对真理"的全面性去裁判富于独创性的各种假说，一切假说（特别是作为反思理论的哲学假说）都只能是被扼杀于摇篮之中。

包括哲学在内的任何理论的发展，都表现为理论体系的建构—解构—重构的否定之否定的过程，也就是理论的自我否定和自我重建的双重化过程。其中，否定性的"解构"是重构理论体系的必要前提和中介环节。哲学发展史表明，哲学理论体系的重构的水平，直接地取决于理论自我否定的解构的水平。

哲学理论体系的重建，并不是外在的"体系"的重新构造，而是哲学理论本身的变革与创新，是哲学理论在自身的变革与创新中形成新的概念体系。人们之所以对许多"体系化"的"理论建设"表示反感和厌倦，从根本上说，就是因为这种"建设"失去了理论自身的变革与创新，只是"为体系而体系"。因此，发展哲学，绝不是堆积木式地构建"体系"，而要注重于哲学理论自身的变革与创新。

哲学的理论创新，源于对人类把握世界各种方式的超越性综合。人类以科学的方式去探索世界之真（为何如此），以伦理的方式去反省世界之善（应当怎样），以艺术的方式去体验世界之美（是与应当的融合），以宗教的方式去追寻世界之永恒（超自然的或彼岸的真善美的存在），以实践的方式让世界满足自己的需要（把世界变成对人来说是真善美相统一的现实）。科学、伦理、艺术、宗教和实践，它们作为人类把握世界的基本方式，在人类自身的历史发展中是相互渗透、相互融合的，而不是孤立自在、彼此绝缘的。知、情、意融会一体，真、善、美相互依存。因此，人类不仅追求"天人合一"的真，"知行合一"的善，"情景合一"的美，而且始终追求真善美的统一，渴望达到对人的存在方式的统一性把握，从而为人类的全部思想和行为提供自己时代水平的最高的支撑点，即人类的安身立命之本。哲学，它作为人类把握世界的一种基本方式，其独立存在的根据和价值，就在于它是对其他方式的超越性综合。

它考察人类把握世界的诸种方式相互制约和相互渗透的总体效应，探索这些方式彼此过渡和彼此融合的总体机制，反省这些方式理解世界和描述世界的总体结果，从而形成对人的存在方式及其与世界关系的总体观念。

每个时代的哲学总体观念，都集宗教的信仰功能、艺术的陶冶功能、伦理的规范功能和科学的认知功能于一身，从而为人类的理论思维、价值观念、审美意识和实践活动提供一种总体的、根本的支撑作用和导向作用。正因如此，哲学才是黑格尔所说的"思想中的时代"，或马克思所说的"自己时代精神的精华"。

哲学的综合，是"超越性"的综合，而并非通常所说的对各门科学的"概括和总结"。在那样的解说中，不仅排斥了哲学对人类把握世界诸种方式（宗教、艺术、伦理、实践等）的多向关系，把哲学仅仅归结为对科学特别是自然科学的单向关系；更为重要的是，它把哲学的综合视为一种"汇集""提升"或"转化"，即把科学范畴变成某种具有"普适性"的范畴。这样，它就取消了哲学的"超越性"，所达到的也就不是哲学的"综合"。

哲学综合的超越性，本质上是它的批判性。对哲学来说，人类把握世界的诸种方式及其历史成果，从来都不是现成接受的"概括和总结"的对象，而永远是批判反思的对象。哲学是人类所特有的批判性追问的自我意识。它追究生活信念的准则，探寻经验常识的根据，讯问真善美的标准，反思理论思维的前提。它反对人们对流行的思维方式、时髦的价值观念、既定的科学理论等采取现成接受的态度，反对人们躺在无人质疑的温床上睡大觉，反对人们在思想观念和现实行为中采取非批判的传统性态度。它要求人们对认识进行再认识、对思想进行再思想，要求人们在对事物的肯定理解中同时包含对它的否定的理解，要求人们以更高的合理性、目的性和理想性去反观自己的现实。

人是现实的存在，又是超越现实的存在。哲学作为人类把握世界的一种基本方式，它的批判性，本质上是以某种超越现实的理想性承诺去审度和引导人的现实，即把人的现实变成人所要求的理想的现实。因此，哲学批判并不是对科学理论、艺术作品、伦理规范、宗教信仰、实践行为做出某种最终的裁决，并不是把自己的某种理论模式当作终极真理而赐给人类。恰恰相反，它是通过自己的批判性反思而激发人类不断地进行自我反省，向人类已经获得的全部假定的确定性不断地提出新的挑战，并把这种批判意识逐步变成全人类自觉的自我意识。所以，哲学批判从来都不只是指向科学、艺术、伦理、宗教和实践，而且总是指向自己的。哲学通过自我批判而实现人类在致知取向、价值取向、审美取向和整个实践取向上的变革，即实现人类的存在方式及其与世界关系的自我更新。在这个意义上，哲学作为时代精神的精华，它就不仅仅是反映和表达时代精神，更重要的是塑造和引导时代精神。

哲学批判绝不是徒然的否定，而是创造性的建构。它以批判性的反思综合人类把握世界的诸种方式及其历史成果，在这些方式及其成果的相互观照和相互理解中，展现它们各自的片面性和狭隘性，显现它们各自的保守性和暂时性，从而暴露它们的内在矛盾，使之处于自我反省的紧张状态。因此，哲学的超越性综合与批判性反思，本质上是从新的视角、以新的方法为人类展现新的世界，提示新的可能。这就是哲学的启发性和引导性功能。

哲学在自身的发展过程中，不断地在自己时代的水平上创造性地综合和批判性地反思人类把握世界的诸种方式及其历史成果，从而使自己容涵着巨大的"世界历史内容"，成为一种恩格斯所说的"建立在通晓思维的历史和成就的基础上的理论思维"。

五、哲学的分析方式

哲学的批判性的反思和理想性的创新，既不是空疏虚幻的玄想，也不是聪明智巧的卖弄，而是呕心沥血的思考和愈挫愈奋的探索。在哲学的思考和探索中，"分析"是必不可少的重要方式。

哲学的批判性的反思，是把既定的"思想"作为再思想、再认识的对象，通过对思想据以形成自己的"前提"的批判，变革人们的思维方式、价值观念和审美意识。在这种寻求思想前提和批判地反思思想的诸种前提的过程中，需要具体的、细腻的、深切的哲学分析。

关于哲学的分析方式，贺麟先生曾经作过这样的论述："哲学虽贵高明，但伟大的哲学家亦有其丝毫不苟、些须不差、枝枝相对、叶叶相当的紧严的系统，其精明的所在，虽与科学的数量或实验的结果，容或有不同处，但其慎思明辨，确切准密处，以视科学的神明，有时实只有过之无不及。不然，哲学绝不会成为须深邃地苦思力索，细密地体察理会方能真实有得的专门学问。"[①]这就是说，哲学的分析，首先是一种与"高明"相互补的"精明"的精神，即"慎思明辨"的方式。冯友兰先生也提出，"如果有人叫我用一两

---

① 贺麟：《彭基相著〈谈真〉序》，《哲学与哲学史论文集》，第124页。

个字说明哲学之性质及其精神，我所用之两个字，即是'思''辨'"。他具体地提出，"思"，是指人的"理智"活动；"理智"活动与"感觉"活动是相区别的。他举例说，当我们说"这是桌子"时，我们的感官只能把握"这"或"这个桌子"，而不能把握"桌子"，因为"桌子"乃是"理智"的对象。由此冯友兰先生提出，"哲学与自然科学之一不同，即在哲学专靠'思'，而自然科学则不专靠之。例如此有一桌子，物理学及化学皆可将其分析之，但其分析皆为物质的分析，其分析所得皆是具体的。但如指出此桌子有方之性质，有黄之性质等，则即对于桌子作形上学的或逻辑的分析，其分析所得是抽象的。此等分析，不能在实验室中进行之，只能于'思'中行之。哲学对于事物之分析，皆只于'思'中行之"[1]。

哲学的分析方式，突出地表现为语言分析、心理分析、逻辑分析和社会分析。哲学的语言分析，绝不是没有意义的语言游戏。恰好相反，哲学主要是通过语言分析而实现它对思想的前提批判。当代著名的美学家苏珊·朗格曾经提出"什么样的问题才是哲学问题"的问题。她的回答是："一个哲学问题必然会涉及我们所探求的事物的含义，因此，它与那些仅涉及事实的科学问题是很不相同的。在提出一个涉及事实的科学问题时，我们当然明白我们指的是什么，也就是说，我们知道我们正在说的这件事实是什么。举例说，如果有人问道：'太阳离我们这儿有多远？'我们就会做出有关这件事实的回答：'太阳离我们90亿哩'。当我们做出这样的回答时，我们自然知道'太阳'、'哩'、'离这儿多远'等词句的含义；即使我们的回答是错误的……我们仍然知道我们说的话是什么意思，因为我们运用了量度单位，并找到了自以为是符合事实的答案。但是，假如有人提出下述问题，如'什么是空间？''这儿'是什么意思？'从这儿到某地之间的"距离"的含义是什么？'等等，这些问题就不能通过度量、试验值或通过其他方式发现的事实去回答。对这些问题，我们只能通过对我们所指的东西进行思考所得的结果去回答……在绝大多数情况下我们总感到自己对这些词的含义根本就没有一个清晰的概念，甚至还时常把某些含义模糊的词相互混淆起来。在这种情况下，每当我们开始对它们进行分析的时候（即每当我们想搞清楚它们的含义时），就会发现，它们不是矛盾百出，就是荒诞离奇或毫无意义。因此，对它们进行逻辑分析是无济于事的，我们只能求助于哲学中那一最难懂然而又

---

[1] 参见冯友兰：《说思辨》，载《三松堂学术文集》，第301—302页。

是最有意思的部分,即那一不能仅通过某种法则就能学会的部分——逻辑构成部分。换言之,我们必须对自己陈述的含义作出判定和解释,并由此找到一种能够解决我们想要解决的那些问题的方法。这就是说,除非我们能够赋予诸如'距离'、'点'、'空间'、'速度'以及其他一些为我们所熟知的然而又对此感到十分模糊的词语以某些含义,否则就谈不上什么科学。确定这样一些基本含义的工作是由哲学承当的,因此,现代科学中的哲学应当是我们时代中最为辉煌的脑力劳动之一。"①

作为美学家,苏珊·朗格还具体地提出,"在艺术哲学中,最为关键和最引人注目的问题,就是时常为人们所争论的有关'创造'的含义的问题。我们为什么总是说艺术家'创造'了一件艺术品?画家们创造不出油彩和画布,音乐家创造不出震颤的乐音结构,诗人创造不出词语,舞蹈家也创造不出身体和身体的动态。……然而,当我们提及一件艺术品的时候,却真心实意地称它是一种'创造物'。由此便自然地引出这样一个哲学问题:'创造'这个词的意思是什么?我们究竟创造了什么?如果我们继续对这个问题探究下去,它就会引出一连串与这个问题有关的其他问题,比如,艺术家在艺术作品中创造了什么?他创造这些东西的目的是什么?这些东西又是怎样创造出来的?等等。要回答这一连串的问题,就必然会涉及艺术哲学中所有最重要的概念,如幻象或想象、表现、情感、动机、转化等等"②。

如果模仿苏珊·朗格的提问方式,我们同样可以问道:"发现"这个词的意思是什么?科学家在科学研究中"发现"了什么?他"发现"这些东西的目的是什么?这些东西是怎样"发现"出来的?如果我们回答说:"发现"就是"认识到了";科学家"发现"的是事物的"规律";他"发现""规律"的目的是改造世界或造福人类;他是通过观察、实验和科学抽象"发现""规律"的。那么,这就必然会引发一系列的柏拉图式的、亚里士多德式的、笛卡儿式的、休谟式的、康德式的、黑格尔式的,乃至波普式的、库恩式的、皮亚杰式的问题:科学家发现的是"理念世界"吗?一般与个别是何关系?世界是我思的结果吗?规律是一种因果联想吗?人的认识何以可能?思维与存在是自在统一的吗?科学是猜测性的假说吗?科学发展是信念的转换吗?认识是同化与顺应的统一吗?

---

① 苏珊·朗格:《艺术问题》,第1—2页。
② 同上书,第3—4页。

这表明，哲学的分析，是在对语言、心理、逻辑和社会的分析中，去追究思想构成自己的前提。"分析"是实现哲学对思想的前提批判的手段，哲学对思想的前提批判则是哲学分析的目的。

六、哲学的辩证智慧

学习和研究哲学，既不是为了背记某些现成的结论，也不是为了搬弄某些抽象的名词，而是为了形成真正的哲学智慧——辩证智慧。

哲学的辩证智慧，从根本上说，就是对"知性思维"的超越。然而，值得深思的是，人们通常恰恰是以"知性思维"去理解和解释哲学的辩证智慧；其结果，哲学的学习并没有使人们超越"知性思维"而达到"辩证智慧"，反而是固守于"知性思维"，往往把哲学的辩证智慧变成恩格斯所批评的"在缺乏思想和实证知识的时候及时搪塞一下的词汇语录"[①]。

在论述"辩证法"的时候，黑格尔曾经深刻地揭示和阐述了对辩证法的种种误解。而这种种误解，都根源于人们总是习惯性地以"知性思维"去对待"辩证法"。探析黑格尔的这些论述，对于哲学思维的训练和形成哲学的辩证智慧，是十分重要的。

黑格尔提出，所谓"知性思维"，主要是孤立地看待事物的规定性，或者使各种规定性处于关系之中，"但仍然保持那个规定性的孤立有效性"[②]。以这种"知性思维"去看待和对待"辩证法"，就形成了对辩证法的种种误解。应当承认，这些误解一直在阻碍人们形成哲学的辩证智慧。

以"知性思维"去看待"辩证法"，首先是导致黑格尔所指出的"怀疑主义"。黑格尔说："当辩证法原则被知性孤立地、单独地应用时，特别是当它这样地被应用来处理科学的概念时，就形成怀疑主义。怀疑主义，作为运用辩证法的结果，包含单纯的否定。"[③]

辩证法是"在对现存事物的肯定的理解中同时包含对现存事物的否定的理解"[④]。然而，在"知性思维"中，人们总是把"肯定"与"否定"割裂开来，"孤立地、单纯地"看待辩证法的"否定"。结果，辩证的否定就被曲解为"单纯的否定"，从而导致了否认任何确定性的"怀疑主义"。

---

① 参见《马克思恩格斯选集》第 2 卷，第 119 页。
②③ 参见黑格尔：《小逻辑》，第 176 页。
④ 参见《马克思恩格斯选集》第 2 卷，第 218 页。

以"知性思维"去看待"辩证法",不仅会孤立地看待事物的规定性,而且会在貌似相互联系的"关系"中,"仍然保持那个规定性的孤立有效性"。这是对辩证法的最为普遍的误解。

辩证法的"矛盾",是"具体的同一",而不是"抽象的同一"。"抽象的同一",是排除差别和具体内容的同一,是形式的和知性的同一。在这种"抽象的同一"中,人的思维始终是"从相同转到不相同",寻找外在的区别。黑格尔认为,这样的"区别"只是"杂多",即:它只是表象思维所把握到的事物现象形态的多样性,而不是对象本质自身的关系,亦即不是事物规定性的自相矛盾。与此相反,辩证法的"具体的同一",是把握到事物的任一规定的"自相矛盾",即事物的任一规定都既是自我规定,又是自我否定。例如,现代社会中的功利主义与理想主义,在它们的对立统一中,矛盾着的双方都是既自我规定又自我否定的,因而在对功利主义和理想主义的理解中,必须保持"必要的张力",以达到某种"微妙的平衡"。

以"知性思维"去看待"辩证法",往往把辩证法误解为是一种"外在的技术"。在这样的误解中,人们常常"通过主观的任性使确定的概念发生混乱,并给这些概念带来矛盾的假象。从而不以这些规定为真实,反而以这种虚妄的假象和知性的抽象概念为真实"①。

任何概念都是在特定的"概念框架"中形成相互规定和自我规定,并获得相互理解和自我理解。在任何特定的关系中,概念都具有特定的内涵即规定性。然而,在以"知性思维"看待"辩证法"的时候,却以"主观的任性"去制造概念的"矛盾的假象"。例如,人们常常不以"外延逻辑"与"内涵逻辑"的区分为前提,而简单地断言形式逻辑认为"A 就是 A",辩证法则认为"A 也是 A"。这样的解释,不能不使人对"辩证法"产生怀疑:难道太阳既是太阳又不是太阳吗?或者,月亮既是月亮又不是月亮吗?

其实,辩证法的"A 也是 A",既不是指经验表象与对象的关系,也不是指概念的外延与对象的关系。在这两种关系中,都只能是"A 就是 A"。与此相反,辩证法作为概念的"内涵逻辑",作为人类思想运动的逻辑,它从概念的具体的(历史的)规定性中,也就是从概念的相互的(过程的)规定性中去理解概念的规定性,因此,它肯定任何概念的任何规定性都具有"内在的否定性",并从而提出"A 也是 A"的辩证命题。例如,人对自己的理

---

① 黑格尔:《小逻辑》,第 176 页。

解是一个不断深化的历史过程,"人"的概念内涵是不断发展的,因此,在"内涵逻辑"的意义上,"人"这个概念可以说"A 也是 A"。而如果没在这种"辩证智慧",就会以"知性的抽象概念为真实",把"人"视为某种抽象的存在。

以"知性思维"去看待"辩证法",又常常把"辩证法"看成是一种"主观任性的往复辩难之术"。黑格尔说,"这种辩难乃出于机智,缺乏真实内容,徒以单纯的机智掩盖其内容的空疏"①。这种把辩证法视为"往复辩难之术"的观点与做法,应该说是比比皆是的。

本来,辩证法的"形式是具有内容的形式,是活生生的实在的内容的形式,是和内容不可分离地联系着的形式"②。然而,在"知性思维"的理解中,辩证法却变成了"缺乏真实内容"的、纯形式的"往复辩难之术"。例如,人们在运用"辩证法"时,常常是抽象地"这一方面"与"那一方面"的"往复辩难",而根本不去触及事物的本质和概念的"联系的必然性"和"差别的内在的发生"。这正如恩格斯所尖锐批评的"官方的黑格尔学派"那样,"从老师的辩证法中只学会搬弄最简单的技巧,拿来到处应用,而且常常笨拙得可笑"③。

在黑格尔看来,"辩证法"乃是一种"内在的超越"。黑格尔说,"辩证法的出发点,是就事物本身的存在和过程加以客观的考察,借以揭示出片面的和知性规定的有限性"④。在这里,黑格尔向我们阐释了"辩证法"的根基:"就事物本身的存在和过程加以客观的考察"。这才是"内在的超越",而不是"外在的技术"或"往复辩难之术"。

辩证法的"内在的超越",是认定"凡有限之物都是自相矛盾的,并且由于自相矛盾而自己扬弃自己"⑤。因此,辩证法是在"对现存事物的肯定的理解中同时包含对现存事物的否定的理解,即对现存事物的必然灭亡的理解;辩证法对每一种既成的形式都是从不断的运动中,因而也是从它的暂时性方面去理解;辩证法不崇拜任何东西,按其本质来说,它是批判的和革命的"⑥。这种"批判的和革命的"辩证法,是需要艰苦的哲学思维的训练才

---

① 黑格尔:《小逻辑》,第 176 页。
② 参见《列宁全集》第 38 卷,第 89 页。
③ 参见《马克思恩格斯选集》第 2 卷,第 119 页。
④ 黑格尔:《小逻辑》,第 178 页。
⑤ 同上书,第 177 页。
⑥ 《马克思恩格斯选集》第 2 卷,第 218 页。

能获得,并自觉地和合理地予以运用的。

第三节 哲学态度的培养

哲学是一种思维方式,更是一种生活态度。学习和研究哲学,需要训练哲学的思维方式,更需要培养哲学的生活态度。具体地说,就是要培养高远的气度、高明的识度和高雅的风度,对宇宙之谜、历史之谜和人生之谜进行永无止境的求索。

一、高举远慕的心态

哲学,尽管人们对于它应该完成和能够完成的使命有大不相同的看法,然而,它需要以时代性的内容、民族性的形式和个体性的风格去求索人类性的问题,却是它作为人类把握世界的一种基本方式的本性。以人类性问题为对象的哲学,要求它的学习者或研究者培养自己的高远的气度、高明的识度和高雅的风度。

高远的气度,是一种高举远慕的心态,而不是那种锋芒毕露、盛气凌人的姿态。

按照中国传统哲学的看法,所谓"哲学"应该"判天地之美,析万物之理","为天地立心,为生民立命",因此所谓"哲人"应该"究天人之际,通古今之变,成一家之言",为人们提供"安身立命之本"。冯友兰先生说:"照中国的传统,研究哲学不是一种职业。每个人都要学哲学,正像西方人都要进教堂。学哲学的目的,是使人作为人能够成为人,而不是成为某种人。其他的学习(不是学哲学)是使人能够成为某种人,即有一定职业的人。所以过去没有职业哲学家;非职业哲学家也就不必有正式的哲学著作。在中国,没有正式的哲学著作的哲学家,比有正式的哲学著作的哲学家多得多。"[1]因此他又提出,哲学是要使人超越"自然境界""功利境界"和"道德境界"而达于"天地境界"。

西方传统哲学一向以"寻取最高原因的基本原理"为己任,并以"使人崇高起来"为标的。古希腊哲人苏格拉底提出,未经反省的生活是无价值的生活。另一位哲人柏拉图认为,在人的"爱财富""爱荣誉"和"爱智慧"

---

[1] 冯友兰:《中国哲学简史》,第16页。

的欲求中,"爱智慧"是人的最重要也是最高尚的需求。整个西方传统哲学的集大成者黑格尔则认为,"真理的王国是哲学所最熟习的领域,也是哲学所缔造的,通过哲学的研究,我们是可以分享的"①。因此他满怀激情地提出:"追求真理的勇气,相信精神的力量,乃是哲学研究的第一条件。人应尊敬他自己,并应自视能配得上最高尚的东西。"②

马克思主义是关于人类解放的学说。卡尔·马克思和弗里德里希·恩格斯是人类的骄傲。人类的伟大的解放事业,是同这两个伟大的名字联系在一起的。"为全人类而工作",是这两位伟大哲人的"始终如一"的"目标"。马克思和恩格斯提出:"代替那存在着阶级和阶级对立的资产阶级旧社会的,将是这样一个联合体,在那里,每个人的自由发展是一切人的自由发展的条件。"③这个伟大的理想不仅要求把人从物的统治下解放出来,使人的劳动变成自主活动,而且要求最终消除个人向完整的个人、全面发展的个人迈进过程中的一切阻碍。因此,马克思主义哲学具有"对现存的一切进行无情的批判"的彻底性。

20世纪的西方哲学,可以说是长达百年的"消解哲学"的哲学运动。这个"消解运动"的自我期待,是"消解"规范人的存在的一切"超历史的"或"非人的"存在。然而,现当代西方哲学的这场"消解运动",也使人感受到了深深的"形上的迷失""意义的危机"和"精神家园的失落",感受到了一种"没有目标而造反,没有纲领而拒绝,没有未来应当如何的理想而不接受当前的现状"④的迷惘与困倦。这种"生命中不能承受之轻"的"存在主义的焦虑",正在促使当代哲学走向否定之否定——"形而上学的复兴"。

哲学是一门追本溯源、寻根究底的学问,是一门为人类寻求"安身立命之本"和"使人崇高起来"的学问。学习和研究哲学,需要有与"哲学"相称的博大的胸怀、开阔的视野和"万物皆备于我"的气概。这就是学习和研究哲学所需要的高远的气度和高举远慕的心态。

学习和研究哲学的高举远慕的心态,首先是一种坚韧不拔的理想性追求。人类的"哲学",植根于人类的实践活动和理论思维的无限的指向性。

---

① 黑格尔:《小逻辑》,第35页。
② 同上书,第36页。
③ 《马克思恩格斯选集》第1卷,第273页。
④ 参见宾克莱:《理想的冲突——西方社会中变化着的价值观念》,第47页。

它永远是以理想性的追求去反观现实的存在，永远是以"历史的大尺度"去反省历史的进程，永远是以人类对真善美的渴求去反思人类的现实。哲学，它使人由眼前而注重于长远，由"小我"而注重于"大我"，由现实而注重于理想，从而使人从琐屑细小的事物中解放出来，从蝇营狗苟的计较中解放出来。黑格尔说，"哲学所要反对的"，首要的就是"精神沉陷在日常急迫的兴趣"，"太忙碌于现实"，"太驰骛于外界"①。在当代，如果人们像马尔库塞所说的那样，丢掉内心中的否定性、批判性和超越性的向度，成为所谓的"单向度的人"②，"哲学"就会变成"往昔时代旧理想的隐退了的光辉"（宾克莱语）。哲学是赋予人的生活以目的和意义的世界观。它永远是理想性的。它要求学习哲学的人永葆理想性的追求。

哲学的理想性，要求人具有英雄主义精神。人生是人的生命显示自己的尊严、力量和价值的过程。人生需要生命过程中的奋斗与光彩。因此，生活的现实可以不是"英雄主义的时代"，人的生活却不可以失落"英雄主义的精神"。学习哲学，需要英雄主义精神，也能够培养人的英雄主义精神。

英雄主义精神，首先是一种人的尊严。把自己当作人，而不是"千万别把我当人"。有了人的尊严，才能活得堂堂正正，坦坦荡荡。在遭受冷遇的时候，敢于对自己说："天生我材必有用"。面对可畏的人言，敢于对自己说："吾善养吾浩然之气"。在条件艰苦的时候，敢于对自己说："斯是陋室，惟吾德馨"。在受到委屈的时候，敢于对自己说："莫愁前路无知己，天下谁人不识君"。在坎坷的人生之旅中，敢于对自己说："莫听穿林打叶声，何妨吟啸且徐行。竹杖芒鞋轻胜马，谁怕？一蓑烟雨任平生。"而在病魔缠身，死神逼近的时候，敢于对自己说："自信平生无愧事，死后方敢对青天"。这就是"贫贱不能移，富贵不能淫，威武不能屈"的人的尊严。

英雄主义精神，又是一种使命意识。人是真正的类的存在，使命意识则是真正的类的意识。人的性、情、品、格，是在个人与人类的关系中显现出来的。马克思的崇高形象，是由于他"目标始终如一"地"为全人类而工作"塑造起来的。人的使命意识，使之成为民族的象征、时代的象征、人类的象征。我们并不否认，在"平平淡淡，从从容容"的日常生活中，"生活是根据下一步必须要解决的具体问题来考虑的，而不是根据人们会被要求为

---

① 参见黑格尔：《小逻辑》，第32、31页。
② 参见马尔库塞：《单向度的人》。

之献身的终极价值来考虑的"①;然而,似乎谁也无法否认,"一种终极价值是那种最终目标或目的,所有较小的目标都是为达到它而采取的手段——它也是对一切较小目标进行衡量的标准"②。当代哲学家冯友兰先生说,人的生活应该是"极高明而道中庸"。在平凡的生活中熔铸和洋溢着英雄主义的使命意识,生活才有亮丽的光彩,而不是平凡得只剩下单一的灰色。

英雄主义精神,是主体自我意识的灵魂。它支撑人的自立和自主,它维护人的自爱和自尊,它激励人的自律和自省。它把主体挺立起来。失去英雄主义精神,而高谈主体自我意识,就只能是任意妄为的意识,哗众取宠的意识,投机钻营的意识。主体的自我意识,是发挥潜能的意识,实现价值的意识,全面发展的意识。它需要英雄主义精神的支撑、维护和激励③。

哲学是关于人类存在的自我意识的理论。学习和研究这样的理论,需要高远的气度和高举远慕的心态。尽管当代哲学在"兴趣方面已经变得更加世俗化",在"讨论中已经更加技术化",尽管"精致复杂的要求"对于哲学的进步是"必要的",但是,"一个能手的手法再精致复杂也不会使他成为一个大师"④。这是值得人们深长思之的。

二、慎思明辨的理性

学习和研究哲学,既需要高远的气度,又需要高明的识度。高明的识度深层地植根于高远的气度,高远的气度则生动地体现为高明的识度。

所谓哲学的识度,就是贺麟先生所说的"哲学贵高明"。"同一境而登山者独见其远,乘城者独觉其旷,此高明之说也"。贺麟认为,"见其远","觉其旷",最足以表示哲学的特征⑤。我们在"导言"中所说的"凡事望得远一程,看得深一层,想得透一成,阐幽发微而示之以人所未见,率先垂范而示之以人所未行",此即"高明之说"。这就是哲学的"识度"。

高明的识度是需要培养的,也是能够培养的。高明的识度,首先是离不开老老实实、堂堂正正地做人。中国文人一向强调"为学与做人,其道一也"。其实,古今中外,凡做学问,都是"其道一也"。这个"道",就是

---

① 宾克莱:《理想的冲突——西方社会中变化着的价值观念》,第19页。
② 同上书,第37页。
③ 参见孙正聿、李璐玮:《现代教养》,第166—168页。
④ 参见艾耶尔主编:《哲学中的变革》,第9页。
⑤ 参见贺麟:《哲学与哲学史论文集》,第124页。

真诚、真实、真切。没有艰苦卓绝、呕心沥血地"面向本文""面向现实"和"面向自我",就没有高明的识度。

高明的识度,必须以广博的知识为前提。哲学是"建立在通晓思维的历史和成就的基础上的理论思维"。提出和解决任何哲学问题,都离不开深厚的哲学史背景。在学习和研究哲学的过程中,我们都会深切地感受到,一个人能否提出有价值的哲学问题,能否对哲学问题做出有见地的分析与论述,直接取决于他的哲学"参照系"——有多少哲学家的思想构成他的"背景知识"。就此而言,没有深厚的哲学史背景,就没有深刻的哲学理论,当然也就不可能有高明的哲学识度。

高明的识度,不仅需要深厚的哲学史背景,多重的哲学"参照系",而且必须培养"激活背景知识"的能力。从一定的意义上说,所谓"识度",就取决于"激活背景知识"的能力。

"激活背景知识"的能力,就是思维的创造能力。人的"智力"主要是由观察能力、记忆能力、思维能力、想象能力、直觉能力和实践能力等构成的。其中的"思维能力",又包括抽象能力、概括能力、分析能力和综合能力等。而超越于所有这些能力之上并融会于所有这些能力之中的最重要的能力,则是创造能力。它能使观察变得敏锐,记忆变得灵敏,思维变得敏捷,想象变得丰富,直觉变得深刻,实践变得卓有成效。在哲学的学习与研究中,人的创造能力集中地体现为"激活背景知识"的能力。哲学的高明的识度,直接地取决于这种"激活背景知识"的能力。

"激活背景知识"的能力,首先是表现为"检索"背景知识的能力。人的知识是通过记忆而储存在人的大脑之中,并成为人们发现问题、提出问题、分析问题和解决问题的"背景知识"。所谓"激活背景知识"的能力,就是灵活地调动记忆的能力和创造性地运用知识的能力。在"激活"背景知识的过程中,"检索"的能力是重要的前提。"检索",就是对"背景知识"的调动、组织和重组。它把记忆网络中的相关知识迅速、准确、有效地调动到所学习或所研究的"问题"上来,在知识的重新组合中,活化已有的知识,使知识产生新的联系,从而引发出创造性的联想和想象,提出新的问题,并形成具有独创性的"假说"。

"激活背景知识",就要以被"激活"的知识为基础,驰骋自己的想象力。爱因斯坦认为,在科学研究中,"想象比知识更重要"。这同样适用于哲学的学习与研究。

创造性的想象,"它不用想象某种真实的东西而能够真实地想象某种东西"①。几千年来,哲人们以其"爱智之忱"去寻求"万物的统一性""意识的统一性"和"文化的统一性"。古代的哲人就以其"想象的真实",把"万物的统一性"归结为"水""火""数""理念"……正是这种哲学的"想象的真实",不仅激发了人们对追本溯源、寻根究底的哲学智慧的热爱与追求,而且培养和锻炼了人类的理论思维能力的进步与发展。作为"形上"思考的哲学,它永远需要以创造性的想象去激活作为自己的背景知识的哲学史。

"激活背景知识",更为重要的是以被"激活"的知识为基础,提出具有重要意义的哲学问题。爱因斯坦在倡言"想象比知识更重要"的同时,特别突出地强调,"提出问题比解决问题更重要"。爱因斯坦关于科学研究的这句名言,同样适用于哲学的学习与研究。

哲学的历史,就是发现问题和提出问题的历史;哲学的历史之所以是发展史,就在于它历史地发现新的问题和提出新的问题,并历史地转换自己的提问方式和理论"范式"。而在哲学的发现问题和提出问题的历史发展进程中,最根本的就是不断地发现隐含在哲学自我理解中的问题,不断地向自己提出"哲学究竟是什么"的问题。在追究和回答"哲学究竟是什么"的过程中,历代的哲人不断地发现和揭示出对"哲学"的不同理解,也就是不断地发现和揭示出人类自己对人与世界关系的不同理解,从而历史地转换了作为哲学的解释原则的"范式"。

哲学的"识度",集中地表现在提出新的问题的能力和提出新的解释原则的能力。任何时代的任何一种具有独立存在价值的哲学理论,都凝聚着该种理论的创建者及其后继者所捕捉到的该时代人类对人及其与世界相互关系的自我意识,都贯穿着他们用以观察和说明人与世界相互关系的基本立足点和出发点,都体现着他们用以回答全部哲学问题,建立哲学范畴体系的独特的解释原则。哲学解释原则的创新性和深刻性,决定着该种哲学理论的向上的兼容性、时代的容涵性、理论的逻辑性和思想的开放性,也就是决定着该种哲学理论的"识度"。因此,培养哲学的"识度",最重要的,就是培养发现和透视、批判和反思、扬弃和创建哲学解释原则的能力。

培养发现哲学问题和提出哲学问题的能力,要注重于以下方面:一是要

---

① 参见《马克思恩格斯选集》第1卷,第36页。

善于从各种"本文"中捕捉到别人视而不见的问题,善于从逻辑分析中提出别人漠然置之的新问题;二是敢于向人们习以为常的观念提出挑战,善于对"自明性"的观念进行"前提批判";三是敢于驰骋"想象的真实",善于联想人们认为是没有任何关系的思想,以自己的真切体会去提出新的问题。 在学习和研究哲学的过程中,特别是在培养发现和提出哲学问题的过程中,不仅需要慎思明辨的理性,而且需要体会真切的情感和执着专注的意志。"知""情""意"在哲学的学习与研究中,都需要处在"激活"状态。

在法国的近代史上,路易·波拿巴曾于 1851 年 12 月发动军事政变,在建立军事独裁后,于 1852 年 12 月称帝,并建立"法兰西第二帝国"。 在这个震惊世界的历史事变发生过程中,马克思曾经写下了以《路易·波拿巴的雾月十八日》为总标题的系列评论文章。 在这部著作中的二版序言中,马克思曾经作过这样一段叙述,这对于我们体会哲学的高明的"识度",是非常富有启发性的。

马克思说,"在与我这部著作差不多同时出现的、论述同一问题的著作中,值得注意的只有两部:维克多·雨果著的《小拿破仑》和蒲鲁东著的《政变》"①。 那么,这三部"差不多同时出现的、论述同一问题的著作",都是怎样看待这场事变的? 马克思说:"维克多·雨果只是对政变的负责发动人作了一些尖刻的和俏皮的攻击。 事变本身在他笔下却被描绘成了晴天的霹雳。 他认为这个事变只是一个人的暴力行为。 他没有觉察到,当他说这个人表现了世界历史上空前强大的个人主动作用时,他就不是把这个人写成小人而是写成伟人了。 蒲鲁东呢,他想把政变描述成以往历史发展的结果。 但是,他对这次政变所作的历史的说明,却不知不觉地变成了对政变主人公所作的历史的辩护。 这样,他就陷入了我们的那些所谓客观历史学家所犯的错误。 相反,我则是说明法国阶级斗争怎样造成了一种条件和局势,使得一个平庸而可笑的人物有可能扮演了英雄的角色。"②

由于维克多·雨果认为这个事变"只是一个人的暴力行为",因此他就"不是把这个人写成小人而是写成伟人"了。 与此相反,薄鲁东又把"对这次政变所作的历史的说明,却不知不觉地变成了对政变主人公所作的历史的辩护"。 而马克思则"说明法国阶级斗争怎样造成了一种条件和局势,使得

---

① 《马克思恩格斯选集》第 1 卷,第 598—599 页。
② 同上书,第 599 页。

一个平庸而可笑的人物有可能扮演了英雄的角色"。正因如此，马克思在这部著作的结尾处做出了为历史所证实的预言："如果皇袍终于落在路易·波拿巴身上，拿破仑的铜像就将从旺多姆圆柱顶上被推下来。"①

关于马克思的这种真知灼见，恩格斯在这部著作的三版序言中，做出过这样的评论与解释。恩格斯说，马克思"对当前的活的历史的这种卓越的理解，他在事变刚刚发生时就对事变有这种透彻的洞察，的确是无与伦比"②。恩格斯指出，马克思之所以能够做出这种"卓越的理解"和"透彻的洞察"，既是因为马克思"深知法国历史"，更是因为"马克思最先发现了伟大的历史运动规律"，这个"伟大的历史运动规律""在这里也是马克思用以理解法兰西第二共和国历史的钥匙"③。我们要培养哲学的高明的识度，不仅需要"通晓思维的历史和成就"，更要掌握马克思主义哲学的基本理论，并真正地运用于对各种重要问题的探索之中。

三、永无止境的求索

在追问"哲学究竟是什么"的思想历程中，我们逐层深入地探寻了"哲学的自我理解""哲学的思维方式""哲学的生活基础""哲学的主要问题""哲学的派别冲突"和"哲学的历史演进"。至此，我们能够确有体会地说："哲学"，这确实是一个我们既熟知而又无知的名词；对"哲学究竟是什么"的追问，是我们的也是人类的永无止境的求索。这样，我们的思想就再一次返回到"进入哲学思考"的导言中的种种追问，但这的确不是简单的重复，而是"仿佛向旧东西的回复"，是在"否定之否定"的意义上的回复。

哲学，它是对智慧的真挚、强烈、忘我之爱，是人类的"爱智之忱"的集中体现。这种"爱智之忱"，是探索宇宙的奥秘和洞察人生的意义的渴望，是促进历史的发展和提升人类的境界的渴望，是超越现实和向前提挑战的渴望，是悬设新的理想和创建新的生活世界的渴望，是为人类寻求"安身立命之本"和确认"最高的支撑点"的渴望。正是这种"抑制不住的渴望"，燃烧起古往今来的伟大哲人对"哲学"的永无止境的求索。"爱智之忱"和"抑制不住的渴望"是哲学的修养与创造的原动力。

哲学，它是对"无知"的自知，是对"熟知"的超越，因而是对"自

---

① 《马克思恩格斯选集》第1卷，第703页。
② 同上书，第601页。
③ 同上书，第602页。

明性"的反思。在追问"哲学究竟是什么"的思想历程中,我们已经发现,"存在""思想""真理""意义""价值""规律"等这些"熟知"的名词,的确是我们最"无知"的。它们的哲学意蕴需要永无止境的求索。因此,哲学的修养与创造,最需要的是"不以有知自炫","常以无知自警","常自疑其知","虚怀而不自满"。然而,在学问中的"严以律己"和"宽以待人"又是最为困难的。这是因为,"为人的谦虚宽容"与"学问的博大精深"是融为一体的。"当一个人没有足够的知识又要维护自己的权威地位时,当一个人并没有掌握真理而又以真理的化身自居时,当一个人固守陈腐的教条而拒绝历史的进步时,当一个人目空一切自作井底之蛙时,这个人必然是不宽容的。"[①]哲学的修养与创造,是在对哲学的永无止境的求索中,为人与为学的融为一体的过程。

哲学,它是"对假设的质疑""向前提的挑战",因而它是永无止境的反思。在追问"哲学究竟是什么"的过程中,我们愈来愈亲切地体会到,哲学是思想的自我反思的维度,是思想的自我批判的维度。哲学所进行的思想的自我反思和自我批判,是指向思想的"前提"的反思与批判,是追究"理论思维的不自觉的和无条件的前提"的反思与批判,因而它探索各种知识的根据,反思历史进步的标准,追问生活信念的前提,审讯评价真善美的尺度,防止信仰变成教条、想象变得呆滞、智慧陷入贫乏、社会陷入僵化。哲学对"前提"的反思与批判是无穷无尽的。正是在这无穷无尽的对"前提"的反思与批判中,人们实现了哲学的修养与创造。

哲学,它对"智慧"的挚爱,它对"熟知"的超越,它对"前提"的批判,是同人类的存在方式——实践活动及其历史发展——密不可分的。实践作为人的存在方式,它不仅蕴含着实践主体的自然性与超自然性、实践活动的合规律性与合目的性、实践过程的物的尺度与人的尺度、实践结果的客体主体化与主体客体化的矛盾,而且深层地蕴含着实践的现实性与理想性、有限性与无限性的矛盾。人类的实践活动是把理想变为现实、把现实变成理想的过程。因而人类是以实践的方式构成了人与世界之间的独特的否定性统一关系,即:人类通过实践活动"否定"世界的现存状态,从而把世界变成人所理想的现实。正是人类的无限的"否定"世界现存状态的实践活动,需要人类对创造性的"智慧"的强烈的挚爱,对已有的"知识"的不断的超越,对承诺

---

① 参见梁小民:《一代学人风范长存》,《读书》1998年第2期。

的各种"前提"的永无止境的反思与批判。因此,对哲学的永无止境的求索,绝不是超然于世界之外的玄思与遐想,而是植根于生活之中的探索与追求。

哲学,它是以时代性的内容、民族性的形式和个体性的风格去求索人类性的问题,因此,它求索的问题是永无止境的,它对问题的回答总是具有时代性的。在追问"哲学究竟是什么"的思想历程中,我们会逐步深切地体会到,无论是对人类性的问题的求索,还是对这些问题的时代性回答,哲学都既不是"表述"某种人类的、时代的经验事实,也不是"表达"人类的或某个群体的情感和意愿。哲学作为"时代精神的精华"和"文明的活的灵魂",它总是"表征"着人类对自己时代的生存意义的自我意识。"表征",是哲学地表现人与世界相互关系的独特方式。以"表征"的方式去理解哲学和哲学史,我们就会发现,哲学理论地"表征"着人类生存方式及其意义的历史性转移。从总体上看,哲学的演化经历了塑造"神圣形象""消解神圣形象"到"消解非神圣形象"的过程,这理论地"表征"着人类从在"神圣形象中的自我异化"到"消解人在神圣形象中的自我异化"再到"消解人在非神圣形象中的自我异化"的过程,也是理论地"表征"着人从"依附性的存在"到"独立性的存在"再到"类主体存在"的过程。人类在自身的历史性的实践活动中实现自身的历史性的发展,哲学也在"表征"人类生存方式及其意义的历史性转换中而实现自身的发展。哲学的修养与创造,是在探索人类关于自身存在意义的自我意识的永无止境的求索中实现的,也就是在努力地"表征"时代的生活意义的过程中实现的。

哲学,它是人类自我意识的时代水平的理论"表征",也就是以理论形态所"表征"的人类对自身的生存状况、焦虑和理想的自我意识。哲学创造,就是哲学家在通晓人类自我的历史的基础上,以其独特的心灵体验、独立的反思意识和独到的理论解释去表达自己时代的人类的自我意识,去建构"思想中所把握到的时代",为人类揭示新的理想境界和展现新的可能世界,也就是塑造和引导新的时代精神。因此,哲学创造与哲学家的自我实现是融为一体的,创造哲学的哲学家必须有炽烈而执着的主体自我意识。在谈论哲学研究的时候,黑格尔说,"人应尊敬他自己,并应自视能配得上最高尚的东西"[1]。哲学作为人类心灵的最深层的伟大创造,其主旨即在于使人的精神境界不断地升华。哲学给予人以理念和理想,从而使人在精神境界的升

---

[1] 黑格尔:《小逻辑》,第36页。

华中崇高起来。因此,哲学的修养与创造,是人们追求崇高的过程,也是使人们自己崇高起来的过程。

哲学,它既是人类的光辉灿烂而又迂回曲折的文明史的理论表征,它本身也是人类精神的庄严崇高而又艰苦卓绝的不尽追求的理论表现。古往今来的伟大哲人,无不具有巨大的、崇高的使命感和强烈的、执着的主体自我意识。对人类进步的关注,对人类命运的深思,对人类未来的憧憬,这是哲学家的不可或缺的"人文情怀";对自己所从事的哲学事业的挚爱,对自己所承担的历史使命的自觉,对自己所进行的哲学探索的自信,这是哲学家的极为重要的心理品质;对流行的思维方式、价值观念和审美意识进行前提的追问,对人类的哲学理念进行创造性的重构与再建,对自己所承诺的哲学理念进行前提的批判,则是哲学家的永无止境的求索。

作为人类理论思维的两种基本方式的科学和哲学,它们的深层的一致性,在于它们都是植根于人类的实践的存在方式之中的创造性活动,因此,无论是在规律层次上"构成思想"的科学,还是在历史发展中"反思思想"的哲学,它们都需要一种共同的精神,这就是对揭示宇宙、历史和人生的奥秘的"抑制不住的渴望",以及探寻这种奥秘的"永无止境的求索"。马克思说:"在科学上面是没有平坦的大路可走的,只有那在崎岖小路的攀登上不畏劳苦的人,有希望到达光辉的顶点。"①这是科学研究与发现的座右铭,也是哲学修养与创造的座右铭。

《哲学通论·第九章 哲学的修养与创造》 数字化教学支持资源

一、孙正聿老师视频精品课(五讲)(请扫码观看)

二、本章拓展资源(请扫码观看)
1.《哲学与哲学教育》

---

① 马克思:《法文本的序和跋》,《资本论》第1卷,人民出版社,1963年。

2. 《做学问》
3. 《理论思维:学术研究的"普照光"》
4. 《咏叹哲学》【朗诵】

本章思考题

1. 真正的哲学具有哪些重要品格?
2. 怎样培养和训练哲学思维?
3. 为什么说哲学是一种生活态度? 怎样培养哲学的生活态度?
4. 结合"哲学通论"的课程内容,谈谈你对哲学的理解。

附录一

站在大学的讲台上

孙正聿

今天，在迎接我国第十九个教师节的喜庆时刻，教育部在庄严的人民大会堂隆重举行新中国首届高等学校教学名师奖表彰大会，并由我代表百名获奖者发言，我感到非常荣幸，并借此机会讲一讲我们的心里话。

我们来自祖国各地的不同院校，但我们又都是站在共同的大学讲台上，因此，我们有着共同的欢乐和关切，也有着共同的愿望与期待。

站在大学的讲台上，我们能够直接地感受到莘莘学子的渴望与要求。大学生在人生最美好的年华走进大学，他们渴望获得人类文明的精华，他们也渴望求解人生的意义与价值，因此，他们期待自己仰慕的学者在课堂上为他们传授科学理论与知识，他们也期待自己敬佩的教授在课堂上为他们展示人生的典范。我们作为大学教师，特别是作为学术象征的大学教授，怎么能逃避大学生们焦灼期待的目光？怎么能不殚精竭虑地为学生讲好每一门课和每一堂课？作为大学教师，我深深地感到，教师是我们的职业，教学则是我们的生活方式。教学既是我们对社会的贡献，更是我们的自我实现。教学受到学生的喜爱与欢迎，这是我们人生的最大的幸福。

站在大学的讲台上，我们能够真切地领悟教育在人类文明的传承与创生中的巨大作用，能够强烈地体会教育在富国强民、振兴中华中的重大意义。教育是历史文化的传递活动，也是历史文化的创生活动，它执行着文明的社会遗传的功能，又执行着文明的时代变革的功能。教育是个体为历史、社会和时代认同的基础，又是个体批判性地反思历史遗产和创造性地构建现实与未来的前提。教育是把学生培养成掌握和运用专业知识的专门人才，更是把学生培养成具有现代教养的现代人。因此，我自己的教学改革的基本思路是"激发学生的理论兴趣，拓宽学生的理论视野，撞击学生的理论思维，提升学生的理论境界"，让大学生在继承和创生文明的大学校园里度过人生中最值得珍惜的青春年华，并为自己的全面发展奠定坚实的基础。

站在大学的讲台上，我们能够切实地理解教学是一门艺术，更是一种境界。在教学中，宏观线索的勾勒，微观细节的阐述，逻辑分析的独白，讲解视角的转换，典型实例的穿插，恰到好处的板书，思想感情的交流，疑难问题的提示，人格力量的感染，理论境界的升华，所有这些必须是成竹在胸，水乳交融，挥洒自如，引人入胜。我在讲授马克思主义哲学的过程中，深深地感到，讲好这门课程，不仅要求教师具有坚实的理论功底、广博的知识背景和灵活的教学艺术，而且要求教师具有融理想、信念、情操和教养于一身的强烈的人格力量。有了这种人格力量，讲起马克思主义哲学，才能充满自信，精神饱满，神采飞扬，富有魅力，才能把学生带入马克思主义哲学的气势恢宏、博大精深、睿智通达的理论境界。

站在大学的讲台上，我们尤其能够强烈地感受到社会的发展、科技的进步和时代的变革。我们常常把当今的时代称作"信息时代""网络时代"或"知识经济时代"，这意味着人类文明形态的历史性转换，意味着人的生存方式的社会性变革，也意味着人的思想观念的时代性震荡。如果我们仍然在传统的意义上把"教育"定位为"传授知识"，把"教材"定位为"标准答案"，把"教学"定位为"照本宣科"，我们怎么能适应和推进时代变革，把当代的大学生培养成创造性人才和全面发展的人呢？大学教师作为人类文明的传承与创生的活的载体，实事求是，解放思想，与时俱进，这不仅应当是每一个大学教师的最为强烈的自觉意识，而且应当是每一个大学教师的思想与行为。把高等学校办成科技创新、体制创新和理论创新的教育园地，这是我们每位大学教师所承担的时代使命和历史责任。

我们获得高等教育教学名师的殊荣，内心的激动是难以言表的，而我们的共同期待则是十分明确的，那就是用我们的真诚的劳动为祖国、为人类培养与时俱进的创造性人才！

（本文系作者2003年9月9日在首届国家级教学名师奖颁奖大会上代表百名获奖者所作的发言）

附录二

《哲学通论》的立意与追求

孙正聿

创作或研究任何一部文学作品或任何一部学术著作,都离不开对三个问题的追问:一是为何要写?这就是"靶子"问题。二是要写什么?这就是"灵魂"问题。三是写出什么?这就是"血肉"问题。没有明确的"靶子",就是"无的放矢",让人"不知所云";没有鲜活的"灵魂",就是"文字堆砌",让人"味同嚼蜡";没有丰满的"血肉",就是"面目狰狞",让人"望而却步"。由此我追问自己:为何要写《哲学通论》,它的"靶子"是什么?《哲学通论》要写什么,它的"灵魂"何在?《哲学通论》写出了什么,它的"血肉"是否丰满?为此,我以《哲学通论》的立意与追求为聚焦点,谈谈它的"靶子""灵魂"和"血肉"。

一、《哲学通论》的"靶子"

《哲学通论》是在当代中国改革开放的历史进程中"应运而生"的。它有三个直接的针对性:一是如何理解哲学,二是怎样进行哲学研究,三是如何变革哲学教育。

首先是对"哲学"的理解。20世纪80年代中期以来,中国哲学界在"重新理解马克思主义哲学""重新阐释中外哲学史"和"反思世界性的现代化"的聚焦点上,引发出一个无法回避的根本性问题:究竟如何理解我们所研究的"哲学"?对"哲学"本身的追问,并不是抽象地追问"什么是哲学"或"哲学是什么",而是包含着一系列的重大问题:从"历时态"上看,关系到整个哲学史上对哲学的各异其是的理解;从"同时态"上看,关系到现代哲学对哲学的各执一词的理解;从"理论性质"上看,关系到对哲学与常识、宗教、艺术、科学等相互关系的理解;从"派别冲突"上看,关系到对人们所熟知的唯物论与唯心论、辩证法与形而上学等相互关系的理解;从"理论形态"上看,关系到对哲学的人类性与历史性、绝对性与相对性、普遍性与特殊性的理解；从"社会功能"上看，关系到对哲学的理想与现实、理论与实践、历史与逻辑的理解。整部《哲学通论》的出发点，就是以上述问题为"靶子"，集中地论述了我对"哲学"的理解。

《哲学通论》开门见山地提出："哲学不是宗教，为什么它也给予人以信仰？哲学不是艺术，为什么它也赋予人以美感？哲学不是科学，为什么它也启迪人以真理？哲学不是道德，为什么它也劝导人以向善？难道哲学什么都是又什么都不是吗？"这是每个接触"哲学"的人都渴望回答又难以回答的问题，也是每位"哲学家"都苦苦求索又莫衷一是的问题。由此切入，不仅回应和激发了人们追问"哲学"的渴求，而且直接地进入了"哲学之为哲学"的根本性问题——哲学与常识、宗教、艺术、科学的关系问题，特别是当代中国哲学语境中的"哲学与常识"和"哲学与科学"的关系问题。

正是在反思和辩证这两个关系的进程中，《哲学通论》提出和分析了人类把握世界的"三个层次的概念框架"，具体地探讨和辨析了常识、科学和哲学的世界图景、思维方式和价值观念，从而形成了哲学不是常识和科学的"延伸"或"变形"，而是对常识和科学的"反思"和"超越"的总体性结论。对于人们最为困惑的"哲学"与"科学"的关系问题，这个结论的基本点就是：科学以"整个世界"为对象，从而形成关于"整个世界"的"全部思想"；哲学则以科学关于"整个世界"的"全部思想"为对象反过来而思之，"反思"包括科学在内的人类全部活动中所隐含的"思维和存在的关系问题"，对构成思想的"不自觉的和无条件的前提"展开批判。因此，哲学就是"反思"，哲学的"反思"就是"对思想的前提批判"。这是《哲学通论》对"哲学"的根本性理解，也就是我所提出的关于哲学的"解释原则"。2016 年出版的《哲学：思想的前提批判》，以这个"解释原则"为"灵魂"而敞开了哲学的可能的"理论空间"：对构成思想的基本信念、基本逻辑、基本方式、基本观念和哲学理念的前提批判。从这两部著作的关系上看，《哲学通论》和《哲学：思想的前提批判》，构成了我的哲学研究的"解释原则"与"理论空间"的相互规定、相互阐释的上、下篇，系统地展现了我所理解的"哲学"。

其次是怎样进行"哲学研究"。《哲学通论》的"导言"是"进入哲学思考"，《哲学通论》的最后一章是"哲学的修养与创造"，它的"头"和"尾"的针对性，都是怎样进行"哲学研究"。

关于"哲学"，人们最为"熟知"的说法就是"爱智"。然而，何谓

"爱智"?"爱智"的哲学如何"爱智"?《哲学通论》的"导言"以辨析"智慧与爱智""熟知与真知""名称与概念""有知与无知"为内容,具体地回答了哲学何以"爱智"和如何"爱智"的问题。这就是:"哲学智慧是反思的智慧、批判的智慧、变革的智慧。它启迪、激发和引导人们在社会生活的一切领域永远敞开自我反思和自我批判的空间,促进社会的观念变革、科学发现、技术发明、工艺改进和艺术创新,从而实现人类的自我超越和自我发展。"在《哲学通论》最后一章的开头,对于"爱智"的哲学又做出更为深切的概括:"哲学,它不是抽象的名词、枯燥的条文和现成的结论,而是人类思想的批判性的反思的维度、理想性的创造的维度。它要激发而不是抑制人们的想象力、创造力和批判力,它要冲击而不是强化人类思维中的惰性、保守性和凝固性,它要推进而不是遏制人们的主体意识、反思态度和创造精神。"学习和研究哲学,需要不断地"激发自己的理论兴趣,拓宽自己的理论视野,撞击自己的理论思维和提升自己的理论境界"。在具体地论述哲学的"向上的兼容性""时代的容涵性""理论的系统性"和"思想的开放性"以及哲学的"求真态度""反思取向""批判精神""创新意识""分析方式"和"辩证智慧"的基础上,《哲学通论》把如何研究"哲学"概括为五句话:"高举远慕的心态,慎思明辨的理性,体会真切的情感,执着专注的意志和洒脱通达的境界。"

《哲学通论》对哲学如何"爱智"的分析和论证,也就是对如何进行"哲学研究"的分析和论证。这个分析和论证,有着明确的、现实的针对性,这就是"原理+实例"的思考方式、研究方式和写作方式。以这种思考方式、研究方式和写作方式为"靶子"的根据就在于,"反思"的哲学是对思想的前提批判,特别是对构成思想的"基本观念"——存在、世界、文明、历史、真理、价值、正义、自由等——的前提批判。思想的前提批判,必须以文明史的"范畴化"作为反思的"阶梯"和"支撑点",以自己时代的"时代精神"作为反思的对象和内容,赋予构成思想的"基本观念"以新的时代性内涵,实现哲学的"术语的革命",因此"反思"的哲学不是"以原理解说实例"或"以实例证明原理"。离开对"范畴化"的文明史的反省,离开对构成思想的"基本观念"的前提批判,所谓的"哲学研究",就会成为"凑句子""找例子",以"散漫的整体性"去堆砌词句的文字游戏。例如,把"我们时代的理论思维"有"章"、有"节"、有"目"地并列为"系统思维""辩证思维""实践思维""人本思维"乃至"信息思维""生态思维""和谐思维"，就失去了黑格尔所说的"全体的自由性与环节的必然性"的统一，而且陷入了黑格尔所批评的没有"灵魂"的"散漫的整体性"。《哲学通论》所设定的关于"哲学研究"的"靶子"，正是这种"原理＋实例"的"外在的反思"。《哲学通论》正是针对这个"靶子"，把哲学研究的工作方式概括为"时代精神主题化、现实存在间距化、流行观念陌生化和基本理念概念化"。

再次是如何变革"哲学教育"。"反思"的哲学，是对思想的前提批判，是以思想的前提批判推进人们的观念变革和人类的文明进步，因此，哲学不是"枯燥的条文、现成的结论和空洞的说教"。在哲学教育中，书上写条条，老师讲条条，学生背条条，考试答条条，阅卷找条条，这是违背哲学本性的根本问题，也是哲学教育所面对的最大问题。

《哲学通论》提出，人们之所以常常把哲学研究当作"原理加实例"的"凑句子""找例子"，用原理解说实例或用实例论证原理，之所以常常把哲学教育变成"枯燥的条文、现成的结论和空洞的说教"，从根本上说，是因为不理解"人是哲学的奥秘"，不理解哲学是关于"人之为人"的学问。按照黑格尔的看法，哲学的意义就在于引导人们"尊敬他自己，并自视能配得上最高尚的东西"。按照冯友兰的看法，哲学以外的学科都是"使人成为某种人"，而哲学则是"使人作为人而成为人"。这些看法是意味深长的，它启发我们从"人之为人"的视野去理解哲学研究和哲学教育。

哲学问题总是人生在世的大问题，因此，《哲学通论》把"哲学"归结为"以时代性的内容、民族性的形式和个体性的风格去求索人类性问题"。求索天、地、人的人与自然之辨，探寻你、我、他的人与社会之辨，反省知、情、意的人与自我之辨，追寻真、善、美的人与生活之辨，凝结为理解"人生在世"和"人在途中"的哲学范畴，凝结为恩格斯所说的"建立在通晓思维的历史和成就的基础上的理论思维"。离开对西方哲学的思维与存在、主体与客体、感性与理性、实然与应然、真理与价值的反思，离开对中国哲学的天与人、内与外、体与用、道与器、理与欲、人与己、义与利、仁与智、知与行的理解，特别是离开对马克思主义哲学的精神与物质、运动与规律、实践与认识、个人与社会、理想与现实、必然与自由的把握，哲学和哲学教育怎么能不变成"枯燥的条文、现成的结论和空洞的说教"？正是从"使人作为人而成为人"这一哲学研究和哲学教育的主旨出发，《哲学通论》把哲学的主要问题归结为"在""真""善""美""人"这五大问题，引导人们"尊敬他自己",并致力于追求"最高尚的东西"——对真理、正义和更美好事物的追求。

《哲学通论》还提出,人们之所以把哲学研究和哲学教育当作用原理解说实例或用实例论证原理,又在于人们总是用"抽象""深奥""玄虚"甚至"神秘"的观念去看待"哲学",而不理解哲学是"最具体"的、"最平实"的和"最切己"的。什么是"哲学"？哲学就是对"自明性"的分析,就是对"不证自明"的、"不言而喻"的和"毋需置疑"的东西的"反思",也就是"追问"人们不再追问的东西。《哲学通论》以作为哲学基本问题的"思维和存在的关系问题"为切入点,以我们面前的一张"桌子"为对象,引发出了无限丰富的"哲学问题":为什么"我们"与"桌子"之间会构成认识的"主体"与"客体"关系？为什么我们的眼睛只能"看到"桌子的"现象"而我们的思想却能"把握"桌子的"本质"？我们为什么能够把各式各样的"桌子"都把握为"桌子"？我们根据什么说这张桌子是"好的"而另一张桌子是"不好的"？我们为什么不满足于眼前的这张桌子而设想乃至制造出"更好用""更漂亮""更高级"的桌子？这些问题,正是哲学所追究的"主体与客体""感性与理性""个别与一般""真理与价值""理想与现实""思维与存在"的关系问题。这些"深奥"的哲学问题,就隐含在我们每个人的现实生活之中,而不是远离生活的"神密"问题。

《哲学通论》由此提出:"科学"是把复杂的东西变简单,从而以某种规律去解释千差万别的现象;"哲学"则是把看似简单的东西揭示其复杂性,从而引发人们对构成思想的诸种前提进行批判性反思。由此,《哲学通论》还以调侃的语句提出:学"科学",我不说,你糊涂,我一说,你明白;学"哲学",我不说,你明白,我一说,你糊涂。为什么学哲学反而"糊涂"？就因为哲学是对"自明性"的分析,是对"不证自明"的问题的追问,是"对思想的前提批判"。思想的前提是"隐匿"于思想之中的,是"不自觉的和无条件的"规范人们的思想和行为的,是被人们视为"天经地义"和"不证自明"的,因此,把本来是"明明白白"的东西当成问题,追究"看不见""摸不着"的"思想的前提",当然会使人感到"莫名其妙"和"无所适从"。然而,哲学的意义就在于使人由"明白"到"糊涂"再到"明白",在对"自明性"的追问中由"熟知"而达成"真知"。这就是哲学的"思想的前提批判"所实现的"思想"的"否定之否定"的辩证法。

思想的前提批判,是哲学的"专业",但不是哲学的"专利"。哲学的

"专业"就是把人类全部活动中的"不自觉的和无条件的前提"作为"反思"的对象,把"思维和存在的关系问题"作为自己的"基本问题",不断地变革规范人们的思想和行为的各种"前提"。哲学以自己的"专业"把思想的前提批判渗透于人类把握世界的各种方式之中、渗透于人类的全部认识活动和实践活动之中,追究规范人类全部思想和行为的"思想前提",就会以"专业"的而非"专利"的"对自明性"的反思而推进人类文明的进步。这种"专业"的而非"专利"的哲学教育,是最具体的、最平实的、最切己的,因而也是最亲切的。

哲学是历史性的思想,哲学史则是思想性的历史;哲学既是以个人的名义讲述人类的故事,又是以人类的名义讲述个人的故事;哲学问题既是关于"人之为人"的"大问题",又是对"自明性"追问的最平实、最切己、最具体的"小问题"。因此,哲学和哲学教育既是凝重的又是亲切的,既是深沉的又是睿智的。《哲学通论》所针对的,就是以两极对立的思维方式、教条主义的研究方式和僵死枯燥的话语方式去看待哲学、研究哲学和讲授哲学;《哲学通论》所追求的,则是以平实、切己、具体的哲学反思,通情、达理、睿智的辩证智慧,深刻、厚重、优雅的内容和形式,深化对"自明性"的追问,深化对"人之为人"的理解。

二、《哲学通论》的"灵魂"

《哲学通论》的"靶子"是"如何理解哲学",《哲学通论》的"灵魂"就是以这个明确的"靶子"为目标而阐发对"哲学"的理解,提出并论证了关于哲学的新的"解释原则"——对思想的前提批判。

《哲学通论》的"靶子"与"灵魂"是相互规定的,《哲学通论》的"破"与"立"是相辅相承的:"靶子"愈准确、愈艰难,则"灵魂"愈鲜活、愈凝重;"灵魂"愈真切、愈强大,则"靶子"愈明确、愈真实。以"靶子"激活"灵魂",以"灵魂"击穿"靶子",这就是《哲学通论》的"靶子"与"灵魂"的"破"与"立"的辩证法。

《哲学通论》的"灵魂"就是一个字——"通"。它之所以被称为"通",首先就在于它立意于"通",它追求于"通",它要"通情达理"地"疏通"对"哲学"的理解。因此,"通论"既不是"导论",也不是"概论"。"导论",侧重于"引导"和"导入",重在梳理和分析哲学的研究对象、主要特性、社会功能和学科状况等;"概论",侧重于"概括"和"概述",概略地介绍和评述"中国哲学""西方哲学""马克思主义哲学"或"自然哲学""历史哲学""道德哲学""宗教哲学""文化哲学""政治哲学"等。与"导论""概论"不同,"通论"则致力于"通达"或"疏通",批判地反思对"哲学"的各异其是的理解,集中地阐发作者所理解的"哲学"。这就是《哲学通论》的立意与追求,也就是"通论"的"灵魂"。

电视连续剧《红楼梦》《三国演义》总导演王扶林说,他的《三国演义》的"灵魂"就是三个字——"英雄气"。怎样拍出这个"英雄气"?王扶林说他就抓住两件事:一是显示"英雄气"的"主题曲",一是展现"英雄气"的"英雄形象"。一曲《滚滚长江东逝水》,从始至终贯穿《三国演义》电视剧,英雄气概油然而生,让人心潮澎湃,热血沸腾。诸葛亮、关羽、曹操等"英雄形象"叱咤风云,以其或"智"或"勇"或"一代枭雄"的"鲜活面容",展现出穿越"历史时空"的"英雄气"。电视剧《三国演义》的"英雄气",既以"灵魂"构筑其"血肉",又以"英雄形象"的"血肉"显示出"英雄气"的"灵魂"。与作为文艺作品的《三国演义》一样,作为学术著作的《哲学通论》的立意与追求,就是要以"通"的"灵魂"而构筑起"通论"的"血肉",又以丰满的"血肉"而显示其"通"的"灵魂"。为此,《哲学通论》既谱写了自己的"主题曲"——黑格尔关于哲学的"七个比喻",又书写了自己的"范畴化"的"英雄形象"——"在""真""善""美""人"这"五大问题"。

为何要以黑格尔关于哲学的"比喻"作为《哲学通论》的"血脉"?黑格尔的哲学史意义,借用马克思对其辩证法的评价,就在于他"第一个全面地、有意识地"追问"哲学",从而在哲学史上达成了哲学思维的理论自觉。黑格尔的理论自觉,形象地体现在他的关于哲学的"七个比喻"中:哲学之于文明,犹如"庙里的神";哲学的历史,好像是"厮杀的战场";哲学史的真谛,则是犹如"花蕾、花朵和果实"的自我否定;哲学的深沉的反思,使得它犹如"密涅瓦的猫头鹰";哲学对思维的自觉,并不是"教人思维",正如"生理学"并不是"教人消化";对哲学思想的理解,正如对"用一句格言"的理解,其含义是根本不同的;理解哲学,不能像"动物听音乐,听见了音乐中一切的音调,但这些音调的一致性与谐和性,却没有透过它们的头脑"。

体悟和品味黑格尔的"七个比喻",进而引申和发挥黑格尔的"七个比喻",《哲学通论》道出了对"哲学"的理解:哲学如同普照大地的阳光,它照亮了人类的生活世界，使得人类生活显现出意义的"灵光"；哲学作为"思想中所把握到的时代"，不同时代的哲学，以及同一时代的对生活意义具有不同理解的哲学，总是处于相互批判之中，哲学史便显得像一个"厮杀的战场"；哲学思想之间的相互批判，并不是一无所获的徒然的否定，而是如同"花蕾、花朵和果实"的自我否定一样，在否定中实现自身的发展，因而哲学的历史是哲学发展的历史；哲学是一种"反思"的智慧，它是"对认识的认识""对思想的思想"，它需要深沉的思考和深切的体会，因此它如同"密涅瓦的猫头鹰"一样，总是在薄暮降临时才悄然起飞；哲学智慧并不是"教人思维"，而是使人自觉到"思维的本性"，掌握思想运动的逻辑，从而获得真理性的认识；真正掌握这些智慧，不仅需要慎思明辨的理性，而且需要体会真切的情感，需要丰富深刻的阅历，这就像"同一句格言"，在老人和孩子那里的含义不同一样；哲学不是现成的知识性的结论，如果只是记住某些哲学知识或使用某些哲学概念，那就会像"动物听音乐"一样，听到各种各样的"音调"，却听不到真正的"音乐"。真正的音乐会引起心灵的震荡，真正的哲学会引起思维的撞击。在思想的反思中走进哲学，在思维的撞击中扬帆远航，才会真实地感受哲学的魅力，才会进入通达的哲学境界。

"通达"哲学之境，不是轻而易举的，不是一蹴而就的。在黑格尔那里，既有展现精神历程诸环节的《精神现象学》，又有阐述文明演进诸环节的《哲学史讲演录》，更有反思概念规定诸环节的《逻辑学》。正是在《精神现象学》《哲学史讲演录》和《逻辑学》的相互规定和相互辉映中，在人类的精神历程、文明演进和概念规定的"三者一致"中，黑格尔才达成了"全体的自由性与环节的必然性"的哲学理论自觉。同样，《哲学通论》所追求的"通"，并不是抽象地追问"何谓哲学"，而是诉诸对古今中外哲学的"融通"，对哲学与生活的"贯通"，对各执一偏的哲学理念的"变通"，对拓展哲学理论空间的"打通"，对寻找哲学思想道路的"开通"。"融通""贯通""变通""打通"和"开通"，是《哲学通论》"通达"哲学的理论自觉，是活化《哲学通论》之"通"的多重变奏。

"通论"哲学，首先需要"融通"古今中外哲学。哲学是历史性的思想，哲学史则是思想性的历史；历史性的思想构成思想性的历史，思想性的历史则展现历史性的思想；离开思想性的历史，哲学的历史性思想就是"无源之水"和"无本之木"；离开历史性的思想，哲学的思想性的历史就是"厮杀的战场"和"死人的骨骼"的"陈列"。古代先贤和近代哲人都致力于对哲学本身的追问，都提出了关于哲学的独到的"解释原则"。反思哲学的历史与逻辑，"融通"古今中外哲学的"哲学理念"，既是《哲学通论》关于"哲学的历史演进"的基本内容，也是《哲学通论》立论的哲学史依据。"以论带史""论从史出""史论结合"，这是《哲学通论》"融通"哲学史以"通达"哲学的最基本的"方法论"。

"通论"哲学，不仅需要"融通"古今中外哲学，而且需要"贯通"哲学与生活。《哲学通论》第三章集中地论述了"哲学的生活基础"，分别地阐发了"哲学与人的存在方式""哲学与社会的自我意识""哲学与时代精神的精华"。哲学为何存在？《哲学通论》提出：人是把"人生"变成"有意义"的"生活"的存在，是与世界的"否定性统一"的"实践"的存在，是把"理想"变成"现实"的"超越性"的存在。哲学根源于人类存在的矛盾性，根源于人类对自身存在的矛盾性的理论自觉。因此，哲学绝不是远离生活的玄思和遐想，而是"理论形态的人类自我意识"，并从而成为"时代精神的精华"和"文明的活的灵魂"。"贯通"哲学与生活，就会"通情达理"地"通达"哲学，《哲学通论》之"通"就有了鲜活的生命和灵魂。

"通论"哲学，不仅需要诉诸哲学史的"融通"和诉诸生活的"贯通"，而且需要辩证地看待各异其是的哲学观的"变通"。《哲学通论》第一章"哲学的自我理解"，以概述当代哲学八种主要的哲学观——普遍规律说、认识论说、语言分析说、存在意义说、精神境界说、文化批判说、文化样式说和实践论说——为主要内容，展现了当代哲学的多元性的"解释原则"和多样化的"思想道路"。列宁曾经提出："哲学唯心主义是把认识的某一特征、方面、部分片面地、夸大地发展（膨胀、扩大）为脱离了物质、脱离了自然的，神化了的绝对。"当代哲学的各异其是的哲学观，从根本上说，就是从人的存在的"某一特征、方面、部分"去构成关于人与世界关系的特殊的"解释原则"，并以其特殊的"解释原则"去构建"哲学体系"。为此，《哲学通论》以马克思的《关于费尔巴哈的提纲》的"新世界观"反思当代的各异其是的哲学观，既"通达"地阐释这些哲学观，又批判地"反思"这些哲学观，从而深化对"哲学"的理解，并升华为关于"哲学"的新的"解释原则"。

"通论"哲学，更为重要的是"打通"哲学的理论空间和"开通"哲学的思想道路。《哲学通论》把"对思想的思想"的哲学阐释为"对思想的前提批判"，就为哲学的"反思"提供了开阔的和开放的理论空间：一是对人类把握世界的各种基本方式的前提批判,特别是对常识和科学的前提批判;二是对哲学自身的前提批判,特别是对哲学的思维方式和存在方式的前提批判;三是对理论思潮的前提批判,特别是对理性主义和经验主义、科学主义和人本主义的前提批判。而在 2016 年出版的《哲学:思想的前提批判》中,则是更为系统和更为深入地展开为五个方面的前提批判:一是对构成思想的"基本信念"的前提批判,也就是对"思维和存在的同一性"的前提批判;二是对构成思想的"基本逻辑"的前提批判,也就是对形式逻辑、内涵逻辑和实践逻辑的前提批判;三是对构成思想的"基本方式"的前提批判,也就是对常识、宗教、艺术和科学的前提批判;四是对构成思想的"基本观念"的前提批判,也就是对存在、世界、历史、真理、价值、自由等的前提批判;五是对构成思想的"哲学理念"的前提批判,也就是对哲学的存在论、本体论、世界观、认识论、辩证法、历史观、人生观的前提批判。这五个方面的"思想的前提批判",都是以"思维和存在的关系问题"为实质内容而展开的,本质上都是深化对"哲学"的追问,都是具体地论证"前提批判"的"解释原则"。因此,《哲学通论》"打通"的理论空间,也是"开通"哲学的思想道路。

《哲学通论》所"开通"的哲学思想道路,直接的是破解哲学的"知识论立场",深层的是重新理解和阐释作为哲学"基本问题"的"思维和存在的关系问题"。这个问题的"症结"在于,它究竟是思维和存在的"关系问题",还是"思维和存在"的问题? 这两者的区别是根本性的和原则性的。前者是把思维和存在的"关系"作为"问题"来研究,考察和追究"思维和存在"的"关系";后者则是把"思维"和"存在"作为研究对象,提供关于"思维和存在"的知识,从而形成哲学的"知识论立场"。这种哲学研究的"知识论立场",其本质是把"哲学"视为具有最高概括性和最高解释性的"知识",从而以知识分类表的层次性来区分"哲学"与"科学",并因此把"哲学"视为"科学"的延伸和变形,当作"科学的科学"或"全部知识的基础"。这种理解和解释,从根本上模糊了"思维和存在的关系问题"的真实的"哲学意义",并模糊了哲学作为人类把握世界的一种"基本方式"的独特的理论性质和特殊的社会功能。

哲学意义的"思维和存在的关系问题",是"思维"把思维和存在的"关系"作为"问题"而予以"反思";离开"反思"的思维,就不能提出哲学意义的"思维和存在的关系问题"。然而,究竟如何理解哲学意义的"反思"？ 在对黑格尔的"对思想的思想"的"反思"中，我所提出的问题是：哲学所反思的"思想"究竟是什么？ 正是对这个问题的探索，构成了我的"思想的前提批判"的哲学解释原则：只有对思想的"前提批判"，才是哲学意义的"对思想的思想"，才是哲学意义的"反思"，才是真正意义的"哲学"。《哲学通论》由此所"开通"的哲学思想道路就是：揭示"隐匿"于思想之中并"强制"地规范人的全部思想和行为的"不自觉的和无条件的前提"，通过对构成思想的基本信念、基本逻辑、基本方式、基本观念和哲学理念的前提批判，历史性地变革构成思想的诸种"前提"，塑造和引导新的时代精神。 哲学以思想的前提批判而构成"时代精神的精华"和"文明的活的灵魂"，这就是《哲学通论》所"打通"的哲学理论空间和"开通"的哲学思想道路。

三、《哲学通论》的"血肉"

《哲学通论》的"灵魂"是"通"，《哲学通论》的"血肉"就是以这个"通"字作为流动的"血脉"而构筑和滋养自己的"躯体"。 具体言之，就是把《哲学通论》的"思想的前提批判"的"解释原则"作为根本性的、贯穿始终的研究主题，层层推进地"疏通"人们对这个"解释原则"的理解——哲学何以就是"思想的前提批判"？

把哲学理解和阐释为"思想的前提批判"，《哲学通论》既诉诸对哲学的"历时态"和"同时态"的哲学观的梳理，又诉诸对哲学的"理论性质"和"派别冲突"的反思，更诉诸对哲学的"思维方式"和"主要问题"的探究，从而在对"哲学"的层层追问中，把"哲学"界说为"思想的前提批判"。

在对哲学的"历时态"即"纵向"的考察中，《哲学通论》以三条线索透视哲学史：一是从哲学的基本问题即"思维和存在的关系问题"的历史演进透视哲学史，二是从哲学的历史演进与人的历史形态的相互关系透视哲学史，三是从人类历史形态的文化内涵即马克思所概括的人的"自我异化"及其消解透视哲学史。 正是在对这三重线索的"复调式"的论述中，《哲学通论》阐发了把哲学界说为"思想的前提批判"的根据与意义。

哲学的历史演进是同作为哲学基本问题的"思维和存在的关系问题"的历史性深化密切相关的。 古代哲学离开对人类意识及其与世界相互关系的认识论反省，单纯地从对象世界本身去寻求"世界的统一性"，没有自觉地提出"思维和存在的关系问题",因而无法达到"反思"的哲学理论自觉;近代哲学则以追究"思维和存在的关系问题"为聚焦点,自觉地反思"思维和存在的关系问题",在"认识论转向"中把哲学引向"对思想的思想";现代哲学又在其"实践转向"和"语言转向"中,超越了近代哲学认识论转向中的主观与客观的二元对立,从思维与存在的现实基础(实践)或文化中介(语言)出发去反思"思维和存在的关系问题",从而把哲学引向对规范人们的思想和行为的各种基本观念——真理、价值、正义、自由等——的"前提批判"。这就是《哲学通论》从对哲学"基本问题"历史演进的透视中所形成的基本观点:"反思"的哲学就是"对思想的前提批判"。

哲学作为理论形态的人类自我意识,它的"基本问题"及其"理论形态"的历史演进,直接地取决于人类关于自身存在的自我意识的历史性变化。关于人类存在的历史形态,马克思从宏观的历史视野将其概括为"人的依赖关系""以物的依赖性为基础的人的独立性"和"以个人全面发展为基础的自由个性"这三大历史形态。人类存在的历史形态,具有各自特定的文化内涵,并因而从根本上规定了哲学的历史任务。在"人的依赖关系"的历史形态中,哲学的历史任务就是确立某种"神圣形象",以表征"人的依赖关系"的自我意识;在"以物的依赖关系为基础的人的独立性"的历史形态中,哲学的历史任务则不仅要"揭露人在神圣形象中的自我异化",而且要进而"揭露人在非神圣形象中的自我异化",以实现"以个人全面发展为基础的自由个性"。正是由人的历史形态所决定的哲学的历史任务,构成了作为"理论形态的人类自我意识"的哲学的历史演进:从哲学的理论自觉上看,是从"不知其不可而为之"到"知其不可而不为之"再到"知其不可而必为之"的"形而上学历险";从哲学的社会功能上看,则是从"没有选择的标准的生命中不堪忍受之重的本质主义的肆虐"到"弱化标准的选择的生命中不能承受之轻的存在主义的焦虑"再到"保持必要的张力和达到微妙的平衡"的"本体论批判的辩证法"。哲学所追寻的"本体",既不是某种"实体"的存在,也不是某种"逻辑"的存在,而是规范人的思想和行为的"根据、标准和尺度"。因此,哲学的"本体论批判的辩证法",就是在"思想的前提批判"中历史性地变革规范人的思想和行为的"本体",为人类新的理想性追求提供新的"理论支撑"。

以"思想的前提批判"为"灵魂"而构筑《哲学通论》的"血肉",最为重要的是明确哲学的"存在方式"。《哲学通论》提出,哲学作为历史性的思想,哲学史作为思想性的历史,既不是以"表述"的方式去"描述"或"叙述"人类的存在形态和人类的文明史,也不是以"表达"的方式去"讲解"或"阐发"关于人类存在形态和人类文明史的"体悟"或"理解",而是以"表征"的方式去"呈现"或"绽放"人类关于自身存在的自我意识。"表征"是作为理论形态的人类自我意识的"哲学"的存在方式,也是《哲学通论》以"通"为灵魂而构成其自身的鲜活的"生命"和"血脉"。

哲学的派别冲突是哲学发展的基本形式。如何理解和看待这种基本形式,深刻地体现了对哲学的不同理解。《哲学通论》认为,哲学的派别冲突,既不是被"表述"的经验事实,也不是被"表达"的主观意愿,而是被"表征"的关于人类存在的矛盾性的自我意识。唯物主义与唯心主义的派别冲突,理论地"表征"了关于人类存在的自然性与超越性的矛盾的自我意识;辩证法与形而上学的派别冲突,理论地"表征"了关于人类存在的确定性与非确定性的矛盾的自我意识;理性主义与经验主义的派别冲突,理论地"表征"了关于人类的感性存在与观念存在的矛盾的自我意识;科学主义与人本主义的派别冲突,理论地"表征"了关于人类所追求的真理与价值的矛盾的自我意识。把哲学的存在方式理解为"表征"而不是"表述"或"表达",不仅疏通和升华了对哲学的派别冲突的理解,而且通过对哲学派别冲突的"前提批判"而深化了对"思想的前提批判"的哲学"解释原则"的理解,也就是深化了对《哲学通论》的"灵魂"的理解。

《哲学通论》把哲学的主要问题概括为"在""真""善""美""人"这五大问题,然而,《哲学通论》既不是"表述"关于这五个问题的知识内容,也不是"表达"关于这五个问题的主观意愿,而是通过这五个问题"表征"每个时代的"时代精神"。具体言之,"在"的问题,既不是"何物存在"的问题,也不是"说何物存在"的问题,而是理论地表征了人类对"世界的统一性"或"终极存在"的渴望和追求;"真""善""美"的问题,既不是"表述"某种经验事实,也不是"表达"对真善美的体验或体认,而是追究真善美的根据、标准和尺度,理论地"表征"了人类文明的时代精神;"人"的问题,既不是科学意义的对人的存在的"表述",也不是文学意义的对人的存在的"表达",而是理论地"表征"人类关于自身存在的自我意识。西方近代以来的哲学所提出的"我思故我在""存在就是被感知""因果习惯联想""先天综合判断""思维和存在的同一性""语言是存在的家""理解是人的存在方式"等诸多影响深远而又争论不休的哲学命题,并不是"表述"或"表达"了人的存在,而是理论地"表征"了文明进步中的"时代精神"——从"信仰的时代"到"冒险的时代"再到"理性的时代""启蒙的时代""思想体系的时代"乃至"分析的时代"的"时代精神"。离开对哲学的"表征"的存在方式的深切的体悟和理解,而把哲学视为科学的"表述"或艺术的"表达",就无法真实地理解哲学何以是"时代精神的精华"和"文明的活的灵魂"。

"表征"的理论自觉,活化了《哲学通论》的"灵魂"。哲学之"通",就在于既不是把哲学视为"表述"经验事实的"科学",也不是把哲学视为"表达"情感意愿的"艺术",而是把哲学视为"表征"存在意义的理论形态的人类自我意识。这种理论形态的人类自我意识,就是"人生在世"和"人在途中"的"人的目光"。由"人的目光"所构成的"世界观理论",既是"表征"时代精神的"精华",也是"表征"人类文明的"活的灵魂"。这种反思和表征人类文明的哲学,就是《哲学通论》的立意与追求。

(本文发表于《吉林大学社会科学学报》2017年第四期)

参 考 文 献

《马克思恩格斯选集》，第二版，第1—4卷，北京：人民出版社，1995年。

列宁：《哲学笔记》，北京：人民出版社，1974年。

[法]科尔纽：《马克思的思想起源》，北京：中国人民大学出版社，1987年。

[德]黑格尔：《小逻辑》，北京：商务印书馆，1980年。

[英]艾耶尔编：《哲学中的变革》，上海：上海译文出版社，1985年。

[美]M.怀特编著：《分析的时代——二十世纪的哲学家》，北京：商务印书馆，1981年。

[美]宾克莱：《理想的冲突——西方社会中变化着的价值观念》，北京：商务印书馆，1986年。

[德]卡西尔：《人论》，上海：上海译文出版社，1985年。

[德]海德格尔：《形而上学导论》，北京：商务印书馆，1996年。

[美]M. W.瓦托夫斯基：《科学思想的概念基础——科学哲学导论》，北京：求实出版社，1982年。

[英]罗素：《西方哲学史》（上下册），北京：商务印书馆，1963年。

[德]施太格缪勒：《当代哲学主流》，北京：商务印书馆，1992年。

[美]理查德·罗蒂：《后哲学文化》，上海：上海译文出版社，1992年。

[德]加达默尔：《哲学解释学》，上海：上海译文出版社，1994年。

[英]布莱恩·麦基编：《思想家——当代哲学的创造者们》，北京：生活·读书·新知三联书店，1987年。

[美]威尔·杜兰特：《哲学的故事》，北京：生活·读书·新知三联书店，1997年。

[美]J. P.蒂洛：《哲学——理论与实践》，北京：中国人民大学出版社，1989年。

[英]雷·蒙克等:《大哲学家》,海口:海南出版社,2004年。

[美]罗伯特·所罗门:《大问题:简明哲学导论》,桂林:广西师范大学出版社,2004年。

[德]于尔根·哈贝马斯:《后形而上学思想》,南京:译林出版社,2001年。

冯友兰:《中国哲学简史》,北京:北京大学出版社,1996年第二版。

贺麟:《文化与人生》,北京:商务印书馆,1988年。

宗白华:《美学散步》,上海:上海人民出版社,1981年。

刘放桐:《现代西方哲学》(修订本),北京:人民出版社,1990年第二版。

杨祖陶:《康德黑格尔哲学研究》,武汉:武汉大学出版社,2001年。

邓晓芒:《思辨的张力》,长沙:湖南教育出版社,1992年。

高清海:《哲学与主体自我意识》,长春:吉林大学出版社,1988年。

陈晏清、王南湜、李淑梅:《现代唯物主义导引》,天津:南开大学出版社,1996年。

赵敦华:《西方哲学简史》,北京:北京大学出版社,2001年。

叶秀山:《思·史·诗——现象学和存在哲学研究》,北京:人民出版社,1988年。

赵汀阳:《论可能生活》,北京:生活·读书·新知三联书店,1994年。

张一兵:《回到马克思——经济学语境中的哲学话语》,南京:江苏人民出版社,1999年。

张世英:《哲学导论》,北京:北京大学出版社,2002年。

朱德生:《形上之思》,沈阳:辽宁人民出版社,2001年。

周国平:《无用之学》,桂林:广西师范大学出版社,2001年。

张天飞、童世骏:《哲学概论》,上海:华东师范大学出版社,1997年。

王德峰:《哲学导论》,上海:上海人民出版社,2000年。

沈清松:《哲学概论》,贵阳:贵州人民出版社,2004年。

田海平:《哲学的追问》,南京:江苏人民出版社,2000年。

何中华:《哲学:走向本体澄明之境》,济南:山东人民出版社,2002年。

杨方:《元哲学初论》,长沙:湖南人民出版社,2002年。

孙正聿:《理论思维的前提批判——论辩证法的批判本性》,沈阳:辽宁人民出版社,1992年。

孙正聿：《哲学修养十五讲》，北京：北京大学出版社，2004 年。

孙正聿：《思想中的时代》，北京：北京师范大学出版社，2004 年。

孙正聿：《哲学：思想的前提批判》，北京：中国社会科学出版社，2016 年。

孙正聿等：《改革开放以来的当代中国哲学史（1978—2009）》，北京：人民出版社，2019 年。

后　　记

　　自1998年面世以来，《哲学通论》已出版二十多年了。作为一部"专著性的教科书"，其主要目的有二：一是变革哲学观念，赋予哲学思想、哲学观点、哲学命题以新的思想内涵、时代内涵和文明内涵，为哲学研究提供新的"阶梯"和"支撑点"；二是以变革了的哲学观念构建新的哲学话语体系，为哲学教育提供新的教科书。为此，在新版的长篇序言中，集中地阐述了《哲学通论》的立意和追求。

　　《哲学通论》是在当代中国改革开放的历史进程中应运而生的，是时代的产物。在新版的附录中，集中地阐发了《哲学通论》的"靶子""灵魂"和"血肉"，以及它所形成的"哲学自觉"。它所针对的"靶子"是如何理解哲学、怎样进行哲学研究和哲学教育；它的"灵魂"就是一个"通"字，"融通"古今中外哲学，"贯通"哲学与生活，"变通"各异其是的哲学观，"打通"哲学的理论空间，"开通"哲学的思想道路；它的"血肉"就是把"通"字作为流动的血脉，层层推进地"疏通"对哲学的思维方式、生活基础、主要问题、派别冲突和历史演进的理解。它的哲学自觉就是以"思想的前提批判"为"解释原则"重新理解哲学，以"人生在世和人在途中的人的目光"表征"时代精神"和"打通"哲学的理论空间并"开通"哲学的思想道路。

　　毫无疑问，《哲学通论》的这两个目的，都只能是这部"专著性的教科书"的立意和追求。诚挚地期待学界同仁和广大读者的批评指正。

孙正聿

2023年5月

图书在版编目(CIP)数据

哲学通论/孙正聿著. —3 版. —上海：复旦大学出版社, 2023.6
ISBN 978-7-309-16810-5

Ⅰ.①哲… Ⅱ.①孙… Ⅲ.①哲学-研究 Ⅳ.①B0

中国国家版本馆 CIP 数据核字(2023)第 072218 号

哲学通论(第三版)
孙正聿　著
责任编辑/邵　丹

复旦大学出版社有限公司出版发行
上海市国权路 579 号　邮编：200433
网址：fupnet@fudanpress.com　http://www.fudanpress.com
门市零售：86-21-65102580　　团体订购：86-21-65104505
出版部电话：86-21-65642845
浙江新华数码印务有限公司

开本 787 毫米×960 毫米　1/16　印张 27　字数 456 千字
2023 年 6 月第 3 版
2023 年 6 月第 3 版第 1 次印刷
印数 1—4 100

ISBN 978-7-309-16810-5/B·781
定价：55.00 元

如有印装质量问题,请向复旦大学出版社有限公司出版部调换。
版权所有　　侵权必究